OEUVRES

COMPLÈTES

DE PIGAULT-LEBRUN.

TOME XVIII.

LE GARÇON SANS SOUCI.

DE L'IMPRIMERIE DE FIRMIN DIDOT.

OEUVRES

COMPLÈTES

DE PIGAULT-LEBRUN.

TOME DIX-HUITIÈME.

A PARIS,

CHEZ J.-N. BARBA, LIBRAIRE,

ÉDITEUR DES OEUVRES DE M. PICARD ET DE M. ALEX. DUVAL,
PALAIS-ROYAL, N° 51, DERRIÈRE LE THÉATRE-FRANÇAIS.

1823.

LE GARÇON

SANS SOUCI.

—————⋙•○•⋘—————

On ne connaît pas toujours son père; c'est un malheur. On est sûr d'en avoir un; cela console. Il est des familles où les femmes ne se marient jamais; cette négligence n'exclut pas le respect des mœurs publiques. Mademoiselle Rosalie était une petite brune piquante, et mademoiselle sa mère, connue sous le nom de madame Dupré, lui avait donné une éducation aussi soignée qu'elle peut l'être, quand on n'est pas riche et que les maîtres sont chers. Rosalie, à quinze ans, savait bien lire, mal écrire, raccommodait fort bien un bas, et ne manquait jamais, le dimanche, d'aller danser à la guinguette, où mademoiselle sa mère ne manquait pas de l'accompagner, par respect pour les mœurs publiques.

Un garçon orfèvre, âgé de dix-huit ans, bien tourné, et porteur d'une figure heureuse, aimait beaucoup la danse et les jolies filles. Mademoiselle sa mère ne le contraignait en rien, parce que le respect des mœurs publiques ne saurait s'étendre jusqu'à suivre un garçon partout. Latour portait régulièrement, le dimanche, au Grand-Salon, le quart du produit de sa semaine, et on fait là une figure brillante avec un écu de cent sols. Il laissait le surplus à mademoiselle sa mère, et elle se chargeait, avec cela, de le nourrir, de le désaltérer, de le chauffer, de l'éclairer, de l'habiller, de le blanchir, et, le dimanche, M. Latour avait une fort jolie tournure.

Mademoiselle Rosalie lavait, le samedi soir, la robe unique qu'elle eût, et elle s'en parait le dimanche matin. Elle ne portait pas de fraise, parce qu'elle n'en avait pas; son grand fichu blanc, à force d'être frotté, s'était troué du côté gauche, et Rosalie n'en était que plus parée. Elle avait l'œil animé, le nez en l'air, la bouche rosée, le pied mignon, la jambe fine, et de longues tresses de cheveux couronnaient sa tête : ce diadême-là ne coûte pas cher, et, quelquefois, il en vaut bien un autre.

Ces charmes naissans, qui ne devaient rien à l'art, frappèrent vivement Latour, et, en garçon qui sait vivre, il tourna à la mère une espèce de compliment, afin d'approcher la fille. Cette méthode-là est en usage partout, depuis le palais jusqu'à la chaumière, ce qui prouve incontestablement qu'elle est la meilleure.

Madame Dupré avait déja jeté les yeux sur un buffet très-passablement garni. Un rognon de veau, un peu brûlé, et une salade, qui nageait dans le vinaigre, fixaient particulièrement son attention. Latour était fort bien élevé, j'ai déja eu l'honneur de vous le dire, ou j'ai celui de vous l'apprendre. Il siffle; un garçon se présente, et le rognon de veau et la salade passent du buffet sur une table qui n'avait que trois pieds, parce qu'un fort de la halle avait brisé le quatrième, en voulant caresser du genou celui d'une demoiselle estimable, qui ne lui avait encore rien accordé.

Un certain je ne sais quoi, indiquait à Latour, le parti qu'on peut tirer d'une table qui n'a que trois pieds, et, plus heureux que son prédécesseur, il commença, par dessous, une conversation fort intéressante avec Rosalie, pendant que, par dessus, il faisait les honneurs du goûter.

Madame Dupré fut enchantée de ses procédés, et, pendant qu'il dansait avec sa fille, elle voulut bien garder une bouteille de vin de Champigny, qui se trouva vide à la fin de la contredanse.

Un jeune homme et une jolie fille ne dansent pas ensemble sans se parler. Derrière le Grand-Salon est un petit jardin; au fond du petit jardin est une petite porte, qui ouvre sur la plaine, et il y avait là un champ de blé...

A force de soigner la bouteille, madame Dupré avait fini par n'y plus voir trop clair; mais une fille de quinze ans est toujours timorée, et une robe se chiffonne en *dansant*. Rosalie marqua de l'inquiétude; Latour passa le bras rondelet sous le sien, et tout en parlant de la walse, et du présent et de l'avenir, nos jeunes gens traversèrent Paris, et se trouvèrent au haut du faubourg-Saint-Marceau. Il était tard, on était fatigué, et, avant que de s'occuper du lendemain, on jugea à propos de se reposer. Tout est si cher à Paris! et puis, pourquoi deux chambres, quand une peut suffire?

Madame Dupré avait cédé aux douceurs d'un sommeil digestif. A onze heures, le garçon, qui était accouru au coup de sifflet de Latour, l'éveilla et lui présenta la carte. Madame Dupré savait qu'une mère, qui va au bal avec une jolie fille de quinze ans, n'a pas besoin d'argent. Elle n'avait pas le sou, et, au Grand-Salon, il faut payer d'une manière ou d'une autre. Le garçon la débarrassa de son tablier de taffetas noir et de son fichu, et madame Dupré disait et répétait, en gagnant son domicile, et en chancelant un peu, qu'il fallait respecter bien peu les mœurs publiques, pour renvoyer une femme dans un pareil état. On m'a assuré que personne ne s'en est aperçu.

Le grand air avait rafraîchi la tête de madame Dupré. Elle retrouvait des idées, et son premier soin, en rentrant chez elle, fut de chercher sa fille, qu'elle ne trouva point, par la raison infiniment simple qu'elle était ailleurs.

De son côté, madame Latour attendait M. son fils, qui ne pensait pas à rentrer. Madame Dupré passa le reste de la nuit à ronfler; madame Latour, à pleurer. Au point du jour, elle réfléchit, très-judicieusement, que les larmes ne remédient à rien, et elle cessa d'en verser.

Rosalie venait de passer à un état tout nouveau pour elle. Les charmes du mariage lui paraissaient inexprimables, et elle ne croyait pas qu'on pût contester la validité du sien, puisqu'elle s'était mariée à la manière de mademoiselle sa mère.

Latour était enchanté de la petite, et on prévoit aisément que son premier soin fut d'assurer son bonheur. Il avait son écu dans sa poche, une montre d'argent à son gousset, et avec cela on va loin.

Vous savez que Rosalie entendait fort bien l'art de raccommoder un bas. Latour achète un tonneau, et voilà la boutique. Les chalands y abonderont, parce que la fillette est jolie. Une grande chambre n'est pas nécessaire; on se retirera dans un petit cabinet, et le gargotier du coin dispensera des embarras de la cuisine.

Latour ne retournera pas chez son orfèvre, où sa mère ne manquerait pas de le trouver. Bon ouvrier, il cherche et se procure, sans peine, un autre atelier dans un quartier éloigné.

Sans doute, il est affreux d'abandonner, ainsi, deux mères au déclin de leurs ans. Mais l'amour permet-il de raisonner, et puis n'est-il pas probable que les demoiselles douairières ont eu, envers leurs mamans, le tort dont nos jeunes gens sont coupables à leur égard? Je ne me permettrai pas de prononcer sur un point aussi délicat. Je m'en rapporte au jugement du lecteur.

Madame Dupré avait été l'institutrice de sa fille : elle reprit l'aiguille et le vieux bas. Elle travaillait lentement, parce qu'elle voulait conserver un petit air de jeunesse, et, pour tout au monde, elle ne se serait pas servie de lunettes. Cet amour-propre, bien ou mal entendu, rendait très-modique le produit de ses journées; mais il la consolait un peu, et, tant bien que mal, elle vivait.

Madame Latour n'avait pas, pour les mœurs publiques, le respect, dont madame Dupré ne s'est jamais écartée. Elle ne savait rien faire, et il faut vivre. Après avoir cherché inutilement son fils, elle se voua au soulagement des amans malheureux.

Elle avait de l'usage du monde, et surtout beaucoup de jugement. Elle sentit qu'on ne pénètre pas dans le cabinet d'un grand seigneur, si on n'est favorablement annoncé par une mise un peu recherchée, et celle de madame Latour, ne pouvait la conduire au-delà de la loge du suisse. Décidée, cependant, à ne pas exercer crapuleusement la profession qu'elle venait de choisir, elle conçut l'heureuse idée de se mettre en sous-ordre., jusqu'à ce que les circonstances lui permissent de prendre le premier rang.

En conséquence, elle fut rendre une visite de cérémonie à une dame opulente, qui avait vieilli au service de la cour et de la ville, et elle lui prodigua les égards qu'un subordonné doit à son supérieur. On m'a même assuré qu'elle glissa, dans la conversation, quelques mots flatteurs, qui n'avaient rien de trop direct, et qui, par là, dispensent une femme de faire semblant de rougir. Ce début annonçait quelque connaissance du cœur humain, et, cependant, madame Latour aurait été éconduite, si les circonstances ne l'eussent rendue nécessaire.

M. Duplant exerçait une des premières charges de la magistrature. Homme érudit, savant et même profond dans sa partie, intègre jusqu'au scrupule, jeune encore, et fort aimable, il payait cependant, comme un autre, son tribut à la faible humanité. Marié, très-jeune, à une riche héritière qu'il n'aimait pas, il avait toujours vécu très-bien avec elle; mais il n'avait jamais pu persuader à madame Duplant que des procédés tinssent lieu d'amour. Elle était sage, et cependant... Le diable est si fin !

M. Duplant, de son côté, sentait battre son cœur. Il en fit successivement hommage à quelques dames du plus haut rang, qui l'accueillirent, qui même lui avaient fait de ces avances indirectes, que saisit toujours un homme d'esprit, et en qui il ne trouva que l'amour... du plaisir.

M. Duplant pensa que, puisque l'amour de cœur n'existe plus, il était bien dupe de s'asservir à des soins, des attentions, des prévenances, des assiduités, qui, souvent, nuisaient à l'exercice de ses fonctions, et qu'avec un peu d'argent, il se débarrasserait de tout cela. Cette manière de voir est, sans doute, très-immorale ; cette manière de juger les femmes est inexacte, et même outrageante, car je déclare, que dans le cours d'une assez longue vie, je n'ai trouvé que des femmes vertueuses. Enfin, M. Duplant voyait ainsi : ce n'est pas ma faute.

Les convenances ne lui permettaient pas de se montrer dans les foyers, dans les coulisses ; et, surtout, dans les loges de ces dames. La revendeuse à la toilette, dont madame Latour brigue en ce moment la protection, se chargeait des arrangemens. Elle était discrète dans la proportion des honoraires qu'elle recevait, et jusque alors un voile impénétrable avait couvert les petits péchés de M. le président.

Qui ne cède, enfin, à l'empire lent, mais sûr, de l'uniformité? M. Duplant se fatigua de ses conquêtes faciles ; il lui passa même par la tête que ces dames pouvaient jouer la comédie au boudoir comme sur la scène, et peut-être avait-il raison. Quoi qu'il en soit, il voulut savoir s'il est impossible à un homme, qui a un état brillant, de la jeunesse et des agrémens, d'être réellement aimé.

Il résolut, en conséquence, de se rapprocher de la nature, et de la saisir dans son ignorance et sa fraîcheur. Mais où trouver un jeune objet sensible, innocent, et, cependant, assez décidé pour tout quitter, tout braver pour un homme qu'il ne connaît pas ? La difficulté du succès effraya madame Dupont. Elle sentait que ce n'est guère qu'au village, qu'elle trouverait ce que désirait M. le président. Mais des principes à détruire, des parens à gagner ou à tromper, des poursuites à craindre, tout cela n'était pas encourageant. Madame Dupont se souvenait, d'ailleurs, d'avoir eu des démêlés avec la justice, au sujet de certaine affaire, un peu délicate ; qu'elle s'était chargée de conduire, et elle était dans un état de perplexité, vraiment touchant, quand madame Latour se présenta chez elle.

Madame Dupont, qui n'avait jamais lu La Fontaine, s'était cependant, quelquefois, servie de la pate du chat pour tirer les marons du feu. Elle commença par sonder les dispositions du sujet qui avait l'audace d'entrer, d'abord, dans la carrière qu'elle avait illustrée. Etonnée de sa pénétration, de la rectitude de son jugement, et de sa connaissance des prérogatives de MM. les commissaires de police, elle résolut de la charger des périls, et de ne se réserver que quatre cinquièmes dans les bénéfices.

Madame Latour jugea qu'il était plus court et plus sûr de transformer une parisienne en paysanne, que de courir les aventures dans les environs de Paris. Ses premières démarches tendirent donc à tromper, d'abord, sa protectrice. Oh! quel vice infame que l'ingratitude! Et il se fourre partout.

Il y a sans doute des femmes très-respectables dans le faubourg Saint-Marceau. Il en est aussi... C'est une terrible chose que la pauvreté et le désir d'un bonnet ou d'un schall, qu'on se procure si aisément!...C'est de ce côté-là que madame Latour se dirigea.

Son bavolet de côté, la chansonnette à la bouche, le sourire sur les lèvres, Rosalie travaillait et comptait les minutes qui la séparaient encore de son doux ami. Madame Latour, grande physionomiste, n'eût besoin que d'un coup d'œil pour se décider.

Elle aborda la petite, lui parla d'abord de l'ouvrage qu'elle comptait lui donner, et qu'elle n'avait pas. Elle la plaignit ensuite d'être ainsi exposée aux intempéries de l'air. Ses lèvres étaient gersées, ses petites mains étaient rouges. Combien de jeunes filles, qui ne la valaient pas, avaient de belles robes, des dentelles, des bijoux, et, quelquefois même, un carrosse!...

Oh! comme la vanité et le désir de l'abondance ouvrent les oreilles d'une fillette ! Dès ce moment, c'en était fait de Rosalie, si l'extérieur de madame Latour lui eût inspiré plus de confiance. Oh! combien madame Latour se fût repentie, si elle eût su que c'était sa bru qu'elle avait entrepris de séduire... Que dis-je ? peut-être se fût-elle applaudie de jouer un tour cruel au fils dénaturé qui l'avait délaissée. C'est une chose si drôle qu'un cœur humain, que le plus fin observateur ne sait, quelquefois, qu'en dire.

Madame Latour retourna chez madame Dupont. Elle lui dit qu'elle avait trouvé ce qui convenait à M. le président; mais qu'elle ne pouvait faire de propositions directes qu'autant qu'elle serait mise convenablement, et qu'elle ferait briller un peu d'or. Madame Dupont était défiante. Elle prononça qu'elle ne donnerait rien, qu'au cas où le mobilier de madame Latour répondrait des avances, et, qu'alors, il lui en serait fait un abandon absolu, sauf à elle à le restituer ou à le faire vendre, selon les circonstances. Un arrière-petit-cousin de madame Dupont avait été commis-greffier au Châtelet, et sa mémoire était arrivée jusqu'à elle de génération en génération. Certes, l'arrière-petit-cousin n'aurait pas procédé plus régulièrement.

Les faits convenus et dûment arrêtés, madame Latour, parée comme une châsse, prend un fiacre, se fait conduire rue de l'Oursine, arrête en face du tonneau, et dit à Rosalie, avec ce ton d'impudence que donne la fortune, bien ou mal acquise : « Montez, petite. Je vais vous conduire chez « moi, et je vous donnerai de l'ouvrage. » Et vite, Rosalie serre ce qu'elle a dans son tonneau, et elle saute dans le fiacre.

Elle ne reconnut pas madame Latour, parce qu'elle n'osait fixer un femme si richement mise. Et puis, comment se douter, à quinze ans, que celle qui jouait, la veille, un rôle si modeste, paraissait avec autant d'avantages aujourd'hui. Depuis vingt ans, on a vu beaucoup de ces choses-là. Des gens, humoristes et grondeurs, en ont parlé avec acrimonie, et n'ont pas corrigé les intrigans, les ambitieux, les fripons à visages découverts ou masqués, etc. etc.

On pense bien que madame Latour s'était assuré, pour la quinzaine, un logement très-décent, dans un hôtel garni, situé à l'autre bout de Paris ; on prévoit qu'elle avait ordonné un joli dîner. L'appartement devait éblouir mademoiselle Rosalie, et les mets satisfaire un de ses goûts dominans. Sur une ottomane, était un costume de paysanne, bien complet, non de ces villageoises qui perdent leurs attraits sous la bure et le gros mouchoir d'indienne ; qui logent un petit pied dans un grand sabot, une jambe fine dans un bas de laine ; Madame Latour avait déshabillé une petite-cousine, qu'elle avait été chercher à Sèvres, qui n'était pas si jolie que Rosalie, qui était tout aussi sage, qui avait trouvé beaucoup mieux qu'un garçon orfévre, et qui était mise avec une élégance champêtre, tout-à-fait remarquable.

Madame Latour descend de voiture, et monte chez elle, d'un air, tout à la fois, aisé et imposant. Rosalie la suit les yeux baissés, les mains croisées sur son corset. Madame Latour lui dit de s'asseoir d'un ton de protection; elle lui passe la main sous le menton, et va chercher de l'ouvrage dans une commode, où il n'y a rien. « Ah! nous avons « le temps de parler ouvrage. J'aime la jeunesse; « petite, vous dînerez avec moi. — Madame, vous « me faites... bien de l'honneur... — A la bonne « heure, mon enfant; mais nous dînerons ensem- « ble. — Mais mon mari, madame... — Hé bien, « votre mari dînera seul; voyez le grand malheur. « Y a-t-il long-temps que vous êtes mariée? — « Il y a huit jours, madame. — Et c'est votre « premier mari? — Je n'ai que quinze ans, ma- « dame. — Bon, il y a encore du remède... Voilà « qui est décidé; vous dînez ici. »

Rosalie aimait tendrement Latour. Elle résistait, elle se défendait, et elle approchait de la porte, en se défendant et à reculons, lorsque cette porte s'ouvrit. L'odeur des mets cloue Rosalie sur le parquet. Elle est incertaine; elle balance; elle hésite. La table est couverte, et la jouissance des yeux ajoute à celle de l'odorat. Madame Latour prend un ton caressant; elle attire la petite mollement; la plus douce bienveillance se peint dans ses regards : comment résister à tant de séductions? Rosalie s'assied, d'abord sur un coin de fauteuil, ensuite au milieu, enfin dans le fond. Elle a l'appétit de son âge, et la gourmandise que donnent les privations. Elle dîne pour le jour et le lendemain.

De temps en temps, son mari de huit jours obtenait un souvenir. Madame Latour versait un doigt de beaune, de muscat, quand la petite prenait son air rêveur; elle faisait un conte pour rire, on trinquait, on buvait, et le pauvre mari était oublié.

De temps en temps Rosalie regardait l'habit de paysanne. « Il y a donc, dit-elle, en soupi-
« rant, des demoiselles de village qui sont mises
« ainsi, tandis que moi, bourgeoise de Paris... —
« Ah! voyons donc, mon enfant, comment tout
« cela vous irait... » Et Rosalie se laisse déshabiller et rhabiller, en se regardant, avec complaisance, dans une glace, la plus grande qu'elle ait encore vue.

En vérité, elle est jolie comme un ange, s'écria la dame Latour, et cela était vrai. Ah! quel chagrin qu'il faille quitter ces beaux habits, balbutiait la petite. Hé, pourquoi donc, répliqua madame Latour? vous pouvez garder toutes ces choses-là; vous en aurez même de plus belles, si vous le voulez. Vraiment, madame, s'écria Rosalie? Oh! expliquez-vous de grace.

C'est là qu'on l'attendait. Madame Latour commence par lui prouver qu'elle ne doit rien à un mari de huit jours, et, qu'au contraire, il est chargé d'une éternelle reconnaissance, pour un cadeau qu'on ne peut faire qu'une fois. Elle parle d'un appartement plus beau que celui où on a dîné; d'une chère plus recherchée que celle de ce repas. Elle peint les douceurs du luxe; l'attrait de tous les plaisirs; la somptuosité, l'élégance de la toilette, et elle appuie sur la satisfaction de commander à des laquais, à une femme de chambre, après avoir été aux ordres de tout le monde. Rosalie est ivre de joie et d'espérances. Elle ne voit plus son petit époux qu'à travers un nuage épais. Elle ne consent pas, précisément, encore; mais elle ne trouve plus d'objections.

Dès le lendemain, les promesses de madame Latour doivent être réalisées; mais il faut, préalablement, être présentée à madame Dupont. On apprend ce qu'il est essentiel de lui dire, et on se laisse conduire à une voiture qui attend à la porte.

Madame Dupont est enchantée de ce qu'elle a vu, et que n'a-t-elle pas voulu voir? Elle rend à madame Latour l'acte, sous-seing privé, qui la rendait maîtresse de son mobilier; elle accorde une gratification, à laquelle elle ne s'était pas obligée; elle congédie sa lieutenante, et elle donne, à mademoiselle Rosalie, ses dernières instructions. Elle lui en donne de très-particulières.

La maison était bien montée. Rosalie était satisfaite, et comptait l'être bientôt davantage. Le souvenir de Latour n'était plus, pour elle, qu'une idée fatigante, pénible, que déja elle repoussait avec facilité.

Le quatrième jour fut marqué pour la première entrevue. Après le soleil couché, M. le président se rendit dans une maison qui ne pouvait être soupçonnée du public, bien que, depuis des années, on y fît un commerce illicite : les gens, graves en apparence, calculent, mesurent tout, et ne se compromettent jamais.

M. le président fut ivre de son bonheur, et la petite, qui avait commencé par répondre modestement à tout : vous me faites bien de l'honneur, osa lever, enfin, les yeux sur son président, et le trouva fort à son gré. L'intimité réciproque commença à s'établir. Rosalie avait de l'esprit naturel, et le plaisir faisait jaillir l'éclair de la saillie.

Il fut arrêté, séance tenante, que la jeune demoiselle, que M. Duplant était bien loin de croire veuve, serait logée dans un quartier éloigné; qu'on ferait de suite sa garde-robe; qu'on lui donnerait des maîtres, et surtout une femme sûre pour la diriger. Madame Dupont fut chargée d'exécuter les dispositions arrêtées.

Dès le lendemain, une petite maison était louée et meublée, au haut du faubourg du Roule; la lingère, la dentellière, les couturières étaient en mouvement; des maîtres de langue, de dessin, de musique étaient arrêtés; une femme de chambre et une cuisinière étaient installées. Madame Latour fut la femme de confiance qui devait répondre de Rosalie : vous conviendrez qu'on ne pouvait la mettre en de meilleures mains.

M. le président s'était fait ordonner, par son médecin, l'exercice du cheval. En conséquence, il déposait le noir au sortir de l'audience; s'habillait en écuyer, et, suivi d'un domestique, il allait trotter aux Champs-Élysées et au bois de Boulogne. Il descendait à peu de distance de la petite maison, et il était sûr que son domestique, à qui il ordonnait de l'attendre, et qui avait deux chevaux à garder, ne le suivrait pas.

Tout allait au mieux. Assez souvent une visite clandestine, le soir, succédait à celle du matin. Rosalie se formait sensiblement au physique et au moral. Elle parlait français; elle débrouillait la romance; elle crayonnait, tant bien que mal, le portrait de M. le président, et son corset devenait trop étroit.

M. Duplant n'avait pas joui encore des douceurs de la paternité. Enchanté de devenir père, n'importe comment, il comblait Rosalie de caresses et de présens. Il ne se doutait pas, lui, qui s'était fait faire une ordonnance de médecin pour monter à cheval, que madame Duplant en avait commandé une pour aller respirer l'air de la mer.... à Bordeaux seulement. Un accroissement d'embonpoint, auquel le président n'avait aucune part, avait rendu cette mesure nécessaire.

M. Duplant profitait de la liberté que lui laissait son veuvage. Il donnait à Rosalie les momens qu'il consacrait à bâiller près de madame, et comme une fille grosse ne peut pas décemment s'appeler mademoiselle, il fut arrêté, qu'à l'avenir, Rosalie serait madame Dulac. Son changement d'état fut notifié à ses maîtres et à ses gens, assez accoutumés à ces petites variations, et qui, pour son argent, l'auraient appelée madame la comtesse, si on l'avait voulu.

Cependant madame Dulac, qui aimait beaucoup son président, aimait aussi le grand air. Ses bijoux, ses dentelles, ses bronzes dorés, qui l'avaient très-fortement occupée, pendant un grand mois, ne produisaient plus qu'une impression très-légère : on se fait à tout. Elle se souvint qu'il il y a, à Paris, des promenades et des spectacles. Elle demanda, un jour, à madame Latour, en bâillant à se démonter la mâchoire, si, pour bien aimer M. le président, il était indispensable de passer, à la maison, le temps où il n'y était pas. Madame Latour répondit que le désir de jouir de la promenade était bien naturel ; mais très-difficile à satisfaire. Elle parla, ensuite, des malheurs du temps, des dettes qu'elle avait contractées pour l'avancement de madame, qui ne lui avait rien rapporté. Elle finit par déclarer franchement que, pour dix louis, madame aurait la permission de se promener : madame en aurait donné vingt de bon cœur.

Les médecins sont très-utiles, en beaucoup de petites circonstances, et, pour la troisième fois, la médecine va s'immiscer dans les affaires de M. le président. Il avait été décidé que madame jouerait la petite santé, les maux de cœur, et un assez joli solitaire, glissé, à propos, à un petit doigt, dicta l'ordre positif d'aller, tous les jours, prendre le grand air en calèche.

M. le président alla plus loin que l'ordonnance. Il acheta deux chevaux, dont elle ne parlait pas, parce qu'on n'a pas encore perfectionné les voitures mécaniques au point de les faire rouler toutes seules. Or, il faut un cocher pour conduire les chevaux, un laquais pour ouvrir et fermer la calèche, et M. le président fit les choses avec une facilité, une grace, dont madame Dulac fut enchantée.

Avec quelle promptitude elle avait passé du tonneau au carrosse! Ce que c'est qu'être jolie!

La dignité de la toge eût été singulièrement compromise, si M. le président eût été connu à la petite maison du faubourg du Roule. Il y venait sous le nom de M. du Ponchelle, et bien décidé à ne jamais sortir du plus rigoureux incognito. Il avait chargé madame Dupont de trouver un cocher et un laquais.

Madame Dupont était cousine de la femme de

chambre de la marraine de l'orfèvre chez qui travaillait Latour. Latour était très-bien vu dans la maison, parce que la maîtresse se connaissait en figures, et que le meilleur ami de madame est ordinairement un peu l'ami de monsieur. Latour, en forgeant un lingot, s'était écrasé trois doigts de manière à ne jamais s'en servir. Madame n'avait pas de prétexte pour garder, chez elle, un ouvrier inutile. Madame consentit donc à ce que monsieur le congédiât, et elle se consola par l'espérance qu'il aurait un digne successeur.

Cependant un bon cœur se fait toujours connaître. Madame alla recommander Latour à la marraine de son mari; la marraine le recommanda à sa femme de chambre, et la femme de chambre le recommanda à madame Dupont.

Vous sentez bien que Latour arriva au faubourg du Roule, derrière la calèche de madame Dulac. Le voilà laquais de sa femme, et vous prévoyez des explications orageuses, des scènes tragiques, un poignard et du poison, la maréchaussée, le procureur-général, et le dénouement en place de Grève : rien de tout cela n'arriva.

Mesdames Dulac et Latour vivaient en égales, lorsque M. du Ponchelle était absent; en effet, l'une valait bien l'autre. Latour, endoctriné par le cocher, la femme de chambre, la cuisinière, se présente de fort bonne grace, la serviette sur le bras, et avertit ces dames qu'elles sont servies.

Sa maman jette un cri de surprise et d'effroi; la jeune femme rougit, pâlit et s'évanouit très-naturellement. Madame Latour court à elle et lui administre des sels, en lançant à son fils des regards foudroyans. Madame Dulac retrouve l'usage de ses sens, et n'ose détacher ses yeux de son corsage arrondi. Latour ferme la porte, prend une chaise, s'assied, sans façon, entre elles deux, et leur parle ainsi, ou à peu près; je ne réponds pas de transcrire exactement ses paroles:

« J'ai eu des torts envers ma mère; Rosalie en
« a eu envers la sienne et envers moi. Ce que
« nous pouvons faire de mieux, c'est de nous
« pardonner mutuellement, et de garder, sur le
« passé, une secret impénétrable.

« La force des circonstances m'oblige à être
« votre laquais le jour; mais, le soir, madame
« Latour voudra bien se souvenir que je suis son
« fils. Madame Dulac n'a pas oublié que j'ai été
« son premier mari; que mes droits sont plus an-
« ciens et, par conséquent, plus solides que ceux
« de M. du Ponchelle. J'entends y rentrer, et en
« jouir dans toute leur étendue.... Vous ne ré-
« pondez pas, Rosalie. J'ai du caractère, et bien
« certainement vous me reviendrez. Choisissez
« de m'avoir avec ou sans M. du Ponchelle. Si
« vous résistez, je lui raconte l'histoire du Grand-
« Salon, du champ de blé, du tonneau de la rue
« de l'Oursine, et il me croira, car je lui don-
« nerai pour preuve de ma véracité, certaine

« lentille que lui et moi seuls avons pu voir. Il
« saura que cette petite paysanne de Sèvres,
« qu'on lui a donnée comme parfaitement inno-
« cente, en savait tout autant que moi, et il
« est probable que nous déménagerons tous en-
« semble.

« Répondez-donc, Rosalie. Il n'est pas possible
« que vous ayez oublié Latour, qui, le premier,
« a fait palpiter votre cœur; Latour, qui n'a cessé
« de vous aimer; qui sera fier de vous servir le
« jour, si vous le dédommagez de la contrainte
« qu'il s'imposera. »

> Ah! l'on revient toujours, toujours,
> A ses premiers amours,

dit une vieille chanson, qui, souvent, a été pro-
phétique. Madame Latour tient à la cuisine et
aux honoraires de M. le président; elle pousse
Rosalie du coude; elle joint les remontrances au
geste. Rosalie lève ses yeux charmans sur Latour,
et elle laisse tomber, mollement, sa main dans la
sienne.

Madame Dulac avait des principes. Elle regret-
tait, quelquefois, d'être bigame. Madame Latour
opposait son expérience aux scrupules. Elle répéta si souvent, à Rosalie, qu'on ne voyait que
bigamie, et même trigamie dans le monde, et
qu'abondance de bien ne nuit jamais, qu'enfin,
les remords cessèrent de tourmenter la jeune
femme, et, un jour qu'elle lisait Candide, elle

s'écria avec Pangloss : Tout est pour le mieux dans le meilleur des mondes possibles !

Il est fâcheux que, dans le meilleur des mondes possibles, il n'y ait pas de félicité durable. M. du Ponchelle, madame Dulac et Latour, reposaient avec sécurité sur l'estrade que l'Amour avait jonchée de myrtes, de roses, et des plus doux pavots. Madame Latour jouissait de la félicité de son fils, et la position, où elle avait contribué à mettre madame Dulac, lui donnait, sur elle, un empire, que les femmes de toutes les classes aiment beaucoup à exercer.

Un beau jour, un jour affreux plutôt, M. le président reçoit, de madame la présidente, une lettre violente, atterrante, désespérante. La dame reprochait amèrement, à monsieur, d'avoir une maîtresse, de la combler de biens, et surtout de lui avoir ôté son cœur, à elle, épouse aimante et fidèle. Un ami du président, qui l'était plus encore de madame, était resté à Paris. Il avait épié les démarches de M. Duplant, et il avait conseillé à sa tendre amie de faire une bonne scène à son époux, afin de le mettre dans l'impossibilité de crier trop haut, si leur petit commerce se découvrait un jour, ce qui n'était pas impossible.

Ce moyen-là eût pu réussir avec un autre homme que le président. Celui-ci avait de l'esprit et de la pénétration ; il se souvint que, dans les premiers temps de son mariage, madame avait paru très-affectée de son indifférence, et qu'ensuite elle s'était consolée ; qu'elle ne lui avait fait aucun reproche de certaines intrigues, dont il était difficile qu'elle ne sût rien ; qu'après s'être consolée, elle avait cherché les plaisirs et s'était livrée à la gaieté ; qu'il était assez extraordinaire qu'elle eût voulu aller prendre, à Bordeaux, l'air de la mer, qu'elle pouvait respirer à trente lieues de Paris. M. Duplant aurait pu faire ces réflexions-là plutôt. Mais il ne s'occupait pas assez de sa femme, pour penser à la pénétrer. La lettre exagérée, outrée de madame, amena une première idée, et celle-là en produit toujours d'autres.

A force de rêver à tout cela, le président imagina, le diable lui souffla, peut-être, que le voyage de Bordeaux était la suite des consolations que madame s'était fait administrer. Le mari le moins fidèle a, quelquefois, le ridicule de prétendre que sa femme le soit toute sa vie, ce qui n'est pas aisé du tout. Quoi qu'il en soit, ce mari-ci fait venir des chevaux de poste, et va, courant jour et nuit, à la capitale de la Gascogne.

Il descend à l'endroit où il a l'habitude d'adresser ses lettres à sa femme. Madame n'était pas très-fine ; mais, soit que l'air du pays ait influé sur elle, ou qu'elle ait été dirigée par son consolateur, elle avait jugé convenable de loger d'un côté, et de faire arriver ses lettres de l'autre, afin d'avoir le temps d'être avertie, en cas de mésaventure. En effet, M. le président n'avait pas dit quatre mots, qu'une vieille femme s'était détachée pour aller crier : *Garde à vous !*

M. Duplant la suit, la fait entrer au premier corps-de-garde, se nomme au commandant, et envoie chercher un commissaire de police. Le commissaire, trop heureux de se rendre agréable à M. le président, fait, à la vieille, une peur, tellement laxative, qu'on est obligé de la chasser du corps-de-garde, après, toutefois, qu'elle a donné la véritable adresse de madame Duplant.

Monsieur trouve madame à la fin d'un très-joli dîner qu'égayait le champagne. Ce n'est point à la figure que se porte son premier coup d'œil, et, bien sûr de son fait, ayant trop d'usage du monde pour faire un éclat, il embrasse sa femme avec une cordialité, au moins apparente. Il se place à côté d'elle et se fait donner un verre. Il lui conte que la dernière lettre qu'elle lui a écrite, annonçant une délivrance assez prochaine, il avait voulu être présent à un évènement qui inquiète toujours une femme, et se rassurer, lui-même, sur les suites qu'il pouvait avoir.

Il est clair, pour les convives, que monsieur est le mari ; on le fête ; on le caresse ; on boit à lui, à madame, au fruit précieux de leurs amours. Madame, écrasée par l'apparition inattendue de son mari, a eu le temps de se remettre. Elle sent que, si elle avait tout à craindre du premier moment, elle peut être assez tranquille sur l'avenir, et elle se félicite d'avoir un mari qui ne s'affecte, que jusqu'à un certain point, de ce qui ferait le désespoir d'un original bizarre et quinteux. Elle témoigne, au président, la joie qu'elle a de le revoir; elle le remercie de la surprise agréable qu'il lui a ménagée, de ses attentions délicates qui ne varient jamais. Voilà, pour les spectateurs d'une scène, jouée avec beaucoup de naturel, un des meilleurs ménages qu'on connaisse.

Cependant, les convives disparaissent les uns après les autres. Madame se pince les lèvres, en pensant au tête à tête qui va, très-incessamment, s'ouvrir. Son mari remarque son trouble, signe certain, pour un homme au courant, de ce qui se passe dans l'intérieur de madame. « Rassurez-« vous, lui dit-il à l'oreille; je ne serai pas plus « terrible dans le particulier, que devant le pu-« blic. » Que de femmes voudraient avoir un mari comme M. Duplant!

Enfin, le moment de l'explication arrive. Madame prend la parole; elle rappelle, à monsieur, certaines aventures, dont toute sa prudence n'a pu dérober entièrement la connaissance au public. Elle appuie singulièrement sur ses relations actuelles avec la petite Dulac. « Vous voulez vous « excuser, madame, en cherchant un premier cou-« pable. Nous le sommes tous deux, convenons-« en de bonne foi. Ainsi, laissons le passé, et oc-« cupons-nous de l'avenir.

« Je n'ai d'autre héritier, de nos grands biens, « que des collatéraux assez éloignés. Vos parens

« pour déterminer les miens à conclure notre ma-
« riage, m'ont assuré votre fortune après vous,
« si je vous survis. Les quatre-vingt mille livres
« de rente, que vous m'avez apportées, ne pas-
« seront pas à mes arrière-petits-cousins. Il est
« naturel, il est juste qu'un enfant hérite de
« sa mère, et je reconnaîtrai le vôtre; mais ne
« recommencez pas, ou je me fâcherai sérieu-
« sement. »

Madame Duplant se précipite dans les bras de son mari et le presse contre son cœur. « Point
« de démonstrations, madame; je ne les aime
« pas. Écoutez-moi, jusqu'à la fin, je vous en
« prie.

« Il est très-douteux que vous ayez désiré être
« mère. J'aime à croire, pour votre honneur, que
« cet évènement est la suite d'une distraction,
« d'un moment d'oubli de la part de votre amant.
« La paternité n'entraîne pas, à beaucoup près,
« les mêmes inconvéniens. Je vous avoue que je
« l'ai désirée avec ardeur, et, dans quelques mois,
« mes vœux, à cet égard, seront réalisés. Votre
« enfant sera élevé à l'hôtel. J'y introduirai le
« mien, sous le titre modeste d'orphelin. Peut-
« être serons-nous assez heureux pour qu'ils
« soient de sexes différens. Alors une histoire,
« jetée dans le public, préparera leur union, et,
« plus tard, des arrangemens solides leur assure-
« ront votre fortune et la mienne. Ces proposi-
« tions vous conviennent-elles ? »

La présidente, trop heureuse de pouvoir jouir ouvertement des douceurs de la maternité, les accepta avec la joie la plus vive.

« Madame, vous reviendrez à Paris, dès que
« vous aurez pris congé de vos amis de Bordeaux.
« Vous leur direz, que des lettres de la plus
« haute importance ne m'ont pas permis de rester
« plus long-temps; que l'air de la mer a suffi-
« samment rétabli votre santé, et que je désire
« que vous fassiez vos couches auprès de moi.
« Vous direz tout ce qu'il vous plaira, et je m'en
« rapporte à vous : dans votre position, une
« femme a toujours plus d'esprit qu'il n'en faut.
« Adieu, madame. Je vais, à l'instant même, re-
« monter dans ma chaise de poste. »

Si le diable, pour tout brouiller, a soufflé à madame Duplant la lettre foudroyante qu'elle a écrite à son mari; s'il a soufflé au mari de faire le voyage de Bordeaux, il faut avouer que ce diable-là a bien peu d'usage du monde. Il a confondu un président avec ces époux bourgeois, très-chatouilleux sur ce que l'on appelle honneur, et qui ont toujours leurs argumens et leur vengeance au bout des bras. Pauvre diable, que ce diable-là !

Celui de l'imprudente sécurité manœuvrait, à Paris, avec bien plus d'adresse. Il avait vu le président monter en voiture à Bordeaux, et à l'aide de sa prévoyance diabolique, il avait jugé que l'indulgent époux arriverait de nuit dans la capitale. Il avait, au moment fatal, couvert Rosalie, Latour, sa mère, les domestiques, des plus soporifiques pavots.

Tout le monde sait qu'on s'échauffe, en courant la poste, et notre magistrat était encore à l'âge heureux où on n'a pas besoin de stimulant. Il descend à la place Louis XV; il renvoie sa chaise par son valet de chambre, qui courait devant lui, et le cœur et la tête brûlans d'impatience et d'amour, il court au faubourg du Roule.

Il est à présumer qu'il avait décidé d'avance que ce serait là, qu'il oublierait les fatigues d'un voyage long et rapide, car il avait emporté et rapporté, avec lui, la clé de la porte mystérieuse, par où il avait l'habitude de s'introduire le soir. Madame Dulac ne l'attendait que dans huit jours, et le sixième n'était pas écoulé encore. Madame Dulac n'avait pris aucune précaution, et toute autre y eût été prise comme elle; car enfin, qui peut s'imaginer qu'un président vole comme un aérostat? Peut-être aussi ce méchant diable, dont je parlais tout à l'heure, avait-il tout arrangé au plus mal.

Quoi qu'il en soit, le président insinue sa clé dans le trou de la serrure. La porte s'ouvre, et il se félicite de ce qu'on n'a pas mis les verroux. « Qu'elle sera aise de me revoir ! Avec quels trans-« ports elle va me serrer dans ses bras! » Il s'avance, en tâtonnant; il entre dans la chambre de Rosalie, et, à la faible lueur d'une lampe de nuit, il voit... il voit!... C'est la tête de Méduse, qui le pétrifie, ou c'est celle de Latour.

Il est des êtres beaucoup moins sensibles à l'infidélité de leur femme, qu'à celle de leur maîtresse. Est-ce immoralité où faiblesse? Peut-être est-ce l'effet de l'une et de l'autre. On combat ses passions; elles triomphent des principes, et on ne sait plus où on ira. Ce malheur-là est arrivé et arrivera encore à beaucoup d'honnêtes gens; mais ce n'est pas le moment de nous livrer à une discussion physique et métaphysique. Je ne peux me déterminer à laisser mon président debout devant le lit de mademoiselle Rosalie, plus belle encore des roses dont le sommeil colorait ses joues, ayant un bras tendrement passé autour du cou de Latour, qui avait aussi deux mains...

Le président sentait son sang bouillonner dans ses veines. L'indignation de l'amour outragé; le ressentiment que cause l'ingratitude; le mépris que lui inspirait son rival; toutes les passions, enfin, tourmentaient ce pauvre homme, qui, de sang froid, avait vu sa femme au moment de lui donner un enfant, dont il n'était pas le père. Vingt fois, il fut prêt à éclater. Un candélabre était levé sur deux têtes couronnées de myrtes, qu'il pouvait écraser d'un seul coup. L'homme qui délibère ne commet pas un crime, et il serait très-heureux qu'on persuadât, à certains drôles, de remettre au lendemain un vol ou un assassinat.

M. le président réfléchit qu'il suffirait d'un cri, échappé aux coupables, pour mettre sur pied madame Latour et les domestiques. Il pensa que le guet et un commissaire ne reconnaîtraient pas, dans un frac vert, galonné en or, un chef du premier corps de la magistrature française ; qu'un président, connu par son intégrité et son désintéressement, ne devait pas se permettre un meurtre pour une amourette qui avait mal tourné ; qu'un éclat violent tendrait, au moins, à le compromettre sérieusement, et il conclut que ce qu'il pouvait faire de mieux était de s'en retourner comme il était venu.

En conséquence de ce raisonnement, le candélabre est replacé sur la cheminée, et le président sort de cette maison, en poussant des soupirs qui auraient attendri des tigres.

Sans inquiétudes, désormais, sur le sort de madame Dulac, il ne prit pas la peine de refermer la porte. Cette porte, d'ailleurs, serait trouvée ouverte le lendemain, et lui seul en avait la clé. Cette circonstance devait faire connaître aux coupables qu'ils étaient découverts, et, dès ce moment, le supplice de Rosalie devait commencer ; ainsi pensait le président.

Le diable, non de la continence, ramenait, dans le centre de Paris, deux mousquetaires, qui venaient de souper à la Folie-Beaujon. On soupait, dans ce temps-là, et c'est alors qu'on oubliait l'étiquette, la gravité du rang, et la fatigue des affaires. Peut-être, maintenant, n'a-t-on pas besoin de souper pour oublier tout cela.

Un falot marchait devant ces messieurs : on n'avait pas encore imaginé les réverbères. De tristes lanternes, appliquées, de loin en loin, contre les maisons, prévenaient les contusions qu'on aurait pu se donner contre une charrette, la borne d'un coin de rue, ou la saillie d'une boutique. Elles ne suffisaient pas à ceux qui couraient la nuit en escarpins et en bas de soie blancs. Le falot les suppléait. C'était une petite lanterne que portait un savoyard, qui se contentait d'une très-légère rétribution. L'auteur des réverbères a réduit toute une nation au ramonage des cheminées. Il est vrai que les savoyards excellent tellement dans cette partie, que partout on s'empresse de leur donner la préférence sur ses co-habitans.

A la lueur du falot, qui marchait devant eux, nos mousquetaires aperçoivent une porte ouverte. S'il a suffi des deux compagnies de ce corps pour prendre, autrefois, Valenciennes, c'était bien assez de nos jeunes gens pour prendre une maison. Le champagne les avait montés sur le ton le plus gai, et le désir de courir les aventures, et l'espoir d'en trouver de piquantes, et certain pressentiment, qui, dit-on, ne trompe jamais, tout ordonnait, impérativement, que la lanterne passât, des mains du porteur, dans celles de ces messieurs.

Ils entrent avec les précautions qu'exige la tactique militaire ; ils marchent sur la pointe des pieds, l'œil à tout, et retenant leur haleine. Ils arrivent à la chambre de madame Latour, qui s'était arrangée avec le cocher, dont, par conséquent, elle arrêtait les mémoires sans les lire.

« Ce sont de vieux mariés, dit l'un à l'oreille « de l'autre ; passons, passons. »

Dans la chambre voisine reposait la femme de chambre, ni grande ni petite, ni grasse ni maigre, ni laide ni jolie, ni sotte ni spirituelle. Ce dernier article était tout-à-fait indifférent à ces messieurs : Julie n'avait que vingt ans, et ils étaient mousquetaires.

Julie, qui s'ennuyait au faubourg du Roule, passait son temps à tirer les cartes, et son *grand jeu* était sur une table à côté de son lit. On la joue à rouge ou noire, et le gagnant s'empare de sa conquête. Julie a l'habitude de capituler ; un assaut l'éveille, l'étonne, l'indigne, et elle jette de grands cris. Latour et Rosalie s'éveillent en sursaut. L'amant, qui tremble d'être découvert, se sauve dans sa mansarde ; Rosalie sonne à tout briser. Julie ne venait pas, et pour cause ; elle avait, d'ailleurs, cessé de crier. Mais sa maîtresse voulait savoir la cause du tintamarre qui avait troublé son sommeil. Rassurée sur son cher Latour, elle se lève, et passe chez sa femme de chambre. Le mousquetaire oisif jette à son tour des cris, mais qui n'ont rien d'effrayant : ils sont d'admiration.

Le jeune homme prend la main de madame Dulac et veut la reconduire chez elle. Madame Dulac dit qu'elle est mariée et qu'elle aime beaucoup son mari. « N'importe, n'importe! s'écrie le « pétulant mousquetaire ; ce sera le quarante- « deuxième de ma façon. » Il insiste ; Rosalie se défend. Mais dans l'état où elle est, peut-on se défendre long-temps ?

Madame Latour et son cocher, assis sur leur lit, comme deux singes, se demandaient, des yeux, ce que tant de mouvement voulait dire. Une patrouille du guet, qui passait par là, voit une porte ouverte, un petit savoyard, qui pleure son falot ; elle entend les premiers cris de Julie, et elle entre dans la maison, prudemment, lentement, après avoir délibéré pendant un quart d'heure : on ne saurait prendre trop de précautions, quand on sait qu'on aura affaire à deux membres d'un corps, redouté sous plus d'un rapport.

Le cocher, interpellé de répondre, répond qu'il ne sait rien, et il dit vrai. On allume une bougie à la lampe de nuit de madame Latour, et, la baïonnette en avant, on passe dans la chambre voisine. Le plus jeune des soldats du guet saute sur l'épée du mousquetaire, qui causait, nez à nez, avec Julie. Le mousquetaire crie au secours, aux armes, et son camarade paraît l'épée à la main. A cet aspect formidable, l'escouade recule jusque dans la chambre de madame Latour. Dans cette retraite précipitée, un soldat laisse tomber son fusil ; le mousquetaire désarmé s'en saisit, et tous deux tombent sur les assaillans. « Rendez-moi mon épée, criait l'un. Vous « ne verrez pas la femme estimable qui a des « bontés pour moi, criait l'autre. » Et ils poussent la patrouille jusque dans la rue.

Moins prudens que les vainqueurs de Valenciennes, qui se retranchèrent dans la ville, en attendant qu'il y entrât des troupes françaises, ceux-ci se livrèrent à toute l'impétuosité de leur âge. Madame Latour, qui ne perdait jamais la tête, ordonna au cocher d'aller fermer la porte de la rue et de pousser les verroux. Voilà nos mousquetaires, en chemise, en plein vent, à deux heures du matin, n'ayant, pour se garantir de la bise, qu'une épée et un fusil.

Quand madame Latour crut n'avoir plus d'invasion à craindre, elle passa chez Rosalie, qui entra avec elle dans des détails qu'il était difficile de lui cacher. Julie, interrogée sur la cause de ses clameurs, répondit aussi de bonne foi. Madame Latour ne voyait pas grand mal à ce qui s'était passé ; vous savez qu'elle ne tenait pas aux mœurs publiques aussi rigoureusement que madame Dupré. Mais comment ces diables de mousquetaires étaient-ils entrés dans la maison, ou qui leur en avait ouvert la porte, que madame Latour fermait soigneusement tous les soirs ?

Il fallait nécessairement passer, pour arriver

à cette porte, par une antichambre où madame Latour couchait, dans une alcove, fermante à deux battans. Elle était sûre que jamais Rosalie n'avait parlé à un mousquetaire, et ces jeunes gens n'avaient pu chercher ce qu'ils ne connaissaient pas. Ils avaient donc trouvé cette porte ouverte, et ils avaient voulu profiter de l'occasion. Mais enfin, qui avait pu l'ouvrir?

M. du Ponchelle serait-il de retour? Serait-il entré furtivement? Aurait-il trouvé Latour avec Rosalie? Aurait-il eu la modération de se retirer sans bruit, et l'imprudence de ne pas refermer la porte? Après avoir épuisé les autres conjectures, il fallut bien s'arrêter à celle-ci, la seule qui fût vraisemblable, et le deuil se répandit aussitôt dans la maison.

La maîtresse abandonnée, sa directrice maltraitée, de paroles au moins, et maîtres et valets forcés de déloger en une heure, rendus à leur première misère, tel était le triste tableau qui se gravait dans tous les cœurs, et qui tirait des larmes de tous les yeux.

Cependant l'effroi se calme, comme toutes nos sensations, et le jugement reprend ses droits. Madame Latour, qui trouvait toujours un côté avantageux aux affaires les plus désastreuses, prononça que ce qui était donné était donné, et que tout ce que pourrait faire M. du Ponchelle serait de remettre la maison au propriétaire; qu'on se déferait des objets précieux et des meubles les plus élégans; qu'avec le produit, on formerait un petit établissement, et, comme madame Latour avait, dès long-temps, l'excellente habitude de ne jamais s'oublier, elle ajouta qu'elle prendrait la direction du magasin.

Elle arrêta, en outre, qu'on ferait un paquet des habits et autres effets de MM. les mousquetaires, et que Latour le porterait de suite à l'hôtel du corps.

Mais que font-ils au milieu de la rue, dans le triste état où nous les avons laissés ? Après avoir fait fuir le guet, et avoir vainement essayé de rentrer chez Rosalie, ils avaient été forcés de se réfugier dans un corps-de-garde de cavalerie, où ils contèrent, franchement, leur mésaventure. Le chef du poste leur envoya chercher un fiacre, dans lequel il fit monter, avec eux, deux de ses cavaliers, pour les conduire à l'hôtel, et s'assurer que ces messieurs fussent effectivement mousquetaires. Dans le cas contraire, ils devaient les déposer chez un commissaire de police.

Le jour commençait à poindre, quand nos jeunes gens arrivèrent à l'hôtel. Les trompettes venaient de sonner à cheval. Tout le monde était déjà debout, et on se préparait pour la grande revue de la plaine des Sablons. Il fallait être bien déterminé pour n'être pas confus, en paraissant en chemise, et escorté par deux cavaliers, devant une compagnie tout entière. Les plaisanteries de nos deux jeunes gens désarmèrent bien vite les railleurs. Les questions et les réponses se succédèrent avec rapidité, et tout allait le mieux du monde, quand un vieux maréchal-des-logis survint. Il se fit expliquer l'affaire dans toutes ses circonstances, se pinça plusieurs fois les lèvres pour ne pas rire, et finit par envoyer ces messieurs, pour quinze jours, dans leur chambre, afin, ajouta-t-il, très-finement, qu'ils aient le temps de se réchauffer. Latour, qui arriva avec le paquet, acheva de terminer l'aventure. Retournons au faubourg du Roule.

Sur les dix heures du matin, on vit arriver madame Dupont; on s'y attendait. Son air était sévère et important; on s'en soucia peu. Elle débuta par des reproches sur l'abus qu'on avait fait de sa confiance; on ne l'écouta point. Elle parla, enfin, au nom de M. du Ponchelle, et on devint attentif.

Le président déclarait ne vouloir conserver aucune relation directe, ni indirecte, avec madame Dulac, et madame Dulac soupira : la bigamie, et même la trigamie lui convenaient beaucoup. M. du Ponchelle lui laissait ce qu'il avait donné, et la mère Latour s'écria que cela allait sans le dire. M. du Ponchelle offrait un contrat de deux mille francs de rente viagère, à condition qu'on lui remettrait, au moment de sa naissance, l'enfant, dont il était sûr d'être père, et qu'il éleverait convenablement. La conviction de M. du Ponchelle arracha un sourire à Latour, qui pensa à son premier mariage d'une semaine, et qui était également convaincu qu'il pouvait disputer au président, non les charges qu'il réclamait, mais les honneurs de la paternité. Rosalie, la mère Latour et lui tinrent conseil, pendant un quart de minute, et ils prononcèrent qu'un enfant de plus ne les enrichirait pas, et qu'un contrat de rente leur donnerait beaucoup moins d'embarras. En conséquence, madame Dupont tira le contrat de sa poche; on en portait alors, et on ne cherchait pas son mouchoir à chaque instant. Elle remit le titre à Rosalie, après lui avoir fait signer un acte par lequel elle renonçait au bénéfice du contrat, si elle n'appelait ladite dame Dupont, lorsque les premières mouches la piqueraient, et si elle ne lui livrait l'enfant au moment où il sortirait de son enveloppe.

Madame Dupont assembla les domestiques, et leur donna le congé le plus solennel. Julie prit la livrée de Latour, et ne pouvant entrer aux mousquetaires, en qualité de femme de chambre, elle s'y présenta, en qualité de domestique, et fut reçue par le jeune homme que le guet avait interrompu si mal à propos. La cuisinière et le cocher, pour qui madame Latour n'entendait plus rien faire, allèrent battre le pavé, en attendant qu'une maison s'ouvrît pour eux. Les belles choses que je pourrais dire sur l'instabilité de la pauvre espèce humaine! Le lecteur, très-judicieux, sans doute, se les dira à lui-même.

Quand madame Dupont fut sortie, la mère Latour revint à son projet d'établissement. Rosalie se trouvait fort bien de ne rien faire, et elle pensa que, moyennant *des épingles*, madame Dupont lui trouverait un second du Ponchelle. « Bah! s'é-
« cria Latour, elle trouvera quelque magot, qu'il
« faudra faire semblant d'aimer, et auprès de qui
« les journées paraîtront d'une longueur inter-
« minable. Nous voilà libres, ma chère Rosalie;
« nous nous aimons; nous pouvons vivre dans
« l'aisance; que nous faut-il de plus? Tu aimes
« la parure; hé bien! la femme d'un petit mar-
« chand n'est-elle pas mise, à Paris, comme celle
« d'un fermier-général? Il est vrai que les maris
« font, quelquefois, banqueroute; mais cela ne
« nous arrivera pas, puisque tu as une garde-robe
« montée et deux mille livres de rente, et quand
« cela nous arriverait? On dit qu'à la troisième
« faillite, on a sa fortune faite. »

Rosalie n'avait pas assez d'expérience pour rien opposer à des raisonnemens de cette force-là. Latour lui donna un baiser, et il fut décidé qu'elle serait marchande de nouveautés... neuves comme elle.

On passa le reste de la journée à faire des projets plus séduisans les uns que les autres. On n'avait plus de domestiques; madame Latour dérogea jusqu'à la cuisine. Elle déclara même qu'elle voudrait bien s'en mêler un peu à l'avenir, et qu'il lui suffirait d'avoir une petite fille, qui ferait le gros de la besogne.

Le lendemain on fit venir un tapissier et une revendeuse à la toilette; on loua une boutique et un entresol dans la rue de Bussy; quinze jours après, on avait ouvert, et la jolie figure de la marchande, et son air gracieux attiraient les chalands. Cela durera-t-il? C'est ce que nous verrons.

Que fait, que pense, que dit M. le président? Trompé par les dames du grand ton, par les élèves de Thalie, par une petite paysanne et par madame la présidente, à qui désormais adressera-t-il ses vœux? Il n'en sait rien. Il récapitule les perfidies de toute espèce dont il a été victime, et il trouve que la moins coupable est sa femme. Puisqu'un autre l'a aimée, pensait-il, j'aurais pu l'aimer aussi. Je l'ai forcée, par mon indifférence, à se procurer, ailleurs, ce qu'elle ne trouvait pas chez elle. Elle eût été sage, peut-être, si je me fusse montré époux sensible et empressé. Ma foi, j'ai envie de me faire amoureux de ma femme. Pas de dépenses, pas de soins, pas de mystère. Elle sera toujours là, et cela est commode.

Madame la présidente, en revenant de Bordeaux, seule dans sa voiture, avec une femme de chambre toute nouvelle, et qui, par conséquent, ne savait rien des petites affaires de madame, la présidente, dis-je, en courant la poste, n'avait rien de mieux à faire que de penser. Elle réfléchissait aux inconvéniens, aux dangers d'une intrigue; aux regrets qu'elle cause tôt ou tard; au triste sort qu'elle aurait subi, si son époux eût été moins indulgent. Ces idées prenaient plus de force à mesure qu'elle approchait de Paris, et, en arrivant dans la cour de son hôtel, elle disait, en soupirant : Ah! si M. Duplant m'eût aimée !

Le président entend le bruit d'une voiture, qui entre chez lui, et il met la tête à la fenêtre. Il reconnaît la berline de sa femme, et il s'élance dans la cour. Il lui présente la main, avec empressement, et la conduit chez elle. Il s'assied en face, il la regarde cinq minutes sans rien dire, et il s'écrie tout à coup : « Oui, oui... vous êtes jolie, « fort jolie, madame, et je ne m'en étais pas « aperçu. » Madame répond, en inclinant la tête, et en souriant d'une manière tout-à-fait agréable. La conversation s'engage. « Comment diable! « s'écrie encore son mari, vous avez de l'esprit, « beaucoup d'esprit, et je n'en savais rien ! — Ce « n'est pas ma faute, monsieur. — Je n'ai trouvé « dans le monde que des sottes et des infidèles, « et vous avez un défaut de moins que toutes ces « femmes-là — Je n'aurais pas l'autre, monsieur, « si vous l'aviez voulu. — Et si je le voulais à pré- « sent, madame ? — Je vous proteste que j'en se- « rais enchantée. — Et vous me répondez de l'a- « venir ? — Aujourd'hui même, je romprai avec « mon amant. — Attendez au moins, madame, « que je l'aie mérité. »

Ils étaient seuls, et il n'est pas facile d'assurer précisément ce qui se passa. Cependant, d'après quelques mots, échappés le lendemain au président, j'ai lieu de croire que le raccommodement fut scellé à l'instant même. Ce qu'il y a de constant, c'est que certain marquis fut prié le soir même de ne plus reparaître à l'hôtel, et comme ce marquis-là ne connaissait rien de si sot qu'une femme qui s'avise d'aimer son mari, il s'empressa de se pourvoir ailleurs.

Dans le monde galant, on appelle honnête homme celui qui ne paie pas ses dettes, mais qui ne perd pas de réputation les femmes qui ont eu des bontés pour lui. Sous ce rapport-là, M. le marquis était un très-honnête homme.

Rien ne troubla donc la tranquillité de madame la présidente, et de son amant époux. Ils coulaient des jours *d'or et de soie*, et ils se proposaient bien, quand l'enfant de M. le marquis aurait vu le jour, d'en faire un qui serait vraiment à eux deux.

Un beau matin, Rosalie, madame Dulac, madame du Ponchelle, madame la mousquetaire, madame Latour bru, comme il vous plaira l'appeler, poussa des cris à amollir les rochers, et madame Dupont fut mandée aussitôt. Vers midi, elle constata la naissance d'un gros garçon bien constitué de toutes les manières. Elle s'emballa avec lui dans un fiacre et le porta à M. le président, qui l'arrosa de ses larmes paternelles. Madame la présidente lui sourit, fort agréablement, et la mère Dupont alla le remettre dans les bras de la nourrice qu'on avait arrêtée.

Peu de jours après, madame la présidente paya, à son tour, le tribut à la volupté, à la nature, à la nécessité, à tout ce qu'il vous plaira. Le nom de Valentin n'est pas noble ; mais c'était celui du président, et comme il voulait que son fils eût, au moins, son nom de baptême, on l'appela Valentin. Madame la présidente s'appelait Estelle, nom distingué, harmonieux et que, par cette raison, les romanciers emploient très-souvent. La présidente voulut imiter son cher époux, et la fille, à qui elle avait furtivement donné l'existence, fut nommée Estelle. Voyons, maintenant, ce que nous allons faire d'Estelle et de Valentin.

Avant que je m'occupe particulièrement de deux enfans, qui deviendront deux héros, selon le privilége incontestable que me donne mon imagination, permettez-moi de faire, afin de n'y plus revenir, une courte digression sur madame Latour et son opulente et jolie compagne.

La vieille Latour connaissait le goût de sa bru pour la bigamie. Elle pouvait y joindre un jour celui du changement, et l'amant, à présent en faveur, serait éconduit. Une main de moins, et des goussets vides ne mettent pas un jeune homme dans une position bien riante. Il reviendrait nécessairement à la charge de mademoiselle sa mère, qui avait très-promptement contracté l'habitude de l'aisance, et qui ne se souciait pas de retomber dans les mains crochues de la misère. Elle conçut un plan qui assurait son sort et celui de son fils. Elle résolut de le marier tout-à-fait à Rosalie, et de le rendre, par là, maître du contrat et du magasin. C'est ainsi qu'autrefois Agrippine assura l'empire à son fils.

Au premier mot de mariage qu'elle fit résonner aux oreilles de sa bru, celle-ci répondit que sa mère, sa grand'mère, sa bisaïeule, ne s'étaient pas mariées, et que, comme ces dames, elle voulait ne connaître que l'amour libre. La mère Latour cria à l'immoralité, parce que la morale lui convenait fort en ce moment, et l'intérêt du moment avait toujours été son guide, comme il est celui de tant d'honnêtes gens, qui jouent un rôle brillant ou obscur dans ce monde.

Rosalie ne se connaissait pas plus en morale qu'en grec. Elle tourna le dos au prédicateur femelle, et madame Latour ne l'eût jamais persuadée, sans un petit accident qui soumit la jeune femme à ce joug si redouté.

Parmi les jeunes gens qu'attirait la mine piquante de la marchande, il en était un qui venait tous les jours, qui achetait tous les jours, et qui ne marchandait jamais. Une figure charmante, une jolie tournure avaient réveillé, dans le cœur de Rosalie, un ancien penchant à la bigamie. Le jeune homme ne parlait que des yeux, et toutes les femmes entendent ce langage-là. C'est ainsi, sans doute, qu'Adam fit l'amour à Ève, avant qu'ils se fissent un jargon, qui ne devait pas être plus riche qu'harmonieux. Rosalie comprit à merveille ce que le beau garçon voulait lui dire; elle lui sourit, et dans ce cas-là, sourire c'est répondre.

Dès lors, les billets et les réponses commencèrent à circuler. On se les glissait sous un gant, dans un chapeau, quelquefois même dans la main. Il ne manquait plus que l'occasion, et elle se présenta bientôt.

Un rendez-vous fut donné dans une maison commode, où Rosalie vola sur les ailes de l'amour. Latour, qui ne pouvait rien faire, se promenait pendant les momens qu'il ne donnait pas à la table et au sommeil; il se promenait donc seize heures par jour, à peu près.

Il remarque une femme qui trotte devant lui, et dont la tournure est bien celle de sa fidèle compagne. Il double le pas, et il reconnaît d'abord le schall, puis la robe, puis le chapeau. Le diable de la jalousie lui inspire la pensée de suivre Rosalie, et il entre avec elle dans la maison où son nouvel amant l'attend. Le jeune homme, ivre de joie et d'amour, reçoit sa belle dans ses bras, et pendant qu'ils se livrent à des étreintes préliminaires, Latour, qui a oublié n'avoir qu'une main à son service, applique l'autre si rudement sur l'oreille de Rosalie, qu'il lui écrase son chapeau et fait jaillir le sang du nez. Rosalie pousse des cris affreux et tombe dans un fauteuil; le jeune homme tombe sur Latour et le bat à outrance.

Les vociférations font trembler les vitres; l'hôtesse obligeante accourt, pour tâcher de rétablir l'ordre; une patrouille, on en rencontre toujours quand on ne s'en soucie pas, une patrouille paraît, et sans entendre aucune explication, elle emmène hôtesse, jeune femme, amans nouveau et ancien.

Les parties bien et dûment ouïes, M. le commissaire relâcha le jeune homme qui appartenait à une famille distinguée, et qu'on ne pouvait décemment arrêter; il envoya à la Salpétrière l'hôtesse, notée à la police pour être trop complaisante; il fit conduire Latour au Fort-l'Évêque, jusqu'à ce qu'il eût prouvé que le mariage, dont il arguait, et qui, seul, dans cette circonstance, avait pu lui donner le droit de battre, avait été légalement célébré. Comme certains commissaires sont aussi indulgens pour les jolies femmes, que pour les jeunes gens bien nés, il fut loisible à Rosalie de se retirer chez elle.

Il fallut bien qu'elle avouât, à peu près, à la mère Latour ce qui venait de ce passer. La mère Latour pleura, gémit, et fit semblant de s'arracher les cheveux. Elle redemandait son fils en suppliant, en menaçant, en tombant aux genoux de Rosalie. Si Latour eût été son mari, il n'eût fait que jouir de ses droits. Mais, devant les tribunaux, ce n'était qu'un garçon sans état, sans domicile, qui s'était porté à des violences dans une maison suspecte, et le mot terrible

Bicêtre vint expirer sur les lèvres de la mère Latour.

Rosalie était bonne fille au fond. Elle était toujours prête à tromper Latour; mais elle n'oubliait pas qu'il avait eu les prémices de son cœur, et, semblable à Manon l'Escaut qui revenait toujours à son chevalier, il ne fallait qu'une forte impulsion pour la ramener à ses premières amours. Ce mot redoutable *Bicêtre* la fit frissonner de la tête aux pieds. Elle promit tout à sa belle-mère, et elle courut chez le commissaire, essayer ce que peut une jolie femme sur un cœur qui ne s'amollit pas aisément.

Elle déclara que, puisqu'il ne manquait à Latour que le titre d'époux pour être mis en liberté, elle était prête à le lui donner. Elle était de bonne foi en ce moment; des larmes roulaient dans ses yeux et la rendaient plus belle; ses bras, portés vers M. le commissaire, s'arrondissaient avec une grace touchante; ses genoux fléchissaient de façon que le magistrat fut obligé de la soutenir, et un magistrat n'est pas de bronze. Son front se dérida; son sourcil, épais et tombant, se releva. Rosalie disait difficilement non, et à la fin d'une conversation, qui dut être assez intéressante, elle emporta l'ordre d'élargissement de son Latour.

Dès le soir même le contrat fut signé. Huit jours après le sacrement fut administré, et tout changea de face dans la maison. Rosalie sentit bientôt que l'obligation d'aimer est le moyen le plus sûr d'éteindre l'amour, et on a tant de ressources à Paris! Latour commença, de son côté, à trouver le changement agréable, et un mari occupé, est rarement à charge à sa femme. D'ailleurs, on ne la rencontre pas toujours à propos.

Rosalie avait les inclinations relevées, et ses distractions ne lui coûtaient rien. Latour n'avait pas oublié les bonnes fortunes du Grand-Salon, et ses walses lui coûtaient cher quelquefois. La mère, qui prévoyait le dérangement prochain des affaires, faisait ce que l'on appelle vulgairement *son petit magot*. Le magasin se fondit; le contrat de M. le président fut engagé. Rosalie ne cédait rien qu'en pleurant; mais elle cédait; enfin, les huissiers mangèrent ce qui restait dans la maison. La mère Latour se retira dans un galetas; son fils, qu'elle ne voulait plus voir, parce que son indigence lui fendait le cœur, son fils entra en qualité de valet dans une capucinière, et Rosalie?... Un cheval superbe brille pendant quelque temps devant un équipage magnifique; il passe, ensuite, à la modeste berline du Marais. Il va de là à la charrette ou au fiacre, et il finit chez l'écorcheur. Ma plume est trop chaste pour suivre Rosalie dans les rues de Paris. Décidément, je ne veux plus me mêler des affaires de cette fille-là. Retournons chez M. le président : nous y serons plus à notre aise et, surtout, plus décemment, ce à quoi je tiens beaucoup.

M. Duplant et sa tendre épouse étaient cités comme des modèles par toute la noblesse de robe. L'hypocrisie fait si aisément des réputations! Ils étaient sincères en ce moment; mais que d'orages ils avaient suscités et supportés avant que d'entrer au port, et une profonde dissimulation couvrait si bien tout cela! La noblesse d'épée ne parlait de ces époux que comme de deux êtres absolument ridicules. Elles les eût estimés singulièrement dans le temps où madame la présidente était marquise, et où le président courait des aventures un peu grivoises, si la chronique scandaleuse en eût parlé. Quelles différences dans les usages et les opinions résultaient, alors, de la couleur d'un habit, d'un plumet et d'une épée de plus ou de moins, d'une grande perruque ou d'une bourse à cheveux, et surtout du quartier qu'on habitait!

Je m'étendrais bien, si je le voulais, sur ces scènes tendres, délicates, voluptueuses, qui se renouvelaient sans cesse entre monsieur et madame Duplant. Mais cela vous ennuierait et moi aussi : certains détails ne sont piquans pour ceux qui n'y sont pas intéressés, qu'autant que l'amour est ballotté par la crainte et l'espérance, et les époux ne connaissent ni l'une ni l'autre.

Revenons à mademoiselle Duplant, qui n'est pas fille de son père, et à Valentin, qui, peut-être, ne l'est pas davantage. Mademoiselle Estelle avait déja un petit air prétentieux, qui annonçait la fille de qualité. Valentin était un beau garçon qui trouvait tout bien, qui trouvait tout bon, et qui riait toujours, lors même que son père nourricier battait sa femme, ou qu'il avait des maux de dents qui auraient donné des convulsions à tout autre enfant.

Le président et la présidente allaient voir régulièrement, une fois par mois, les jolis enfans. Chacun d'eux, pour complaire à l'autre, mangeait de caresses celui qui n'était pas le sien, et dont, peut-être au fond, il se souciait très-peu. Les coffres de la berline étaient remplis au moment du départ, et on les vidait au profit de Valentin, d'Estelle et des deux nourrices. Quinze jours d'avance, elles parlaient de ce qui viendrait à la fin du mois, et la veille du jour heureux était un jour de fête. Hélas! hélas! hélas! et quatre fois hélas!

Rappelez-vous, benin lecteur, ce que je vous ai dit, il n'y a pas long-temps. Lors de leur réconciliation, monsieur et madame Duplant s'étaient promis de la sceller en faisant un enfant, qui serait bien à eux deux. Ce noble projet ne s'effectua qu'au bout de deux ans, quoiqu'on ait fait plus qu'il ne fallait pour le remplir, après la délivrance de madame. Vous sentez quel changement, dans les idées, devait apporter cette légitime, très-légitime grossesse. M. le président se repentit d'avoir donné son nom à mademoiselle la marquise. Madame la présidente aurait voulu retirer son consentement à l'adoption de Valentin. On ne se disait pas cela, parce qu'on n'avoue des pensées, qui ne sont pas délicates, qu'autant qu'on ne peut s'en dispenser. Mais, quand on allait voir les enfans, les coffres de la berline étaient moins garnis, les caresses devenaient froides, et l'arrière-saison servit de prétexte plausible pour ne plus aller là du tout.

Madame la présidente accoucha d'un garçon, ce qui calma singulièrement les regrets et les plaintes qu'on n'avait encore osé se communiquer. Les biens de la maison étaient situés en Normandie, et la coutume de cette province donnait, à peu près, tout à l'aîné des garçons. Ainsi, Estelle aurait une légitime quelconque, et on donnerait à Valentin l'éducation nécessaire pour en faire un sous-lieutenant, ce qui ne coûte pas cher. Chacun des époux, ayant, en particulier, arrangé ce nouveau plan, et le trouvant très-raisonnable, se laissa pénétrer davantage; bientôt on s'expliqua franchement, et on fut très-content l'un de l'autre.

Cependant, on ne pouvait laisser Valentin et Estelle en nourrice jusqu'à vingt ans. On répandit dans le public qu'un conseiller au parlement de Rennes, ami intime de M. Duplant, et qui n'avait jamais existé, venait de mourir et avait laissé ses affaires plus que dérangées. Il n'avait qu'un fils en bas âge, dont M. Duplant allait se charger. Que d'éloges on lui prodigua! Il en était honteux, parce qu'il ne les méritait pas. On prenait certain embarras, très-réel, pour de la modestie, et un *crescendo* de louanges éclatait de tous les côtés.

Des réputations, on ne sait pas pourquoi !

Valentin fit son entrée à l'hôtel sous le nom de Merville, et Estelle vint y prendre le rang que lui assignait le registre des baptêmes de la paroisse de M. le président.

On avait pris une nourrice à la maison pour le fils de l'hymen. Cette femme était soignée, caressée comme la nourrice d'un prince. On ne pouvait encore dire grand'chose à M. Hippolyte, parce qu'il ne répondait à rien, ou, si on l'entendait quelquefois, c'est lorsque madame sa mère l'approchait de trop près. Alors, il jetait des cris perçans et tendait les bras à sa nourrice, qui le calmait aussitôt. Madame la présidente trouvait très-déplacée la préférence que monsieur son fils accordait à cette femme; mais le président avait l'*Émile* de Jean-Jacques, qu'il venait de faire brûler par la main du bourreau, et, comme la persécution répand toujours un ouvrage, madame Duplant voulut lire celui-ci, et elle y trouva qu'une mère n'a, d'abord, d'autre mérite que d'avoir joué à faire des enfans, et qu'elle ne doit rien attendre des siens qu'autant qu'elle remplit les devoirs que la nature lui impose. Madame la présidente appela Rousseau misanthrope, imbécile, et elle jeta le livre par la fenêtre.

Valentin était très-drôle, et Estelle fort intéressante. On causait avec eux, on les caressait même quelquefois, en attendant que M. Hippolyte pût répondre convenablement aux sentimens qu'on avait pour lui.

Valentin, suivant toujours sa pente naturelle, recevait gaiement les baisers qu'on lui donnait; il en portait à Estelle, quand on ne lui en accordait pas. Le mettait-on en pénitence, ce qui arrivait assez souvent, et, je dois être vrai, il le méritait quelquefois, il mangeait gaiement son assiette de soupe et son morceau de pain sec. Le punissait-on plus sévèrement? Le mettait-on en prison dans sa chambre? Il chantait une chanson villageoise, et s'endormait jusqu'à ce qu'on lui permît de sortir. Jouait-il? Oh! il bouleversait tout dans la partie de l'hôtel où il était relégué avec Estelle. Les maîtres venaient-ils? Il leur disait qu'on boit, qu'on mange, qu'on dort et qu'on joue fort bien sans savoir lire; que, quand on n'a rien, on n'a pas besoin d'apprendre à compter, et que, lorsque la danseuse plaît, on danse à merveille sans connaître d'autres positions que celle du plaisir. Ces raisonnemens n'auraient pas été convaincans pour les maîtres... O mon dieu! qu'ai-je dit là! pour les *professeurs*, si Valentin ne leur eût donné très-exactement leurs cachets, qu'ils ne gagnaient pas trois jours dans le mois. Mais c'est ce dont ils s'embarrassaient fort peu.

Estelle, plus douce, était plus appliquée, et, quelquefois, elle se moquait de l'ignorance de Valentin, qu'elle aimait pourtant de tout son cœur. Les choses allèrent ainsi pendant deux ou trois ans, et, alors, leur union devint plus intime, parce que monsieur Hippolyte était l'objet de toutes les préférences, ce qui le rendait arrogant, grossier même, envers ceux dont il n'avait rien à craindre. Il essayait sa tyrannie naissante sur les domestiques qui n'osaient répondre un mot, sur Estelle qui pleurait. Il ne se jouait plus à Valentin qui répliquait toujours par quelque taloche. M. Hippolyte allait se plaindre à maman, et maman ne manquait pas de mettre Valentin au pain sec, ou en prison, selon que le coup avait été plus ou moins fort.

Les années s'accumulaient, et notre bon Valentin ne savait rien. Estelle, qui avait profité de toutes les leçons de ses maîtres, proposa à son jeune ami d'en recevoir d'elle. Sa proposition fut accueillie, vous vous en doutez bien, et l'ami faisait, auprès de l'amie, des progrès incroyables.

Tout allait bien, lorsque la femme de confiance de madame la présidente, et toutes les jeunes femmes en ont une, à qui elles communiquent au moins des pensées, tout allait bien, dis-je, lorsque cette femme vit, par l'ouverture d'une porte entre-bâillée, Valentin distribuant à ses maîtres les cachets de leçons qu'il était impossible qu'il eût prises. Annette voit ici une affaire compliquée, dont la découverte lui fera honneur auprès de madame. Un petit paresseux, qui n'a pas le moindre égard pour M. Hippolyte; des maîtres fripons, qui reçoivent l'argent qu'ils n'ont pas gagné; la jeune Estelle qui tolère tout cela; quel texte pour une bavarde!

Madame la présidente ajouta encore à ce que lui avait dit Annette. Elle parsema son discours d'observations fines, de réflexions profondes, et elle conclut à ce qu'on prît un parti sérieux à l'égard de Valentin.

Le président, homme intègre, ainsi que j'ai eu l'honneur de vous le dire au commencement de cet intéressant ouvrage, le président, qui sentait quelquefois de l'émotion dans ses entrailles paternelles, écouta très-attentivement madame son épouse, puis il prononça qu'il allait juger, par lui-même, des torts de l'accusé.

En conséquence, il fit venir Valentin, et le pauvre enfant eut à soutenir une thèse en lecture, en arithmétique et en danse. Il était en état de répondre assez passablement, grace aux soins de l'aimable Estelle; mais l'air sévère du président le déconcerta. Il balbutia; on le gronda, et il fut impossible de lui arracher un mot satisfaisant. Comme il se moquait de tout, il ne prenait jamais la peine de mentir. Il convint, très-franchement, qu'il donnait toujours ses cachets à ses maîtres, et que jamais il ne prenait de leçons. En quittant le papa, il rencontra M. Hippolyte, qui jouait au charretier, et qui lui donna un coup de fouet par la figure. Valentin lui arracha le fouet, et le rossa si bien que toute la maison fut rassemblée en un instant. Le délit était très-grave; il était constaté, et il ne fut plus question que du jugement qu'on porterait contre le coupable.

Madame la présidente prononça que Valentin serait un fort mauvais sujet; qu'il était urgent de garantir Hippolyte de la contagion, et qu'il fallait, sans tarder, éloigner de l'hôtel celui qui avait osé le frapper avec un acharnement soutenu. Le président était plein de déférence pour sa femme. Il sentait, peut-être, que Valentin serait désormais très-malheureux à l'hôtel, et il alla, de suite, s'arranger avec le principal du collége de Sainte-Barbe, où on ne gâte pas les enfans, où on les instruit bien, et où on distingue ceux qui annoncent des dispositions.

Le soir, Valentin sortit gaiement de sa chambre, où on l'avait provisoirement enfermé; il monta gaiement dans le carrosse du papa, après avoir embrassé Estelle sur les deux joues, et il descendit au collége de Sainte-Barbe : c'était l'heure de la récréation. Il fut prendre la main de tous ses nouveaux camarades, et il leur tint ce discours, digne d'être remarqué : « Je suis un bon enfant.
« Si vous me ressemblez, nous vivrons à mer-
« veille ensemble. S'il en est quelques-uns qui

« aiment la guerre, je les préviens que j'ai les
« poings au bout des bras. »

Le principal décida que cette courte harangue annonçait un grand caractère; le président fut du même avis. Il embrassa Valentin, et lui promit que, si on était content de lui, il viendrait dîner les dimanches à l'hôtel.

Il fallait colorer, aux yeux de madame Duplant, l'adoucissement qu'on venait de promettre à Valentin, et son mari lui rapporta, avec emphase, la harangue spartiate que cet enfant venait d'adresser à messieurs de Sainte-barbe. Madame la trouva plate et triviale. *J'ai les points au bout des bras* est une expression populacière, repoussante pour des gens comme il faut. Au reste, Valentin tient de sa mère. En faisant ces observations, madame oubliait que la pauvre Estelle était aussi l'enfant d'une fille.

Il n'y eut point de discussion, entre monsieur et madame, pour savoir si Valentin viendrait ou non, le dimanche suivant à l'hôtel : les écoliers, comme les soldats, ont l'habitude de *tâter* les nouveaux venus. Valentin, offensé, donna le premier coup, et il fut puni, parce qu'au collége il est défendu de se faire justice à soi-même. Le lendemain, il écrivit son nom sur une carte; en entrant en classe, il déposa son billet de visite sur la chaire du régent de septième, ou de huitième, et il alla courir de corridor en corridor et de cour en cour. Ne sachant trop que faire, il entonna la complainte de Géneviève de Brabant, qu'il avait apprise du cuisinier de l'hôtel. Un monsieur, chargé de surveiller la conduite des écoliers, et que ces espiègles désignent par le nom de *gâcheux*, arriva aux accens mélodieux de sa voix, et lui demanda pourquoi il n'était pas en classe. Valentin répondit qu'il avait donné son cachet, et qu'il comptait bien en faire autant tous les jours. Le gâcheux lui prit la main, et le conduisit poliment jusque sur son banc. Son régent sourit en le voyant, et, par conséquent, il ne put le punir. Valentin avait acquis, sans efforts, de très-jolis talens, et, ne voulant pas travailler, il s'amusa à faire des boulettes de papier mâché, qu'il lançait, du pouce et du second doigt, avec une adresse toute particulière. Il en fit pleuvoir de tous les côtés, et il mit le désordre dans les rangs. Le régent le regarde d'un air sévère, et une boulette tombe aussitôt sur le nez du régent. Ce crime, irrémissible, provoque un appel à l'exécuteur des hautes-œuvres du collége, et Valentin, en recevant la correction, lui disait : Je ne pleure « jamais, je vous en préviens ; faites ce que vous « voudrez. »

Ce petit train de vie dura quinze jours. Le principal se plaignit au président, et menaçait de renvoyer l'enfant. Le président, qui jamais n'avait été embarrassé à l'audience, le fut beaucoup dans cette affaire-ci. Il se souvint, enfin, que Valentin aimait Estelle, et qu'elle obtiendrait peut-être ce qu'il refuserait à toute autre considération. Il la pressa d'écrire à son ami un billet propre à le faire changer de conduite.

Estelle n'avait pas besoin d'être pressée pour cela, ni d'écrire quatre pages pour se faire entendre. Elle n'écrivit que ces mots : « Tu ne veux
« donc plus me voir, puisque tu fais tout ce qu'il
« faut pour t'éloigner de l'hôtel. Moi, je désire
« t'embrasser. »

Valentin, aussi concis qu'elle, lui répondit :
« Estelle, je t'embrasserai dimanche. »

Et, en effet, Valentin travailla avec ardeur toute la journée et les jours suivans. Il faisait mieux que tout autre, quand il voulait en prendre la peine. Plus de boulettes, plus de querelles. Des prévenances, des égards pour son régent et M. le gâcheux, le firent distinguer d'une façon toute particulière. Le régent et le gâcheux rendirent compte au principal de l'excellente conduite de leur élève, et le principal écrivit au président, qu'avec de la douceur on ferait tout de cet enfant-là.

M. Duplant déclara à madame, avec assez de résolution, qu'il tiendrait à Valentin la parole qu'il lui avait donnée. Madame répondit, avec un petit air sec, que monsieur était bien le maître ; mais que son fils et le sien irait dîner en ville, parce qu'elle n'entendait pas qu'il fût exposé aux brutalités de Valentin. « Hé bien, ma
« chère amie, on enverra Hippolyte chez sa bonne

« maman. — Vous oubliez que le dimanche elle
« dîne avec nous, et, bien certainement, je ne
« confierai pas mon fils à des étrangers. — Mais,
« madame, j'ai promis à Valentin... — Ah! mon-
« sieur, vous ne m'aimez plus. » Un soupir ou
deux accompagna ou accompagnèrent ces derniers mots.

Que pouvait répondre un mari, débonnaire,
à une semblable interpellation? Monsieur embrassa madame, ce qui signifiait clairement : Valentin restera à Sainte-Barbe.

Cependant il était midi; dans ce temps là on
dînait à deux heures, et les écoliers comptent
les momens. Valentin avait son *exeat*, et on le
lui avait donné avec beaucoup de plaisir. Mais
l'*exeat* ne suffisait pas pour ouvrir la grille; il
fallait que l'enfant fût remis au mentor en livrée,
ou en tablier blanc, qui devait le conduire du
collége au toit paternel. Valentin comptait les
minutes, et ne voyait paraître ni Annette, ni Saint-
Jean. Ennuyé d'attendre il se glisse avec un camarade qu'on est venu chercher; il présente son
exeat au concierge, assez occupé à reconnaître
les figures des sortans, pour n'avoir pas toujours
le temps de compter les domestiques. Valentin
est dans la rue.

Il ne sait plus de quel côté tourner; mais rien
ne l'embarrasse. Il rencontre un fiacre, saute dedans, nomme M. le président et la rue Saint-
Louis. Le voilà en route, et bientôt il descend à

la porte de l'hôtel. Il fait payer la course au suisse, et grimpe au salon en chantant.

Depuis deux ou trois heures, Estelle comptait aussi les minutes. Elle errait de chambre en chambre, et mettait sa jolie petite tête à toutes les croisées. Elle entend, elle reconnaît la voix de son ami; elle tressaille, et court se jeter dans ses bras. Les premiers baisés, donnés et rendus, peut-être avec un peu trop d'énergie, Estelle prend la main de Valentin et l'introduit au salon. Madame Duplant, à son aspect, fait une mine qui indique positivement à son mari ce qu'il a à dire dans une circonstance aussi sérieuse. « Valentin, pourquoi es-tu venu ici sans
« permission ? — Sans permission, monsieur ! je
« l'ai dans ma poche, et il tire son *exeat*. — Voilà
« bien l'autorisation du principal, mais la mienne ?
« — Vous me l'avez donnée, monsieur. — Quand ?
« — En me conduisant à Sainte-Barbe, vous m'a-
« vez dit que je viendrais dîner à l'hôtel, le di-
« manche, quand on aurait été content de moi
« pendant la semaine, et on l'a été beaucoup,
« considérablement, extrêmement : mon *exeat*
« en est la preuve. — Ma foi, madame, je n'ai rien
« à répliquer à cela. — Mais, monsieur, il devait
« attendre qu'on allât le chercher. — Hé, ma-
« dame, j'attendrais encore. — Allons, allons, ma
« chère amie, ne pointillons pas davantage. Va-
« lentin, tu dîneras avec nous; mais sois sage. Je
« te le recommande expressément. »

Depuis qu'il était au collége, Hippolyte avait choisi un autre but de ses espiègleries, ou de ses méchancetés. Il était né avec un assez bon cœur; mais on faisait tout ce qu'il fallait pour le lui gâter, et on n'écoutait les plaintes de personne. Estelle passait auprès de lui la plus grande partie des journées, et c'était principalement sur elle que tombaient les saillies amères ou piquantes, et les traits de malignité de M. Hippolyte. Estelle, blessée, allait pleurer dans sa chambre, et c'est ce qu'elle pouvait faire de mieux.

On était à table, et on avait eu la précaution de mettre Hippolyte au haut-bout, et Valentin du côté de la porte. Placés ainsi, il était difficile qu'ils se querellassent; mais ce jour-là, il passa par la tête de M. Hippolyte d'empêcher Estelle de dîner, et il vida dans sa soupe une moitié de salière, qui était à sa gauche. Valentin mangeait comme un écolier; mais il ne perdait pas Estelle de vue. Il lança à Hippolyte un regard foudroyant. Estelle laisse le potage, et Saint-Jean, qui a tout vu, se hâte d'enlever l'assiette. On sert à Estelle du fricandeau, et Hippolyte y jette le contenu d'une poivrière qui était à sa droite. Valentin se lève, et se dressant sur la pointe de ses petits pieds : « Hippolyte, s'écrie-t-il, si tu fais encore « une méchanceté à Estelle, je te lance mon « assiette à la tête. Je voudrais bien voir cela, « dit la présidente, d'un ton à faire tout trembler. « Hé bien, madame, vous l'avez vu, réplique

5.

« Valentin, » et, en effet, l'assiette est partie, et va se briser contre une glace, qu'elle met en éclats. Hippolyte, qui n'a pas été touché, crie comme si on lui eût fendu la tête; madame Duplant crie comme si son fils était mort; Valentin crie qu'on ait du moins à l'entendre; Saint-Jean crie le récit des méfaits de M. Hippolyte; le président crie que tout le monde ait à se taire. Les faits, bien éclaircis et bien connus, la présidente dit à Hippolyte, en le caressant : « Allons, mon « fils, ce n'est rien; ce n'est rien, mon cher enfant; « remets-toi à table; je veux que tu dînes. ». Elle ajouta qu'Estelle, qui n'avait rien dit, était une rapporteuse, et Valentin un petit scélérat, qu'il fallait, à l'instant même, renvoyer à son collége. Madame n'avait pas d'excellentes raisons à donner, pour empêcher Valentin de dîner; mais elle pleura, et femme qui pleure a toujours raison... auprès de certains maris.

Le président, fit au domestique, un signe très-impératif. Saint-Jean prit le bras de Valentin, et Valentin sortit en protestant qu'il ne travaillerait pas, s'il ne devait plus voir Estelle. Saint-Jean lui fit faire une pause à l'office, et bras dessus, bras dessous, comme deux bons amis, ils arrivèrent à Sainte-Barbe.

« Viens avec moi, Saint-Jean; je vais parler à
« M. le principal, et tu rendras mot pour mot,
« ce que je lui aurai dit.

« Monsieur, mon devoir de demain est fait, et

« je vais le mettre en pièces. Je n'irai plus en
« classe, et si on m'y traîne, j'y transformerai
« mon rudiment et mon dictionnaire en boulettes.
« si on me punit j'en rirai; si on me chasse du
« collége, je reverrai Estelle. Mon parti est pris;
« prenez le vôtre. »

Le principal, étourdi de cette harangue, tira Saint-Jean à part et lui en demanda l'explication. Quand il connut les détails, il jugea que Valentin avait moins de tort que ses parens; il se confirma dans l'opinion que jamais on ne réduirait cet enfant que par la douceur. Il lui recommanda de ne pas déchirer son devoir; il lui promit qu'il reverrait Estelle, et il écrivit au président qu'il fallait seulement changer le lieu de la scène, et que puisque la présidente douairière dînait chez lui le dimanche, il fallait, le jeudi, faire dîner Valentin chez elle, avec cette Estelle, pour qui il ferait tout.

L'intervention de madame Duplant, n'étant pas d'absolue nécessité dans cette négociation, le président, qui vraiment affectionnait Valentin, accepta, sans balancer, les propositions du principal, et il se reposa sur sa femme du soin de garder Hippolyte le jeudi, et de garantir sa fille de ses persécutions pendant la semaine. Il connaissait peu le cœur humain : une femme tient faiblement à son enfant, quand elle en a totalement oublié le père, et bientôt Estelle ne compta plus de jours heureux que les jeudis.

Mais le jeudi! on l'attendait dès le vendredi précédent. Valentin travaillait avec opiniâtreté, et il voyait le jeudi dans chacun des éloges qu'il obtenait. Estelle oubliait ses chagrins de la journée, en pensant que le jour écoulé la rapprochait de Valentin.

Insensiblement, M. Duplant éprouvait pour Estelle, non la dureté, mais l'indifférence que sa femme avait pour Valentin. Il est des choses qu'on n'aime pas à se dire; mais qu'on sent fort bien. Le président se conduisait en homme qui ne devait pas plus à la fille de madame, que madame au fils de son mari. Devenu tout-à-fait indifférent sur le sort d'Estelle, toutes les affections de la présidente étant réunies sur Hippolyte, la pauvre petite resta sans appui. Ces enfans de l'amour! on les fait avec tant de plaisir! Comment peut-on les oublier sitôt?

Valentin faisait des progrès rapides. Il enlevait tous les prix et ne faisait pas de jaloux : ses camarades avouaient, de bonne foi, sa supériorité. Le sentiment qui l'attachait à Estelle croissait avec l'âge, et il en attendait le bonheur de sa vie. Estelle lui accordait le plus tendre retour. Mais, quelque vif que fût son attachement, il ne balançait pas toujours les chagrins cuisans auxquels elle était en proie. Sa raison se développait; elle ne concevait rien à la froideur que lui marquaient ses parens, à l'indulgence qu'ils avaient pour Hippolyte. L'espèce d'abjection, dans laquelle on la tenait, lui parut enfin insupportable ; et elle pria madame Duplant de lui faire terminer son éducation dans un couvent.

La présidente fut enchantée d'une proposition que, peut-être, elle n'aurait pas tardé à faire elle-même. Elle en parla à son mari, qui trouva qu'Estelle pensait en fille raisonnable. Il est à présumer, ajouta-t-il, que le goût du cloître lui viendra ; il faut tâcher de le faire naître ; et, pour cela, il sera bien de mettre cette petite fille dans une maison agréable. Dès le lendemain, on conduisit Estelle à l'Abbaye-aux-Bois.

La pauvre enfant fut étonnée de la promptitude avec laquelle on se rendait à ses désirs. Elle pressentit que, sans s'en douter, elle était entrée dans les vues de ses parens ; et qu'on l'oublierait, dès qu'on ne la verrait plus. Valentin se retraça à sa mémoire, et elle demanda, en partant pour le couvent, que le seul jour de bonheur, dont elle jouissait dans la semaine, ne lui fut pas ôté. C'est chez la bonne maman que se passait le jeudi ; M. et madame Duplant n'en avaient pas l'embarras, et la grace demandée fut obtenue avec facilité.

Quel fut l'état de Valentin, lorsque, le jeudi suivant, il apprit qu'Estelle était au couvent ! Les amoureux ont, je ne sais pourquoi, la mauvaise habitude de mettre tout au pis, et de croire, sans restriction, tout ce qu'ils craignent. Valentin s'écria qu'on voulait faire Estelle religieuse. Estelle, à qui cette idée n'était pas venue encore, l'adopta à l'instant. Ils s'embrassèrent, comme on s'embrasse quand on s'aime bien, et ils pleurèrent ensemble, ce qui, dit-on, est fort doux.

Valentin n'était pas un garçon à rester long-temps dans cet état apathique. Il se leva, prit un air menaçant, frappa le parquet du pied, menaça du poing la voûte azurée, et jura que si on osait contraindre Estelle, il ne laisserait pas pierre sur pierre dans le couvent, et qu'il enleverait son amie à travers les décombres. Et aussitôt éclatant de rire et prenant la main d'Estelle : « Bah!
« bah, lui dit-il, profitons du bon temps; ne nous
« occupons pas de ce qui peut arriver. Après
« tout, pour être religieuse, il faut dire oui; tu
« diras non, et qu'en arrivera-t-il? Le président
« se fâchera; je crierai plus haut que lui. En at-
« tendant tout cela, pensons que c'est aujourd'hui
« jeudi, et vive la joie! »

Une bonne idée ne va guère sans une autre. La clôture d'Estelle fit penser à M. Duplant que l'état militaire, auquel il destinait Valentin, n'enrichit pas facilement, et qu'il faudrait ajouter long-temps à la modicité des appointemens. Le président était assez proche parent d'un prélat, qui aimait que son clergé représentât, et qui, par cette raison, donnait toujours les bénéfices à ceux qui pouvaient s'en passer. Il félicita le président sur la vocation réelle ou imaginaire de Valentin. Il promit le premier bénéfice simple, qui viendrait à vaquer, et pour en manger dignement le produit, l'enfant n'avait qu'à prendre un habit noir et à se laisser couper une pincée de cheveux.

Six mois s'écoulèrent avant que monseigneur pût disposer d'un canonicat. Mais un certain jour, le président se rendit à Sainte-Barbe, et il notifia à Valentin qu'il fallait renoncer au plumet pour prendre le petit collet. Valentin rit comme un fou. Il dit qu'il n'avait aucun goût pour l'état ecclésiastique, et qu'il voulait l'habit uniforme qu'on lui avait promis. Le président répondit qu'on eût à se soumettre à sa volonté, ou qu'il retirerait ses bienfaits. Valentin répliqua qu'une affaire de cette importance valait bien qu'on y pensât vingt-quatre heures, et que, le lendemain, il donnerait une réponse définitive.

Quand il fut rentré dans sa chambre, il s'assit sur son lit, et commença par se frotter les mains. Un preneur de tabac eût tiré sa tabatière ; cela donne des idées.

Allons, dit-il, ils veulent nous séparer Estelle et moi, et ils en auront le démenti. Cependant il faut vivre, et une tonsure n'engage à rien. Ma foi, je serai chanoine, jusqu'à ce que je veuille être autre chose. L'abbé de Merville ! oui ce nom-là sonne bien, et ma figure ne s'accorde pas mal avec le nom. Le président cédera quelque chose pour obtenir le tout; je lui dirai que je suis en rhétorique, et qu'un rhétoricien sait se conduire; qu'en conséquence j'entends toucher mes revenus et en faire ce qu'il me plaira. J'économiserai; j'aurai toujours cent louis en réserve; avec cela on va loin, et le jour où il faudra entrer dans les ordres, ou celui de la profession d'Estelle... Hé bien, nous verrons.

Le lendemain il écrivit au président :

« Monsieur,

« Vous êtes trop bien éclairé sur ma vocation,
« pour que je puisse la combattre. Je suis disposé
« à m'agenouiller devant monseigneur. Mais je
« vous prie de remarquer que des mains profa-
« nes ne peuvent, sous aucun prétexte, toucher
« aux revenus de l'église, et que j'aurai seul le
« droit de disposer du mien. Si vous êtes péné-
« tré de la force et de la justesse de mon obser-
« vation, je suis à vos ordres. »

La tournure de cette lettre parut peu respectueuse. Mais elle décidait de l'objet essentiel. La présidente dit à son mari que le bénéfice de Valentin allait le mettre dans une sorte d'opulence, et que tranquilles sur son sort à venir, on ne devait plus s'en occuper. Elle ajoutait que s'il se conduisait mal, on lui prouverait, sa lettre à la main, qu'il n'avait droit à aucun secours. Le président n'était plus jeune; il commençait à craindre toute espèce d'embarras; son cœur ne lui disait plus rien pour Valentin; il lui envoya ce billet laconique :

« Vous toucherez vos revenus; faites-en un
« bon usage. Demain, je vous enverrai mon tail-
« leur. Après demain, je vous présenterai à mon-
« seigneur. »

Le canonicat était de mille écus. Valentin fut ivre un moment de ses incalculables richesses. Parbleu, s'écria-t-il tout à coup, je suis un grand sot! Combien de faquins n'ai-je pas vus à l'hôtel, et dont tout le mérite était dans leur fortune? A combien de ces gens-là ne tournerait-on pas le dos, s'ils n'avaient leurs poches pleines d'or? On les accueille, on les caresse, on leur marque de l'estime, sans savoir s'ils le méritent ou non. Tout s'achète donc à présent jusqu'à la considération?... Hé, mais... ma fortune ajoutera à celle que je mérite personnellement. Je serai vraiment un personnage recommandable, et les égards, dont on me comblera, seront partagés par Estelle... Que je suis simple, moi! je ne l'épouserai pas, tant que je serai chanoine. Hé bien, je me *décanoniserai* quand le moment sera venu, et avec mes épargnes... Oh! c'est charmant, c'est charmant!

Le président avait toujours été très-exact à tenir sa parole, et il poussait l'exactitude jusqu'au rigorisme, quand son intérêt l'y portait. Au jour, à l'heure convenus, son carrosse était à la porte de Sainte-Barbe, et il fit dire à M. de Merville qu'il l'attendait. Valentin avait pris son nouveau costume, et il ne se lassait pas de se regarder dans son petit miroir. En effet, c'était bien le plus gentil petit abbé!.... En quatre sauts, il passa de sa chambre dans le carrosse du président, et, bientôt, on descendit chez monseigneur.

Cinq à six espiègles de l'âge de Valentin, vêtus, comme lui, avec une riche simplicité, attendaient que le prélat parût. C'étaient autant de chanoines et de chapelains, qui n'avaient besoin ni de chapelles, ni de canonicats. Monseigneur agit en homme de cour, avec cette noble aisance, ces manières expéditives que donne l'usage du très-grand monde. La cérémonie fut terminée en un quart-d'heure, en y comprenant le temps nécessaire au débit d'une instruction pastorale, débitée d'un ton qui n'annonçait pas une persuasion très-intime. En sortant de chez le prélat, le président mit Valentin dans un fiacre, qui le reconduisit à Sainte-Barbe.

Le jeudi suivant, Valentin, paré de sa jeunesse, de ses petites graces, et de ce que son nouveau costume a de plus recherché, courut se présenter à Estelle, qui fondit en larmes en le voyant. « Ah! s'écria-t-elle, tu as pu prendre cet « habit? — Il n'en est pas de plus avantageux. — « Il nous sépare. — Il nous rapproche. » Et là-dessus, les questions, les interpellations, les explications, la satisfaction, la réconciliation, et tout ce qui s'ensuit.... d'honnête, bien entendu.

Comme une réconciliation ajoute à la tendresse, que la tendresse est toujours soumise à l'imagination, et que l'imagination ne s'arrête jamais, nos jeunes gens regrettèrent qu'il n'y eût qu'un jeudi par semaine, et ils résolurent d'en faire un second du dimanche. Toutes les grilles possibles doivent s'abaisser devant un petit collet et un manteau court, et Valentin ne doutait pas que les religieuses le reçussent avec empressement au parloir. Estelle se promit de prendre un air plus réservé, de baisser les yeux davantage, et d'être très-attentive aux offices, afin de gagner la confiance de madame la supérieure. Elle était très-liée avec madame la dépositaire, jeune religieuse dont les parens avaient eu de la vocation pour elle, et qui se ferait un plaisir de fournir la pâtisserie, les confitures et les sirops, quand Valentin viendrait au couvent.

La présidente douairière était sourde. Elle faisait quelques questions quand elle voyait rire ou pleurer. On y répondait bien ou mal; elle n'entendait pas, et elle reprenait son Gil Blas, qu'elle lisait pour la centième fois, ce qui prouve qu'elle était connaisseuse.

La mère Sainte-Rose aimait beaucoup Estelle, et se sentait assez de disposition à faire la collation le dimanche avec un joli petit abbé; mais il fallait que tout fût disposé, d'après les règles invariables du couvent; il fallait, surtout, ne pas marquer trop d'empressement à la supérieure, dont le consentement était d'absolue nécessité. Oh! si on pouvait lui inspirer le désir de voir le petit abbé, et l'idée de l'admettre le dimanche! Plus de permission à demander, plus de réprimandes à craindre, si, plus tard, il survenait quelque abus. On pourrait répondre à tout : Madame, vous l'avez voulu.

Tout cela n'était pas mal calculé pour une nonette de dix-huit ans. Estelle, qui n'en avait que quinze, était pourtant assez avancée pour sentir la justesse et la profondeur d'une telle conception. Qu'est-ce donc que l'esprit féminin? C'est ce que nous ne connaissons pas trop, messieurs, quoique nous puissions en dire. Ce qu'il y a de certain, c'est qu'il se développe long-temps avant le nôtre, et qu'il se soutient dans toute sa force à un âge où, très-ordinairement, notre imagination est éteinte. Cet esprit-là vaut-il mieux que le nôtre? Voilà une question que je n'entreprendrai pas de résoudre; mais qui pourrait donner lieu à une dissertation métaphysique, assez volumineuse pour ruiner un libraire.

Dès le vendredi, en sortant des matines, la petite Sainte-Rose parla à madame du petit abbé, mais d'une manière assez vague. Le feu de la curiosité s'allumait aisément dans les cloîtres. Madame multiplia les questions. Sainte-Rose s'étendit un peu sur la naissance, la piété, et les agrémens de l'abbé de Merville. Madame, heureuse de trouver l'occasion de varier ses conversations claustrales, interrogea encore. Sainte-

Rose feignit d'ignorer les détails, et renvoya madame à Estelle. Estelle, qui était préparée, fit d'une étincelle un incendie.

> Désir de none est un feu qui dévore,

a dit Gresset. Il fallait à madame un prétexte honnête pour céder au sien. Elle connaissait les vues de la présidente sur Estelle; le projet de la cloîtrer était encore un secret pour tout le monde, et sa vocation ne paraissait pas décidée. N'était-ce pas une action louable d'entreprendre de la déterminer par la force de l'exemple? Un enfant, avec qui elle avait été élevée, pour qui elle avait une sincère amitié, et qui, de bonne foi, et dans sa première jeunesse, renonçait aux vanités du monde, n'était-il pas fait pour l'entraîner? Et, puis, le petit collet lui allait si bien, disait-on! Ne serait-il pas tout simple qu'Estelle réfléchît que la guimpe a aussi sa coquetterie? Et qui sait jusqu'où peut mener cette idée-là?

Pour la première fois, Estelle laissa échapper quelques mots qui indiquaient un certain penchant à la piété, et, déja, madame avait remarqué qu'elle n'avait plus de distraction aux offices. Estelle donna à entendre, d'une manière détournée, que M. l'abbé pouvait disposer d'une partie du dimanche, et madame résolut de l'inviter à venir au parloir.

Cependant, comme la vie monastique n'ôte pas la vanité, et que madame avait celle de connaître parfaitement les usages du monde et les convenances, elle écrivit à la présidente une longue lettre dans laquelle elle développait ses vues, et qu'elle terminait en lui demandant son assentiment.

Madame Duplant répondit qu'à la vérité, M. de Merville devait entrer dans les ordres; mais que, jusqu'alors, il n'avait pas donné une idée bien positive de sa piété; qu'au surplus, puisqu'il voyait Estelle le jeudi, elle ne voyait pas d'inconvénient à ce qu'elle le reçut le dimanche.

Ils s'aiment, pensait la présidente. Mais que cette inclination-là croisse ou s'éteigne, ils seront toujours obligés de céder à notre volonté, et le temps les ramènera, tôt ou tard, à ce calme qu'il finit toujours par produire : j'en sais quelque chose.

Madame la présidente avait quarante ans, et Estelle quinze; il était clair que la belle maman en avait passé vingt-cinq dans la dissipation, et quelques-uns à tromper son mari. Mais se souvient-on de ces choses-là, quand on est intéressé à les oublier? D'ailleurs, quand on se jette dans la réforme, qu'importe que ce soit plus tôt ou plus tard? Le passé n'est-il pas éteint? et qu'en reste-t-il qu'un vain souvenir?

Estelle aurait pu répondre : Maman, quand j'aurai vingt-cinq ans, je penserai comme vous. Laissez-moi jouir des dix années qui doivent s'écouler d'ici là. Si je voulais discuter, je vous prouverais que vos jouissances se sont étendues bien plus loin, par l'amour de hasard, que le président, et vous, avez eu la fantaisie ou le bon esprit de prendre l'un pour l'autre. Mais Estelle n'avait garde de parler de tout cela, par la raison qu'elle n'en savait rien.

Madame la supérieure avait, dans sa pénétration, une confiance absolue. Elle ne doutait pas qu'elle ne lût au premier coup d'œil dans l'ame du petit abbé, et les doutes de la présidente sur sa piété la disposaient à le juger favorablement sous tous les rapports : une religieuse, comme une autre, tient à son opinion, et souffre difficilement qu'on veuille en déterminer la direction. En conséquence, le dimanche matin, M. l'abbé reçut de madame un billet fort bien tourné, qui l'invitait à paraître à la grille immédiatement après les vêpres.

Le billet avait quelque chose de mystique, qui égaya beaucoup le petit abbé, et, quand il entra au parloir, il avait la bouche riante, et le maintien aisé. Son premier coup d'œil, son premier mouvement, furent pour Estelle; il trouva ensuite Sainte-Rose très-jolie, et il jugea que madame avait pu être très-bien; il y avait trente ans. Le petit collet donne de l'assurance; aussi l'abbé ne marqua point le moindre embarras.

Madame le regarda par-devant, par-derrière, lui fit cent questions, auxquelles elle ne lui donna pas le temps de répondre, et finit par le proclamer un enfant charmant.

Madame voulut ensuite l'examiner sur ses connaissances théologiques. Elle lui parla des Pères; elle fit des citations en latin qu'elle n'entendait pas, et proposa des difficultés qu'elle n'aurait pu résoudre. Valentin ne connaissait aucun des grands hommes dont lui parlait madame, et il n'entendait rien à son galimatias. Mais ce n'était pas un garçon à rester court. Il parlait, il parlait....; et quand il commençait à s'embrouiller, il se jetait sur un chant de l'Énéide, une ode d'Horace, ou une satire de Juvénal, et il ne revenait au français que lorsqu'il avait eu le temps de classer quelques idées. Il finit par réciter la mort de Didon avec tant d'onction et de sentiment, que madame le bénit, en déclarant que ce jeune homme serait un des flambeaux de la foi.

M. le chapelain de la communauté parut, et on servit aussitôt une superbe collation. M. le chapelain était un heureux bénéficier, qui observait scrupuleusement les bienséances de son état, mais qui n'était pas rigoriste. Il trouvait l'abbé de Merville fort à son gré, et, sans partager la haute opinion que madame s'était faite de lui, opinion que sa jolie figure avait peut-être singulièrement contribué à former, il le combla d'amitiés. Valentin sentit la nécessité de se mettre, de mieux en mieux, dans l'esprit de cet homme-là, et il lui marqua toutes sortes d'égards. Le bon chapelain, enchanté, proposa à madame de faire entrer le jeune abbé, les jours de grande fête, et de l'admettre à l'aider à l'autel. Madame n'avait rien à refuser au chapelain. Il fut arrêté que, dès le lendemain, on s'occuperait des habits de chœur nécessaires au petit abbé, pour faire le sous-diacre. Estelle et Sainte-Rose s'écrièrent qu'elles y travailleraient, et Estelle demanda si la première grande fête était encore bien éloignée.

On aurait gardé Valentin pendant quelques heures encore; mais l'office du soir sonnait, et madame devait donner l'exemple. On prit congé du petit abbé, en l'invitant à ne pas se faire attendre le dimanche suivant.

En sortant, Valentin trouva le tour garni de confitures, de sirops, et de liqueurs fines. La tourière avait eu la prévoyance d'aller chercher un fiacre, qu'elle garnit des provisions de l'abbé. L'abbé lui glissa un petit écu dans la main, et la tourière partagea aussitôt la bonne opinion que madame avait conçue de lui.

Qu'il est fâcheux que l'homme ne sache pas s'arrêter à propos! On a vu plus d'un conquérant perdre tout pour avoir voulu trop gagner. Ainsi, Valentin, gorgé de biscuits, de massepains, de bonbons et de vin muscat, voulut étendre ses jouissances dans la nuit. Sept à huit camarades furent invités à se glisser dans sa chambre, quand

6.

tout le monde serait retiré, et ils trouvèrent l'ambigu servi sur un drap de lit, ployé en quatre; le tout était sur une table de trois pieds en carré, ce qui avait forcé M. l'amphitryon à placer ses friandises pêle-mêle, en façon de pyramide. Les bouteilles étaient sous la table.

Il est difficile à sept à huit têtes de quinze à seize ans de jouir en silence. Les liqueurs exaltèrent les esprits, et le beau chanteur de la troupe commença une chanson, qui n'avait rien de canonique.

M. le gâcheux, fidèle exécuteur de sa consigne, se promenait dans les corridors, en chaussons de lisière, pour n'être pas entendu, et il prêtait une oreille attentive, afin de tout entendre. Les éclats de rire, qui suivaient le refrein de la chanson, lui indiquèrent la chambre de l'infracteur aux réglemens de la maison.

Il frappa moëlleusement à la porte de l'abbé de Merville, ce qui n'empêcha pas la bande joyeuse de pâlir, le petit abbé excepté : l'aiguillon du plaisir pouvait seul émouvoir celui-là. Il fut ouvrir, et, de l'air le plus aimable, il invita M. le gâcheux à prendre la place, qui restait encore sur son lit.

Le gâcheux répondit à l'invitation par une mercuriale, en façon d'homélie, qui eût pu durer trois quarts d'heure, si son auditoire, remis de sa première frayeur, et encouragé par l'exemple de Valentin, ne lui eût ri au nez. Outré de cette irrévérence, le gâcheux protesta qu'il allait éveiller deux cuistres de cuisine, et faire enlever solides et liquides. A cette menace, Valentin prend son parti. Il roule, avec ses camarades, son lit contre la porte; on pousse le gâcheux dans le fond de la chambre, et on lui propose de partager le réveillon. Le gâcheux, qui, dans toute autre circonstance, eût accepté la proposition avec joie, la rejette avec la dignité qui convient à son emploi. « Hé bien, lui dit Valentin, vous serez té« moin, puisque vous ne voulez pas être acteur. » Et on mange, et on boit, et, persuadé qu'on n'a rien de plus à redouter, on continue la chansonnette, on berne, on baffoue M. le gâcheux.

On ne se doute pas qu'avant de frapper à la porte, il a tiré le cordon de la sonnette d'alarme, et qu'il n'a parlé que de deux valets, pour qu'on ne pensât point à se mettre en état de siége, et, en effet, que peuvent deux pauvres diables contre un détachement de rhétoriciens ? Il n'y a pas là de quoi les alarmer. Les quolibets et les rasades se succédaient rapidement, lorsque tous les marmitons et les garçons de chambre de Sainte-Barbe arrivent, armés de leviers et de bâtons. Dirigés par le bruit, ils font sauter, en un moment, les panneaux de la porte de l'abbé, et ils entrent par-dessus et par-dessous le lit.

« Messieurs, dit Valentin à ses camarades,

« La valeur n'est valeur qu'autant qu'elle est utile,

« a écrit Piron, et nous serions des imbécilles de
« nous faire assommer sans nécessité. Proposons
« à l'ennemi de capituler. Pas de condition, s'é-
« crie le gâcheux; qu'on se rende! — A discré-
« tion? — A discrétion. »

L'abbé représente à ses camarades que la plus
mauvaise affaire a toujours un beau côté; que
M. le gâcheux leur épargne à tous une indigestion, qui était inévitable; que, pour les suites de
leur fredaine, il n'y a qu'à mettre tout au pis
pour avoir lieu de se féliciter du dénouement. A
un signal du gâcheux, on enlève nos espiègles;
on les enferme bien exactement dans des chambres, dont les portes sont à l'épreuve des coups
de genoux, et même du bélier antique, et gâcheux et goujats viennent se jeter sur ce qui
restait des dons de madame la supérieure, et font
tout disparaître en un moment.

Valentin était plus pressé de dormir que de
penser au lendemain. Il ne fit qu'un somme jusqu'à l'heure où on vint lui apporter l'ordre de
comparaître par devant M. le principal.

Ce chef suprême était doux, mais juste et
ferme quand les circonstances l'exigeaient. Il était
généralement aimé, et Valentin, qui avait des
idées de justice et de subordination, répondait
à chacun des reproches qui lui étaient adressés :
« Vous avez raison, M. le principal. » Le principal le menaça de la colère du président et du
prélat qui l'avait nommé à un canonicat. « Oh!

« leur colère passera, M. le principal. — Mais les
« effets en seront peut-être sérieux. — Je les sup-
« porterai, M. le principal.—Retournez en classe,
« monsieur, et reprenez vos travaux ordinaires. »
C'est une bonne pâte d'homme que ce principal,
pensait Valentin en se retirant.

Les choses paraissaient avoir repris leur cours
habituel, et le mercredi soir Valentin jouissait,
par anticipation, du bienheureux jeudi, lorsqu'on
vint lui dire qu'on le demandait au parloir. Le
petit abbé y trouve un inconnu qui l'invite à le
suivre, et l'abbé recule, au lieu d'avancer. Cinq
à six grands drôles sortent d'une chambre voisine, s'emparent de sa personne, la portent dans
un fiacre et la conduisent tout droit à Saint-Lazare. C'est fort bien, se dit Valentin; au moins
la maison est honnête, et on aurait pu me traiter
plus mal. Mais, mes jeudis? mais, mes dimanches?
Et Estelle? Bah! bah! quand je sortirai d'ici je
serai plus sensible au plaisir de la revoir. Et la
supérieure, que va-t-elle penser de moi? Ma foi,
tout ce qu'il lui plaira.

Il y avait là un geôlier en chef qui se faisait
pompeusement appeler M. le préfet. Quand Valentin comparut devant lui, il lui demanda ce
qu'il fallait faire pour vivre là en paix avec tout
le monde. Le préfet répondit à sa question, en
lui faisant lire les réglemens de la maison. Valentin, qui voulait en sortir, se promit de faire
ce qu'il fallait pour cela.

Il demandait à M. le préfet des livres de piété, qu'il ne lisait pas; du papier pour composer des sermons, qu'il comptait bien débiter un jour, et il faisait un opéra comique. Quelquefois, il faisait un madrigal pour Estelle; une épître à sa prison, où on a tout le temps de penser à ce qu'on aime; une romance sur les douceurs de l'oisiveté. Il allait à la messe tous les jours, et il était impossible de voir si ses yeux étaient noirs ou bleus. Il était au mieux dans l'esprit de M. le préfet, ce qui ne l'empêchait pas d'être soumis à certain usage de la maison, qui n'était pas sans désagrément. Les pensionnaires de Saint-Lazare, qui n'étaient pas adultes, recevaient matin et soir la visite de trois frères, dont l'un portait une fraction de balai; le second prenait le patient par le bras et le jetait sur son dos; le troisième était fort expert dans l'art de faire sauter un bouton. Valentin comptait trente coups, et remerciait, très-gravement, ces messieurs de ne pas lui en avoir donné soixante. On ne parlait dans la maison que de la résignation du petit abbé.

Tant de vertus devaient, enfin, avoir leur récompense. Le seizième jour au matin, M. le préfet le fit descendre, l'exhorta à se mieux conduire, à l'avenir, à l'égard de M. le gâcheux, et lui notifia qu'il était le maître de retourner à Sainte-Barbe. Il ne se le fait pas dire deux fois; il prend sa course et se dirige, non vers le collége, on n'est pas pressé de rentrer là, il vole à l'Abbaye-aux-Bois, en arrangeant une histoire pour madame la supérieure, et se promettant bien de ne pas dire un mot à Estelle des visites qu'il avait régulièrement reçues deux fois par jour.

La présidente douairière n'avait rien pu apprendre à Estelle de la destinée de Valentin, parce que le président, qui n'aurait pas été fâché que l'abbé parvînt aux premières dignités de l'église, pourvu qu'il ne lui en coûtât rien, avait jugé à propos de taire à tout le monde, et surtout à monseigneur, la faute du néophyte et la correction qui en avait été la suite. Estelle n'avait trouvé rien de mieux à faire, que de pleurer pendant l'éternelle quinzaine, ce qui ne l'avait pas abrégée, et ne lui avait pas rendu son ami. Quand elle le vit au parloir, ses larmes tarirent, son cœur battit fortement, les roses reparurent sur ses joues, et par un mouvement prompt comme l'éclair, elle passa sa main au travers de la grille ; elle y eût passé le bras et le reste du corps, si la violence de la compression ne l'eût avertie que le fer n'est pas élastique. Valentin se précipite sur cette main ; il la baise, il la rebaise ; il la mange, il la dévore ; mais, comme il est difficile de baiser une main pendant une heure entière, il la rendit enfin à sa jolie propriétaire.

Pendant qu'il baisait et rebaisait, Sainte-Rose, qui accompagnait toujours Estelle au parloir, et qui trouvait ces petites caresses-là toutes naturelles, elle avait dix-huit ans ; Sainte-Rose était allée courir par tout le couvent, en criant le retour du joli petit abbé.

Madame la supérieure s'était beaucoup moins affligée de son absence qu'Estelle. Cependant, elle s'était aperçue les dimanches, qu'il lui manquait quelque chose. Elle se rendit au parloir, en trottillant ; elle présenta aux baisers de l'abbé une main qui ne le tenta pas d'abuser de la permission, et elle lui demanda d'où il venait. « Du sé-
« minaire, madame, où monseigneur a jugé con-
« venable de mettre en retraite et en méditation
« plusieurs jeunes ecclésiastiques. — Ne vous êtes
« vous pas ennuyé là, mon cher enfant, car on
« ne peut pas toujours prier et méditer ? — Oh !
« madame, j'ai composé un sermon, que je débi-
« terai, si vous le permettez, le jour de la fête
« du fondateur de l'ordre. — Cela ne se peut pas,
« cher abbé, vous êtes encore trop jeune pour
« paraître en chaire. Mais il faut le faire lire à
« M. Morel, notre directeur ; il y trouvera certai-
« nement des idées heureuses. Mais dites-moi
« comment, avant de vous rendre au séminaire,
« vous n'avez pas écrit un mot à Estelle. Elle
« vous aime vraiment comme une sœur, et je
« vous avoue que je n'ai pas été sans inquiétude
« sur votre compte. — Madame, le portier de
« mon collége est un négligent qu'on devrait chas-
« ser. Il ne m'a remis l'ordre de monseigneur, que
« deux heures après celle indiquée pour mon en-
« trée au séminaire, et je n'ai pensé qu'à prouver

« ma soumission et mon exactitude à mes supé-
« rieurs. — Il est charmant! il est charmant!...
« Faire des sermons à quinze ans et demi! c'est
« admirable, madame Sainte-Rose... Ah! quel est
« donc ce rouleau de papier, qui vient de tomber
« de votre poche? (C'était l'opéra-comique.) Se-
« rait-ce le panégyrique de notre fondateur? —
« Madame... madame...—Point de fausse modestie,
« mon cher enfant, passez-moi cela par la grille.
« — Ce n'est pas mon sermon, madame, c'est...
« c'est... — Hé bien, qu'est-ce? Que je voie cela;
« donnez donc. — Madame, c'est une imitation
« d'un opéra de saint Augustin. — Comment, mon-
« sieur, saint Augustin a-t-il fait des opéras? — Hé
« sans doute, madame; n'avez-vous pas lu en tête
« de ses ouvrages : *Opera sancti Augustini?* — Il
« a raison, il a raison. Ce que c'est que de ne pas
« entendre ce qu'on lit! Je ne me doutais pas, en
« lisant l'évêque d'Hyppone, que je lisais des
« opéras. Passez-moi donc cela... Hé, mais, mon
« cher ami, cela me paraît bien tendre. — Oh!
« madame, ces personnages-là sont tous allégori-
« ques, et leur amour n'est que celui du ciel, au-
« quel vous avez consacré votre cœur. »

Pendant que la supérieure lisait, Valentin passait à Estelle ses madrigaux, et un long récit de
son enlèvement et de son séjour à Saint-Lazare.
En garçon prévoyant, il avait tenu cette pièce
prête pour le jour de sa sortie. Peu expert encore dans l'art de glisser des billets doux, il s'y

prit de manière que Sainte-Rose s'aperçut de quelque chose. Mais s'il est naturel de s'aimer, il ne l'est pas moins de se l'écrire, et l'indulgente nonette tourna la tête de l'autre côté.

Tout doit finir dans le monde, scènes d'amour, comme les autres : Valentin fut obligé de s'arracher du parloir et d'aller montrer sa confusion à messieurs de Sainte-Barbe. Le principal l'accueillit mieux qu'il ne l'espérait, et son retour fut une fête pour ses camarades. L'année scolastique allait finir; on s'occupait sérieusement d'exercices publics et de compositions pour les prix. Quand on est fortement appliqué pour son propre compte, on ne se mêle pas des affaires d'autrui : l'aventure de Valentin fut bientôt oubliée, et il résolut de l'effacer du souvenir d'Estelle, en déposant, à ses pieds, et ses couronnes et ses prix.

Vous jugez bien que la première fois que Valentin retourna au couvent, madame n'oublia pas de lui demander son sermon; que Valentin avait prévu cela, et qu'incapable d'en composer un bon, il avait trouvé à propos de copier dans nos anciens sermonnaires. Trop adroit pour piller le Petit Carême et Bourdaloue, que la supérieure devait savoir par cœur, il avait emprunté un sermon, tout entier, du petit Père André, dont on se rappelle les facéties, mais qu'on ne lit plus.

Le dimanche suivant, il charge un fiacre de couronnes, d'une vingtaine de volumes et de sa petite personne. Il a sa copie du petit Père André dans la poche, et il part gaiement pour aller faire à la grille une autre moisson de lauriers.

Après les premiers complimens, les premières félicitations, une longue suite d'effusions... de cœur, madame la supérieure, qui tenait beaucoup à ses premières idées, demanda le sermon avec instances, et l'abbé, d'un air modeste, tira le cahier de sa poche. Elle lut à haute voix, d'un ton plein d'onction, et bientôt elle éclata de rire. L'abbé Morel, le meilleur homme du monde, rit aussi, en tenant son gros ventre à deux mains. Quand la supérieure d'un couvent et le directeur rient, toutes les nones doivent rire. Sainte-Rose et Estelle partirent aussitôt, et bientôt de longs éclats se firent entendre dans l'intérieur de la maison. Que de fois, dans la société, j'ai vu rire *de confiance*, ou par procédés, des gens qui n'étaient au courant de rien !

Quand on cessa de pouvoir rire, on essaya de parler raison. Madame dit, d'un ton tranchant, que jamais on n'avait fait rire en chaire, et qu'il était facile de voir que ce sermon était l'essai d'un jeune homme, qui avait à se former le goût et le jugement. Valentin, qui était toujours à la réplique, répondit, gravement, ce que vous allez lire : « Madame, je vais régulièrement au sermon « le dimanche matin (il mentait), et je vois tou- « jours la moitié de l'auditoire assoupi. Pourquoi ? « parce que le prédicateur n'a pas le talent de le « tenir éveillé. Vous savez, madame, que quand

« on rit on ne bâille pas, et que celui qui com-
« mence par faire rire, finit toujours par se faire
« écouter. D'ailleurs, l'homme de génie ne se
« traîne point sur les traces de ses devanciers ; il
« se fraie une route nouvelle ; il crée, et c'est ce
« que je me propose de faire. — Il est charmant !
« il est charmant ! n'est-il pas vrai, M. Morel ? —
« Oh, tout-à-fait, madame. Mais je pense comme
« vous, que ce sermon-là ne peut être prêché
« qu'ici. »

Valentin se souciait fort peu du jugement qu'on porterait sur l'œuvre du petit Père André. Il était tiré d'embarras, c'est tout ce qu'il voulait. Il fêta la collation de madame ; il glissa à Estelle un tendre billet ; il en reçut un, qu'en fille polie, et qui sait qu'on doit toujours répondre, elle avait tenu prêt. Il entra, le lendemain, en philosophie, pour en sortir sans être philosophe, car tout le monde sait que rien n'est moins philosophique que la philosophie de collége.

C'est quelque chose de fort agréable que de voir la femme qu'on préfère, de lui baiser la main, de causer et de faire la collation avec elle. Mais l'homme, je crois vous l'avoir déja dit, ne sait jamais se borner. Valentin devenait grand garçon ; il avait beaucoup de théorie sur certaines choses, et il avait une envie inexprimable de causer avec Estelle de plus près. La fête du patron de la communauté lui procura cette satisfaction ineffable. Elle lui coûta un peu cher ; mais il était heureusement né, et, comme Figaro, il jouissait du bon temps et il supportait le mauvais.

Ce grand jour donc éclairait à peine l'hémisphère, que l'abbé, beau comme un chérubin, et paré comme une châsse, s'achemina vers le couvent. Toutes les portes s'ouvrent devant lui ; il court à la sacristie, où était déja M. Morel ; il couvre sa soutane des ornemens brillans et neufs que les plus jolies mains du monde, pour lui du moins, avaient façonnés avec des soins si recherchés. Madame la supérieure lui passa la main sous le menton, et protesta qu'il y avait quelque chose d'angélique dans toute sa petite personne ; Estelle rougit en le regardant ; Sainte-Rose lui sourit, et l'heureux petit fripon suivit l'officiant.

L'abbé Morel représenta fort bien. Il fit, du patron, un panégyrique auquel l'auditoire ne comprit rien, ni lui non plus, et les cérémonies bien et duement terminées, on se disposa à fêter un splendide dîner. L'abbé de Merville était à table à côté d'Estelle, qu'on avait admise, et sans tirer à conséquence, au réfectoire de mesdames. Ce n'était pas la supérieure qui avait arrangé les places ; mais Valentin cherchait Estelle, Estelle cherchait Valentin. Deux amans qui se cherchent se trouvent bientôt, et ceux-ci, accolés l'un à l'autre, étaient tombés, sympathiquement, sur les premières chaises qu'ils avaient trouvées devant eux.

Je ne sais comment le genou du voisin avait

trouvé celui de la voisine; comment le pied de la voisine avait rencontré celui du voisin : mais la position leur plut; ils la gardèrent pendant tout le dîner; ils se dirent ainsi beaucoup de choses, et cette manière de causer n'est pas sans dangers imminens.

Ce qu'il y a de certain, c'est que lorsqu'on passa du réfectoire chez madame, où, en raison de la solennité du jour, on devait se récréer à chanter des motets, et ensuite à jouer à *Pigeon vole*, et à *Je vous vends mon corbillon*, Valentin et Estelle ne se trouvèrent pas présens. Madame regarda l'abbé Morel; l'abbé Morel regarda madame, et Sainte-Rose, aussi pénétrante qu'elle était bonne, courut précipitamment à la chambre de la petite Duplant. Madame, qui n'était pas, à beaucoup près, aussi leste, y arriva pourtant quelques secondes après Sainte-Rose. La porte était ouverte : c'est fort bien, disait madame; mais l'abbé ne devrait pas être là. Et puis sa couronne de cheveux était un peu dérangée; Estelle, droite comme un piquet, et rouge comme une cerise, avait les yeux collés au parquet. Madame remarquait quelque désordre au fichu. Certains jurisconsultes prétendent que plusieurs semi-preuves équivalent à une preuve complète, et madame pensa comme eux. Piquée d'avoir été dupe d'un petit abbé de seize ans; obligée, peut-être, de punir avec éclat un délit qui pouvait devenir public dans la maison, elle prononça formellement à M. de Merville l'arrêt d'un bannissement éternel. Estelle pleura : c'était toujours là sa ressource. Elle n'en fut pas traitée avec plus d'indulgence. Les verroux de sa cellule furent tirés sur elle, pour huit jours. L'abbé descendit en chantant un petit air ; il prit son chapeau, salua, très-légèrement, madame, et mit en sortant un louis dans la main de la tourière. Ce louis-là, pensait-il, en retournant à Sainte-Barbe, me rapportera de gros intérêts. On a supprimé le dimanche ; mais il reste six jours dans la semaine, et la tourière aime l'argent. Et le jeudi donc, le jeudi ! la vieille présidente est sourde.

Oui, mon cher ami, la vieille présidente est sourde ; mais elle n'est pas aveugle. Le jeudi suivant, nos jeunes gens furent si violemment tentés d'ajouter une scène à celle qu'ils avaient jouée au couvent, qu'ils finirent par céder à la tentation. Madame la douairière ne s'apercevait pas de leur absence, et il y avait une demi-heure qu'ils étaient allés, je ne sais où. La grand'maman pose son livre, regarde autour d'elle, et ne voit personne. Elle appelle, personne ne répond ; elle sonne. Elle demande si on a vu Estelle et le petit abbé ; on lui répond que non. En femme discrète et prudente, elle ne chargea personne du soin de les trouver. Elle parcourut son hôtel, en s'appuyant sur sa canne ; elle traversa, dans les mansardes, des corridors qu'elle n'avait pas vus depuis vingt ans. Elle écouta à toutes les portes, et ré-

XVIII.

fléchissant bientôt qu'elle perdait son temps, et que, peut-être, il n'y en avait pas à perdre, elle alla tout frappant avec le bout de sa canne, et personne ne répondit, comme vous le jugez bien.

La douairière descend dans les appartemens du premier... personne. Elle parcourt le rez-de-chaussée... personne. Elle se décide à rentrer dans son salon, à reprendre son gros livre, et à attendre nos espiègles, puisqu'il ne lui était pas possible de les trouver.

Que voit-elle dans le salon ?... Estelle et le petit abbé, tenant sur leurs genoux un échiquier, pour avoir une contenance, et faisant semblant de jouer aux échecs, dont ils ne connaissaient pas une pièce par son nom. Interrogatoire sérieux et prolongé d'une part ; réponses fermes et précises de l'autre : on avait eu le temps de se remettre du trouble, qui suit toujours certaines escapades. On était allé, dit-on, se promener au jardin, dont toutes les allées sont tirées au cordeau, où, par conséquent, l'œil plonge de toutes parts et où l'on n'avait été vu d'aucun domestique.

La vieille présidente sentit bien qu'on ne lui faisait que des réponses évasives, et, ne pouvant convaincre les coupables, elle jugea qu'il fallait avoir l'air de les croire, pour prendre secrètement des mesures, et arrêter, plus sûrement, un petit commerce qui ne lui paraissait pas très-licite.

Dès que les jeunes gens furent retirés, l'une à son couvent et l'autre à Sainte-Barbe, la bonne maman envoya chercher son fils, auquel elle exposa, d'un ton plein de vérité, ses soupçons et ses craintes, et le président retourna chez lui conférer avec sa femme, ou plutôt lui demander son avis sur ce qu'il convenait de faire dans cette circonstance. Madame la présidente méditait profondément sur un cas, qui ne devait pas lui paraître nouveau ; mais auquel elle attachait une importance proportionnée à l'éloignement que lui inspiraient nos jeunes infortunés, la présidente, dis-je, méditait, lorsqu'on lui apporta une lettre de la supérieure de l'Abbaye-aux-Bois.

La bonne supérieure avait jugé d'abord qu'il suffisait d'interdire à Valentin l'entrée du couvent pour que certaines espiégleries ne se renouvelassent plus. L'abbé Morel était d'avis qu'il fallait supprimer les jeudis, ainsi que les dimanches, et comme le chapitre d'un couvent de filles est toujours sans occupation, et qu'il faut qu'un chapitre ait l'air de servir à quelque chose, la supérieure et l'abbé Morel jugèrent urgent de le convoquer et de lui soumettre l'affaire.

Le premier jour fut employé à bien spécifier et à classer le délit. L'ouvrage du père Sanchez fut d'une grande utilité au casuiste Morel. Mais comme on ne trouve, dans Sanchez, que de gros vilains péchés, et qu'il ne s'agissait ici, que d'une peccadille, on remit au lendemain à discuter mûrement sur la peine qu'il conviendrait d'infliger aux coupables.

Or, comme il n'y avait pas culpabilité évidente, le chapitre fut très-embarrassé le lendemain sur la décision qu'il fallait rendre, et on espéra qu'un autre lendemain on y verrait mieux.

Et, ce lendemain-là, les lumières du chapitre n'étant pas accrues, il décida qu'il ne déciderait rien.

Mais, comme les lois de la prudence doivent toujours être observées, surtout quand les lois criminelles se taisent, on convint, à la très-grande majorité des voix, que madame Duplant serait instruite du fait et de ses circonstances, pour, par elle, être pris le parti qu'elle jugerait convenable.

Et comme l'abbé Morel était le bel esprit et le flambeau de la communauté, il fut chargé de la rédaction du procès-verbal. Et, comme l'abbé Morel voulait aller souper, il remit, à un lendemain encore, l'expédition du chef-d'œuvre qu'il méditait déjà, et ce dernier lendemain étant un jeudi, la présidente reçut le factum et une lettre de la supérieure, au moment où elle réfléchissait, ainsi que j'ai eu l'honneur de vous le dire, sur ce que son cher époux venait de lui apprendre.

Tant de fautes accumulées n'étaient certainement pas pardonnables. Aussi jugea-t-on qu'on ne les pardonnerait pas. Il fut décidé que Valentin serait abandonné à lui-même, qu'on ne le verrait plus, que la porte de la douairière lui serait interdite, qu'Estelle ne sortirait plus de son couvent, et que le lendemain sa tendre mère

irait lui porter l'ordre de commencer à l'instant
son noviciat. Les résolutions arrêtées par une
seule tête sont aussitôt exécutées. Il y avait, au
plus, une heure que la présidente était levée, et
déjà elle était à l'Abbaye-aux-Bois.

Estelle comparut et fut traitée en coupable,
quoiqu'on ne sût rien de positif sur ce qui s'était
passé. Elle pleura beaucoup, et elle dit, d'un ton
timide, que si elle avait commis une faute, ses
larmes devaient l'avoir effacée. La pauvre enfant
ne se reprochait rien : il est de si jolis péchés ! et
peut-être n'en avait-elle pas commis... de bien
décisifs. La supérieure essaya de fléchir madame
Duplant; elle fit valoir la grande jeunesse et
l'inexpérience d'Estelle... Estelle était condamnée.
Sa mère répliqua, très-sèchement, à la supérieure
que cette jeune personne annonçait des goûts
qui rendaient sa réclusion nécessaire ; que ce
n'était que dans un cloître qu'elle pouvait faire
son salut, et elle sortit en ordonnant à Estelle
de prendre le voile blanc dès le lendemain.

La supérieure la calma, la consola en lui disant
que son noviciat devait durer un an, et que si,
pendant le cours de l'année, sa vocation ne se
prononçait pas, elle serait la première à s'opposer
au dessein de sa mère. Cette manière de raisonner
avait trop de rapport avec celle de Valentin,
pour ne pas faire une forte impression sur Estelle.
Les années sont des siècles, pendant la première
jeunesse, et quand on en a une devant soi, il

semble qu'on n'en doit pas voir la fin. Estelle se résigna donc.

On envoya chercher la couturière du couvent, qu'heureusement ou malheureusement on trouva malade. Il est certain que cette maladie facilita des projets, amena des évènemens, dont le récit pourra vous amuser... si toutefois, comme aurait dit M. de La Palisse, ils ne vous ennuient pas.

Le jeudi suivant Valentin se présente à l'hôtel de la douairière. Un Champenois qu'on avait fait venir, pour être suisse, comme Petit-Jean des *Plaideurs* était arrivé, d'Amiens, chez le seigneur Dandin, un Champenois dit, assez brusquement, à Valentin que la porte ne s'ouvrirait pas pour lui. Valentin fut étourdi du coup ; mais se remettant promptement, il dit au suisse de Champagne qu'il aurait raison de ne pas lui ouvrir la porte à l'avenir, puisque tel était l'ordre reçu. Mais que cette porte était ouverte, et qu'il pouvait passer, puisqu'il n'y avait pas de défense à cet égard. « Vous avez raison, M. l'abbé ; passez, « passez. »

L'abbé arrive au salon, et il allait crier les plus belles choses du monde aux oreilles de la vieille présidente, qui le calma en quatre mots : « Estelle « ne vient plus ici. Sortez. »

Cette harangue laconique fit le plus grand effet. L'abbé qui n'était pas tenté de dîner en tête à tête, avec la grand'maman, se retira aussitôt. Le suisse Champenois fut mandé, et pour éviter, à l'avenir, toute espèce d'équivoque, il lui fut enjoint d'empêcher toujours M. de Merville d'entrer, que la porte soit ouverte, ou qu'elle soit fermée.

Parbleu, disait Valentin, en se retirant, plus de dimanches, plus de jeudis, cela est bien dur! Il faut, pourtant, que je me console, car si je m'afflige, si je pleure, je n'amollirai pas les métaux, et les grilles du couvent n'en seront pas moins de fer... Hé, mais... la tourière est de mes amies, ou du moins elle doit être disposée à me servir, puisqu'elle a reçu le plus beau de mes louis. J'écrirai une belle lettre; la tourière la remettra; elle me rendra la réponse..., et puis... nous verrons.

L'abbé entre dans le premier café; il se fait donner du papier, une plume, de l'encre; il écrit trois grandes pages d'un style tantôt pathétique, tantôt plaisant, et il finit en proposant à Estelle de sauter, une nuit, par-dessus les murs. Il a dix-huit cents francs en or, et avec cela on fait le tour du monde.

Il court à l'Abbaye-aux-Bois; il parle, il presse, il conjure; la tourière est incorruptible. Il montre un second louis... qu'il ne donne pas; rien n'ébranle le cerbère femelle. Il sortait, assez triste, et se disant déjà : Il faut pourtant que je me console, lorsqu'un menuisier, portant une bière sur son épaule, mit la main sur la sonnette de la première porte du couvent. « Pour qui cela? « — Pour madame Saint-Jean-Chrysostôme. —

« Morte, quand?—La nuit passée.—A quel jour
« les funérailles?—A demain matin.—A quelle
« heure?—Je n'en sais rien.—Demande à la tou-
« rière. Voilà un écu; je t'attends ici. » Il sait que
la cérémonie se fera à dix heures.

Hé, que diable, pensait Valentin, cette mère
Saint-Jean-Chrysostôme avait bien quelque parente au monde. Le deuil se présentera, et semblable au cousin de Picard, qui va à la noce sans en être prié, j'irai, moi, à l'enterrement de la bonne religieuse; je serai sa cousine, sa nièce, tout ce qu'on voudra. Je verrai Estelle, je lui parlerai..., et nous verrons.

Mais comment ferai-je pour sortir demain du collége?... Rien de plus aisé : je ne rentrerai pas ce soir. Mais le principal?... Oh, le principal, le principal!... Et mon argent qui est dans ma chambre j'en aurai peut-être besoin. Il n'est que trois heures; je peux rentrer à Sainte-Barbe, et en ressortir encore.

Il vole du couvent au collége, du collége au marché du Saint-Esprit. Il s'y pourvoit de tout ce qui est nécessaire à une jeune fille en deuil, et il va s'établir dans un modeste hôtel garni, qui est en face du couvent. Il dîne, il soupe, il se couche; il dort d'un sommeil profond et tranquille. Il se lève le lendemain, déjeune de bon appétit, et fait monter la fille pour lui aider à faire sa toilette. Sa robe lui allait comme si l'on eût pris mesure sur une guérite... « Des ciseaux

« et des épingles, dit-il à la fille. — Mais, mon-
« sieur, je ne sais pas... — Voilà six francs; main-
« tenant tu sais tout. »

On l'arrange, on le fagotte. Un voile, d'un noir tirant sur le jaune, lui couvre la moitié de la figure. Il se plante, droit comme un échalas, devant sa croisée; il attend ce que le hasard, le destin, sa bonne étoile voudront faire pour lui.

A neuf heures et demie, deux fiacres arrêtent à la porte de l'abbaye. L'abbé saute les escaliers quatre à quatre; il rencontre son hôte, qu'il colle au mur d'un coup de coude; il lui jette un louis, et on n'a rien à dire à un monsieur, ou à une demoiselle qui paie ainsi. Valentin se glisse au milieu de sept à huit femmes qui descendent des voitures; il entre, avec elles, dans l'intérieur du couvent, et l'intraitable tourière lui présente un siége, comme aux dames avec lesquelles il est.

On attend madame la supérieure, et huit femmes n'attendent pas sans causer. Valentin apprend bientôt que l'une est la sœur de la défunte; qu'une autre est sa nièce; qu'il y a des cousines, des arrières-cousines; que toutes ces dames se connaissent particulièrement. Que sera-t-il lui? Il n'en sait rien.

Après avoir parlé d'elles pendant un quart d'heure, c'est-à-dire après bien des mots bien insignifians et des inepties, une des causeuses adressa la parole au gentil abbé. « Qui êtes-vous, ma belle
« demoiselle? — Une pauvre orpheline, que ma-

« dame Saint-Jean-Chrysostôme avait mise en ap-
« prentissage chez la couturière du couvent. Sa
« mort me replonge dans la misère. — Oh, ma
« cousine était une bien digne dame. » Et comme
il est convenu qu'on ne doit pas d'égards à une
orpheline dans la misère, la cousine leva le voile
de l'abbé pour juger de sa figure. On se récria
sur sa beauté, sur son air modeste. On s'atten-
drit ensuite, et on convint de se cottiser pour
achever la bonne œuvre commencée par la défunte. Une des dames donne son adresse et invite
la petite à la venir voir le lendemain; la petite
le promet et baise les mains de sa bienfaitrice.
La supérieure paraît, et, prenant un air affligé,
elle fait signe, de la main, que le moment est
venu. On se lève; on se met en marche; on remarque tout haut que la robe de la petite lui va
très-mal : on la dégage déjà, par des procédés hu-
milians, du fardeau de la reconnaissance. La petite répond qu'elle a loué ces habits de deuil pour
assister aux funérailles de sa bienfaitrice; on loue
son bon cœur; et on ne s'occupe plus d'elle : des
femmes ont tant à voir dans un couvent, où l'on
n'entre qu'une fois ou deux dans sa vie !

Valentin est étonné de ne pas voir les pensionnaires. Madame craignait d'affecter de jeunes organes, en faisant descendre ces demoiselles dans
les caveaux de sépulture. Valentin commence à
croire que sa tentative n'aboutira à rien. Il verra,
il verra, selon sa très-bonne habitude, comment

ceci finira, et il ne s'affecte de rien. En effet, ce qui peut lui arriver de pis, c'est de sortir comme il est entré.

A la pâle lueur des torches funèbres, il croit reconnaître Estelle, qui déja figure parmi les novices, et qu'on voulait familiariser avec l'idée de la mort, elle à qui la vie pouvait être si chère !

Il avance, il arrête; il se coule le long des murs humides; il s'approche; il est dans l'enchantement; c'est son amie !... Il lui presse la main.

Estelle, interdite, ne sait à quelle pensée se fixer. Quelle est cette fille ? Que lui veut-elle ? Pourquoi caresse-t-elle si tendrement sa main ? Si c'était lui !... « Suis le deuil quand nous sor-« tirons, lui dit Valentin, et ne t'inquiète de rien. »

Il a parlé bien bas, et cependant son amie a reconnu sa voix : le cœur a aussi des oreilles. Valentin a repris sa place, et déja Estelle se glisse où est la famille de la défunte. Que veut faire Valentin ? Elle l'ignore; mais il l'aime : qu'a-t-elle de mieux à faire que ce que l'amour lui a prescrit ? Elle est si malheureuse ! tout changement doit lui être avantageux.

Valentin ne prend pas de tabac, et cependant il en a dans sa poche : les amoureux ont toujours quelque arrière-pensée. Nous saurons à quoi est destinée cette poudre assez malpropre, dont, cependant, beaucoup de belles dames ne craignent pas de faire usage.

La cérémonie va finir. L'abbé vide son cornet

de tabac dans sa main droite, c'est celle dont nos parens nous obligent à nous servir ; c'est la belle main, et à force de nous aider exclusivement de celle-là, nous devenons à peu près manchots du bras gauche; mais nos pères, nos grands-pères, nos bisaïeux n'avaient qu'une main à leur service, nos enfans, nos petits-enfans n'en auront pas d'avantage.

Les préjugés, amis, sont les rois du vulgaire.

Valentin veut être sûr de son fait ; il a donc son tabac dans sa main droite. De la gauche, il tire Estelle par sa robe ; il se place avec elle derrière la supérieure, qui reconduisait le deuil hors de la première enceinte. Madame donne un coup de cloche ; la tourière ouvre ; elle voit de quoi il s'agit, et elle court faire crier sur ses gonds la porte de la rue. Estelle, courbée, cachée tantôt derrière la nièce, tantôt derrière la cousine de la défunte, tantôt, enfin, derrière son ami, échappe aux regards de la supérieure, qui, à la vérité, est loin de penser à mal. Déja elle se croyait dans la rue; déja son cher abbé lui prend la main ; il va l'entraîner, il ne sait où : on ne saurait tout prévoir en un jour. L'impitoyable tourière à l'œil actif et sûr. Elle compte celles qui sont entrées, et qui seules doivent sortir. Une robe blanche, une coiffure en cheveux la frappent ; elle s'approche ; elle reconnaît Estelle. « Que faites-vous « ici, mademoiselle, lui dit-elle d'un ton assez « brusque? Rentrez, s'il vous plaît. » Et elle se place entre la porte de la rue et l'intéressante jouvencelle, à qui elle ôte tout moyen de faire un pas de plus. Valentin lève sa belle main : c'est la droite, vous vous en souvenez. Il l'ouvre et une poignée de tabac bourre les gros yeux saillans de la tourière. Elle pousse des cris du diable ; elle trépigne, elle se roule par terre. Toutes les dames sortantes sont stupéfaites ; elles se parlent, elles se consultent ; elles relèvent la pauvre tourière, victime de son inviolable attachement à son devoir. Elles la traînent dans sa loge ; elles cherchent de l'eau fraîche ; une serviette ; elles lui lavent, elles lui relavent les yeux.

Valentin a pris Estelle sous son bras ; il a ouvert la portière d'un des fiacres qui a amené le deuil ; il y est monté avec sa tendre amie ; il a dit au cocher : « Aux bureaux des diligences, au « galop, et six francs en arrivant. » Deux chevaux de fiacre valent mille écus, quand on a promis six francs à leur maître ; ils passeraient par-dessus les tours de Notre-Dame.

Nos amoureux arrivent dans la cour des diligences, et ils descendent de leur fiacre aussi lestement qu'ils y sont montés. Six chevaux sont attelés à une lourde voiture, et Valentin demande où elle va. « A Toulouse, répond le conducteur. « — Y a-t-il encore des places ?—Il en reste trois. » Le jeune homme court au bureau, arrête, paie deux places, et monte dans la diligence avec son Estelle à qui il dit : « Il nous est égal d'aller à

« Toulouse ou ailleurs. Quand nous serons ar-
« rivés là, nous verrons. »

Le postillon fait claquer son fouet; la lourde machine s'ébranle; elle roule; les chevaux prennent le grand trot. C'est toujours ainsi que les diligences entrent à Paris et en sortent. Elles vont au pas sur les grands chemins.

Il était temps que le couple charmant sortît de Paris. Le premier soin de la tourière, lorsqu'elle put parler, avait été d'appeler le jardinier et ses garçons, et de les mettre sur les traces de la fugitive Estelle. Ils ne savaient quelle route le fiacre avait prise. L'un courait par une rue, l'autre par une autre. Ils arrêtaient tous les fiacres qu'ils rencontraient, et, à la fin de chaque interrogatoire qu'ils faisaient subir aux cochers, ils recevaient des injures ou des coups de fouet. Fatigués d'être injuriés et battus, ils étaient rentrés au couvent, et s'étaient jetés sur une couche à melons, où, bercés par les rayons d'un soleil du mois de juin, ils s'étaient profondément endormis.

Un fripon n'en trahit pas un autre, quand il ne trouve rien à gagner. Le cocher, qui était resté à la porte du couvent, avait très-bien entendu l'ordre donné par Valentin; mais comme on ne lui offrit pas seulement douze sous, il répondit *Je ne sais pas*, aux mille et une questions qui lui furent faites.

L'évasion d'une belle demoiselle, qui allait prendre le voile blanc, et dont la dot était perdue pour la communauté, fut un évènement terrible, inconcevable, inexplicable pour les dames de l'Abbaye-aux-Bois. La supérieure se hâta d'écrire, à M. le président, une lettre où il n'y avait pas un mot orthographié, mais dont les idées étaient fortes. Elle représentait à M. Duplant que l'honneur de son nom exigeait qu'il fît faire les plus rigoureuses recherches; qu'Estelle avait mérité une punition exemplaire, et que, lorsqu'elle serait réintégrée dans les murs du couvent, on l'y mettrait en prison, jusqu'à ce que sa vocation ne fut plus douteuse. Le président courut chez le lieutenant de police, qui manda les chefs de l'armée grise, qui mirent en route leur infanterie, qui se glissa partout, et qui ne découvrit rien.

Le président savait que Valentin s'était échappé de Sainte-Barbe, et il ne doutait pas que les deux jeunes gens courussent le monde ensemble, puisqu'ils n'étaient pas dans Paris. On s'avisa, le quatrième jour, de faire compulser les registres des diligences, et on n'y trouva inscrit ni mademoiselle Duplant, ni M. de Merville : nos espiègles étaient partis sous le nom des demoiselles Desormeaux. Dans ce temps-là, on se promenait tranquillement dans toute la France, sans que personne s'avisât de demander aux promeneurs d'où ils venaient et où ils allaient. Ainsi, le hasard seul pouvait faire découvrir nos aimables et cependant bien criminels fugitifs.

Mais que diable, pourquoi faire un abbé d'un

garçon qui veut avoir une femme, et une religieuse d'une petite fille qui veut un mari? Et on les juge, on les condamne, quand ils font des fredaines! Qui de vous, papas et mamans, n'en a pas fait quelques-unes? Là, mettez la main sur la conscience.

Des fredaines! Valentin et Estelle s'arrêteront-ils au point où ils en sont? Hélas! j'ai bien peur du contraire. Mais je viens de le dire et je le répète : Que leurs fautes tombent sur les têtes de monsieur et de madame Duplant.

Quoi qu'il arrive aux uns, pour avoir suivi l'amour; aux autres, pour les y avoir, en quelque sorte, contraints, voilà nos jeunes gens sur la route de Toulouse ; et Valentin est fagoté de manière à donner lieu à de singuliers quiproquos.

C'est une ménagerie qu'une diligence. On y trouve des animaux de toutes les tailles, de toutes les couleurs, de tous les poils, de tous les caractères, de tous les genres d'esprit. Trop heureux les voyageurs, avec qui on n'a pas encaissé un homme gros comme une tonne, attaqué d'un catarrhe, ou de la goutte, et sujet aux hoquets du haut et du bas! Plus heureux encore, s'ils ne sont pas empêtrés d'un vieille femme qui porte son perroquet sur une épaule, son écureuil sur l'autre; qui a son carlin à ses pieds, et la cage du perroquet entre ses jambes, ce qui empêche le voyageur, placé vis à vis d'elle, d'étendre les siennes! Plus heureux, infiniment, les voyageurs qui n'ont pas, avec eux, une ou deux nourrices et leurs nourrissons, un politique, un beau parleur faisant des *cuirs*, et un négociant ayant la fureur de parler commerce à tout le monde, même à ceux qui n'y entendent rien ! Mais le plus grand de tous les fléaux, et, à mon premier énoncé, on aura peine à le croire, c'est une jolie fille qui voyage sans père et sans mère, et dont chacun veut s'emparer. Si elle ne se prononce pour personne, les œillades lui tombent de tous les côtés; les coups de genoux lui viennent à droite, à gauche, par-devant, et des mains indiscrètes se glissent par derrière. Elle est fatiguée, excédée, meurtrie de la tête aux pieds. Les rivaux se mesurent déjà des yeux, et si la belle s'avise de faire un heureux, pour se débarrasser des autres, la guerre civile s'allume dans la guimbarde. Le juge de paix de cet arrondissement est obligé de descendre du cabriolet, et de venir pérorer en guêtres et en bonnet de coton. Il a vraiment l'esprit conciliateur; il ne veut blesser personne, parce qu'à l'arrivée l'usage lui donne droit à un *pour-boire*, qu'à la rigueur cependant on peut lui refuser. Ce magistrat de sûreté ne prend donc que des demi-mesures, qui rendent toujours le mal plus grave, et, pour l'arrêter sans retour, la petite fille fait autant d'heureux qu'elle a de compagnons de voyage, et tous ces messieurs, en arrivant à Paris ou ailleurs, vont, au lieu de s'occuper de leurs affaires, maudire, pendant six semaines, Christophe Colomb, et ses admirables découvertes.

Ici, messieurs, nous n'avons rien de semblable à craindre. Les demoiselles Désormaux sont chastes... autant qu'on peut l'être quand on aime beaucoup. Elles ont pour compagnons de voyage un marchand, une comédienne qui a quitté les ingénuités depuis vingt ans, et un capitaine de dragons, dont le régiment est en garnison à Toulouse.

Le premier soin du capitaine et du marchand fut de regarder, très-attentivement, nos jeunes demoiselles. Elles étaient deux, et le négociant attendait, modestement, que l'officier se prononçât pour l'une, avant de faire sa cour à l'autre. Il ne fut pas long-temps incertain, parce que la comédienne s'empara de lui si positivement, qu'il lui fut impossible de s'en défaire, à moins cependant de la jeter par la portière, extrémité à laquelle un homme bien élevé ne se porte pas facilement. Voilà donc une de nos demoiselles en sûreté.

Les hommes ne se connaissent pas en toilette, et les femmes avouent de bonne foi que ce n'est pas pour eux qu'elles se parent. Et pour qui donc? Pour elles-mêmes, pour caresser leur vanité et humilier leurs égales, fantaisie qui coûte toujours fort cher aux maris. Voilà pourquoi nous regardons de si près à nous marier; pourquoi tant de de filles sont condamnées au célibat, et ce sexe, qu'on dit si fin, ne se doute pas de cela. Revenons.

Le capitaine regarda fort peu la robe bien ou mal faite de Valentin. Il s'attacha essentiellement à une figure charmante, à un fichu que gonflaient deux pelottes de laine, et à un pied assez mignon. Il allait joindre à Toulouse une femme qu'il aimait beaucoup, dont il était passionnément aimé; mais il faut faire quelque chose dans une diligence, et une distraction de deux ou trois jours n'est pas une infidélité. Il fit donc vivement sa cour à mademoiselle Désormaux l'aînée, c'est ainsi que Valentin s'était annoncé.

Le quiproquo fit grand plaisir au jeune homme. Estelle n'avait plus rien à redouter, ni lui non plus. En conséquence, il se prêta, assez volontiers, aux agaceries du capitaine; il répondit assez bien aux choses flatteuses et tendres qui lui furent adressées. Il était amoureux; on lui parlait sa langue; pouvait-il ne pas l'entendre, et ne pas répondre avec facilité?

Le capitaine avait de l'expérience, et il savait à quoi s'engage une femme qui répond d'une certaine façon. Il savait encore, qu'il est plus honnête d'attendre que la nuit ferme les yeux aux témoins importuns, que de les leur crever. Il résolut donc d'attendre, pour former une attaque dans les règles, que les ténèbres favorisassent ses tendres entreprises. La comédienne, qui occupait le derrière de la voiture avec le marchand, venait de former le même projet. Estelle seule gardait une exacte neutralité, et se proposait bien

8.

de dormir tranquillement jusqu'au jour, si le sommeil l'emportait sur les cahots et la fatigue d'une position trop long-temps prolongée.

Le blond Phébus était aller visiter les Néréides, ou si vous l'aimez mieux, et pour parler français, le soleil était couché; il l'était depuis une heure, et le calme le plus parfait régnait dans la diligence. Tout à coup, s'élève sur le devant et le derrière de la voiture un léger frémissement, semblable à celui qui, dans un temps orageux, rafraîchit d'abord, croît, siffle, et devient un ouragan dévastateur. Le capitaine, en cherchant ce qui n'existait pas, avait trouvé une pelote de laine, et le marchand, pour avoir trop trouvé, ne savait plus où il était. Le capitaine, furieux d'avoir été joué par un jeune garçon, se lève, disposé à le châtier à la dragonne; un cahot le rejette sur sa banquette et envoie tomber, sur ses genoux, la comédienne et le marchand. Le capitaine les repousse avec violence; la comédienne s'accroche à la robe de Valentin, et emporte le morceau avec elle. Cependant, la résistance qu'a opposée la robe a singulièrement tempéré la force de répulsion, et le marchand seul est allé tomber sur le dos contre la banquette qu'il occupait quelques secondes auparavant. Il crie qu'il a les reins cassés; Valentin crie qu'on a mis sa robe en lambeaux; la comédienne crie qu'on ne repousse pas une femme avec cette brutalité; le capitaine, dont ces nouveaux incidens ont calmé la colère, se met à rire aux éclats. Estelle s'éveille en sursaut, et demande ce que signifie tout ce tintamarre.

La voiture roulait sur la terre, parce que le chemin n'était point pavé en cet endroit. On aurait bien dû dépaver celui où a eu lieu le soubresaut dont je viens d'avoir l'honneur de vous parler, si on ne voulait pas le réparer. Le juge de paix de la diligence ne sait que penser du bruit qu'il entend dans l'intérieur. Il fait arrêter; il descend du cabriolet, muni d'une lanterne sourde; il ouvre la portière, et il voit... effet prodigieux d'un cahot! la tête de la comédienne ne se trouve plus; on n'aperçoit que le derrière de la perruque à bourse du marchand, et des jambes, çà et là, dont on ne reconnaît plus les propriétaires. Valentin, fille d'un côté, montre de l'autre la moitié d'une veste et d'une culotte de soie noire. Estelle, qui croit tout perdu, se met à pleurer; le capitaine rit plus haut que jamais; le conducteur jure; on ne sait plus où on en est.

Le conducteur commence un interrogatoire, qui, bientôt, ennuie le capitaine. Il interrompt l'orateur. « Avez-vous, lui demanda-t-il, entendu
« quelquefois parler de mademoiselle Androgyne?
« — Non, monsieur. — Mademoiselle Androgyne
« était, à la fois, fille et garçon; il plaît à made-
« moiselle Désormeaux l'aînée d'être mademoi-
« selle Androgyne cadette; personne n'a rien à
« dire à cela. Mademoiselle Estelle est une jeune
« personne fort estimable; je vous déclare que

« je les prends toutes deux sous ma protection,
« et, certes, je ne souffrirai pas qu'on leur man-
« que de respect. — Monsieur,... monsieur.... —
« Abrégeons. Démêlez-moi ces quatre jambes-là;
« placez madame dans votre cabriolet, et que la
« paix se rétablisse ici. — M. l'officier, j'ai ma place
« dans la voiture, et bien sûrement... — Ah! vous
« résistez! Au premier relai, je vais trouver le maire
« du village; je lui déclare que vous faites d'une
« diligence une chambre à coucher, et je vous
« fais mettre à pied. »

Le discours du capitaine était clair; les faits étaient positifs; la pauvre femme, que l'officier eût disputée au marchand, si elle eût eu trente ans de moins, fut obligée de descendre et de se mettre à côté du conducteur. Le marchand, qui n'avait plus rien à faire, s'endormit, et le capitaine jasa avec nos jeunes gens.

Valentin sentait la nécessité de réparer promptement le désordre de sa toilette, et il ne pouvait, sans ameuter les passans, aller de la voiture à la friperie. Le secours d'un tiers lui devenait indispensable, et il ne dissimula rien. La franchise, l'amabilité du joli couple intéressèrent vivement le capitaine. Après s'être emporté contre les parens, qui oublient qu'ils ont été amoureux, et qui contrarient ceux qui sont bien aises de l'être à leur tour; après avoir chaudement approuvé la conduite d'Estelle et de Valentin, il promit au jeune homme de lui procurer des habits à la première ville où on s'arrêterait, et il lui fit quelques questions sur les projets qu'il avait sans doute formés pour l'avenir. « Des projets, mon« sieur! Je ne m'occupe jamais de cela. — Mais, « où allez-vous? — A Toulouse. — Et après? — « Oh! nous verrons. — Et si on vous suit; si on « vous arrête? — Ce ne sera pas ma faute. — Hé! « que deviendra cette pauvre petite? — Vous me « faites trembler. — Je vous conseille de sortir de « France, et de passer en Espagne. — Bien! — « Vous avez fait de bonnes études; vous ensei« gnerez le latin et le français, et vous vivrez. — « Excellente idée! — Comment présenterez-vous « mademoiselle? — Comme ma femme. — Allons« donc, allons donc, personne ne croira au ma« riage de deux enfans. — Hé bien! j'en ferai ma « sœur. — Cette sœur-là paraîtra suspecte. Faites« en votre frère. — Vous avez ma foi raison. — « Avez-vous assez d'argent, pour aller jusqu'à « Madrid? — J'en ai de quoi faire deux fois le « tour du monde. — Ménagez-le bien, mon cher « ami : il vous faudra du temps pour vous faire « connaître et avoir des écoliers. Par exemple, « une chambre vous suffira, et il en faudrait deux « si mademoiselle était votre sœur. Elle se char« gera des petits soins du ménage, et ce qu'elle « vous apprêtera vous semblera excellent. — « Mais, monsieur le capitaine, il me semble qu'il « convient que nous logions séparément, jusqu'à « ce que nous soyons mariés. — Oui, cela con-

« vient, mademoiselle; mais cela est fort en-
« nuyeux, et pourquoi vous ennuyer, quand vous
« pouvez faire autrement? »

Valentin protesta que l'officier était l'homme le plus raisonnable qu'il eût vu de sa vie, et il embrassa Estelle si tendrement, si vivement, qu'elle commença à penser comme lui.

On arriva à Tours, où on devait coucher. Le capitaine, fidèle à sa parole, courut chez le fripier le plus renommé de la ville, et fit apporter un gros paquet d'habits, de toutes les tailles, qu'on déposa, par ses ordres, dans un cabinet voisin de la chambre des jeunes gens; ils choisirent, essayèrent, essayèrent encore, et, lorsqu'ils eurent à peu près leur affaire, le capitaine alla leur acheter, toujours par esprit d'économie, six chemises de garçon; il prétendait que six chemises à deux valent mieux que trois à chacun. Quand le travestissement fut terminé, on fit monter le conducteur. « Mon ami, lui dit le dragon, vous avez cru,
« comme moi, que ces messieurs étaient des de-
« moiselles. Un louis, qu'on va vous donner, vous
« prouvera incontestablement que vous vous êtes
« trompé, et vous fermera la bouche. »

Le marchand, à qui il était fort égal que les jeunes gens fussent des garçons ou des filles, consentit volontiers à se taire. La comédienne composa. Elle déclara qu'elle allait publier, dans l'auberge, ce qu'elle savait de cette aventure, si on ne consentait à oublier la sienne, et à la réin-

tégrer dans l'intérieur de la voiture. « Accordé!
« accordé! s'écria le capitaine. Mais arrangez-vous
« de manière à ce que je n'aie plus à souffrir des
« cahots. »

Il était temps que nos amoureux trouvassent
un capitaine de dragons, homme de sens et de
jugement. Le lieutenant de police de Paris avait
écrit, dans les principales villes de toutes les
grandes routes, pour qu'on arrêtât, et qu'on ren-
dît, à un président du parlement de Paris, deux
victimes qui voulaient lui échapper. On était à
table, on commençait à souper, lorsqu'un commissaire de police entra dans la salle à manger,
et les deux signalemens à la main, alla regarder
les voyageurs sous le nez. Ses yeux louches se
portaient du papier sur les figures, et des figures
sur le papier. « Terminez donc, M. le commissaire,
« lui dit le capitaine. Nous n'avons pas ici de de-
« moiselles de seize à dix-sept ans, madame en a
« cinquante; il y en a trente que monsieur porte
« une perruque à bourse; je suis capitaine au ré-
« giment Dauphin-Dragon, et ces jeunes mes-
« sieurs sont deux cadets gentilshommes que je
« conduis à mon corps, et qui sont particulière-
« ment protégés par M. de Sartines. Par M. de
« Sartines! reprend le commissaire. Oh! ils feront
« leur chemin; ils feront leur chemin. Je vous
« salue, messieurs, et je vous demande pardon
« de vous avoir dérangés. »

Le souper fut très-gai, comme vous pouvez le

croire. Des malheureux, échappés au naufrage, sentent vivement le prix de leur existence, et l'amour, qui a cru tout perdre, s'applaudit d'avoir tout gagné. Estelle avait touché au moment d'être séparée, sans retour, de son cher Valentin, et ses alarmes le lui avaient rendu plus précieux. Aussi, consentit-elle, sans trop de difficultés, à partager avec lui une chambre à deux lits. Valentin donna sa parole d'honneur de ne pas sortir du sien. Ces paroles d'honneur-là sont-elles vraiment obligatoires?..... Il est constant que le lendemain Estelle rougit beaucoup en revoyant l'officier; qu'elle n'osait lever les yeux sur personne dans la voiture, et, qu'à la dérobée, elle pressait tendrement la main de son ami. Je suis tenté de croire que la suppression des dimanches et des jeudis avait été prononcée sur des apparences mensongères, sur des rapports calomnieux, car jamais la sensible Estelle n'avait éprouvé le trouble, l'embarras, la confusion qui l'agitaient en ce moment. Ce qu'il y a de certain encore, c'est qu'à Bordeaux elle ne répliqua pas quand Valentin dit à l'hôtesse qu'il ne voulait qu'un lit pour lui et son frère.

> Le premier pas se fait sans qu'on y pense ;
> Craint-on jamais ce qu'on ne prévoit pas ?

Mais, le second, mesdames, le second!... Oh! que que celui-là est joli!

En arrivant à Toulouse, le capitaine s'applaudit d'avoir été sage en route, parce que, disait-il, il serait en état d'obtenir, pour ses jeunes amis, des marques de bienveillance d'une certaine dame qui avait des bontés pour lui. A Toulouse, comme ailleurs, les femmes mènent leurs maris, ou à peu près. Celui de cette dame est lieutenant de police, et on obtiendra facilement de lui un passeport, à l'aide duquel nos amans franchiront les frontières.

En effet, le capitaine se conduisit si bien, mais si bien, que, dans son ravissement, la dame s'écria : « Ah ! mon ami ! je vous donnerais ma vie. — « Je ne demande pas tant. Je me contenterai « d'un passeport pour l'Espagne, que monsieur « délivrera à deux amoureux, avec qui je suis ve- « nu ici de Paris. — Des amoureux ! Ah ! tout ce « qui aime m'inspire le plus vif intérêt ! »

Madame voulut voir les jeunes gens. Elle les accueillit ; elle les caressa ; elle les présenta à son mari. « Un moment, madame ; on ne délivre point « de passeport à des inconnus... — Ce ne sont pas « des inconnus, monsieur, puisque je vous les « présente. — Mais, madame... — Mais, monsieur, « ce sont de bons ou de mauvais sujets. Dans le « premier cas, ils n'ont pas besoin de recomman- « dation ; dans le second, c'est servir la France « que l'en délivrer. — Encore une fois, madame... » Madame embrassa, d'un air très-tendre, son mari, qui n'était pas accoutumé à cela. Elle lui passa la main... sous le menton ; elle le cajola de toutes les manières. Elle fut infidèle au capitaine, et s'en repentit amèrement ; mais elle eut le passeport, et, le lendemain, nos jeunes gens partirent pour Ax, chargés des vœux, bien sincères, que formèrent, pour eux, le capitaine et son obligeante amie.

A défaut de voitures publiques, ils en prirent une particulière, et ils s'en trouvèrent au mieux. Les scrupules d'Estelle étaient évanouis; elle se livrait, sans réserve, à l'amour le plus tendre. Valentin était dans la première ivresse du bonheur. Ils arrivèrent à Ax, sans s'être aperçus qu'ils avaient voyagé.

Un muletier, qui avait amené là une belle fugitive de Lérida, que son amant était venu attendre en cette ville, pour s'épargner le désagrément d'une enquête criminelle, ce muletier, qui allait d'auberge en auberge, cherchant des voyageurs, pour le retour, proposa à nos jeunes gens de les conduire jusqu'à Madrid, si cela leur convenait. Ses mules étaient excellentes, et sa litière était commode. Valentin pensa de suite qu'une litière est préférable à un carrosse, et il s'arrangea avec le muletier.

On part gaiement; on s'enfonce dans les Pyrénées; on dîne, on couche dans des auberges détestables, et l'amour trouve un trône partout. On descend dans les plaines d'Espagne; on n'entend plus un mot de ce que disent ceux à qui on parle, et on s'en console aisément. Quand on est deux, et qu'on a toujours quelque chose à dire, on se passe volontiers d'autres interlocuteurs, et, pour les besoins de la vie, il est des signes qui disent clairement : *A boire! à manger! un lit!*

On arrive aux portes d'Urgel. Un seigneur, on ne voit que cela en Espagne, un seigneur brûlé du soleil, sec comme un parchemin, fort mal vêtu, armé d'une longue hallebarde, était planté là pour attendre les voyageurs. Comme sa seigneurie ne savait pas lire, elle dédaigna de regarder le passeport de nos jeunes gens, et elle chargea un autre seigneur, qui bâillait dans un corps-de-garde enfumé, de les conduire chez sa seigneurie le corrégidor du lieu.

Le corrégidor était un homme de cinquante ans, vain... comme un Espagnol, ignorant comme un capucin, et il avait fait écrire en grosses lettres, pour ne pas l'oublier, au-dessus de son grand fauteuil vermoulu : AUCUN FRANÇAIS NE PEUT ENTRER EN ESPAGNE S'IL N'EST PORTEUR D'UN PASSEPORT DE MONSEIGNEUR L'AMBASSADEUR DU ROI A LA COUR DE VERSAILLES.

Quand nos jeunes gens lui furent présentés, il dédaigna de se lever; il leur fit signe, de la main, d'attendre, et il acheva de réciter son rosaire, occupation très-louable, sans doute, mais qui ne donne pas d'intelligence à ceux qui n'en ont pas reçu de la nature.

Après une grande demi-heure, il laissa retomber son rosaire, attaché à sa ceinture; il tira son bras décharné de dessous un manteau crasseux, et il l'allongea pour recevoir le passeport. Il chercha, d'abord, le sceau de monseigneur l'ambassadeur, et, ne l'y voyant pas, il se leva pour relire la fatale inscription apposée au-dessus de son fauteuil. Cette formalité indispensable étant remplie, il envoya chercher un alcade, déserteur du service de France, qui, à force de réciter des rosaires, avait captivé la bienveillance de sa seigneurie, laquelle l'avait élevé, par dégrés, au poste brillant qu'il remplissait alors.

Estelle et Valentin s'ennuyaient beaucoup de tant de lenteurs. Les pauvres enfans étaient loin de prévoir le dénouement.

L'alcade arrive; il les interroge en français; il leur traduit l'inscription, si cruelle pour eux, que monseigneur le corrégidor vient de relire une seconde fois. Estelle pleure; Valentin s'écrie qu'il ignorait cet usage-là; que, s'il en avait eu connaissance, il aurait facilement obtenu les papiers nécessaires. On lui réplique que lui et son frère sont des avanturiers, et qu'on va les conduire en prison. Estelle sanglotte; elle s'évanouit. Valentin dit qu'on vit en prison comme ailleurs, et il se lève, pour prendre la main d'Estelle et suivre, avec elle, le seigneur alcade. Il s'aperçoit qu'elle est sans connaissance. Il s'emporte, il jure, et monseigneur, après s'être fait traduire ses imprécations, prononce que les délinquans seront mis au cachot.

Mais comme on ne va pas là en carrosse, qu'il n'y avait pas de charrette disponible en ce moment, qu'Estelle ne pouvait marcher, et que la jeunesse et la figure du prétendu jouvenceau inspiraient quelqu'intérêt, le corrégidor sonne; il demande à une espèce de duègne, chargée du soin de sa lugubre maison, des sels et de l'éther, et, en attendant tout cela, il s'avance pour déboutonner la veste d'Estelle, et lui dénouer sa cravate. Valentin le repousse rudement, et c'est un crime nouveau. L'alcade repousse Valentin, et Valentin rosse l'alcade. La vieille laisse tomber l'éther et le sel, et appelle la garde. On serre, on presse Valentin, qui se défend comme un lion. Il cède au nombre, et quand on le tient, on le garrotte. Forcé de rester dans l'inaction, ses yeux cherchent et trouvent Estelle; elle a repris l'usage de ses sens; mais leur secret est découvert; l'opiniâtre corrégidor a souillé de ses mains noires, des trésors qui n'étaient réservés qu'à l'amour.

On ne se hâte jamais de prononcer contre une fille charmante, et on aime à se débarrasser d'un témoin incommode. Le décret du corrégidor fut exécuté à l'instant sur la personne de Valentin. On le mit au cachot.

Parbleu, se dit Valentin, il est fort désagréable d'être logé ici. Cependant ces murs sont secs, ma paille est fraîche, et je pourrais être bien plus mal... Mais Estelle?... Estelle m'aime; elle me sera fidèle. Elle n'ira pas loin, car elle n'a pas le sou. Quand je sortirai d'ici, nous nous reverrons avec un plaisir, que la satiété commençait à émousser. Allons, allons, tout est pour le mieux.

Mais que faisait Estelle, pendant que son amant philosophait dans son cachot? Elle pleura d'abord beaucoup ; cela soulage. Elle demanda à être réunie à son cher Valentin, et le seigneur corrégidor lui répondit gravement que les mœurs publiques ne lui permettaient pas d'accéder à sa demande. Estelle pleura plus fort, et sa seigneurie la trouva plus belle et plus intéressante. Estelle cessa de pleurer ; c'est toujours ainsi que finissent les grandes douleurs, et, quand elle put entendre le langage de la raison, le corrégidor lui adressa ce discours mémorable.

« Vous auriez suivi à Madrid un étourdi, qui
« paraît avoir les passions très-vives, et qui vous
« aurait abandonnée à la première occasion. Vous
« êtes tombée dans mes mains, pour que je dé-
« tourne de vous la griffe de Satan. Vous êtes
« jeune et jolie ; je suis vieux ; mais j'ai des yeux
« et un cœur. Vous avez commis des fautes ; nous
« les expierons ensemble. Je veillerai sur vous,
« comme un tendre père, et je répondrai de
« votre sagesse, parce que vous ne sortirez pas
« de ma maison. Inès, ma vieille gouvernante,
« va vous donner les habits de votre sexe ; vous
« serez plus jolie encore, et si je suis satisfait de
« vos manières... »

Estelle interrompit ici l'orateur, qui, avec le genre d'esprit que vous lui connaissez, s'était interrompu trente-deux fois, pour trouver la suite de ses phrases, et prévenir, par son éloquence, la belle Estelle en sa faveur. La belle Estelle protesta qu'il lui était égal que sa seigneurie eût un cœur et des yeux; qu'elle n'avait commis que de très-jolis péchés, et que, s'il fallait absolument qu'elle les expiât, ce ne serait pas avec le corrégidor d'Urgel. Elle protesta que, si on ne lui rendait Valentin, elle allait crier, par la ville, que sa seigneurie n'enfermait les amans que pour convertir, d'une façon nouvelle, les petites Madeleines de Paris. Le corrégidor lui répliqua que Valentin n'avait pas de passeport; qu'il s'était mis en révolte ouverte contre la magistrature; qu'il avait cassé le nez et trois dents à un alcade; qu'il méritait la mort, et que, si elle faisait le moindre bruit, il serait pendu dans huit jours; que si, au contraire, elle était calme et docile, il sortirait du cachot le lendemain.

L'idée de Valentin pendu glaçait le sang d'Estelle. Sa mise en liberté, solennellement promise, ramenait l'espérance dans son cœur. Valentin, libre, trouverait bien quelques moyens de se rapprocher d'elle; il la tirerait, n'importe comment, des mains de toutes ces sales seigneuries, et ce qui pouvait leur arriver de pis était de rentrer en France, à l'aide du passeport dont ils étaient encore porteurs : une fille de dix-sept ans, et qui aime, ne manque jamais de tout arranger pour le mieux. Estelle marqua une tranquillité qui n'était pas feinte; elle était toute au plaisir de revoir son amant. Mais semblable au chat, qui a toujours une pate en l'air, elle avait l'œil à tout, et une égratignure marquait la face vénérable de sa seigneurie, lorsqu'elle voulait s'approcher de trop près.

Ah! pensait le corrégidor, cette fille-là est, véritablement, d'une sagesse exemplaire, et il faut que ce petit coquin, qui est en prison, lui ait donné quelque philtre. Attendons que l'effet en soit dissipé, pour faire valoir notre rang, notre fortune, et une figure, incontestablement, très-distinguée.

Le corrégidor était une bête, vous le savez ; mais souvent une bête entend mieux ses intérêts qu'un autre, parce qu'elle s'en occupe sans cesse. Celle-ci sentait bien que plus Valentin serait éloigné et plus le philtre cesserait d'opérer. Il est des bêtes qui ont de l'honneur à leur manière, et celui du corrégidor était engagé à ce que Valentin sortît de prison le lendemain ; mais il est des capitulations de conscience, au moyen desquelles on concilie tout.

En conséquence, le lendemain, de très-bonne heure, Valentin reçut la visite d'un sergent, d'un caporal, et d'un soldat des Gardes Wallonnes. Ces messieurs attendaient, à Urgel, les Français bien constitués, mais sans pain, et qui n'avaient rien de mieux à faire que de manger celui qu'on leur offrait. Le sergent déclara à Valentin que le roi d'Espagne serait fort aise d'avoir à son service un joli garçon comme lui. Valentin répliqua qu'il était déja au service d'Estelle, et qu'il ne voulait pas changer de maître. D'après cette réponse, le sergent et le soldat placèrent poliment le prisonnier sur le ventre, et le caporal lui appliqua vingt-cinq coups de canne sur les fesses. Valentin ne concevait pas que le roi d'Espagne, qui aimait tant les jolis garçons, les fît traiter ainsi. Ah! disait-il, quand le caporal eut reporté le bout de sa canne à terre, peut-être si j'étais laid, en eussé-je reçu cinquante coups. Une jolie figure sert toujours à quelque chose.

Le sergent réitère sa proposition, et Valentin répète son refus d'y accéder, en se frottant le derrière. On s'empare de nouveau de lui, au nom du roi d'Espagne, et on double la dose. « Je « vois, dit Valentin, que vous n'êtes pas disposés « à finir, et, selon les apparences, vous ne vous « fatiguerez pas les premiers. Au reste, je ne « veux pas mettre votre persévérance à de plus « longues épreuves ; je vais signer. »

On lui présente un papier, en tête duquel était imprimé en grosses lettres, *Engagement* VOLONTAIRE, et pour prouver que Valentin s'était volontairement engagé, on lui fit traverser la ville, avec les menottes; on le conduisit au village de Pla, où les recruteurs avaient leur dépôt; on en tira sept à huit jolis garçons, des mains desquels on s'était assuré, et on leur fit prendre le chemin de Madrid, escortés par un caporal et quatre soldats du corps brillant, dans lequel ils allaient avoir l'honneur de servir.

— Voilà qui est singulier, pensait Valentin ! il y a quinze jours, j'étais chanoine, et aujourd'hui me voilà soldat. Ma foi,

> Par ce métier l'honneur n'est point blessé ;
> Rose et Fabert ont ainsi commencé.

Et puis je peux faire mon chemin... si pourtant je ne déserte pas. Mais Estelle ?... Je l'aime tant !... et on me l'a fait changer contre un mousquet !... Hé bien ! ne vais-je pas pleurer ? Ai-je quelques reproches à me faire ? Des larmes me rendront-elles ce que j'ai perdu ? Non, non, je n'en verserai pas : il faut savoir supporter le mal, comme on sait jouir du bien. D'ailleurs, si je me fais mourir de chagrin, Estelle n'en sera pas plus heureuse, et je dois me conserver pour elle ; ainsi vive la joie, la chansonnette et le bon vin... Mais cette chère Estelle, que va-t-elle devenir ? Ah ! elle aura bien quelques petites aventures, qui, probablement, seront plus gaies que les miennes ; mais ce ne sera pas sa faute, et, quand nous nous rencontrerons, je la reprendrai comme une veuve respectable, qui aura conservé tous ses droits sur mon cœur. Allons, allons, ne pensons plus à tout cela.

Bientôt Valentin répandit la gaieté autour de lui. Les jolis garçons, qui avaient les fers aux mains, riaient de ses contes, et le caporal commandant, qu'amusait son jeu de physionomie, lui faisait l'honneur de lui frapper quelquefois sur l'épaule. Quand on s'arrêtait à une auberge, qui n'était pas détestable, Valentin régalait le détachement d'un *olla-podrida* qui le faisait sentir l'ail pendant vingt-quatre heures, et d'un vin, qui puait le bouc à faire reculer d'une lieue nos gourmets de Paris. Le caporal trouvait ces procédés-là fort honnêtes et fort agréables, ce qui, pourtant, ne l'empêchait pas de mettre en prison Valentin et ses camarades dans toutes les villes ou bourgades où on passait la nuit.

Après quinze jours d'une route, qui, sans les saillies de Valentin, eût ressemblé à une marche funéraire, on entra dans la magnifique ville de Madrid, qui, cependant, ne vaut pas Paris, Londres, Manheim, ni même Nancy. Tout le monde sait que cette superbe cité est arrosée par le fleuve Mançanarès, qui porte des ponts hardis, sous lesquels on passe à pied l'été, parce qu'il n'y a pas d'eau dans la rivière.

On arrive à la caserne de messieurs les Gardes Wallonnes. M. le major prend le signalement de nos jolis garçons, et le fait afficher dans le corps-de-garde qui est près de la grille. Il rassemble tous les sergens, et chacun d'eux regarde attentivement de la tête aux pieds nos nouveaux venus. Vous ne devinez pas le but de ces formalités ; je vais vous le faire connaître. Cela voulait dire, que ces recrues ne devaient pas sortir des casernes; qu'au moyen de leur signalement on les reconnaîtrait à la grille, et que, si le factionnaire était incertain, le sergent de garde serait appelé pour prononcer.

Le lendemain Valentin fut revêtu de l'habit du roi, richement galonné en fil; on lui mit un petit chapeau sur l'oreille, et une longue épée au côté. On le fit passer sous le drapeau avec ses compagnons de voyage, et on leur notifia qu'ils venaient de prêter serment de fidélité au roi. M. le major ajouta, d'un air tout-à-fait aimable, que la conséquence de leur prestation de serment, était que celui qui déserterait et qui serait repris passerait par les armes. C'est ce que nous appelons en France être *fusillé*.

Valentin aurait été fort aise de voir la ville de Madrid, et de s'y amuser un peu pour son argent. Comme cela n'était pas possible, il chercha à tirer le meilleur parti de l'enceinte qu'il lui était défendu de franchir. Il trouva cinq à six cours, la plupart plantées de grands arbres, et offrant des jeux très-intéressans, auxquels il était difficile de perdre vingt sous en vingt-quatre heures. Dans une des cours, était la boutique d'une cantinière qui aimait les jolis garçons autant que le roi, et qui s'en faisait servir d'une manière plus directe. Dans une autre de ces cours était la salle d'escrime, dont le *professeur* vint saluer Valentin. Il lui protesta que son art était le premier de tous, en ce qu'il développe le corps, lui donne de la grace, fait la sûreté de celui qui l'exerce, et le met à même de tuer son homme à l'occasion. Tout cela s'apprenait moyennant dix réaux par mois.

Le matin, à cinq heures, le tambour roulait dans toutes les cours, ce qui signifiait, pour Valentin, qu'il fallait prendre un fusil ; le mettre sur son épaule, lorsqu'il voudrait le jeter par terre ; marcher, quand il lui conviendrait de s'arrêter, et tourner à droite, quand il lui plairait d'aller à gauche. A neuf heures, il était libre jusqu'à cinq heures du soir, où il était encore obligé de faire abnégation de lui-même. Pendant le reste du jour, il pouvait aller jouer, tirer des armes, et faire sa cour à la cantinière.

Cette cantinière était une femme d'une trentaine d'années, élancée, maigre et noire comme une Espagnole. Le premier coup d'œil de Valentin ne lui fut pas favorable. Il la compara à Estelle, à qui elle ressemblait comme l'ortie à la rose ; mais la cantinière était la seule femme établie dans le quartier, et quand on est seul, on devient nécessaire. Les yeux de Valentin se firent, peu à peu, à ces charmes rembrunis, et il n'avait plus, pour lui adresser ses vœux, qu'à devenir sourd au cri de sa conscience, qui lui reprochait vivement une infidélité, qui, pourtant, n'était encore que d'intention. Oh ! c'est une terrible chose que la conscience !

Cependant nous cherchons, tous, les moyens

de la calmer, quand elle nous gêne, et nous avons presque toujours le malheur d'y réussir. Valentin se disait : J'ai promis à Estelle de lui être fidèle, et que peut-elle gagner à ce que je tienne ma promesse, lorsque nous sommes à cent lieues l'un de l'autre, peut-être ? Elle a pris envers moi le même engagement, et si elle le viole, en saurai-je jamais rien ? Si un jour nous nous revoyons, elle me protestera qu'elle n'a vécu que pour moi ; je lui jurerai la même chose ; nous aurons l'air de nous croire, et c'est, au fond, ce que nous pourrons faire de mieux. Enfin, Estelle est absente, et la cantinière est là ; vive la cantinière !

A propos d'Estelle, ne devrais-je pas vous parler un peu de ce qu'elle pense, de ce qu'elle dit, de ce qu'elle fait ? Elle est si intéressante ! Oui, mais Valentin est mon héros, et vous savez bien qu'une des règles du roman, est qu'on ne perde pas de vue son principal personnage, à moins, cependant, qu'on se permette quelque épisode, ce qui fait languir l'action, et ce que, par conséquent, je m'interdirai. Je reviens à Valentin.

La cantinière, qui paraît sur la scène, s'appelait dona Julia. Elle était noble, parce qu'elle avait épousé le seigneur Mendoce, qui avait passé des écuries de M. le major à la cantine, moyennant une petite formalité : il avait été obligé d'épouser Julia, qui lui avait été proposée par le général-colonel, dont elle avait été femme de chambre, selon toute l'acception du mot. Le seigneur Mendoce était bien la meilleure pâte de mari qui existât dans toutes les Espagnes, pourvu, toutefois, qu'il y trouvât son compte, et, comme a dit un plaisant, aucun n'en meurt et beaucoup en vivent.

Valentin ne se souciait pas trop de la soupe du roi. Il avait de l'argent; il voulait s'approcher de Julia; elle tenait table ouverte; il était tout simple qu'il allât s'y asseoir. Le seigneur Mendoce avait remarqué que le joli soldat portait un habit de drap fin, le chapeau de castor, et le bas de soie, ce qui annonce des ressources. Il mesura son accueil sur celles qu'il lui supposait; mais quand son œil eut pénétré au fond de la bourse de Valentin, sa bienveillance devint presque du respect. Il sollicita, pour lui, l'honneur d'être admis à la table de messieurs les sergens, ce qui fut refusé avec dédain; et ce qui contribua à arranger les affaires de sa femme et du jeune soldat.

Mendoce, piqué du refus qu'il avait essuyé, jura par saint Jacques, de Compostelle ou d'ailleurs, de dédommager Valentin de la manière la plus éclatante. Son couvert fut mis tous les jours à une petite table, où personne n'était admis, et qui était placée près du comptoir de la signora. Au moyen de cet arrangement, Valentin faisait l'amour en dînant, en soupant, ce qui ne laisse pas d'être commode.

Il apprit bientôt que la dona avait deux maris,

l'un selon les lois, et l'autre qui avait été selon son cœur ; mais comme tout s'use, ce cœur-là avait cessé de parler en faveur de l'adjoint du seigneur Mendoce, et il se prononçait plus fortement, chaque jour, en faveur de Valentin. Or, femme qui a de l'expérience et qui aime, sait, aussi bien que Jean-Jacques, que la punition de l'occasion perdue est de ne plus la retrouver. D'après cela, la dona s'empressa de saisir la première qui s'offrit, et elle proclama ce second adjoint le premier homme du monde.

Comme il est assez difficile de mener de front le mariage et deux intrigues, Julia jugea à propos de mettre Valentin dans son entière confidence. Elle sentait qu'il n'y avait que ce moyen-là de l'engager à prendre certaines précautions, nécessaires à son repos, et peut-être à sa sûreté. Il apprit donc qu'il avait l'honneur de partager les bonnes graces de la signora avec le seigneur Durillon, sergent de la compagnie à laquelle il était attaché. Il eut connaissance des heures auxquelles se présentait son rival respectable ; on convint de celles où il pouvait venir, sans compromettre sa tendre amante ni lui, et il lui fut enjoint d'être très-circonspect, parce que le seigneur Durillon était jaloux comme un Espagnol, et qu'un sergent jaloux est toujours redoutable pour son soldat.

Un petit évènement ajouta à la haute considération que le seigneur Mendoce avait pour Valentin. M. le major était un très-bon officier, qui avait reçu une éducation de gentilhomme. Il savait.

> ..... Tirer, boire et signer son nom,
> Et se croyait savant comme feu Cicéron,

Or, plus on sait et plus on veut savoir, c'est l'ordinaire. M. le major jugea convenable d'apprendre le français à juste prix, non pas le français des Pays-Bas, qu'il parlait parfaitement, mais celui de Racine, qui vaut un peu mieux. Il savait que Valentin avait fait de fort bonnes études; plus, qu'il avait été chanoine, et il n'en fallut pas davantage pour lui valoir la préférence sur tous les soldats qui composaient le régiment.

Il faut payer, d'une manière quelconque, ceux qui nous sont utiles, et M. le major, qui tenait singulièrement aux espèces, solda le premier trimestre, en faisant Valentin caporal. Valentin ne faisait avec plaisir que ce qui lui convenait, et c'était un pauvre soldat. Mais les distinctions élèvent l'ame, et notre héros, décoré des marques de son grade, marcha beaucoup plus droit, et fut s'offrir à l'admiration de dona Julia et de son époux, qui le salua jusqu'à terre, et qui, s'il l'eût osé, l'aurait remercié de l'honneur qu'il lui faisait en le...

Ce petit évènement eut des suites sérieuses, et cela arrive quelquefois. Si Hélène n'avait pas été jolie, le royaume de Troie existerait peut-être encore; si Henri VIII n'avait pas été amoureux, les Anglais feraient maigre encore le vendredi et le samedi. Si Valentin n'avait pas été fait caporal, il serait encore soldat au régiment des Gardes Wallonnes. Mais les caporaux ne sont pas consignés au quartier, et, celui-ci, en sa qualité d'instituteur de son major, jouissait de la prérogative de mener promener avec lui quelques soldats, dont il répondait. Il accordait, ordinairement, la préférence à ceux qui s'étaient, *volontairement*, engagés avec lui à Urgel.

Un peu plus attaché à ce qu'on lui disait être son devoir, depuis qu'il était monté en grade, il s'occupait sérieusement de son métier, pendant deux heures, le matin ; ensuite il allait dîner et faire l'amour ; puis, il tirait des armes et courait les rues de Madrid jusqu'au soir.

Il est difficile à un joli homme de parcourir, tous les jours, les plus brillans quartiers d'une capitale, sans avoir quelques aventures. L'habit de soldat n'a rien de bien engageant pour des femmes d'un certain état. Mais l'amour rapproche les conditions, ou plutôt il les fait disparaître. Une belle dame se souvint, en regardant Valentin à travers ses jalousies, que dans le bon vieux temps, on avait vu des rois épouser des bergères. Il était tout simple que le beau caporal ne devinât pas, derrière une jalousie, l'objet divin qui brûlait pour lui, et une vieille femme obligeante se chargea de lui annoncer son bonheur. Il fut introduit clandestinement. Son amour-propre et son cœur furent également flattés de ce nouveau triomphe, et dona Julia ne fut plus à ses yeux qu'une gargotière.

Gargotière ou autre, il n'est pas de femme qui ne tienne à ses intérêts, et qui n'ait son grain de vanité. Julia s'aperçut avec douleur que Valentin ne faisait plus de prodiges; elle en conclut qu'il partageait ses faveurs, et elle ne douta pas valoir infiniment mieux que celle qui lui dérobait le cœur de son amant. Elle ignorait, quoiqu'elle sût bien des choses, que l'amour ne brûle jamais deux cierges devant le même autel, et elle entreprit de rallumer les feux de Valentin.

Un jour, Mendoce était sorti, le sergent Durillon avait payé sa dette, et Valentin se disposait à s'aller promener avec ses protégés. Julia le voit, faisant la belle jambe dans la cour. Elle l'envoie appeler; il arrive, après avoir recommandé à ses camarades de l'attendre.

Julia lui reproche son infidélité, et elle commence, sur la perfidie des hommes, un discours qui paraît, à son auditeur, devoir être beaucoup trop long. Il l'interrompt brusquement et lui dit: « Je vous ai aimée, c'est fort bien; je ne vous « aime plus, ce n'est pas ma faute. » Cette manière de s'excuser ne peut plaire à aucune femme. Julia entre en fureur; elle dit tout ce qu'une femme outragée peut adresser à un parjure, et Valentin se met à siffler un petit air.

Le sergent, qui lui avait arraché un engagement *volontaire* à Urgel, avait été remplacé par un autre, et venait d'entrer, poudreux et hâletant, dans la première cour du quartier. Durillon, son ami particulier, lui saute au cou, l'entraîne, le porte presque à la cantine, et demande de la limonade. Une servante maladroite les place dans une chambre voisine de celle où se passait l'orageuse explication.

Durillon reconnaît la voix de Julia, et il prête l'oreille. Ce qu'il entend est très-clair et le révolte. Il veut savoir quel est l'insolent qui ose coiffer un homme de son importance; il entre; il reconnaît Valentin. Son indignation n'a plus de bornes; il lève la canne sur le caporal, qui est Français. Celui-ci fait un saut en arrière, et tire l'épée; Durillon est forcé de se défendre. Son camarade accourt au cliquetis des armes, et il n'arrive que pour voir tomber Durillon. Valentin le reconnaît. « Ah! coquin, s'écrie-t-il, c'est toi « qui m'as fait administrer, à Urgel, soixante-« quinze coups de canne », et il le charge. Le sergent féraille un moment, et tombe sur son ami Durillon.

Un caporal, qui a tué deux sergens, mérite, en Espagne, d'être pendu deux fois, et Valentin ne se souciait pas de l'être une. Il remet son épée sanglante, enferme Julia à double tour, traverse le quartier, sort avec ses camarades, tourne cinq à six rues, et entre dans le premier cabaret, pour reprendre ses esprits et penser à ce qu'il va faire.

Après avoir fait de longues et profondes réflexions, il s'exprime ainsi : « Je ne pouvais me
« dispenser de tuer Durillon, qui voulait me dés-
« honorer. J'avais encore les coups de canne de
« l'autre, non sur le cœur, mais sur les fesses, et
« on n'est pas fâché de se venger, quand l'occa-
« sion se présente; d'ailleurs, il eût répandu l'a-
« larme et m'eût fait arrêter. Il était donc indis-
« pensable de tuer encore celui-là ; ainsi je n'ai
« rien à me reprocher. Cependant, comme les
« lois militaires sont positives, et qu'un conseil
« de guerre est inflexible, je ne vois qu'un parti
« à prendre, c'est de déserter. Adieu, mes amis,
« portez-vous bien, et vivez en joie. — Comment,
« adieu ! nous ne quitterons pas notre caporal.
« Nous rentrerons en France, ou nous serons
« pendus tous ensemble. — Ma foi, vous avez
« raison ; plus on est de fous, plus on rit. »

Ce n'était pas le moment de faire des phrases, et de s'arrêter dans un cabaret. Valentin avait encore une vingtaine de louis. Il en donna une partie à ses camarades ; leur enjoignit d'aller troquer, chez quelque juif, l'habit du roi contre des guenilles, et de payer, sans marchander, ce que le fripon leur demanderait en retour. Ils devaient ensuite l'aller attendre où il avait l'habitude de les trouver en sortant de chez la duchesse de... O mon dieu ! quelle indiscrétion j'ai été sur le point de commettre ! J'allais nommer une de ces dames de haut parage que les romanciers, mes confrères, ne connaissent pas plus que moi ma duchesse, et que, pour se donner un petit air de vérité, ils désignent par trois étoiles. Or, je ne dois pas m'écarter des erremens de mes devanciers.

Valentin, travesti assez promptement, se rendit à l'heure accoutumée chez la duchesse des trois étoiles. Il lui raconta brièvement comme quoi il avait été dans la nécessité de tuer deux sergens, comme quoi il fallait fuir sans délai, et toujours maître de lui, grace à son rare caractère, il commença des adieux, qui n'étaient propres qu'à le faire regretter davantage. Madame, la duchesse versait quelques larmes au premier adieu ; elle pleurait au second ; sanglotait au troisième ; au quatrième, elle était près de suffoquer. « Ma foi, ma chère amie, lui dit Valentin, je suis « bien fâché de vous trouver inconsolable ; mais, « foi de déserteur, je n'ai plus de consolations à « vous offrir. »

Madame la duchesse, après s'être assurée du fait, pensa à mettre son amant hors de la ville, se réservant, après son départ, de le recommander au grand saint Dominique. Elle mit en course la vieille, qui rentra, une heure après, avec six équipages d'ermites complets. Les beaux cheveux de Valentin furent cachés sous un capuchon, qui lui tombait sur les yeux ; madame, de ses mains blanches, le ceignit du fameux cordon ; elle lui mit sur l'épaule la corne d'abondance, c'est-à-dire la besace, et, pour l'y fixer, elle glissa un rouleau dans chacune des sacoches. Elle embrassa tendrement son bien-aimé, le mit à la porte, et recommanda, tout bas, à la vieille, de lui en chercher un autre le lendemain.

Les uniformes séraphiques étaient divisés en deux paquets. Valentin en portait la moitié dans sa besace, et la vieille était chargée de l'autre. Il trouva ses camarades à l'endroit indiqué, et il les mena faire leur toilette sous un pont du Mançanarès. Chacun fixa son épée sous sa souquenille, et on délibéra un moment sur la route qu'on prendrait.

Valentin avait été caporal, et sa gaieté et sa tournure d'esprit lui donnaient, sur ses compagnons, la plus grande influence. Il est vraiment des hommes qui semblent nés pour commander aux autres. Vous savez bien que Bérénice a dit, en parlant de Titus :

> Qu'en quelqu'état obscur que le ciel l'eût fait naître,
> Le monde en le voyant eût reconnu son maître.

Ce qui est un peu fort ; mais, puisque Racine l'a pensé et rapporté après Bérénice, il ne m'appartient pas de m'étonner que Valentin ait été nommé, par acclamation, chef suprême de nos fuyards.

XVIII. 10

Il pensa avec sagacité que six ermites, sortant ensemble de Madrid, pourraient être remarqués. On convint de se diviser deux par deux, de sortir de la ville par différentes portes, et de se rassembler au village de Paracuellos, qui est sur la route de Siguenza, laquelle conduit à Urgel.

Vous allez me demander comment j'ai la maladresse de renvoyer mon héros dans une ville, où il a déja été arrêté, incarcéré et bâtonné. Rappelez-vous ce fameux vers :

La critique est aisée, et l'art est difficile.

Et puis ne savez-vous pas que, de temps immémorial, les héros de romans, fidèles ou non à leurs princesses, ne manquent jamais de soupirer pour elles, quand ils n'ont rien de mieux à faire ? Un sentiment confus disait à Valentin qu'il reverrait son Estelle ; le corrégidor l'avait à peine regardé ; l'alcade aurait pu le reconnaître ; mais un jeune homme de dix-huit ans, change et grandit en douze mois ; d'ailleurs le capuchon masque les trois quarts d'une figure, et, tout bien calculé, il n'y avait pas plus de dangers, pour nos aventuriers, de prendre la route d'Urgel que telle ou telle autre.

Si ces raisons-là ne vous paraissent par suffisantes, je vous engage, monsieur qui me lisez, à en chercher de meilleures.

Valentin éprouvait d'abord quelque embarras,

lorsqu'il passait devant un corps-de-garde. Mais il remarqua, avec plaisir, que le factionnaire ne manquait jamais de lui présenter les armes ; les pauvres se mettaient à genoux et lui demandaient sa bénédiction : on ne pense pas à inquiéter un homme pour qui on a tant de respect. Valentin admira la prévoyance de la duchesse des trois étoiles, qui avait préféré le froc aux plus riches habits. Il sortit de Madrid, en lui adressant, par la voie de l'air, un dernier remerciement, et il ne pensa plus à elle.

DEUXIÈME PARTIE.

Valentin et son camarade n'avaient pas fait une lieue, qu'ils entendirent, derrière eux, le bruit de plusieurs chevaux. Quand on a peur, on a l'œil actif et les mouvemens prompts. Nos deux ermites se tournent et voient six cavaliers de la Sainte-Hermandad, qui venaient à eux au grand trot. Le premier mouvement du camarade fut de sauter le fossé qui bordait le chemin; le premier mouvement de Valentin fut de l'arrêter par son cordon. « Écoute, lui dit-il, il faut tâcher de n'être « pas pendus; mais si nous ne pouvons éviter « cela, je ne veux pas mourir d'avance du mal « de la peur. Il sera temps de s'occuper de finir « quand le moment sera venu, et moins nous y « penserons, moins il sera dur. Marche tranquil- « lement à côté de moi, et ne t'affecte de rien. »

Le camarade céda à l'influence de son chef; mais il tremblait de tous ses membres, quand la Sainte-Hermandad arriva. Le commandant salua jusqu'à terre le révérend Valentin; il lui demanda s'il n'avait pas vu quelques déserteurs des

Gardes Wallonnes, et vous pensez bien que Valentin répondit comme vous l'auriez fait vous-même. Les chevaux avaient besoin de reprendre haleine, et la conversation s'engagea. Le commandant désira savoir d'où venaient leurs révérences et où elles allaient. Valentin répondit, sans biaiser, que les ermites de la province allaient tenir un chapitre général dans les montagnes situées entre Siguenza et Médina-Celi; qu'ils seraient dirigés par le père provincial des capucins, qui savait le latin comme Cicéron et saint Jérôme, mais qui parlerait espagnol, parce que des ermites ne savent que cette langue-là, et à peu près. « En effet, révérence, vous avez un « petit accent. — C'est que j'ai parcouru toute « l'Espagne, et que j'ai fait mon noviciat dans les « Pyrénées. — Qu'à donc le révérend qui est « avec vous? — La fièvre tierce, depuis huit jours, « et le frisson vient de lui prendre. — Si j'osais « lui offrir un trait de vin de Malaga?... — Offrez, « offrez, commandant, et nous prierons pour « vous. »

Le bon vin ranime nos esprits, et le révérend retrouva du cœur. Il se mit à causer avec facilité, et le commandant, qui était observateur, tira ses tablettes et écrivit : *Le vin de Malaga, pris à forte dose, coupe la fièvre tierce à l'instant.* Il se promit bien de donner sa recette au chirurgien du régiment, qui serait fort aise de substituer un remède agréable au quinquina, qui a un très-mauvais goût et qui coûte cher. Les chevaux reposés et la conversation épuisée, les cavaliers et les ermites se séparèrent, très-satisfaits les uns des autres.

Est-ce par prévoyance, ou pour répondre quelque chose, que Valentin a parlé du chapitre général des ermites du canton? Voilà ce que je ne saurais dire. Ce que je sais, c'est que, de quart de lieue en quart de lieue, la Sainte-Hermandad rencontrait deux ermites, et le commandant ne manquait pas, après les avoir salués, de leur demander s'ils avaient la fièvre tierce, et s'ils allaient au chapitre général, comme deux frères qu'il avait rencontrés à une lieue de Madrid. Cette manière d'interroger indiqua les réponses. Nos révérends parlèrent à merveilles, à l'exception cependant d'un autre trembleur qui épuisa la petite provision de vin de Malaga du commandant. Il est assez rare de voir des limiers de la justice rendre du courage et des jambes à ceux qu'ils veulent arrêter. Mais comme la chose n'est pas impossible, vous aurez la bonté de la croire.

Les plus avancés savaient donc que leurs camarades les suivaient, et ils ralentissaient leur marche. Le commandant, crédule et bavard, se proposait de passer le reste de la nuit à Paracuellos, et il allait au pas à côté de ses ermites. Les quatre autres arrivent à la file, et Valentin maudissant le commandant et le bavardage de ses camarades, qui pouvait tout gâter, se glisse entre eux et le cheval de l'homme au vin de Malaga. Il commence, avec ses frères, une reconnaissance, qui ne vaut pas celle de Zaïre, mais qui est assez théâtrale ; il se félicite de l'honneur qu'il aura de voyager avec eux, et il orne son discours de quelques mots mystiques qu'il a appris à l'Abbaye-aux-Bois. Le commandant était enchanté de l'intelligence et de la piété du révérend. Tout allait bien, jusque-là.

Les chevaux marchaient la tête basse et la bride sur le cou. Celui du commandant bronche, tombe sur le nez, et jette son cavalier, sans défiance, par-dessus sa tête. Dans certaines circonstances, nous sommes entraînés par un premier sentiment d'humanité, qui ne nous permet pas de réfléchir, et moins encore de rien calculer. Valentin s'élance pour relever le commandant; le commandant s'attache à lui, et une de ses mains porte d'aplomb sur le pommeau de cette épée, si bien cachée sous la bure. « Comment donc, révérend, vous « portez des armes ! — C'est l'épée du grand saint « Martin, cavalier comme vous, que je porte dans « nos montagnes, pour l'offrir à la vénération de « nos bienfaiteurs. — Ah! c'est différent. »

On continua de marcher, et, de peur d'une seconde mésaventure, le commandant avait la bride de son cheval passée au bras, et il tirait après lui cette autre rossinante. Il s'avisa de réfléchir, bien qu'il n'en eût pas l'habitude. Que diable ! se disait-il, chaque pays a ses saints, et je me trompe fort, ou saint Martin n'était pas Espagnol. Pourquoi son épée est-elle en Espagne ? Il était cavalier, dit le révérend, et tout cavalier porte un sabre. Quand le soupçon commence à naître, il grandit rapidement. Le commandant laisse son cheval, va porter la main sur le côté gauche de nos ermites et trouve une épée partout. « Par saint Jacques, s'écrie-t-il, vous pourriez « bien être les déserteurs que nous cherchons, « et je vous arrête, sauf à vous faire réparation, « si je me suis trompé. » A ces mots, nos six ermites ont l'épée à la main.

Aussitôt la Sainte-Hermandad recule de vingt pas pour combiner un plan d'attaque. Le commandant a oublié qu'il tient son cheval par la bride, et Valentin est sauté dessus. La partie n'est pas égale, s'écrie un des cavaliers ; nous ne sommes que six contre six. Et l'ennemi a de la cavalerie, dit un autre de ces seigneurs. Pendant qu'ils pérorent, Valentin range sa troupe derrière une haie inaccessible aux chevaux, et il reçoit une décharge générale des pistolets et des carabines des cavaliers, à qui leur commandant a persuadé qu'on peut tirer, sans danger, sur ceux qui n'ont point d'armes à feu. Cette décharge ne tue, ne blesse personne, parce qu'on ajuste mal quand on a peur. Valentin, que rien n'inquiète, n'intimide, ne laisse pas aux ennemis le temps de recharger leurs armes. Il fait de son épée un éperon, et force le cheval qu'il a conquis à franchir la haie. Il va droit au commandant, et jure que si ses cavaliers déchirent une cartouche, il lui fera sauter la cervelle. Le commandant ordonne de remettre les pistolets dans les fontes, et les sabres dans le fourreau.

Les camarades de Valentin s'élancent; chaque seigneur, de la Sainte-Hermandad, a la pointe de l'épée d'un ermite sur l'estomac; il faut capituler. La première condition est qu'on mettra pied à terre, et voilà nos six ermites à cheval; la seconde est que leurs seigneuries reprendront à pied le chemin de Madrid, après avoir livré leurs munitions de guerre. Les poches visitées et retournées, le frère Valentin prend congé du commandant, et lui et ses camarades partent au galop.

« Par saint Jacques, dit l'infortuné comman-
« dant, il faut aller à pied jusqu'à Paracuellos,
« et faire sonner le tocsin. On mettra toutes les
« mules du pays en course; nos chevaux, déjà
« fatigués, seront bientôt atteints, et pendant
« qu'on arrêtera ces déserteurs, nous nous repo-
« serons au village : nous en avons bien le droit,
« après le combat que nous venons de livrer. »

En effet, tout s'exécute selon ce vaste et noble projet. Deux cents paysans passent le reste de la nuit, c'est-à-dire, trois heures encore, à faire leurs dispositions. Le commandant leur enjoint expressément de prendre la route de Carpetanos, parce que les déserteurs ont dit qu'ils allaient à

Siguenza, et qu'il est évident, pour tout homme qui a de la pénétration, que leur dessein est de gagner le royaume de Portugal. Après cet effort de génie, le commandant va se coucher, et sa troupe s'empresse d'imiter un si bel exemple.

Valentin, riant comme un fou, avait tourné le village de Paracuellos; les chevaux n'avançaient qu'à la pointe de l'épée; mais enfin ils galopaient toujours, et Valentin, en adressant des remercîmens à la Sainte-Hermandad, qui avait pourvu à la sûreté et à la célérité de son voyage, adressait, de temps en temps, un soupir à Estelle, qui, peut-être, soupirait aussi de son côté. On fait dix lieues encore, en riant, en chantant. On ne pense pas qu'on peut être suivi; on pense moins encore au dénouement qu'amenerait une catastrophe : on est brave, et on est armé jusqu'aux dents.

Cependant, Bucéphale, et le bidet des quatre fils Aymon galopaient bien ; mais ils se reposaient et mangeaient de même. Ils n'auraient pu soutenir le régime auquel nos ermites avaient mis leurs coursiers; aussi ceux-ci tombèrent-ils de fatigue, les uns après les autres, à quelque distance du village de Mohernando. « Allons, camarades, dit
« Valentin, nous avons eu l'agrément de faire
« douze lieues à cheval; nous aurons maintenant
« celui de nous promener, ce qui est fort agréable
« quand la matinée est belle : cela variera nos
« plaisirs. Brisons les carabines; attachons, avec
« les courroies des porte-manteaux, ces pistolets

« sous nos robes ; garnissons nos poches de car-
« touches. Si on nous cherche querelle, on trou-
« vera à qui parler. En avant, et vive la joie ! »

Aucun remords n'altéra la tranquillité de Valentin ; sa conscience était muette. Hé ! de quoi se serait-il repenti ? D'avoir crevé les chevaux de la Sainte-Hermandad, qui voulait le faire pendre ? Son motif n'était-il pas urgent, et l'urgence n'excuse-t-elle pas tout ? Que de gens pillent de sang-froid, sans besoin, sans avoir l'ombre d'un prétexte, et qui, pourtant, sont très-considérés dans le monde... par ceux à qui ils donnent à dîner.

Pour mieux jouir des beautés de la nature, nos ermites jugèrent à propos de s'embarquer sur une petite rivière qui a sa source au-dessus de Siguenza, et qui se jette dans le tage à Ruebla-Neuva. Une barque assez commode reçut leurs révérences. Le nautonnier les combla de marques de respect, et sa femme se hâta de leur préparer à dîner, au pied de la barre du gouvernail, qu'elle maniait à ravir. Nos respectables personnages se firent descendre à une demi-lieue de la ville, où ils ne se souciaient pas d'entrer, et quand ils voulurent payer leur dîner, la batelière se recommanda à leur pieux souvenir. Elle les pria, lorsqu'ils seraient dans les montagnes qui séparent Siguenza de Médina-Celi, d'aller voir de sa part le frère Ambroise, un saint ermite qui l'avait guérie de la fièvre, et de lui dire que la signora Catharina serait toujours sa très-obligée et très-humble servante.

C'est charmant! c'est charmant! disait Valentin. On est voituré doucement, on dîne bien, et cela ne coûte qu'une visite à faire à un bon ermite, chez qui nous serons plus en sûreté qu'ailleurs. Je ne me lasse pas d'admirer la prévoyance de madame la duchesse des trois étoiles; c'est une femme admirable... sous tous les rapports.

Ces messieurs, au lieu de suivre le chemin que leur avait indiqué la signora Catharina, jugèrent à propos de se jeter dans la plaine et de gagner un petit bois d'oliviers, où ils se proposaient de laisser passer la chaleur du jour, et de dormir quelques heures, ce dont ils avaient grand besoin. A l'approche de la nuit, ils tournèrent la ville de Siguenza, et se jetèrent dans les montagnes, où ils n'avaient rien à craindre, et où ils délibérèrent sur l'avenir.

Le dîner de la Signora Catharina était digéré, et le besoin de souper commençait à se faire sentir. C'est là-dessus que roula d'abord la discussion. Michel, garçon adroit, fut détaché pour fournir à la subsistance commune. La charité ressemble un peu au temps; elle varie, et, en cas de refroidissement, Valentin donna une pièce d'or au camarade, qui se mit aussitôt en route, la besace sur l'épaule. On discuta ensuite sur les avantages de l'habit d'hermite, qui étaient incontestables, et sur les grands inconvéniens auxquels il exposait des déserteurs. On réfléchit qu'une demi-douzaine d'ermites, rassemblés et voyageant, sans en pouvoir donner de bonnes raisons, paraîtraient suspects; que tôt ou tard on aurait affaire à des gens plus fins que la signora Catharina et son cher mari; que si on avait le bonheur de gagner les frontières de France, où il y a déja assez de fainéans, on y serait infailliblement arrêté; qu'il ne suffirait pas de dire qu'on déserte des Gardes Wallonnes; qu'il faudrait décliner son vrai nom, dire ce qu'on faisait avant de quitter la France, et pourquoi on en est sorti. La plupart des camarades de Valentin n'avaient pas la conscience aussi nette que lui, qui avait bien quelques peccadilles à se reprocher. Ainsi, on résolut de ne marcher que la nuit, quand on serait sorti des montagnes; de changer de costume aussitôt qu'on le pourrait sans se compromettre; de se séparer, pour être moins remarqué, après avoir dépassé Urgel, et de se jeter chacun dans les mains de la fortune, qui, peut-être, arrangerait le reste pour le mieux.

Michel revint au milieu de la nuit avec sa pièce d'or et sa besace pleine. « C'est charmant! c'est « charmant! » répétait Valentin. Ce qui ne l'était pas, c'est que Michel était escorté de ceux qui avaient rempli sa besace. Il avait en vain essayé d'éviter cette marque d'honneur. On lui avait constamment répété qu'on ne souffrirait pas qu'un saint ermite s'en retournât seul, à cette heure, au risque de s'égarer dans les montagnes, et de se jeter dans quelque précipice. Et puis il régnait dans le pays une fièvre épidémique, qui ne tuait personne, mais qui faisait beaucoup souffrir ceux qui en étaient attaqués. Or, puisque le révérend Michel et ses compagnons étaient de l'ordre du frère Ambroise, ils devaient savoir guérir comme lui. Valentin ne comprit rien d'abord au galimatias de ces fiévreux, et il éprouva un certain embarras. Comme il jouissait d'une présence d'esprit qui ne le quittait jamais, il arrangea l'affaire en un instant. « Mes enfans, dit-il aux fiévreux, « nous sommes rassemblés des quatre coins de « l'Espagne, pour aller apprendre du frère Am- « broise l'art de guérir la fièvre, que jusqu'ici « nous avons traitée avec du vin de Malaga. Avez- « vous du vin de Malaga ? — Non, révérend. — « — Cherchez-en, et buvez-en quatre bouteilles « par jour. A propos, y a-t-il loin d'ici au saint « ermitage du frère Ambroise ? — Encore huit « mortelles lieues. — Nous allons partager avec « vous ce que la charité nous envoie. Ensuite le « plus vigoureux de votre troupe nous guidera « dans ces montagnes. Le frère Ambroise le gué- « rira, et il n'aura pas besoin de chercher du vin « de Malaga. Les autres retourneront chez eux, et « ils nous annonceront à leurs charitables com- « patriotes; nous nous rendrons au milieu d'eux, « aussitôt que nous aurons reçu l'instruction né- « cessaire pour extirper la fièvre... — Oh ! révé-

« rend, et bien d'autres maux. — Oui, mes enfans, « tous les maux nés et à naître. »

Le frère Valentin avait, en parlant, un air si persuadé, un ton si confiant, que la persuasion et la confiance s'insinuèrent dans l'esprit de tous ses auditeurs : un paysan espagnol, d'ailleurs, peut-il douter de ce que lui dit un ermite? On soupa et on soupa bien, parce qu'on avait vidé tous les garde-mangers du village. Valentin fit observer, à cet égard, que la diète étant le premier moyen de combattre la fièvre, les malades étaient maintenant certains de ne pas succomber au désir de manger, et qu'ainsi tout était pour le mieux. Il répéta l'ordre de boire amplement du vin de Malaga jusqu'à son retour, et il promit de former quelques médecins à la manière du frère Ambroise, ce qui dispenserait les respectables habitans d'aller chercher la santé à dix ou douze lieues de chez eux.

On finit de souper; on serra ce qui restait dans les bissacs, et on se disposa à continuer de marcher. Les Espagnols pleuraient d'attendrissement, en quittant de si respectables frères, et ils ne manquèrent pas de leur demander quelque amulette, scapulaire, ou chapelet. « Je vous donnerai « mieux que cela, leur dit Valentin. La poudre « noire, qui est dans ce petit paquet, garantit du « tonnerre, et la boule qui est dans le fond guérit « la colique. — Faut-il l'avaler, révérend? — Oui, « pour la colique ; mais si vous vous la passez

« au travers du corps, vous jouirez d'un repos inaltérable. — Et comment se passer cela au travers du corps? — La manière de s'en servir est indiquée sur l'enveloppe. » Il leur donne à chacun une cartouche, qu'ils ne peuvent pas reconnaître, parce qu'il est nuit; il prend congé d'eux, et part.

Le malheureux malade qui servait de guide à la caravane avait plus de zèle que de forces. Il se traînait, appuyé sur son bâton, et ne demandait à saint Jacques de Compostelle que de vivre assez pour conduire leurs révérences jusqu'à l'ermitage du frère Ambroise. Le frère Valentin lui délayait de temps en temps, dans un doigt de de vin, de la poudre qui garantit du tonnerre. Ce breuvage-là donne des forces, en augmentant la fièvre. Mais,

Les préjugés, ami, sont les rois du vulgaire.

Don Diégo, convaincu de l'efficacité du remède, buvait fréquemment, et allait toujours. Semblable à ces chevaux, dont on ne ranime les jambes usées qu'à force d'avoine et de vin, et qui tombent tout à coup, le pauvre fiévreux tomba, non sous un arbre, parce qu'il n'y en avait pas dans ces montagnes-là, mais à l'entrée d'une caverne, où Valentin et ses compagnons le placèrent sur de la mousse, et, à l'aide des indications qu'ils avaient reçues de lui, ils continuèrent de se diriger du côté de la demeure du frère Ambroise.

Aucun motif important ne les conduisait à cet ermitage; aucune raison ne les en éloignait. Ils pensaient, au contraire, que la vue de l'or est toujours fort agréable pour ceux qui n'en ont pas, et que ce métal est séduisant, quand on a l'espoir de s'en approprier quelques parcelles. D'après ce raisonnement, il était vraisemblable qu'on achèterait le frère Ambroise à bon marché; que son intérêt garantirait sa discrétion, et qu'on obtiendrait de lui les services dont on aurait besoin.

Michel, déserteur de la marine française, de la Conciergerie de Paris, et des Gardes Wallonnes, fit valoir ses connaissances en astronomie et dans l'art précieux d'éviter les gens qui font métier de chercher et de trouver ceux qui évitent tout le monde. Dépourvu d'instrumens, il prétendit que, par la force de l'habitude et l'inspection des étoiles, il guiderait la troupe droit sur l'ermitage désiré. Un ignorant persuade tout ce qu'il veut à de plus ignorans que lui. Le frère Michel se met à la tête de la caravane; on marche pendant le reste de la nuit; on tourne des ravins, des torrens, des précipices. Michel soutient qu'il reste au plus deux lieues à faire; et, à la pointe du jour, on se retrouve à l'entrée de la caverne où on a déposé don Diégo.

« Ma foi, dit Valentin, puisque tu devais nous
« égarer, il est fort heureux que tu nous aies ra-

« menés ici. Nous sommes sûrs d'un abri pendant
« la chaleur du jour, et c'est beaucoup. Il est
« vrai que nos provisions sont très-diminuées;
« mais quand l'estomac n'est pas chargé, les idées
« sont plus nettes, et si Michel n'avait pas si
« copieusement soupé, il n'aurait pas pris Vé-
« nus pour la lune. Entrons, dormons, et nous
« verrons, au réveil, ce qu'il y aura de mieux à
« faire. »

Michel, honteux, confus, suit son chef, et la troupe se coule dans la caverne. Dès les premiers pas on s'arrête : on a entendu quelque bruit. On prête l'oreille, et une voix forte et sonore étonne nos voyageurs, sans les intimider. « Flamberge au
« vent, s'écrie le frère Valentin. Qu'on avance
« avec précaution et qu'on ne tue personne, si
« on n'y est contraint par la nécessité. N'oubliez
« pas que la nature met vingt ans à faire un
« homme; qu'il ne faut qu'une seconde pour dé-
« truire son plus bel ouvrage, et que les regrets
« ne rendent pas la vie à qui la précipitation,
« une injuste agression, une coupable ambition
« l'ont ôtée. »

Après des réflexions, des recommandations, des injonctions si sages et si fortes, vous sentez bien, sans doute, qu'on s'avançait au petit pas, en étudiant le terrain et le plafond à la pointe de l'épée. Bientôt, on distingue les accens de cette voix qui avait inspiré tant de défiance. C'était don Diégo qui chantait, à assourdir son auditoire, la vieille romance du *Cid*. « Je le croyais mort, dit « Valentin; et nous aussi, disent ses camarades. « Holà, Diégo? — Oh! par saint Dominique, lais- « sez-moi la vie, s'écrie l'Espagnol », et il tombe sur ses genoux, et laisse aller sa tête sur la poussière. On s'approche, on se reconnaît, on se félicite mutuellement. Nos ermites, qui ont cru que Diégo avait le transport au cerveau, sont fort étonnés de lui trouver le pouls parfaitement tranquille. « Ecoutez-moi, leur dit l'Espagnol.

« Mes compatriotes et moi nous avons cru avoir « la fièvre, et je vois bien que nous nous sommes « trompés. Un orage affreux a crevé sur notre « village, il y a six mois, et c'est depuis ce temps- « là que nous sommes malades. Il est évident que « le tonnerre nous est entré dans le corps à tous, « puisque me voilà guéri par la vertu de la pou- « dre qui le chasse. » Et il sautait, il baisait les mains des respectables ermites, il chantait, il riait. Je sais, depuis quelques jours, qu'il était de la famille de ce Diégo, qui joue un si grand rôle dans le compère Mathieu.

Il engagea leurs révérences à ne pas perdre un temps précieux. Il leur promit qu'avant huit heures du matin, ils arriveraient à la hutte d'un pâtre de ses amis, où ils trouveraient un abri, du lait et du fromage. On se mit gaiement en route; Diégo marchait en avant, et pour égayer le voyage, il dansait, de temps en temps, un fandango à lui seul; en s'accompagnant de ses castagnettes. Ces tristes instrumens-là sont, pour un Espagnol, ce qu'est la pipe pour un marin, la tabatière pour une vieille femme, l'eau de Cologne pour la jeune.

C'est en suivant cet imbécile que Valentin arrangeait l'histoire qu'il voulait conter au frère Ambroise; qu'il cherchait ces grands mouvemens oratoires qui séduisent, entraînent, enchantent. On arriva chez le pâtre tout simplement, comme on va de Paris à Saint-Cloud; ainsi, je n'ai rien d'intéressant à raconter.

On était au plus à cent pas de la hutte, que Diégo se détacha, et entra, en courant, chez son ami. Bientôt la famille du pâtre sortit avec toute la pompe qu'elle pouvait mettre dans sa marche. Elle se porta vers leurs révérences, et baisa, en les abordant, le bout de leurs cordons. Le chef leur dit ensuite que tout ce qu'il avait était à leur service, et il finit par les informer que le tonnerre était entré en lui, et dans sa femme et ses enfans. Voilà le frère Valentin devenu docteur, malgré lui, et plus docteur, peut-être, que ceux de l'université de Salamanque ou d'ailleurs. En échange du lait, du fromage, et du pain noir du pâtre, il vida une douzaine de cartouches dans ce qui restait de vin à sa troupe, et comme un médecin n'est jamais comptable des décès, il gorgea, sans le plus léger scrupule, ses fiévreux de ce breuvage détestable. J'ai envie d'adresser un mémoire à la faculté sur la vertu de ce remède... Mais, non, on n'y répondrait point, parce que cette mixtion ne se trouve dans aucune pharmacopée, et que les innovations sont sévèrement interdites aux jeunes gens qu'on affuble du bonnet doctoral. S'ils s'écartent de la route qu'ont tracée leurs devanciers, ils sont frappés d'un *veniat*, qui est bien d'un autre force qu'une assignation, et qui équivaut presque à une contrainte par corps. Je veux donc éloigner toute dissertation scientifique, dont je me tirerais, d'ailleurs, assez mal, et je raconterai simplement les faits. A l'approche de la nuit, au moment où la caravane allait se remettre en route, le tonnerre était sorti du corps du pâtre, et de ceux des membres qui composaient sa famille : ainsi cette découverte infernale, si funeste au genre humain, a été une fois, je ne sais comment, salutaire pour de pauvres montagnards.

On marche pendant une partie de la nuit, et on arrive enfin à la porte de l'ermitage si désiré. Le frère Ambroise, comme la plupart des Espagnols, dormait le jour, et s'occupait utilement la nuit. Diégo frappe; le bon frère vient ouvrir, d'un air assez soucieux; mais à la vue de six uniformes semblables aux siens, sa figure s'épanouit. Où diable l'esprit de corps va-t-il se nicher ?

Valentin, qui, vous le savez, portait toujours la parole dans les opérations délicates, débuta, auprès du frère Ambroise, par un compliment, très-bien tourné, sur les vertus et la science profonde de sa révérence. Le bon frère, qui n'avait pas l'habitude de s'entendre louer par une bouche éloquente, jugea qu'il valait mieux répondre par des révérences que par de belles phrases, dont, peut-être, il ne trouverait pas la fin ; semblable à ce bailli, qui, en haranguant le bon Henri, répéta trois ou quatre fois : *Lorsque Alexandre fit son entrée à Babylone*, et ne put aller plus loin. On sait que Henri IV lui répondit : *Quand Alexandre fit son entrée a Babylone, il avait dîné, et j'en vais faire autant.* Ce petit écart historique n'était pas nécessaire, j'en conviens ; mais les auteurs aiment à citer : cela prouve qu'ils ont lu avec fruit, et l'amour-propre s'accommode de tout.

Lorsque Ambroise fut las de saluer, Valentin lui apprit que l'archevêque de Grenade, non celui dont Gil-Blas fut secrétaire, mais son huitième successeur, avait convoqué ce qu'il y avait de plus fin en ermites dans son diocèse, en Andalousie, en Castille et dans le royaume de Léon, pour qu'ils vinssent près de sa révérence, s'instruire dans le grand art de guérir. Ambroise ne concevait pas que monseigneur de Grenade eût entendu parler de lui ; mais la présence de six ermites attestant que la renommée s'était occupée à publier ses succès, il invita ses nouveaux confrères à entrer, d'un air un peu moins modeste que celui qu'il avait pris en les abordant

Nous avons mille et une descriptions de jardins, de bosquets, de tableaux composés de coteaux, de troupeaux, de pastoureaux soufflant dans leurs pipeaux : il est difficile de résister à l'envie de décrire, quand on a quelque talent en ce genre. On nous a donné beaucoup moins de descriptions d'ermitages, et, ma foi, je décrirai celui-ci, au risque d'ennuyer le lecteur. Et puis, je n'ai pas pris l'engagement de l'amuser du commencement à la fin de ce livre.

Vous saurez donc, mon cher lecteur, ami lecteur, benin lecteur, qu'on entrait, chez le frère Ambroise, par l'oratoire : l'aspect de ce lieu dispose les bourses à s'ouvrir. On passait de là à la cuisine, pièce utile aux saints comme aux profanes. Plus loin était la chambre à coucher de sa révérence. On y voyait un châlit, en forme de bière, au fond duquel était une poignée de paille, sur laquelle tout le monde croyait que reposait le bon frère. Je vous dirai tout bas, bien bas, que, sous son châlit, était une trape qui recélait un assez bon matelas, et des draps de lit très-passables pour un ermite. Ne faisons pas de reproches au cher frère de sa petite supercherie ; nous savons qu'il est écrit : *Omnis homo mendax*, et ce mensonge-ci était bien innocent.

On entrait, de là, dans un petit jardin, où Ambroise cultivait les plantes médicinales, qui croissent dans les montagnes du Pérou et du Chili : le diable ne ferait pas venir une laitue sur le sol calciné qu'habitait le bon frère. Au fond du jardin était une vaste grotte que la nature avait creusée dans le roc, et qu'un peu de travail avait rendue habitable. C'est ici que j'ai besoin de choisir mes crayons.

A la lueur d'une lampe sépulcrale, accrochée à la voûte, Valentin découvre un vaste emplacement, au milieu duquel est un meuble tout nouveau pour lui. C'est la moitié d'un tonneau, auquel on a ajusté un couvercle. Au centre, est une longue barre de fer, et le pourtour est garni de cordes. Personne, excepté le frère Ambroise, ne sait ce qu'il y a dans la cuve. C'est le diable probablement : vous allez en juger (1).

Autour de cette cuve étaient rangés dix ou douze misérables, qui, de leur plein gré, se mettaient la corde au cou ou ailleurs. « Que diable
« font ces gens-là? disait Michel à Valentin. Il faut
« qu'ils soient bien coupables, puisqu'ils font,
« eux-mêmes, les apprêts de leur supplice. Le
« frère Ambroise tient-il ici un tribunal secret,
« et serait-il à la fois juge et exécuteur de ses
« arrêts? Tout cela est fort extraordinaire, ré-
« pondait Valentin; mais Ambroise ne peut être
« ni juge, ni bourreau : ne t'a-t-on pas dit qu'il
« est médecin? Nous avons coupé la fièvre avec
« du vin et de la poudre à canon; il serait bien
« plus plaisant qu'il la guérit avec un vieux ton-
« neau et des bouts de corde. Voyons, observons.

---

(1) Appareil magnétique.

« Je ne sais, ami Michel, mais je ne désespère
« pas d'être médecin consommé, avant d'arriver
« à Urgel. C'est un fort bon métier. On a pour
« soi un préjugé invincible, et, quand on a le
« droit de lever des impôts sur la crédulité hu-
« maine, on est sûr de ne jamais manquer de rien. »

À peine le frère Ambroise a-t-il passé les mains sur la barre de fer, que chacun des individus qui l'entourent présentent un tableau différent. L'un regarde la barre de fer d'un air hébété et reste immobile; un autre ferme les yeux ; un troisième laisse tomber sa tête sur sa poitrine; celui-ci a l'air de dormir; celui-là secoue les bras et les jambes, comme si des couleuvres s'y étaient attachées. Le frère Ambroise étend les mains de tous les côtés; il s'établit un peu de calme, et il commence une conversation avec une jeune femme *qui fait semblant de dormir.*

« Tu vois bien, Michel, dit tout bas Valentin,
« qu'il n'est question ici ni de jugement, ni d'exé-
« cution. Je le vois, répond Michel. Mais Ambroise
« se moque de nous, et peut-être de ces gens-là. —
« Cela m'en a bien l'air. Mais voyons. De ce qu'une
« chose est nouvelle pour nous, il ne s'ensuit
« pas qu'elle ne soit pas vraie. »

La jeune femme parlait, avait une extrême volubilité, et elle avait l'air d'une arrière-petite-fille de Calchas. Elle disait, hardiment, que son voisin avait une obstruction au foie, et qu'il serait guéri dans six semaines; elle déclarait que sa voisine était grosse d'un garçon ; elle affirmait qu'elle-même n'aurait jamais d'enfans, si son mari ne mangeait du céleri, pendant un mois ; enfin, elle avertit le frère Ambroise de prendre garde à lui, parce que les ermites qui venaient d'arriver, avaient des armes sous leurs robes.

« C'est un diable, ou c'est un ange, s'écrie l'in-
« crédule Michel. Ce n'est ni l'un ni l'autre, ré-
« pond Valentin ; mais, parbleu, je saurai ce que
« c'est. Oui, frère Ambroise, nous avons des ar-
« mes, parce qu'on nous a dit, quand nous som-
« mes partis de Grenade, que nous pourrions
« rencontrer des voleurs. Nous avons presque
« tous servi, avant d'avoir pris la voie de la pé-
« nitence, et, s'il nous arrive un évènement, nous
« ferons voir aux agresseurs que nous manions le
« pistolet comme le rosaire. » En terminant cette courte harangue, Valentin retrousse sa robe, et ses camarades suivent son exemple. Ambroise pâlit à l'aspect de l'arsenal qu'on déploie devant lui.

Valentin lui prend la main d'un air affectueux, et lui demande s'il sait lire. Le bon frère dit que non. « J'en suis fâché, dit Valentin. Vous juge-
« riez de suite du degré de confiance que vous
« devez nous accorder. Voilà le diplôme de mon-
« seigneur l'archevêque de Grenade ; voilà nos
« noms à tous ; voilà la signature et le cachet du
« révérendissime et illustrissime prélat. Vous sen-
« tez bien, mon cher frère, qu'on ne délivre une

« pièce de cette importance qu'à des gens dont « on est parfaitement sûr. »

Le bon Ambroise prend le diplôme et baise, avec respect, la signature de monseigneur. C'est celle du lieutenant de police de Toulouse qu'il a baisée. Vous vous souvenez que Valentin a conservé un certain passeport, qu'il a tenu de la bienveillance d'un capitaine de dragons.

Les réparations, les excuses du frère Ambroise suivent cette franche explication, et il commence à initier ses néophytes dans les mystères qui, chaque jour, se renouvellent chez lui. Valentin était jeune ; il avait la tête exaltée ; on lui présentait des choses nouvelles, et qui, à chaque instant, l'étonnaient davantage. Il se passionna pour le frère Ambroise, pour le vieux tonneau, pour la jeune femme qui voyait si clair, avec les yeux fermés, et il voulut opérer aussitôt. « Pas mal, pas mal, « disait Ambroise ; vous promettez beaucoup, « mon cher frère, et je ferai de vous un très-joli « sujet. »

Cependant on ne peut pas travailler toujours à rendre la santé aux autres ; il faut aussi s'occuper de la sienne. Ambroise n'avait pas encore fait rafraîchir ses confrères, parce qu'aucune considération humaine ne pouvait le déterminer à interrompre ou à suspendre ses importantes fonctions. Mais quand tous ses malades furent sortis, il recueillit les offrandes qu'ils avaient coutume de déposer sous leur escabelle, et il les porta au garde-manger, placé tres-fraîchement au fond de la grotte.

Ce garde-manger flatta singulièrement la vue et l'odorat du frère Valentin et de ses compagnons. Non-seulement ils se trouvaient dans l'abondance ; mais ils remarquaient certaines choses très-propres à flatter la sensualité. De ce moment, Valentin désespéra de séduire Ambroise, comme il se l'était proposé. Cependant il fit, en soupant, une réflexion très-sensée, qui déjà n'était pas nouvelle, mais à laquelle s'arrêtent peu de jeunes gens : c'est qu'il ne faut jamais trop croire aux apparences. En effet, pendant qu'on accolait, à la ronde, une outre très-bien garnie, Valentin tira, adroitement, une quinzaine de doublons de sa bourse, et il dit à Ambroise : « Monseigneur de Grenade ne prétend pas que « nous soyons à charge à votre révérence : voilà « ce qu'il m'a chargé de vous remettre. »

Ambroise sourit à la vue de cet or. « Je n'en « ai pas besoin, dit-il. Les apôtres mangeaient « ce qu'ils trouvaient ; moi, je mange ce qu'on « m'apporte. D'ailleurs, celui qui m'a instruit « dans l'art de guérir, m'a souvent répété cette « formule respectable : *gratis accepistis, gratis* « *date.* Cela signifie, reprit Valentin, *vous avez* « *reçu gratuitement, donnez de même.* Je le sais, « lui répondit Ambroise ; j'ai eu soin de me faire « expliquer cette maxime. Ne l'oubliez jamais, « mes frères, et conformez-vous-y, quand vous « pratiquerez à votre tour. »

On se lève ; on étend quelques bottes de paille dans l'oratoire ; Ambroise salue ses frères, il rentre dans sa chambre à coucher, s'y enferme, et travaille, probablement, à rendre son lit plus commode que le croyaient les bonnes gens qui venaient le visiter.

Valentin et ses camarades, sûrs de n'être pas entendus, commencèrent à parler de leurs affaires. On sentit bien qu'on ne gagnerait pas Ambroise, et on ne savait où, ni comment on pourrait quitter le froc. Valentin disait que si Ambroise avait refusé son or, la proposition avait au moins acquis sa confiance à la troupe ; qu'on ne serait pas surveillé, et qu'on partirait, quand on le jugerait à propos, pour aller où on voudrait. « Mais « où aller, disait Robert, vêtus comme nous voilà ? « — Bah! reprit Valentin, tu ne vis que dans l'a- « venir, et moi je jouis du présent. Nous avons « le temps de penser à ce que nous deviendrons, « car je veux approfondir ce que je n'ai pu qu'en- « trevoir aujourd'hui, et, dans huit jours, je vous « accorderai un quart-d'heure pour délibérer sur « nos affaires. — Comment huit jours ! On nous « cherche, on nous trouvera, et... — Et je vous « dis que je passerai la semaine ici. Avez-vous « peur ? Je vais partager entre nous ce que j'ai ; « et vous partirez demain, à l'instant, si vous le « voulez. — Nous, quitter Valentin ! Jamais. — « Hé bien, dormez et laissez-moi dormir. Il nous « fera tous pendre, disait Lecourt ; mais comment

« abandonner un homme comme celui-là ? — Al-
« lons, causeur, n'es-tu pas né pour finir ? Que
« ce soit en l'air, ou sur le dos, que t'importe ?
« — Il m'importe beaucoup de ne pas finir à vingt-
« cinq ans. Hé, tu ne finiras pas. Comment veux-
« tu que la Sainte-Hermandad se flatte de trouver
« quelqu'un dans des montagnes escarpées, cou-
« pées à chaque pas par des ravins, des brous-
« sailles, des rocs inaccessibles ? Et puis est-ce
« ici qu'on nous chercherait ? L'ermitage d'Am-
« broise exhale un baume de sainteté qui se ré-
« pand à dix lieues à la ronde. Va, si j'étais capi-
« taine de voleurs, c'est dans ces montagnes que
« j'établirais le théâtre de mes exploits. Bonsoir ;
« dors tranquille ; c'est ce que tu peux faire de
« mieux. »

Valentin ne quittait plus Ambroise. Il regardait, il interrogeait sans cesse, et le soir il pratiquait. Les autres, obligés de tenir à leurs rôles,
avaient l'air fort attentifs, et ne voyaient que les
jolies figures, un peu hâlées pourtant, de quelques dormeuses : c'est assez comme cela qu'on
voit tout dans le monde. Parmi ces jolies dor-
meuses-là, il y en avait une qui ne fermait les
yeux que de par Valentin. Elle venait seule à l'ermitage, parce que sa cabane n'était qu'à une lieue
de là. Valentin persuada, sans peine, à Ambroise,
qu'il était tout-à-fait inconvenant qu'Aurora s'en
retournât seule chez elle. On pouvait confier à
quelque malade le soin de la reconduire. Mais,

pourquoi fatiguer des êtres déjà faibles, quand il y a à l'ermitage des jeunes gens sains et robustes, dont l'habit, d'ailleurs, est fait pour inspirer de la confiance aux parens de la belle. Ambroise trouva le raisonnement de Valentin très-juste, et, chaque nuit, le jeune frère reconduisait Aurora chez elle. Il était parfaitement reçu de la maman, qui, peut-être, en voyant un ermite si beau, aurait voulu dormir aussi. Valentin se conduisait là avec une extrême réserve ; je dois croire qu'il était aussi réservé sur la route. Mais la seconde semaine était commencée, et il ne parlait plus de partir. Ses camarades, qui avaient aussi leurs raisons de trouver très-bonne la méthode du frère Ambroise, n'en parlaient pas davantage. Quelques malins ont prétendu que la jeune femme avait cessé d'insister sur la nécessité de mettre son mari au céleri. Quoi qu'il en soit, Ambroise était heureux de l'idée de remplir les vues de monseigneur de Grenade ; les jeunes frères l'étaient du genre de vie qu'ils menaient à l'ermitage ; mais, je l'ai déjà demandé : est-il un bonheur durable sur cette terre de tribulation ?

Un matin, je ne sais plus de quel jour, le soleil commençait à brûler la cime pelée de la montagne. Ses rayons dardaient d'aplomb sur le toit de l'ermitage, et les jeunes frères, fatigués des exercices de la nuit, étaient entre l'état de veille et de sommeil. On frappe, doucement, à la porte, et personne ne répond. On frappe plus fort, et

Michel ouvre les yeux, étend les bras, et crie :
« Qui va là ? — Frère Ambroise, nous n'avons
« pas mangé depuis hier midi ; donnez-nous à
« déjeuner, s'il vous plaît. — Mais, qui êtes-vous?
« — Vous ne nous reconnaissez pas, frère Am-
« broise ? Nous sommes vos bons voleurs. » En
un clin d'œil, Michel est debout; il éveille Valentin et lui dit que des voleurs frappent à la porte. Valentin se lève, jette derrière lui robe et capuchon, ouvre, en faisant feu de ses deux pistolets. Ses camarades s'éveillent en sursaut, et courent sur les pas de leur chef. Les bons voleurs, qui n'étaient pas préparés à cette réception, fuient, en jurant que bientôt ils reviendront avec des forces imposantes. On a brûlé de la poudre, et on n'a pas répandu une goutte de sang, parce qu'on ajuste mal, quand on n'est pas bien éveillé.

Ambroise, effrayé de ce tintamarre, accourt en veste, et le goupillon à la main. Il voit six grands garçons en chemise, ayant chacun une grosse queue, qui leur tombe au milieu du dos. Par sainte Thérèse, se dit-il, ce n'est pas là une coiffure d'ermite. Il parle, il interroge, il presse. On répond mal dans un moment de trouble; les idées se heurtent, s'embrouillent, et on finit par déraisonner. C'est ce qui arriva à l'imperturbable Valentin. Il divagua au point qu'il s'en aperçut lui-même, et il finit par avouer que les six délégués de l'archevêque de Grenade étaient autant

de déserteurs. « Malgré cela, ajouta-t-il, nous
« sommes de fort honnêtes gens : notre affection
« pour vous, et l'offre que je vous ai faite de
« vous payer vos vivres, attestent que nous avons
« des principes d'honnêteté. Nous avons voulu
« vous défendre, et cela prouve que nous sommes
« reconnaissans. — Tout cela est fort bon, mes-
« sieurs ; mais, je ne veux pas avoir d'affaires
« avec les gens du roi, et je vous prie de partir
« à l'instant. — Comment! frère Ambroise, vous
« recevez des voleurs, vous leur donnez à dîner,
« et vous chasseriez des déserteurs des Gardes
« Wallonnes, des jeunes gens bien nés, qui ont
« droit à quelques égards! — Je reçois des voleurs,
« qu'on n'arrêterait pas facilement ici, afin de
« vivre en paix avec eux. Moyennant quelques
« provisions, ils ménagent cet ermitage et ceux
« qui le fréquentent. Je me conduis à cet égard
« comme les puissances européennes, qui font
« des présens aux voleurs d'Alger et de Tunis,
« pour qu'ils ne dépouillent pas leurs sujets. —
« Mais les voleurs de ces montagnes... — Font en
« petit ce que ceux d'Alger font en grand, et je
« suis fier de suivre l'exemple que me donnent
« les têtes couronnées. »

Valentin voulait établir une distinction frappante entre lui et des coureurs de grand chemin. Ambroise convenait de certaines choses ; mais il s'appuyait des principes mêmes de ses hôtes pour ne pas faiblir, et pour insister sur une séparation, qui lui semblait nécessaire et urgente. Nos déserteurs demandèrent qu'au moins il leur fût permis de rester jusqu'à ce que la chaleur du jour fût passée, et c'est tout ce qu'Ambroise voulut accorder.

Le cher frère, qui redoutait l'effet des menaces de ses bons voleurs, prit son cornet à bouquin, et en sonna aussi fort que le lui permettait une poitrine de soixante ans. Un quart-d'heure après, parurent, dans le lointain, quatre grands drôles, qui grimpaient les rochers, et qui sautaient comme des boucs. Ambroise va au-devant d'eux; il leur parle avec chaleur, et l'explication finit au gré de tous, puisque les bons voleurs reviennent avec le cher frère. En entrant à l'ermitage, ils présentent la main à Valentin et à ses compagnons. On sert un ample repas, et déserteurs, voleurs et médecin se mettent à la même table. On y reste jusqu'au coucher du soleil, et on se sépare, en se donnant mutuellement des marques de bienveillance. Nos jeunes gens partent, en maudissant le quiproquo, qui prive l'un d'Aurora, celui-ci de la petite femme au céleri, et les autres de je ne sais quelles beautés du même genre.

On leur avait assez bien indiqué les rochers qu'ils devaient laisser à droite ou à gauche, pour arriver à Medina-Celi. La lune éclairait leur marche; ils avançaient, guidés par les chansons de Valentin. Michel l'interrompit quelquefois pour lui parler de l'avenir, et Valentin reprenait sa

chanson. « Mais, réponds-moi donc, chanteur
« opiniâtre, s'écria enfin Michel. Medina-Celi est
« à l'entrée d'une gorge; nous ne pouvons tour-
« ner la ville. Que ferons-nous là, avec nos robes
« d'ermites? — Hé, mon dieu, nous avons fait
« trente lieues, sans accident, dans ce grotesque
« équipage; pourquoi nous arriverait-il aujour-
« d'hui quelque chose de fâcheux? — Tu ne
« doutes de rien. — Hé, pourquoi veux-tu que
« je me tourmente? Faisons ce que nous pourrons
« pour éviter le mal, et moquons-nous du reste.
« — Mais encore une fois, que ferons-nous à
« Medina-Celi ? — Je n'en sais rien, et je ne m'en
« inquiète guère. — Mais... — Mais, y a-t-il quel-
« que moyen d'éviter cette ville? — Non. — Tais-
« toi donc et laisse-moi chanter. »

Il ne restait plus qu'une lieue à faire pour sortir des montagnes, lorsque le bruit de quelques
coups d'escopette arrêta net Valentin au milieu
d'un couplet. Il prêta l'oreille et entendit des voix
étouffées, qui criaient : Au voleur! au voleur!
« Mes amis, dit-il, nous avons ménagé ceux de
« l'ermitage, par égard pour le frère Ambroise ;
« mais ici nous n'imiterons pas le singe des têtes
« couronnées; tombons, tête baisée, sur ces gre-
« dins-là. »

La petite troupe s'avance, en poussant de grands
cris. Les pauvres voyageurs croient qu'il arrive
du renfort aux assaillans; les brigands jugent
qu'il vient du secours aux assaillis ; tous fuient et

s'enfoncent dans les montagnes, Valentin et les siens arrivent sur le champ de bataille, et ils y trouvent trois mules pesamment chargées, qui, n'ayant rien de mieux à faire, broutent tranquillement la mousse qui croît dans les crevasses des rochers.

Valentin fait tirer, en l'air, une vingtaine de coups de pistolets, pour ôter, aux propriétaires et aux autres, l'envie de rétrograder. Il fait décharger les valises, et il en fait l'inventaire, à la faible lueur du crépuscule naissant. On tire d'abord, d'un ballot, trois ou quatre habits, plus riches les uns que les autres ; des cordons, des crachats étrangers, et enfin un rouleau de toile grise. On le déploie, et on y trouve écrit en gros caractères :

> Carlos traite les incurables
> Et guérit leurs maux divers.
> De ses succès presque incroyables
> Il a rempli l'univers.

« Ah, ah! dit Michel, c'est l'équipage d'un char-
« latan. A qui, reprend Valentin, l'électeur de
« Cologne ou de Mayence, le pape peut-être,
« ont fait présent de ces décorations, en recon-
« naissance des prodiges opérés dans leurs petits
« états. Il est fâcheux pour lui, que cette bro-
« derie sente le cuivre ; mais ceux qui l'écoutent,
« la bouche ouverte, ne peuvent mettre le doigt
« dessus, et ils sont dupes du docteur, de toutes
« les manières. »

On ouvre la seconde valise, et on lit des pièces importantes; telles qu'un certificat de bonne vie et mœurs, délivré, depuis deux jours, au seigneur Carlos, par le corrégidor de Siguenza; des attestations de cures étonnantes et vraiment incroyables, signées, peut-être, par les servantes des cabarets où a logé sa seigneurie; plus, une quantité considérable de boîtes à pilules, et des bouteilles d'un élixir sans pareil.

La troisième valise contient du linge, quelques habits de livrée tout neufs; et aux bâts des mules pendent des étuis, où on a enfermé des chapeaux bordés d'un point d'Espagne de plomb, et ombragés de plumes de coq.

« Hé bien, dit Valentin à Michel, auras-tu tou-
« jours peur de l'avenir? — Que veux-tu dire?
« — Tu ne sens rien. Je prends un de ces habits;
« je m'appelle don Carlos, et je suis médecin.
« Vous endossez la livrée, et vous êtes mes gens.
« Le certificat du corrégidor de Siguenza à la
« main, nous parcourons toute l'Espagne. Je gué-
« ris, ou je tue comme un autre, et je n'ai pas
« de compte à rendre. Allons, habillons-nous,
« sans perdre un moment. »

On jette les robes d'ermites dans un ravin, et chacun prend un habit à sa taille. « Hé bien, ne
« l'avais-je pas présagé, disait Valentin en s'ha-
« billant, qu'un jour je serais un médecin con-
« sommé? Ces mules nous appartiennent, puis-
« qu'elles sont abandonnées; nous les monterons

« alternativement, pour nous éloigner plus vite
« de ceux qui pourraient les revendiquer. Je
« prends celle-ci ; arrangez-vous des autres, et
« traversons en toute hâte la ville de Medina-Celi. »

L'admiration excessive ôte ordinairement la parole. Les camarades de Valentin le suivaient dans un profond silence, stupéfaits, enthousiasmés de la facilité, de l'adresse avec lesquelles il tirait parti des circonstances. Valentin, de son côté, se laissait aller à ses réflexions. En fort peu de temps, pensait-il, j'ai été écolier, chanoine, soldat, déserteur et médecin. Je ne sais pas ce que je serai dans huit jours. Nous verrons. Ce qu'il y a de certain, c'est que j'ai fait ces différens métiers tout aussi bien que certaines gens, qui n'en exercent qu'un pendant tout le cours de leur vie. Ce que c'est que le génie ! il rend propre à tout ; tôt ou tard il met les hommes à leur place, et ce qui le prouve, c'est que me voilà devenu le maître de mes camarades, et mon empire durera, parce que leurs plus chers intérêts me répondent de leur soumission.

La caravane marchait avec vitesse. Ceux qui n'avaient point de mules à monter, avaient pris la queue de celles de leurs camarades, et trottaient ainsi sans se fatiguer beaucoup. On aperçoit, enfin, le premier pont de Medina-Celi, et Valentin fait faire halte à sa troupe. Chacun secoue la poussière de ses souliers, se donne un coup d'époussette ; le seigneur Carlos règle l'ordre de la marche et de l'entrée. On paraît dans la première rue de la ville avec une pompe telle, que la canaille, frappée d'étonnement, se rassemble autour de nos charlatans, et forme un nombreux cortége. Ce rassemblement attire un alcade, qui s'adresse à don Carlos, et qui commence une espèce d'enquête. Don Carlos lui ferme la bouche, en exhibant le certificat du corrégidor de Siguenza. A cet aspect, le magistrat subalterne, devenu plus poli, demande si le seigneur docteur ne fera pas quelque séjour à Medina-Celi, et surtout s'il n'y donnera pas quelque parade, que sa femme aime beaucoup. Le docteur répond qu'il ne peut s'arrêter, parce qu'il est attendu à Pietras par des épileptiques, des cataleptiques, des hydropiques, des asthmatiques, des apoplectiques, des léthargiques, des pléthoriques, des pulmoniques, des rachitiques, des sciatiques, et, pour donner une haute idée de sa science, il débite à l'alcade quarante vers de Virgile, qu'il donne pour des aphorismes d'Hippocrate. Il se promet bien d'être toujours attendu ailleurs, partout où il ne voudra pas s'arrêter, et il sort de Medina-Celi, très-regretté de la populace, à qui des habits brodés imposent toujours beaucoup, quel que soit l'homme qui les porte.

En cheminant tranquillement et commodément sur sa mule, le seigneur Carlos, qui avait oublié la duchesse des trois étoiles, et qui ne s'occupait que très-légèrement d'Aurora, tournait tous ses vœux vers Estelle. En qualité de bon ou de mauvais médecin, il pouvait séjourner à Urgel autant de temps qu'il le voudrait, et il lui paraissait impossible de n'avoir pas, dans cette ville, des nouvelles de sa bien-aimée. « Mais à propos d'Estelle, « dit-il à ses camarades, je fais un calcul très-« simple. Les bons voleurs de la montagne ont « tué le véritable Carlos, ou ils ne l'ont pas tué. « S'ils l'ont tué, il ne nous suivra pas. S'ils ne « l'ont pas tué, il ne pourra nous suivre qu'à « pied, parce qu'un marchand de pilules n'est « pas riche. Mais, comme notre équipage est très-« remarquable, il saura où nous avons passé ; il « nous joindra à la fin, et il réclamera ces mules, « qui sont bien à lui ; nos habits, que je crois « qu'il a payés, faute de crédit, et sa science, s'il « y en a dans le fond du chapeau que je porte, « comme dans celui du bonnet doctoral. J'aime « beaucoup à restituer ; mais ici les magistrats « interviendront, et c'est un embarras qu'il faut « éviter. En conséquence, dussions-nous fondre « au soleil, il faut ne marcher que de jour, nous « ne rencontrerons que des chiens et des Fran-« çais, s'il y en a dans ce canton, et nous n'a-« vons rien à craindre de leur part. Nous évite-« rons les lieux habités, au moyen des provisions « dont nous allons garnir nos valises au premier « village. Avant de reparaître aux yeux des Espa-

« gnols étonnés, nous aurons mis trente lieues
« entre nous et Medina-Celi, et si Carlos trouve
« la piste, il sera, ma foi, bien fin. »

Depuis long-temps les camarades de Valentin
ne savaient que lui obéir, et la sagesse de son
plan arracha des applaudissemens unanimes. En
conséquence, on arrêta à Vilbacil ; on bourra
les valises de ce qu'on trouva de mieux, et on
jugea à propos de s'assurer de la qualité des provisions qu'on venait d'acheter. Pendant que ces
messieurs déjeunaient, un seigneur maquignon
se présenta à eux ; il pria Valentin de réfléchir
qu'il était indigne de lui que trois de ses gens voyageassent à pied ; il ajouta que les chemins étaient
durs et difficiles, que sans doute sa seigneurie
ne marchait que la nuit, et que si elle le voulait,
il lui vendrait trois excellentes mules, qui lui serviraient de guides, tant elles connaissaient parfaitement les chemins des environs ; il suffirait, en
sortant d'un village, de dire au premier habitant
où on voudrait aller, et de mettre les mules sur
la route.

Cette proposition plut à Valentin. Il souffrait
de voir trois de ses camarades marcher alternativement, pendant qu'il voyageait sur la meilleure
des trois mules ; cela pourtant ne l'affectait pas
au point de le décider à mettre pied à terre : le
primo mihi est la devise de tous les hommes. La
véritable raison, la déterminante, c'est qu'il ne
fallait pas perdre de temps pour dépister le vrai

Carlos, et il acheta les trois mules, un peu cher à la vérité; mais les camarades, qui tenaient aussi au *primo mihi*, ne s'informèrent pas dans quel état était sa bourse. Il y pensa pour eux. « Il ne « me reste plus que quelques pièces d'or, leur « dit-il, et quand je n'en aurai plus, nous ven- « drons des pilules. — Quand celles-ci seront « épuisées... — Nous en ferons d'autres. — Avec « quoi? — Ma foi, je n'en sais rien, et qu'importe? « bonnes ou mauvaises, on les achètera, on les « avalera, et il faut que les fossoyeurs vivent, ce « sont des gens très-utiles. »

On avait déclaré, à Medina-Celi, qu'on allait à Pietras : c'était une raison pour n'y point passer. On se dirigea sur Fraga, et, en deux jours, on arriva à Daroca, sans avoir rencontré personne. On était déjà à trente-cinq lieues de Medina-Celi; on avait eu constamment le soleil sur la tête; et les hommes et les mules avaient le plus grand besoin de se reposer. D'ailleurs, Valentin sentait bien qu'il était prudent de faire viser, de loin en loin, le certificat dont il était porteur. Il décida donc qu'on passerait deux jours à Daroca, et qu'on y exercerait la médecine aux dépens de qui il appartiendrait.

« Parbleu ! s'écria-t-il, en fixant ses camarades, « nous voilà jolis garçons : nous ressemblons aux « anciens Maures. Que le diable m'emporte si le « corrégidor d'Urgel, et même son alcade, que j'ai « si bien rossé, me reconnaissent jamais... Mais

« Estelle ? Oh ! elle me reconnaîtra, car, je me
« nommerai, et tant pis pour elle, après tout, si
« elle tient à un teint blanc et rosé. Celui qui
« brave la corde, peut supporter la perte d'une
« maîtresse. Tu lui diras, reprit Michel, que tu
« n'auras point passé trois mois dans les rues
« étroites et boueuses de Paris, sans être blanc
« comme sa chemise. — Allons, allons, prépa-
« rons-nous à faire la parade. Moi, je ferai valoir
« mes remèdes. Qui de vous sera mon paillasse ?
« Toi, Lecourt, tu n'as pas mal l'air bête ; tu ré-
« pondras des balourdises à tout ce que je te dirai.
« — Des balourdises ! cela ne me sera pas facile.
« — Tu ne commences pas trop mal ; continue
« comme cela, et quand tu ne sauras que dire,
« tu me parleras français ; je te répondrai en la-
« tin, et notre auditoire sera émerveillé. Il nous
« faudrait une Colombine ; les Espagnols sont
« amateurs. Attendez, attendez, je vais parler à
« la servante de l'auberge ; elle est jolie, et nous
« trouverons bien quelque oripeau pour la fa-
« goter. Pendant que je ferai sa toilette, Michel
« ira chez le corrégidor demander la permission
« d'exercer nos talens ; Dubreuil décorera le bal-
« con, et Lecourt y arrangera des chandelles.
« Robert distribuera les pilules, et Julien vendra
« l'élixir. »

Les femmes espagnoles aiment les teints basa-
nés ; elles disent que cela promet. Dona Torribia, l'hôtesse de Valentin, était très-connaisseuse ;

et ne faisait pas difficulté de l'avouer. Auda, la petite servante, n'en pensait pas moins, quoiqu'elle ne dît rien. Ainsi, don Carlos ne rencontra point d'obstacles. L'aimable Torribia poussa même les procédés jusqu'à prêter à Auda sa jupe noire, bordée d'or. Il n'en coûta à notre héros que quelques complaisances ; mais, il était à l'âge fortuné où on est complaisant tant qu'on le veut. Si Auda avait le cœur sensible, elle avait la tête dure ; il ne fut pas possible à Valentin de lui incruster deux phrases dans le cerveau, et comme il fallait qu'elle fît quelque chose sur le balcon, notre empirique arrêta qu'elle y danserait un *boléro* avec Dubreuil, qui était, à Madrid, le maître de danse de sa compagnie.

A la lueur, non de cent flambeaux, mais de six chandelles, Valentin débuta dans la carrière dramatique et médicale. Il commença par faire, selon l'usage, une algarade à paillasse, qui répondit plus mal encore que l'avait cru le docteur. Auda, qui avait caressé Bacchus, afin de pouvoir, disait-elle, surmonter une timidité, dont jamais personne n'avait parlé, Auda raccommodait par sa gentillesse et sa vivacité tout ce que Dubreuil gâtait. Bientôt des applaudissemens sans fin lui prouvèrent l'extrême satisfaction de son auditoire délicat et connaisseur.

Nous sommes tous un peu empiriques, et, dans toutes les classes de la société, on cherche à captiver la bienveillance de celui à qui on veut faire avaler la pilule. Quand Valentin se crut sûr de son public, il pensa à faire valoir sa marchandise. Il cita un vieil Arabe, qu'il avait connu dans ses voyages, de qui il avait appris à extraire des minéraux, des végétaux et des animaux, ses pilules et son élixir sans pareil. Il fit un long détail des cures qu'il avait opérées dans différentes Cours, et il affirma que ses cordons et ses crachats de cuivre étaient des marques de la reconnaissance de certains princes, dont il avait guéri les maîtresses et les chevaux. Il parla latin, il parla français; il frappa le carreau du pied, et le grillage du balcon de ses deux mains; il ouvrit de grands yeux, une bouche encore plus grande, et, quand il ne sut plus que dire, il laissa à Auda le soin de moissonner.

Auda renchérit encore sur l'éloge que le docteur avait fait de ses pilules. Elle assura qu'elles avaient la vertu de donner de l'amour à la beauté la plus insensible, et elle détermina, aussitôt, l'auditoire à sortir de l'incertitude dans laquelle il paraissait flotter. La vente fut prompte, et rapporta beaucoup, parce que chacun voulait voir de près les jolies petites mines de mademoiselle Colombine, et avoir le plaisir de toucher le bout des doigts de celle qui peignait si vivement l'amour et ses plaisirs.

Le lendemain matin, les grands de la ville, à qui la décence n'avait pas permis de se trouver à la parade, voulurent voir Auda, et, pour la voir, il fallait acheter des pilules. Une salle basse, où elle figurait auprès de don Carlos, ne désemplissait pas. Elle en sortait, d'heure en heure, pour aller combattre sa timidité à grands coups de verre. Tout le monde la trouvait charmante; on m'a même assuré qu'on lui fit, à l'oreille, des propositions, auxquelles elle répondit par un sourire pénétrant, et qui, peut-être, ont eu des suites, dans les intervalles d'une séance à une autre. Ainsi, une petite servante de cabaret, inconnue, ou dédédaignée la veille, devint, tout à coup, un personnage intéressant et recherché. Que d'exemples on a vu de ces rapides métamorphoses, qui me révolteraient, si je n'aimais mieux rire de tout!

Valentin sentit que rien ne trompe et ne persuade les hommes aussi facilement qu'une femme jolie et adroite. Il résolut de s'attacher celle-ci, jusqu'à ce qu'il retrouvât Estelle, qui, lorsqu'elle était présente, n'avait jamais de rivale. Il proposa à Auda de le suivre, lorsqu'il partirait de Daroca; mais sous la condition expresse qu'elle n'accepterait aucune proposition à l'avenir. Auda consentit de bon cœur; mais aussi sous la condition expresse qu'à l'avenir sa seigneurie ne ferait sa cour à aucune *Torribia*. Que risquait Auda? Elle savait bien qu'elle ne serait pas la première qui, après avoir eu un carrosse, aurait été obligée de trotter à pied, et il y a des cabarets partout.

Les conditions bien et dûment arrêtées de part et d'autre, Auda continua à sourire aux galans, et Valentin à faire une cour très-active à son hôtesse. Tout le monde était content, jusqu'à l'hôte, qui n'était pas sourd, mais aveugle : incommodité très-précieuse pour certaines femmes.

Cependant, les pilules et l'élixir se vendaient, se vendaient!... On ne parlait que de cela dans la ville, et on commençait à leur attribuer des miracles. La caisse de Valentin était très-passablement garnie; mais il ne restait presque plus rien à vendre, et Valentin était très-décidé à être médecin, jusqu'à ce qu'il eût mis le pied sur le territoire français. Il savait que là on ne peut distribuer un bon remède, si on n'a soutenu trois examens, qui ne sont d'aucune utilité à l'espèce humaine, mais qui donnent, au récipiendaire, le droit de tuer impunément.

Il s'agissait donc de remplacer les pilules et l'élixir, dont on faisait une énorme consommation à Daroca. Valentin avait assemblé son conseil, et on balançait entre le sirop de miel et celui de raisin, entre la rhubarbe et le quinquina, lorsqu'un petit homme, très en colère, ouvrit brusquement la porte et apostropha notre docteur en ces termes : « Il vous sied bien, ignorant que vous êtes, « de vous dire l'auteur d'un remède qui est connu « depuis des siècles... Il est bon, très-bon, j'en « conviens; mais, parbleu, je l'ai décomposé, et « la recette est tout entière dans Galien. Je nie « le fait, répond hardiment Valentin. Ah! vous « niez le fait, imposteur! répond l'apothicaire »;

et il arrache Galien de sa poche; il jette le livre sur une table; il le parcourt avec impatience; il s'arrête, et il lit, du ton le plus animé, la nomenclature des drogues qui composaient l'élixir et les pilules. Michel, qui ne valait pas son chef, mais qui avait aussi de l'esprit du moment, écrivait, pendant que l'apothicaire lisait, et que Valentin le contredisait sans ménagement, pour l'engager à se livrer davantage. Quand il eut tiré de lui ce qu'il pouvait en apprendre, quand il eut su que les simples, qui entrent dans la composition du remède, se trouvent dans les montagnes des pays chauds, et qu'il fut certain de les trouver sur sa route, il s'adoucit tout à coup, et il montra froidement au pharmacien la note que Michel venait d'écrire. « Je n'ai pas prétendu vous apprendre
« quelque chose, lui dit le petit homme; mais j'ai
« voulu vous faire convenir que vous n'êtes pas
« l'inventeur du remède. — A la bonne heure.—
« Or, si vous n'en êtes pas l'inventeur, j'ai le droit
« de le préparer et de le vendre comme vous. —
« Hé bien! soit. Avez-vous déjà fait de mes pilules
« et de mon élixir? — Jamais. — Je vais vous don-
« ner une preuve de l'envie que j'ai de vivre en
« bonne intelligence avec vous, en vous dirigeant
« dans votre préparation. — Voilà ce que j'appelle
« parler. Si vous m'eussiez répondu ainsi d'a-
« bord..... — Si vous m'aviez abordé plus poli-
« ment.... — C'est vrai, j'ai tort. Je suis naturel-
« lement très-vif; mais je reviens de même. Allons,

« mon cher confrère, préparer le remède de
« Galien. »

Vous sentez bien que Valentin voulait prendre une leçon, au lieu de la donner. Il se proposait aussi de reconnaître les plantes qui entreraient dans la composition du remède, pour les pouvoir cueillir avec confiance quand il en aurait besoin. Il parut se donner un air de grandeur, en se faisant suivre par ses gens : son véritable motif était qu'ils vissent comme lui, et que ce qui échapperait à l'un fût recueilli par l'autre.

Notre docteur, un œil sur l'apothicaire, et l'autre sur Galien, ouvert devant lui, dirigeait, ordonnait tout. Quelquefois il se levait, passait amicalement son bras autour du cou de son confrère, regardait, avec lui, le degré d'ébullition du contenu de la chaudière, proposait des difficultés pour se les faire résoudre, et donnait, à Michel et à ses camarades, le temps de mettre dans leurs poches les échantillons de la mixtion qui se préparait. Le tout, mûrement et bien terminé, on fit des pilules avec de la poudre de réglisse ; de l'élixir, en délayant la matière avec du vin d'absinthe, et l'apothicaire, enchanté, pria don Carlos à dîner avec lui. Il n'était pas généreux, mais il voulait obtenir quelque chose encore de son confrère. Entre la poire et le fromage, comme disent les bonnes gens, il lui proposa de signer une espèce de pancarte, qui l'autoriserait à vendre le remède merveilleux qui faisait tant de bruit.

« Mes confrères pourront le décomposer comme
« moi; mais ils n'iront pas feuilleter Galien, et,
« la permission de l'inventeur à la main, je les
« empêcherai de fabriquer. » Notre docteur, qui
partait le lendemain, ne voyait pas le moindre
inconvénient à ce qu'on vendît ses pilules à Daroca, où il comptait bien ne plus revenir. Mais,
avant que de signer, il pria son confrère de reconnaître ce service par un autre : c'était de lui abandonner ce qu'ils venaient de fabriquer ensemble,
parce que sa pharmacie était épuisée, et qu'il se
proposait de s'arrêter, et de vendre au premier
endroit, un peu considérable, qu'il trouverait en
sortant de Daroca. Le confrère, enchanté de cette
modération, à laquelle il ne s'attendait pas, fit,
aussitôt, transporter pilules et élixir chez Valentin, de qui il reçut le droit incontestable de distribuer le remède dans la ville et dans la banlieue.

Torribia aimait beaucoup notre médecin roulant; mais elle n'était pas d'humeur à laisser ses
habits à Auda. On employa le reste de la journée
à faire un costume de théâtre, et un autre, propre et commode, pour la route. On tira du corrégidor un certificat des plus avantageux ; on
acheta une charette couverte, pour y mettre, à
l'abri du soleil et de la pluie, Colombine et les
herbes qu'on cueillerait, à droite et à gauche du
chemin. On n'oublia pas de la garnir de provisions
de bouche; on mit la mule de don Carlos aux
brancards, ce qui donnait le droit au docteur de

s'asseoir auprès d'Auda, et on sortit de la ville, comme on y était entré, la chansonnette à la bouche, le sourire sur les lèvres, et la gaieté dans le cœur.

Oh! si Estelle savait tout cela!... Peut-être, de son côté, fait-elle pis: que sait-on? C'est ce que disait Michel à Valentin. « Si nous nous rencontrons, « répondait celui-ci, ce que nous aurons de mieux « à faire, sera de ne nous demander aucun compte, « et de jouir du présent. — Mais Auda, par sa pré- « sence seule, déposera contre toi? — Pas du tout. « C'est une femme de chambre que je mène à ma « bien-aimée : peut-on pousser plus loin la pré- « voyance et les attentions? »

C'est une terrible chose que le mauvais exemple, surtout quand il est donné par un chef. On a vu les courtisans de Philippe vouloir être borgnes, parce que le maître avait perdu un œil. Les flatteurs de monsieur son fils, avant d'en faire un fils de Jupiter, inclinèrent leur tête sur l'épaule, parce qu'Alexandre ne portait pas bien la sienne. Ici, il s'agissait moins de faire la cour au chef que de satisfaire ses goûts; cependant, on l'assurait qu'on se faisait un devoir de l'imiter, et, bien qu'on n'eût de femme de chambre à conduire à personne, on ne négligeait aucune occasion de procurer de la société à Auda, qui aurait été seule, quand le maître fabriquait des pilules. A chaque recrutement nouveau que faisait la société, Valentin disait : « C'est bien. Il ne suffit pas que tout le

« monde vive; il faut aussi que chacun s'amuse. »

Cependant, les moyens d'existence diminuaient, à mesure que la colonie errante s'aggrandissait, et il faut que les peuples nomades vivent aux dépens de la nature, ou de leurs voisins. Or, il n'est pas facile d'avoir impunément recours à la nature, depuis qu'on a bien voulu croire que la terre appartient exclusivement à quelques individus privilégiés. Valentin se décida donc à continuer de lever des impôts sur le public. Il se souvint que, semblable à l'abbé de Voisenon, il avait fait, étant chanoine, un joli opéra comique. Il ne douta pas qu'il pût composer d'excellentissimes parades, et, par un seul acte de sa volonté, il transforma ses valets et leurs donas en une troupe de comédiens. Il écrivait lorsqu'on faisait paître les mules; il écrivait en déjeunant, en dînant, en soupant. Quand il avait fait une scène, il la lisait à Auda, et, quand Auda avait ri, Michel tirait les rôles. On les étudiait en marchant; on répétait dans les cabarets. Valentin inspirait ses acteurs; il leur communiquait ses intentions, son esprit, et, comme Auda riait toujours, le répertoire se formait avec une étonnante rapidité.

Arrivait-on dans un bourg, où il n'y avait pas de malades, et où, depuis la formation du globe, on n'avait pas joué la comédie, on dressait des tréteaux dans une grange, et on charmait les spectateurs ébahis. Le directeur-auteur jouissait de toutes les manières : on l'applaudissait, et la troupe vivait dans l'abondance. Quelquefois le public se plaignait de voir un grand seigneur en habit de livrée, un cassandre de vingt ans, et une vieille radoteuse, jolie comme sainte Marie l'Égyptienne. Valentin répondait que ses acteurs vieilliraient, et que les gardes-robes arriveraient le lendemain. Le lendemain, il était parti.

Si la troupe entrait dans un endroit où la nature se montrait marâtre, et où la médecine aidait à la nature, on tirait des cassettes le baume de *fier-à-bras*, et on faisait une ample récolte. On trouvait partout du plaisir, partout de l'argent. Quelle vie pour un garçon sans souci! « Parbleu, « disait-il à ses camarades, nous jouerons la co- « médie à Urgel. Nous avons du talent, beaucoup « de talent; toute la ville voudra nous voir. Si « Estelle y est encore, elle ne laissera pas échap- « per cette occasion de s'amuser; elle reconnaîtra « ma voix et peut-être ma figure, qui commence « à blanchir, depuis que je voyage en charrette « couverte, et.... et.... et nous verrons. Et, repre- « nait Michel, quand notre réputation sera faite « à Urgel, que nous aurons grands et petits dans « notre manche, nous dirons que nous voulons « aller jouer la comédie à Ax, où on entend assez « bien l'espagnol. Nous demanderons des passe- « ports, on nous en donnera, et quand nous se- « rons à Ax, ma foi..... — Nous verrons. » La troupe menait une vie joyeuse et commode; aucun nuage ne troublait la sérénité qui régnait sur toutes les figures. On avait oublié qu'il pouvait existér, par le monde, un certain Carlos, dont la présence compromettrait un peu la sûreté générale

On avait dépassé Fraga, Balaguer, Salsona; on n'était plus qu'à dix lieues d'Urgel. L'amour de Valentin, pour Estelle, se ranimait à mesure qu'il croyait s'approcher d'elle, et Auda ne s'en trouvait pas mieux. De loin en loin, elle avait entendu murmurer le nom de cette Estelle. L'air de mystère et le ton d'intérêt, avec lesquels Valentin en parlait, lui avaient donné des soupçons : en amour, une servante de cabaret en sait autant qu'une duchesse. J'avoue, très-volontiers, qu'elle ne s'exprime pas aussi bien, et Auda revint à son premier métier, dans l'explication qu'elle jugea à propos d'avoir avec M. le docteur. Toutes les femmes ont la manie de s'expliquer, et toutes ont éprouvé que cela ne sert pas à grand'chose. Auda mit tant d'acrimonie dans son style, elle fronça tellement le sourcil, que Valentin, qui avait commencé par écouter, finit par lui rire au nez. « De quoi te plains-tu? lui dit-il. Tu étais « servante de cabaret; je t'ai fait comédienne, et « je t'ai donné assez de talent pour que tu puisses « te présenter à la troupe de Madrid. Depuis que « tu joues la comédie, tu as eu plus de plaisir que « pendant tout le reste de ta vie : tu peux en avoir « aujourd'hui et demain; que t'importe l'après-de- « main? — Cela est bien aisé à dire. — Parbleu, je « ne m'en occupe pas, moi, et je me suis promis,

« surtout, de ne jamais me laisser contrarier. Fais-
« moi grace de tes hoquets et de tes jurons, ou je
« te laisse au premier cabaret où la troupe s'ar-
« rêtera, et tu t'arrangeras comme bon te sem-
« blera. — Oh! cette Estelle, cette maudite Es-
« telle!..... — Si je la rencontre, je te quitte à
« l'instant, et qu'est-ce que cela te fait? Suis-je
« le premier que tu as aimé, et crois-tu que je
« doive être le dernier? Tu me fais, au style près,
« une excellente scène dramatique, et je t'ai vue
« dix fois regarder Michel d'une manière... » Tout
à coup, les muscles du visage d'Auda se déten-
dirent; le calme reparut dans ses yeux et sur son
front; elle éclata de rire à son tour, et elle répondit à Valentin par une tirade philosophique,
prise dans une de ses meilleures pièces. « Nous
« avons toutes le goût du changement, et, quand
« nous querellons un infidèle, ce n'est pas du
« tout parce qu'il nous rend libres de faire un
« nouveau choix, mais parce que l'abandon, où il
« croit nous laisser, blesse vivement notre amour-
« propre, et que la vanité est notre passion do-
« minante. Celle-là d'abord, le plaisir ensuite,
« et enfin l'amour, s'il se présente. »

Il est constant que Valentin fait ici parler les
femmes, un peu en garçon sans souci, et, quoique je tienne à lui d'une façon toute particulière,
je ne balance pas à le déclarer calomniateur : *Ex-
perto crede Roberto.*

Si deux armées pouvaient se rire au nez, il est

constant encore qu'elles ne se battraient pas. Ici, les deux ennemis, désarmés, terminèrent la plus orageuse explication comme ont coutume de le faire des médecins divisés d'opinion : *Passez-moi la rhubarbe, et je vous passerai le séné.* Il fut convenu, entre Valentin et Auda, que chacun ferait, exclusivement, tout ce qui lui conviendrait, et ils conclurent, de cet arrangement, qu'ils se retrouveraient avec un plaisir plus vif. Les gens du grand monde sont assez de cet avis-là.

Il est à propos de remarquer ici que le frivole, l'insouciant Valentin savait garder un secret, et que la mauvaise humeur d'Auda n'aurait pu, si elle s'était soutenue, lui attirer aucun désagrément à Urgel. Elle le croyait fermement comédien et médecin, et ne savait rien de ce qui avait amené une suite de métamorphoses assez romanesques, mais cependant bien vraies, et vous n'en doutez pas.

Un beau jour, à huit heures du matin, la troupe joyeuse aperçut, enfin, les clochers d'Urgel. Valentin fit, dans sa charrette, une espèce de toilette; il peigna et noircit la moustache que la nature lui avait donnée, depuis que le roi d'Espagne lui avait fait témoigner qu'il serait fort aise de l'avoir à son service.

On entra dans la ville, ayant sept à huit certificats à la main; on se logea à la meilleure auberge, qui, pourtant, ne valait pas grand'chose, et le premier soin de Valentin fut de s'informer de mademoiselle Estelle. Vous sentez bien qu'il prenait des détours pour arriver jusqu'à elle. Il demandait des nouvelles de gens qui n'avaient jamais existé ; il la nommait ensuite d'un ton indifférent. Il indiquait sa taille à l'un, la couleur de ses cheveux à l'autre; son âge à celui-ci, la coupe de ses yeux à celui-là. Il n'entrait dans aucun détail suivi avec personne, et tout le monde s'accordant à lui répondre qu'on ne connaissait pas de demoiselle Estelle à Urgel, il en conclut, assez légèrement, qu'elle n'y était pas, et il résolut de ne pas se fatiguer plus long-temps, là-dessus, la tête et le cœur.

Cependant, il ne voulait rien avoir à se reprocher. Estelle n'était pas à Urgel, à la bonne heure ; mais les circonstances pouvaient l'avoir conduite dans quelque village, peut-être dans quelque ville des environs. On imprimait à Urgel, comme dans toutes les places *importantes*, un mauvais journal, que tous les habitans veulent lire, parce qu'on aime tout ce qui vient du cru. Demandez aux bourgeois de Surène, s'ils ne trouvent pas leur vin excellent. Valentin porta, à M. le propriétaire, rédacteur, imprimeur, tireur et plieur du journal d'Urgel, une longue et pompeuse annonce de son arrivée en cette ville. A travers l'énumération de ses talens dramatiques et médicaux, il avait glissé quelques phrases à double sens, qu'Estelle seule pouvait entendre, et, si elle lisait le journal, il était indubitable qu'elle accourrait à Urgel, à moins, pourtant, ajoutait Valentin, qu'elle se trouve bien où elle est.

Le propriétaire de la gazette, qui devait se croire fort heureux qu'on contribuât à remplir sa feuille, fit cependant payer assez cher, à notre héros, l'insertion de son article, et Valentin, assuré qu'il paraîtrait le lendemain, alla, hardiment, se présenter chez le corrégidor : c'est par là qu'il aurait pu commencer.

Il frappe à la porte, et la vieille Inès vient lui ouvrir. La jambe droite en avant, la main gauche appuyée sur le pommeau de son épée, son chapeau à plumes sur l'oreille, la moustache haute et le nez au vent, il demande à parler au corrégidor. Inès le prend pour un grand seigneur, et l'introduit aussitôt. Le corrégidor s'incline jusqu'à terre; mais, quand il sait qu'il n'est question que de pilules et de comédie, il prend le ton tranchant, et Valentin, qui a une permission à obtenir, veut prouver qu'il la mérite. Il parle de ses cures, il débite de sa prose et de ses vers... « Ta! ta! ta!
« ta! s'écrie le corrégidor, que m'importe à moi
« que vous soyez bon ou mauvais comédien, ha-
« bile ou ignorant médecin? J'en ai un dans les
« mains duquel j'espère bien mourir. L'essentiel
« est de prouver que vous avez réellement exercé
« dans les lieux que vous venez de nommer.
« Voyons vos certificats. Ah! je ne trouve pas mes
« lunettes... » Sa seigneurie ne les trouvait jamais, quand il fallait lire en présence de témoins. « Inès,

« allez chercher mon greffier ou l'alcade. » Pendant qu'Inès cherche, Valentin fait cent contes, plus plaisans les uns que les autres, au corrégidor. Sa seigneurie, qui n'avait jamais ri de ce que lui disaient ses inférieurs, ne put résister au torrent de saillies qui échappaient du cerveau de Valentin. Mais il avait fait, d'abord, des efforts si violens, pour ne pas déroger, que la respiration lui manqua tout-à-fait. Il devint rouge, bleu, noir, et un corrégidor d'Urgel allait être suffoqué, dans les mains de notre docteur, comme dans celles de tout autre, si celui-ci eût perdu de vue un moment le passeport, à l'aide duquel il comptait passer à Ax avec Estelle ou une autre.

Il ne savait pas si son élixir ou ses pilules pouvaient prévenir une suffocation absolue; d'ailleurs, il n'en avait pas dans ses poches, et il se hâta d'employer les procédés du frère Ambroise. Il en obtint les effets qu'ils produisent assez souvent. Le corrégidor, qui, cinq minutes auparavant, avait un pied dans la barque à Caron, fut enchanté, plus pour lui que pour le bien de ses administrés, d'être rendu à la vie, et il proclama Valentin le plus grand médecin qui ait jamais existé. Inès n'avait rencontré ni le greffier, ni l'alcade; mais les certificats de notre docteur furent trouvés excellens, admirables. Le corrégidor prétendit que la crise, dont il sortait, lui avait laissé un tremblement qui ne lui permettait pas de tenir une plume. Il invita Valentin à écrire lui-même sa permission, et à y apposer sa griffe. Il courut ensuite annoncer chez tous les gens en place qu'il était arrivé, à Urgel, un médecin qui faisait rire à volonté, et qui guérissait les suffocations avec le bout de ses doigts. On savait que le corrégidor était une bête, et ce qu'il contait paraissait doublement invraisemblable. Cependant, les médecins d'Urgel tremblèrent : c'est toujours par là qu'ils commencent en Espagne, et peut-être ailleurs, quand on parle d'un moyen curatif nouveau.

Ils ne manquèrent pas d'aller publier partout que le corrégidor, personnage très-respectable sans doute, avait été dupe d'un charlatan, et qu'il serait affreux qu'on accordât quelque confiance à un homme incapable de tuer un malade selon les formes admises à l'université de Salamanque. Valentin, enchanté d'un succès qui mettait le corrégidor dans l'impossibilité de lui rien refuser, se promenait sur les places et dans les rues avec la fierté d'un grand d'Espagne, de la première classe. Il jouait la comédie, plutôt en homme qui veut bien obliger le public, qu'en acteur qui cherche à captiver sa bienveillance. Il ne paraissait plus à la parade; il se bornait à faire inviter, par paillasse Lecourt, ceux qui avaient mal aux dents, à la tête, à la gorge, à l'estomac à passer dans son *salon*. Il les guérissait presque tous, et, après s'être brouillé avec les médecins pour une suffocation, il se brouilla avec les chirurgiens pour les dents qu'ils ne tiraient pas, pour les saignées qu'il les empêchait de faire. Il n'y a pas de petits ennemis, dit un vieux proverbe. Que n'a-t-on pas à redouter de ceux qui sont puissans, de la crédulité, de la confiance générale, et d'une suprématie de science, inintelligible pour le vulgaire?

Quand Valentin ne se laissait pas aller aux fumées de l'amour-propre, il revenait à ses pilules, à Estelle, et surtout à Auda, qui était présente. Il était toujours au mieux avec le corrégidor, qui, de temps en temps, l'envoyait chercher pour le faire rire. Il était connu et demandé partout; partout il obtenait quelques succès, et il commençait à croire que la méthode du frère Ambroise vaut bien celle de Galien. Plus d'une duègne le faisait appeler pour une dent, et avait un billet doux à lui remettre. Il riait, il chantait plus que jamais, et il aurait cédé de suite aux instances de ses camarades, qui étaient impatiens de rentrer en France, si un pressentiment secret ne lui eût dit sans cesse qu'il reverrait son Estelle, et que ce serait à Urgel. Vous verrez bientôt qu'il ne faut pas plus se moquer des pressentimens que des tireuses de cartes.

Jour déplorable! jour de deuil! s'écrie Bossuet, dans l'oraison funèbre d'Henriette d'Angleterre. Jour déplorable! jour de deuil! répétait-on, dans tous les coins de la petite ville d'Urgel. Dona Séraphine, la nièce du corrégidor, venait d'être frappée de paralysie sur toute la partie droite du plus joli petit corps qu'ait jamais formé la nature, et ce n'est rien que le corps, disait-on, de tous les côtés; elle unit à l'esprit et aux talens, des qualités solides et le plus heureux caractère. Si elle eût été la nièce d'un savetier, personne ne se fût occupé d'elle.

Il était fort égal à Valentin que le corrégidor eût ou n'eût pas de nièce; qu'elle eût de l'esprit ou qu'elle fût idiote; qu'elle fût ou non paralytique; mais on la disait jolie, et une femme jolie inspire toujours de l'intérêt à un jeune homme. Il parlait de Séraphine à tout le monde, et il apprit qu'elle avait été élevée dans un des meilleurs couvens de France; qu'elle y avait reçu une excellente éducation; qu'à la mort de ses parens, son oncle avait résolu de la prendre avec lui, et qu'il l'avait annoncée, à toute la ville, trois mois avant qu'elle y arrivât; qu'elle avait plu partout où elle avait été présentée; que les dames se l'arrachaient, et notaient les soirées qu'elle allait passer avec elles. On ajoutait, enfin, qu'elle était au milieu de quatre médecins, qui avaient déja fait quatre consultations. Le résultat de la première était qu'il y avait peu d'exemples de paralytiques guéris par la médecine. La seconde se termina par ce mot remarquable *experiamur.* On ne put convenir à la troisième, de la manière dont on essaierait, et à la quatrième, les avis furent différens, ce qui arrive quelquefois, même à Paris.

Que diable! se disait Valentin, cette Séraphinelà ne peut être mon Estelle : j'aurais bien défié le corrégidor d'annoncer notre arrivée ici trois mois d'avance. Mais son oncle peut lui avoir parlé de celle que je cherche, quand j'y pense, et je veux prétendre aussi à l'honneur de la guérir. Je ne sais pas si le frère Ambroise ôte des paralysies avec les bouts de ses doigts; ainsi, je me présenterai modestement, et je me garderai bien de rien promettre. Mais comment pénétrer dans la chambre d'un malade, occupée par quatre médecins?

Il ne fut pas long-temps dans l'incertitude. Ces médecins discutaient toujours et ne faisaient rien. Le corrégidor était une bête; mais il savait bien qu'on ne guérit pas en causant, et il n'entendait pas que sa nièce n'eût que la moitié d'un corps à sa disposition. Il pensa au docteur qui faisait rire et qui guérissait les suffocations. Il congédia les quatre médecins, et il fit appeler don Carlos.

On ne résiste pas à un corrégidor; mais on murmure, on se plaint, et les élèves de Salamanque rangèrent, en un jour, tous les habitans notables de leur côté. En effet, comment préférer un empirique à des gens qui ont acheté un bonnet de docteur? Il est très-possible qu'ils ne guérissent pas dona Séraphine; mais Carlos peut-il se flatter de le faire? Le peuple, au contraire, approuvait hautement la conduite du corrégidor; il rappelait toutes les cures que notre docteur avait faites, et il criait, dans les carrefours, qu'il guérirait Séraphine. La crédulité est le partage de la canaille, disaient les médecins. L'orgueil et l'entêtement sont celui des gens comme il faut, répondait le peuple. Ainsi, il y avait scission dans la petite ville d'Urgel, et de là à une guerre civile le passage est rapide. Heureusement les choses n'allèrent pas jusque là.

Valentin, sans s'embarrasser de ce qu'on dirait, ou de ce qu'on ne dirait pas, s'était rendu de suite à l'invitation du corrégidor. On l'introduisit dans une chambre, où l'intéressante malade était étendue sur une chaise longue. Le jour n'était pas assez vif pour qu'il blessât l'œil, dont l'usage lui était resté; cette chambre n'était pas assez obscure pour qu'on ne pût distinguer les traits d'un visage qu'on cherche à détailler, quand on est prévenu qu'il réunit tout ce qui peut plaire. A peine don Carlos a-t-il regardé Séraphine, qu'il pousse un grand cri, s'élève à trente-six pouces de haut, et retombe d'aplomb sur les pieds du corrégidor, qui sont garnis de cors. Le corrégidor fait une grimace épouvantable, et crie à son tour; Séraphine, qui voit aussi bien de son œil, que Valentin de ses deux, crie aussi; enfin, la vieille Inès crie, parce qu'elle entend crier tout le monde.

Valentin fait d'humbles excuses au corrégidor. Il lui proteste qu'il ignorait qu'il fut derrière lui, et il avoue que, dans les maladies graves, il commence par un certain cri, qui attire à lui son génie inspirateur. Il prouve qu'il en a un, par l'exemple de Socrate et de César, qui avaient incontestablement le leur. Il prouve qu'il en a été entendu, puisque la malade a été forcée de répondre ; il prouve enfin que rien n'est plus dangereux que les cors aux pieds, quand ils sont irrités par un accident quelconque, et il presse fortement sa seigneurie d'aller y faire appliquer, par Inès, des compresses imbibées de son élixir, qui est souverain pour ces sortes de maux.

Le corrégidor suivit à la lettre le conseil de Valentin, à cela près, cependant, qu'il se fit panser dans la chambre de la malade, qui, disait-il, savait fort bien comment des pieds sont faits. Le cher oncle était jaloux de sa nièce. Il consentait qu'elle vît quelquefois les dames de la ville; mais il n'entendait pas qu'elle fréquentât les spectacles : voilà pourquoi elle et Valentin avaient crié si tard.

Cependant, Inès n'y voyait pas trop bien, même avec ses lunettes. Le corrégidor fut obligé de s'approcher d'une croisée; la chaise longue de la malade était à l'autre bout de la chambre, et on peut causer bas, à certaine distance, sans être entendu de gens qui n'ont plus le tympan très-délicat. Valentin faisait semblant de jouer des doigts, et il disait à Estelle de très-jolies choses; Estelle lui répondait d'une manière touchante, et des larmes s'échappaient de l'œil dont elle pouvait disposer : vous vous souvenez bien qu'elle pleurait toujours dans les grandes occasions. A travers tous ces mots d'enchantement, d'ivresse, de bonheur, Valentin apprit que le corrégidor, fortement frappé des charmes d'Estelle, lui avait proposé d'être sa femme ou sa maîtresse. « Si je « l'avais épousé, disait la petite, j'élevais entre « nous une barrière insurmontable. Forcée d'op-« ter, je me suis décidée pour le second parti. — « C'est très-honnête assurément. Mais comment ce « vieux reître-là a-t-il pu t'annoncer ici trois mois « d'avance? — Il a effectivement une nièce à Tou-« louse, qu'il avait mandée, et à qui il a enjoint « de rester où elle est, quand il m'a agrégée à sa « famille. — Au premier jour, nous irons lui faire « des complimens de son oncle. — Mais est-il « vrai que ce vilain homme-là t'ait fait soldat? — « Je l'ai été pendant un an et demi. — Quand il « m'a appris la chose, j'ai voulu me poignarder; « mais j'ai réfléchi que cela ne te donnerait pas « ton congé. — Réflexion pleine de sens. Ah, ça... « mais, comment ce secret n'a-t-il pas percé dans « le public? — Il n'est connu que d'Inès et de l'al-« cade, que le corrégidor paie bien, et qu'il tient « dans la plus étroite dépendance. Je pouvais, « d'un mot, le perdre dans l'opinion publique; « mais il ne m'eût pas rendu la liberté, et, d'ail-« leurs, où aurais-je été, dénuée de toutes res-« sources? — Taisons nous : on remboîte les pieds « crochus de ton oncle dans leurs étuis taillladés. »

Si sa seigneurie eût été aussi fine que Bartholo,

elle aurait pu concevoir des soupçons, car enfin on ne se dit pas tout cela sans que les figures parlent, sans que le geste ajoute à l'expression. Mais ce pauvre corrégidor était du nombre de ceux qui justifient les paroles du psalmiste : *Oculos habent et non videbunt.*

Valentin, ne pouvant plus s'adresser au cœur d'Estelle, commença à attaquer sérieusement la paralysie. Il invoqua l'Amour et Ambroise, et un doux sommeil s'empara bientôt de sa douce amie. A son réveil, il eut la satisfaction de la voir pleurer de ses deux yeux. Le côté droit de la tête avait recouvré la sensibilité et la vie; le pied avait fait un léger mouvement. Valentin annonçait, promettait une guérison entière et prochaine. Le corrégidor ne se lassait pas d'admirer et de s'écrier. Dans l'excès de sa joie, le fier magistrat embrassa tendrement celui qu'il appelait son sauveur, son ange tutélaire. Il n'était pas de sacrifices qu'il ne fût disposé à faire pour lui. Valentin ne désirait qu'une chose, c'était Estelle, et il comptait bien rentrer incessamment dans ses premiers droits.

A la séance du soir, il apprit que le corrégidor avait une maison de campagne, à quelques lieues de la ville, et dans une vallée assez isolée : il résolut de faire, plus tard, son profit de cette découverte.

Quand la bien-aimée s'éveilla, elle retrouva l'usage de sa main droite, que son cher oncle baisa avec transport, pendant qu'elle donnait

l'autre à son doux ami : rien n'instruit les femmes comme la contrainte. Le corrégidor, ivre de joie, courut toute la ville, et racontait partout les prodiges dont il avait été témoin. Comme les imbéciles dénaturent tout, celui-ci ajoutait, à ce qu'il avait vu, des choses impossibles, et il disait gravement aux médecins : « Ne soyez point hu-
« miliés de ce que don Carlos en sait plus que
« vous. Il a un génie inspirateur, qu'il appelle en
« poussant des cris de merlusine. » Tout le monde ouvrait de grands yeux et de plus grandes oreilles : il y en a de longues à Urgel. Mais tout le monde attendait, pour croire, que Séraphine pût reprendre, à pied, le cours de ses soirées.

Le lendemain, notre héroïne marcha avec quelques difficultés, mais elle put marcher; le surlendemain, il ne restait plus de traces de la paralysie. Toutes les dames accouraient pour constater un fait aussi extraordinaire. La terrasse décorée et l'humble toit retentissaient également de l'éloge de Valentin et de celui de son génie inspirateur. Valentin n'avait pas manqué de dire au cher oncle, qu'il était indispensable que sa nièce allât immédiatement à la campagne, et qu'elle y passât un mois. Il prescrivit un régime, et il protesta que, si on omettait la moindre chose, la paralysie se reproduirait avec plus de force qu'auparavant. Il avait déclaré que, n'ayant plus rien à ajouter à sa réputation, il allait s'éloigner d'Urgel, et il avait demandé le passeport, à l'aide duquel il voulait opérer des prodiges nouveaux à Ax. Le corrégidor lui en aurait donné cent.

Il avait fait reconnaître, par Michel, la maison de campagne dont nous avons parlé; il en connaissait parfaitement la position, et, en reconnaissance de ce service, il avait passé Auda au camarade; qui avait donné Isaure à Lecourt, qui avait arrangé Aurora avec Dubreuil, et, de proche en proche, tout le monde était content, à l'exception de la dernière de ces dames, qui, ne trouvant plus de mari, se décida à épouser le public.

L'esprit humain veut toujours avancer. Après qu'on eût parlé, pendant quelques jours, du génie inspirateur de Carlos, on se travailla la tête pour savoir dans quelle classe on le rangerait. Les jolies femmes en faisaient un ange, les moines un démon. Les médecins ne croyaient pas à son existence, et ils ne concevaient pas comment Carlos avait pu guérir, en deux jours, une paralysie constatée. Cependant on a toujours une opinion, quand on est intéressé à se prononcer, et la Faculté feignit d'adopter celle des religieux de toutes les couleurs, dont la ville d'Urgel est peuplée.

Un violent orage se formait dans le silence; il grossissait à chaque instant, et notre héros, loyal et confiant, ne se doutait de rien. Tout le monde sait, ou ne sait pas, que, depuis 1481 jusqu'en 1808, l'inquisition espagnole a condamné 343,522 individus. C'est bien peu de chose, si on veut calculer que, d'une époque à l'autre, il s'est écoulé 327 ans, ce qui ne porte le nombre des hérétiques corrigés, ou supprimés, qu'à cent mille et quelques-uns par siècle. D'après cela, il n'est pas étonnant qu'on n'eût pas encore joui, à Urgel, du spectacle édifiant d'un *auto-da-fé*. Il s'était présenté telle circonstance, où le bon peuple avait exprimé hautement ses regrets sur une privation aussi dure à supporter. Le révérend père supérieur des Dominicains de cette ville, aimait tendrement son prochain, et il n'attendait qu'une occasion favorable pour le satisfaire. De quelle gloire il jouirait aux yeux du public, s'il pouvait faire griller un sorcier !

Cependant, il n'y avait pas de tribunal érigé à Urgel, et sa révérence n'osait s'arroger des pouvoirs qu'on ne lui avait pas dévolus. Mais les gens d'esprit ont tant de ressources ! Le prieur assembla son chapitre. Il exposa son projet avec une telle clarté ; il fit si bien sentir les avantages qu'un demi-cent de fagots procurerait à l'ordre, qu'on arrêta, à l'unanimité, qu'un frère lay serait député vers le supérieur des Dominicains de Madrid, lequel serait supplié d'obtenir du grand inquisiteur, l'autorisation de faire et parfaire le procès à un homme qui faisait des miracles à Urgel, par l'intervention du diable. On aurait pu dépêcher un courrier ordinaire ; mais savait-on si, dans la famille de celui qu'on aurait choisi, quelqu'un n'aurait pas été guéri par Carlos, et si une sotte reconnaissance ne révèlerait pas un secret qu'on avait tant d'intérêt à cacher?

On porta la défiance jusqu'à ne pas donner de dépêches au digne frère qu'on fit partir : il pouvait les perdre en route. On choisit celui qui était le moins ignorant, qui avait le plus d'amour pour saint Dominique, et on lui répéta trente-deux fois sa leçon.

Un frère lay qui aurait voyagé en poste, aurait certainement donné des soupçons. On expédia celui-ci en costume apostolique; et, comme il y a loin d'Urgel à Madrid, on s'occupa des moyens de retenir Carlos, jusqu'à ce qu'on pût *l'appréhender* au corps. Cela ne fut pas difficile.

Le révérend père supérieur, d'ordinaire assez désœuvré, observait tout ce qui se passait en ville. Il avait la louable habitude de s'immiscer dans les affaires des particuliers, afin de maintenir la paix dans les ménages. C'est à lui que le commandant de la place allait conter ses pécadilles; d'après tout cela, était-il possible que quelqu'un lui résistât?

Il avait remarqué que, parmi les malades qui se présentaient à Valentin, il traitait, de préférence, les femmes jeunes et jolies, et sa révérence avait remarqué aussi que dona Séraphine était charmante. Vingt fois il avait rencontré don Carlos, marchant avec cet air satisfait que ne donnent ni l'argent, ni la persuasion qu'on est utile à ses semblables. Le plan du respectable père fut bientôt arrêté.

Le corrégidor, quoiqu'un peu libertin, était fort attaché à ses devoirs de piété : il y a des gens qui trouvent facilement le moyen d'allier les contraires. Il était dirigé par un Dominicain, qui l'alla voir, tout exprès, pour le féliciter sur la guérison de sa nièce. Pour mieux cacher ses projets, il porta au troisième ciel la science de don Carlos ; mais il s'étendit sur le danger des rechutes, et il prouva, par vingt exemples, que des malades, que les médecins croyaient guéris, étaient allés, six semaines après, souhaiter le bonsoir à leurs ancêtres. Le corrégidor frémit. Mais, plein de confiance dans notre docteur, il répondit que Carlos était sûr de son fait, et que le lendemain sa nièce partait pour la campagne. « Il faut que le
« docteur y aille avec elle. — Y pensez-vous, révé-
« rend ? Et nos usages, nos mœurs ? — On peut
« tout concilier. Vous couperez une chambre par
« le milieu, avec une forte grille de fer, et le doc-
« teur ne verra Séraphine qu'à travers les barreaux.
« — Mais, quand je remplirai mes fonctions ma-
« gistrales ; quand je réciterai mon rosaire ? —
« N'êtes-vous pas sûr d'Inès et de votre vieux jar-
« dinier ? — Je suis encore plus sûr de moi, et je
« vous le répète, ma nièce est guérie, parfaitement
« guérie. — La preuve que vous pouvez compter
« sur Inès, comme sur vous, c'est qu'elle n'a ré-
« vélé votre secret qu'au père Chrisostôme. —

« Quel secret, mon révérend? Que voulez-vous
« me dire? — Nous avons nos raisons pour que
« vous fassiez ce que je vous demande. Si vous
« résistez plus long-temps, toute la ville saura
« demain que vous êtes saisi d'une fille bien née,
« qui avait fait une étourderie; que, pour la con-
« server, vous avez forcé à s'enrôler un jeune
« homme avec qui elle voyageait; que vous l'avez
« fait passer pour votre nièce; que vous l'avez
« présentée en cette qualité dans les meilleures
« maisons. Vous serez perdu de réputation, obligé
« de vous défaire de votre charge, banni et vili-
« pendé par les honnêtes gens dont vous vous
« êtes joué. Obéissez et prenez les précautions
« que je vous ai indiquées. Inès recevra l'ordre
« de vous servir fidèlement; et, dans quinze jours,
« vous serez le maître de faire tout ce que vous
« voudrez. En attendant, gardez le plus profond si-
« lence sur ce que je viens de vous dire : ma dis-
« crétion est à ce prix. »

Le corrégidor, confus, humilié, à peu près
rassuré sur les suites de sa complaisance, promit
tout ce que le père voulut, et il se promit à lui-
même d'ajouter grille sur grille, de faire condamner telle porte, murer telle croisée, et de rendre
enfin Estelle inaccessible à toute autre chose
qu'aux yeux. Il fit venir les ouvriers; il leur donna
ses ordres, et il voulut qu'ils fussent exécutés à
l'instant. Il manda Valentin, et le pria, en enra-
geant, de rendre chaque jour une visite à sa

nièce. Valentin fut enchanté de pouvoir connaître par lui-même la maison d'où il voulait tirer son amie. Il prétexta, pour la forme, l'occupation que lui donnaient les préparatifs de son départ, et quelques malades, qu'il achevait de guérir. Le corrégidor insista, avec aussi peu de sincérité que Valentin venait de se défendre, et notre amoureux se rendit.

Les grilles de fer sont d'un débit sûr en Espagne. Aussi on en trouve de faites dans toutes les dimensions, et le lendemain la maison de campagne du corrégidor ressemblait à une forteresse. Il y conduisit Estelle, et donna les ordres les plus précis sur le lieu où on recevrait Carlos, sur les précautions qu'on prendrait pour qu'il ne pût pénétrer dans l'intérieur de la maison. Qu'eût-il fait de plus, s'il eût eu la moindre idée de l'intelligence qui régnait entre nos amans ?

Toute femme est plus ou moins coquette ; c'est une qualité, ou un défaut, dont l'âge ne corrige point. Valentin n'avait jamais eu la moindre prévenance pour Inès ; elle ne pouvait le souffrir, et malgré l'enthousiasme qu'il avait inspiré à son maître, elle ne cachait pas trop l'éloignement qu'elle avait pour lui. Le corrégidor avait d'abord exigé d'elle des marques de déférence envers son cher docteur. Mais dans la circonstance actuelle, il s'efforça de nourrir, et même d'augmenter l'animosité d'Inès. Il était assez borné pour ne pas sentir que, changer en vingt-quatre heures d'avis et de ton, ce n'était pas donner une haute idée de sa sincérité. Il ne savait pas davantage que tout être cherche à briser les liens de la contrainte, et que tous les moyens lui paraissent bons pour en sortir. Inès ne réfléchit pas un moment sur la versatilité de son maître. Elle lui dit tout ce qu'elle pensait de Carlos, et il la jugea incorruptible; elle le répéta à Estelle, qui pleura selon sa coutume.

Le lendemain, Valentin se présente à la porte du château-fort. Il est monté sur la plus belle de ses mules, et le jardinier vient lui tenir respectueusement l'étrier. Il le prie de le suivre, et Valentin s'étonne à chaque pas qu'il fait. A chaque pas, une lourde porte s'ouvre et se ferme sur lui; d'énormes verroux crient à ses oreilles; il arrive enfin à une chambre, où il est arrêté par deux grilles placées à un pied l'une de l'autre, et dont les barreaux sont si serrés qu'il est impossible d'y passer la main. Le jardinier l'enferme là, à double tour, et, à mesure que cet homme s'éloigne, Valentin l'entend ouvrir et fermer les portes par où il est arrivé. « Parbleu, s'écria-t-il, si Ménélas eût
« fait garder ainsi son Hélène, la guerre de Troye
« ne se serait pas faite, et j'en serais bien fâché:
« nous aurions perdu un poëme épique, que je
« n'entends pas, mais qu'on dit être le plus beau des
« poëmes faits et à faire. En effet, Voltaire, dans
« sa Henriade, ne s'est pas avisé de faire parler
« des chevaux, de faire combattre tous les dieux,

« pour ou contre un mari imbécile et trompé; il
« n'a pas chanté la valeur d'un fanfaron, invul-
« nérable par tout le corps, excepté au talon...
« Mais à propos de tout cela, je ne vois pas com-
« ment je tirerai Estelle d'ici... Bah! cela n'est
« pas difficile. Je viendrai la nuit; je rosserai le
« jardinier; je lui prendrai les clés; j'entrerai;
« j'enleverai Inès avec ma maîtresse, et je laisserai
« la vieille sur le bord d'un fossé, quand je serai
« éloigné, de quelques lieues, de toute habita-
« tion. Allons, vive la joie! »

Il n'avait pas remarqué deux gros chiens, qu'on
lâchait dans l'enclos, quand on n'attendait personne, et qui étaient de force à déchirer leur
homme, comme lui une feuille de papier.

Inès et Estelle paraissent de l'autre côté des
formidables grilles. Nos amans commencent par
se parler des yeux. Ceux d'Estelle semblent se
plaindre des barrières qu'on a élevées entre elle
et son ami; ceux de Valentin cherchent à la rendre à l'espérance. Comme un médecin ne peut
pas parler toujours des yeux, le docteur commença une dissertation scientifique, qu'il interrompait souvent, pour dire en français, à sa belle,
des choses très-tendres et très-positives, et il voulait faire croire à Inès qu'il faisait des citations
latines, selon l'usage pratiqué, de temps immo-
rial, par les médecins espagnols. Inès répondait
que Séraphine n'entendait pas le latin; qu'ainsi,
l'érudition du docteur était perdue, et que s'il

disait un mot, qui ne fût pas castillan, elle en conclurait qu'il avait des desseins cachés, et qu'elle en avertirait le corrégidor.

Valentin sentit qu'il ne tirerait aucun parti de cette vieille entêtée. Il crut devoir faire cette première visite très-courte, et il se décida à attaquer directement le cœur du vieux jaloux. Il remarqua qu'au moment où il voulut sortir, Inès tira le cordon d'une sonnette, qui fit venir le jardinier : il faut tout remarquer, quand on n'a pas encore de plan arrêté.

Il fut trouver le corrégidor. Il lui représenta qu'en envoyant Estelle à la campagne, il avait prétendu qu'elle respirât le grand air, et non qu'elle vécût derrière des grilles, et sous des verroux. Il ajouta que tout médecin veut et doit toucher le pouls des individus qu'il visite, et qu'il ne concevait pas qu'on le privât d'un avantage dont il avait constamment joui pendant qu'il traitait dona Séraphine à Urgel. Il jura enfin que le plus tendre des oncles s'exposait à perdre une nièce accomplie, s'il empêchait son médecin de communiquer librement avec elle. Le corrégidor répondit que sa nièce ne voyait de grilles que lorsque son médecin la visitait, et qu'elle avait à sa disposition des appartemens gais et un jardin immense, qui réunissait tout ce qui pouvait la flatter. Il convint que tout docteur a le droit de toucher le pouls de ses malades; mais il prétendit qu'il doit renoncer à cette prérogative, sur-

tout à l'égard d'une jeune femme, lorsqu'elle n'a plus besoin des secours de la médecine. Il remarqua, très-judicieusement, que les visites que rendait Carlos à sa nièce étaient de pure précaution, et pour lui prouver combien il était convaincu de la guérison radicale de Séraphine, il offrit au médecin des honoraires proportionnés à l'importance de la cure. Valentin, très-mécontent des obstacles, qui se multipliaient à chaque instant, reçut cependant un sac de deux mille pistoles, dont il alla grossir une cassette assez bien fournie. « On fait tout avec de l'argent, di-
« sait-il, et je suis bien bon de me casser la tête
« sur les moyens que j'emploierai : une occasion
« se présentera, je la saisirai, et nous verrons.
« Et puis j'aime beaucoup Estelle ; mais, si je ne
« peux définitivement la reprendre à son vilain
« corrégidor, ma foi, je la lui laisserai. Elle ne
« s'est pas poignardée quand il m'a fait soldat :
« me pendre ne serait pas le moyen de la ravoir. »

Le lendemain, Estelle dit à Inès qu'elle ne se sentait pas bien. Valentin, dans ses prétendues citations latines, lui avait conseillé, en bon français, de jouer d'abord la petite santé, et d'arriver, par degrés, à une maladie simulée. La vieille, au lieu d'introduire le docteur dans l'intérieur de la forteresse, se hâta de faire avertir le corrégidor, et le corrégidor voulut absolument accompagner Valentin. Ainsi la petite ruse n'aboutit qu'à donner à nos amans deux témoins au lieu d'un. Sa seigneurie déclara au docteur que si l'indisposition de sa nièce faisait des progrès, il viendrait s'établir auprès d'elle, et laisserait à son alcade et à son greffier le soin de faire la police.

Cette redoutable menace rendit aussitôt la santé à Estelle. Mais il était tard, et le corrégidor déclara qu'il passerait la nuit à sa campagne, pour avoir des nouvelles de sa nièce le lendemain de très-grand matin. Il congédia Valentin, qui, en retournant à Urgel, laissait aller sa mule la tête basse, et faisait d'assez tristes réflexions sur les lois terribles de l'inexorable fatalité. Il prévoyait bien que le corrégidor ne s'occuperait pas de son rosaire pendant toute la nuit.... « Ma foi, « s'écria-t-il brusquement, une fois de plus, une « fois de moins... Qu'importe ? Tâchons d'avoir « notre tour, et laissons de côté ces petites délica- « tesses, dont tant d'autres, à ma place, auraient « la sottise de s'occuper sérieusement. »

Le jour suivant, il retourna voir son amie, et quoi que pût dire Inès, elle ne l'empêcha pas de faire encore quelques citations. Les incidens présumés de la nuit dernière se présentaient à son imagination, et un garçon sans souci s'affecte quelquefois, quand il a devant lui la victime qu'il désire et qu'il croit sacrifiée. Estelle ne pouvait répondre à ses citations par d'autres : Inès n'aurait pas manqué de lui demander comment elle savait aujourd'hui le latin, dont hier elle n'entendait pas un mot. Elle chercha à le rassurer du geste et du regard : il est des circonstances où la femme la plus aimante et la plus vraie ment nécessairement, et je douterais fort de la véracité d'Estelle, si le corrégidor n'avait eu que trente ans; mais il en avait soixante, et cet âge-là est, ordinairement, celui du repos... Cependant, il est certains jours...

« Bah! disait Valentin, en retournant à la ville;
« ne pensons plus à tout cela. Nos dames ma-
« riées ne sont-elles pas obligées d'épouser leurs
« maris, et l'amant ne se résigne-t-il pas ? Pour-
« quoi aurais-je moins de caractère qu'eux ? Al-
« lons, allons, Estelle est madame la corrégidore;
« elle et moi voulons tromper son mari, et, par-
« bleu, nous en viendrons à bout. Demain je fais
« mes dispositions, et la nuit suivante j'enlève ma
« maîtresse, d'après le plan que j'ai conçu il y a
« quatre jours. »

Quel malheur s'il eût tenté de l'exécuter ! Semblable à la mère d'Athalie, il eût été dévoré par les chiens, et le lecteur serait privé de la suite de cette intéressante histoire.

Il eût continué de laisser errer son imagination, si, à la moitié du chemin, il n'eût rencontré un bon Dominicain, qui le salua le premier, avec une effusion de cœur qui étonna Valentin, parce qu'il n'avait pas l'honneur de connaître sa révérence. Chacun tira de son côté, et notre héros entra en ville, en faisant des réflexions, très-sensées, sur les vertus claustrales, et sur la manie qu'on avait alors en France, d'attaquer sans cesse les établissemens religieux. De temps en temps il avait tourné la tête, pour admirer la marche, noble et tranquille du bon père ; il l'avait vu se diriger vers la maison de campagne du corrégidor, et il n'en avait pas conçu le moindre ombrage : celui qui l'avait abordé avec des paroles de paix, devait nécessairement la porter partout avec lui. Les gens sans souci sont ordinairement heureux ; mais ils ne s'arrêtent jamais à aucune idée, et ils sont faciles à tromper.

Valentin jouait ce soir-là les plus brillans de ses rôles. Il annonça, pour le lendemain, la clôture à son auditoire, consterné de cette nouvelle. Il se proposait de demander au commandant l'ouverture des portes de la ville, après la descente du rideau, et il invita ses camarades à être prêts à le seconder dans un coup de main de la plus haute importance.

Le père supérieur des Dominicains n'était pas un garçon sans souci ; aussi, avait-il l'art de prévoir tout, jusque dans les moindres détails. Il n'avait pas d'idée de l'intelligence qui régnait entre Estelle et Valentin ; mais il savait que deux jeunes gens ne se voient pas tous les jours sans s'aimer bientôt ; il savait encore qu'un homme de vingt-deux ans ne s'amuse pas long-temps à faire l'amour en perspective ; il sentait qu'il fallait retenir celui-ci à Urgel, par quelque chose de plus réel que des espérances, et il était, plus que jamais, tourmenté du désir de faire rôtir un sorcier. Ce spectacle devait être d'autant plus beau, que le nécromancien était un inconnu, qui n'inspirerait de regrets à personne. Je tiens ces détails de l'arrière-petite-fille d'une jolie dévote d'Urgel, que j'ai eu occasion de voir dans mes voyages.

Je ne sais où sa révérence en avait tant appris. Peut-être n'avait-il que de la théorie dans le genre grivois ; peut-être aussi avait-il pratiqué autrefois ce qu'il sentait si bien alors. Quoi qu'il en soit, Valentin, en rentrant à son auberge, trouva le billet, dont la teneur suit :

« On vous aime, on vous plaint, et on a pourvu
« à tout. Retournez à la campagne du corrégidor.
« Inès disparaîtra, après vous avoir présenté Es-
« telle. Les deux grilles sont soutenues par des
« charpentes ; au milieu de chacune est un bou-
« ton de fer, qui ressemble assez à une tête de
« clou. Appuyez-y le pouce : l'amour fera le reste. »

Qui donc, pensait Valentin, s'est occupé de moi, au point de me ménager une entrée par-dessous les grilles, et de gagner la vieille, que je croyais incorruptible ? Ma foi, je jouirai du bienfait, sans chercher le bienfaiteur. S'il se nomme, je le remercierai, et, en attendant... vive la joie !

Il ne dormit pas de toute la nuit. Dort-on, quand on touche au moment de s'*unir* à ce qu'on aime ? Et quelle douce insomnie que celle que donne l'amour, paré du prestige de l'espérance !

Notre héros se leva avant le jour ; il faisait, deux heures d'avance, ce qu'il avait l'habitude de faire deux heures plus tard : il croyait avancer le temps. Fatigué, enfin, de la lenteur avec laquelle marchaient les aiguilles de sa montre, il pensa qu'il était indifférent qu'il partît aussitôt, puisque Inès lui était dévouée. Il monta sur sa mule, et la mit au galop. A une demi-lieue d'Urgel, il s'arrêta tout court. « Je ne connais pas l'auteur du billet, « se dit-il. S'il me tendait un piége !... » Vous êtes étonné que cette réflexion ait passé par la tête d'un homme, qui n'en faisait jamais, ou du moins très-rarement. Je le suis autant que vous. Il retourne à la ville; il prend ses pistolets, il se remet en route, et il arrive encore au château-fort, avant qu'Estelle soit levée.

Il sonne à la porte, avec la force et la confiance d'un homme, qui est sûr d'être bien reçu. Le jardinier accourt, et marque de l'étonnement en voyant le docteur si matin. Cependant, il l'introduit au parloir, et lui conseille d'attendre, avec patience, le moment du lever. Valentin, enfermé, selon l'usage établi dans la maison, sentit qu'il ne pouvait compter sur le jardinier ; mais cet homme ne faisait aucun service intérieur ; il devait être retourné à son travail, et s'il ne donnait aucune facilité, du moins il ne pourrait pas nuire.

Valentin cherche les boutons de fer, dont parle le billet : tout autre en eût fait autant à sa place. Il fallait être instruit pour les trouver, tant ils différaient peu des clous, qui tenaient l'ensemble de l'ouvrage. Après quelques recherches, Valentin croit voir l'intéressant bouton ; il met le pouce dessus, il presse, et une petite porte, retenue par un ressort, s'ouvre aussitôt ; la seconde cède de même, et l'imagination va toujours en avant. Notre docteur, qui, cinq minutes plus tôt, eût donné tout ce qu'il possédait, et même tout ce qu'il pouvait espérer au monde, pour effleurer les lèvres rosées d'Estelle, conçut et exécuta aussitôt le projet d'aller la surprendre dans sa chambre. Il va, il vient, il tourne ; il ouvre une porte, il en ouvre deux ; il entre enfin dans l'asile qu'il croyait pouvoir consacrer à l'amour... O surprise ! ô stupéfaction ! J'allais dire, ô rage ! ô fureur ! si je ne m'étais souvenu que Valentin ne s'affecte jamais fortement.

Depuis que le corrégidor avait une nièce, ses audiences étaient remises à midi, et il allait, clandestinement, faire l'oncle avec elle, soit à la ville, soit à la campagne. Il fut pétrifié en voyant Valentin, et Valentin recula jusqu'à la porte de la chambre. Semblables à deux basilics, ils se menaçaient des yeux ; c'était à qui tuerait l'autre... de ses regards seulement. Il paraît qu'il y avait des boutons partout dans cette maison-là, et le combat d'observation que se livraient les deux rivaux ne pouvait durer toujours. Le corrégidor pousse un bouton, et Valentin se met à rire de tout son cœur, non de ce qu'il voyait, mais de ce qu'il allait faire. « Il est donc d'usage, à Urgel, « monsieur le corrégidor, que les oncles épou- « sent les nièces, sans dispenses : c'est de quoi je « m'informerai ce soir, en racontant partout ce « que j'ai vu. En attendant, comme je ne suis ni « parent, ni allié, je n'ai pas la moindre formalité « à remplir, et je vous prie de vous lever, et de « me céder une place, que j'occuperai mieux que « vous. J'ai été, à peu de chose près, spectateur ; « vous voudrez bien l'être tout-à-fait à votre « tour. »

Le corrégidor trouve la proposition imperti-nente, offensante, outrageante, et Valentin lu¹ coupe la parole, en lui présentant le bout d'un pistolet. Le vieil amateur se rend à cet argument irrésistible, et dans un clin d'œil, Valentin se trouve dans l'état où s'était mis l'Amour, quand il épousa Psyché pour la première fois. Trop pressé d'être heureux pour penser à tout, il avait oublié de fermer la porte, et d'en mettre la clé sous son traversin. A peine était-il dans des toiles de frise, et respirait-il l'haleine de la beauté, très-confuse du rôle qu'on lui faisait jouer, qu'Inès paraît armée d'un goupillon ; elle est suivie du jar-dinier et de deux garçons, qui portent en avant fourches, faux, et croissans : la sonnette d'alarme répond au bouton que le corrégidor a pressé, et a mis tout le monde sur pied.

« Par sainte Thérèse, murmurait Inès, le révé-

« rend ne m'a pas dit que le docteur dût venir
« jusqu'ici. Seigneur, que faut-il faire de cet in-
« solent, criaient le jardinier et ses garçons? — At-
« tendez, attendez, mes enfans, que je réfléchisse,
« et pendant que je réfléchirai, empêchez-le de
« sortir d'où il est. M. le corrégidor, criait Va-
« lentin, souvenez-vous que le roi David eut une
« faiblesse qui donna le jour au grand Salomon,
« et ne m'empêchez pas de vous procréer un
« petit neveu, qui sera peut-être le flambeau de
« la Catalogne. — M'y voilà, mes amis, m'y voilà.
« — Vous allez dire d'aussi belles choses que
« vous en faites. — S'il dit encore un mot, qu'on
« lui mette... vous savez bien... — Monseigneur,
« nous ne savons pas. — Mettez-lui dans la bou-
« che quelque chose qui l'empêche de parler. —
« Ah! une poignée de chanvre... — Le manche de
« ma faux... — La pointe de ma fourche... — Hé,
« non, non... Ma foi, mettez-lui ce que vous
« voudrez. »

Pendant ce colloque, Valentin a cherché ses pistolets, qu'il n'a pas oublié de mettre sous le chevet. Il les arme entre les draps. Estelle s'est aperçue du mouvement; elle veut arrêter son ami; elle lui prend les deux mains, et fait partir les deux détentes. Les balles traversent la couverture; l'une va briser une glace, l'autre met le feu à la perruque du corrégidor, qui est accrochée à un clou; la troisième enlève le bout du nez d'Inès, qui déjà était camarde; la quatrième ne casse qu'un carreau de vitre. Une fumée épouvantable emplit la chambre ; les draps sont enflammés. Estelle, malgré sa modestie, est obligée de sauter sur le parquet ; le corrégidor se hâte de la couvrir de son manteau ; Valentin saute après Estelle, et le jardinier et ses garçons sautent sur lui.

« Jetez, jetez tout par la fenêtre, criait le cor-
« régidor, draps, couverture et matelas. — Faut-
« il jeter ce jeune homme aussi ? — Oui... non...
« attendez un peu... oui... oui...: non, décidément
« non. Il aimerait mieux se sauver en chemise
« que ne pas se sauver du tout ; il sauterait par-
« dessus les murs du jardin, et je ne veux pas
« qu'il m'échappe. Liez-lui bras et jambes avec
« vos ceintures. »

Un grand homme est quelquefois obligé de céder au nombre, et Valentin, frémissant de rage, se vit en un instant arrangé comme une momie. Étendu sur le plancher, et n'inspirant plus de crainte à personne, il regardait tendrement Estelle. « Si du moins, disait-il, j'avais eu le temps
« de faire le petit neveu ! Ce sera pour une autre
« fois. » Le jardinier et ses garçons veillaient sur lui, posés en suisses de paroisses. Ils avaient fait des hallebardes de leurs instrumens aratoires, et ils avaient l'air tout-à-fait imposant. Inès pansait son nez, et le corrégidor, rhabillé, à sa perruque près, s'était assis dans un grand fauteuil. La tête sur ses deux mains, et ses deux coudes sur ses

genoux, il méditait profondément sur ce qu'il fallait faire dans une occasion de cette importance.

Après un quart-d'heure de réflexions, après avoir adopté et rejeté des idées contradictoires, avoir ébauché des phrases, qu'il ne pouvait conduire jusqu'au point, le corrégidor essaya de se faire comprendre tout-à-fait. « Mes amis, cet « homme est venu... je ne sais par où... mais il « est venu; oui, il est venu, puisque le voilà. Il « est venu dans le dessein d'outrager ma nièce, « vous pouvez en jurer, puisque vous l'avez trouvé « dans une position qui n'avait rien... qui n'avait « rien... d'équivoque. Pour m'empêcher d'aller « chercher du secours, il m'a forcé, le pistolet « au poing, de me mettre tout nu, et cela est « tellement, tellement... incontestable, que j'é- « tais en chemise, quand vous êtes entrés... At- « tendez un moment... que je me rappelle la « suite... Ah! quand il s'est vu surpris par vous, « il a fait feu de toute... de toute... son artillerie, « et il a brisé ma plus belle glace, il a brûlé ma « perruque, et coupé le bout du nez d'Inès, qui « n'en avait pas trop. Il a incendié un lit que je « ne... que je ne remplacerai pas facilement... en- « fin... enfin, il a tourné l'Écriture en dérision, « en me parlant du roi David... du roi Salomon, « et d'un petit neveu qu'il voulait me faire, ce « qui... ce qui me... me persuade qu'il peut fort « bien être sorcier, comme plusieurs personnes « respectables me l'ont déja dit à l'oreille. Il y a

« là de quoi instruire cinq à six procès criminels.
« Vous avez été témoins des faits, et vous dépo-
« serez de la vérité de ce que j'avance ; n'est-il
« pas vrai, mes amis, vous déposerez ? — Certai-
« nement, seigneur, nous déposerons, et ce qui
« reste de votre perruque et du nez de la dame
« Inès ne déposera-t-il pas aussi ? — On dépo-
« sera l'un et l'autre au greffe. — Déposer mon
« nez au greffe ! Mais, pensez donc, seigneur
« corrégidor, qu'il faudra que j'y reste avec lui.
« — Je n'avais pas fait cette réflexion-là. Dame!
« on ne saurait penser à tout. Allons, allons, on
« ne déposera que la moitié de ma perruque. »

Après avoir dit beaucoup de choses inutiles, que, par conséquent, je ne dois pas écrire, le corrégidor fit envelopper Valentin dans un grand manteau, que de fortes courroies de cuir arrêtèrent autour de lui ; on le coucha dans une vieille litière, et on partit pour l'installer dans les prisons d'Urgel.

« Ma foi, pensait-il en marchant, ma destinée
« n'a rien de très-désagréable. Charles XII, a été
« heureux, pendant neuf ans, et jusqu'ici j'ai
« réussi dans toutes mes entreprises. Charles XII
« a été prisonnier à Bender, et je vais l'être à
« Urgel : il est bien flatteur pour moi d'avoir
« des rapports aussi frappans avec une tête cou-
« ronnée.

« Mais Charles XII n'avait pas de maîtresse : que
« va devenir la mienne ? Parbleu, ce prince ne

« s'inquiétait pas, en Turquie, de ce que faisait
« sa sœur à Stockholm ; pourquoi aurais-je moins
« de caractère que lui ? Ah ça, que peut-on me
« faire pour avoir couché avec la nièce d'un corré-
« gidor, et lui avoir brûlé sa perruque ?... Ah !
« quelques jours de prison arrangeront cette af-
« faire-là, et on vit en prison comme ailleurs. »

On le descendit à la porte de la triste maison ;
on le mit au cachot, et comme on avait persuadé
au corrégidor que le diable avait fait des portes
sous les grilles de son parloir, pour ouvrir un passage au maraudeur, sa seigneurie avait expressément recommandé qu'on chargeât le coupable de
fers, afin qu'il ne pût faire un pas, si son démon
familier lui ouvrait la porte du cachot.

N'est-ce pas ici le moment de dire comment
existaient ces portes fatales, par lesquelles Valentin avait marché d'infortunes en infortunes ? Je
ne vois qu'une difficulté pour satisfaire la curiosité du lecteur, c'est que je n'en sais rien. Mais,
semblable aux faiseurs de systèmes, je vais donner mes conjectures pour des réalités, et je tâ-
cherai de les rendre vraisemblables.

Rappelons-nous l'exclamation d'Inès : *Le révérend ne m'a pas dit que le docteur dût venir jusqu'ici.* Ce révérend est sans doute le père Chrisostôme que, la veille de sa mésaventure, Valentin
avait rencontré, sur le chemin qui conduisait au
château du corrégidor. Le cher père avait usé de
l'influence que lui donnait son ministère, pour

faire croire à Inès tout ce qu'il avait voulu, et, d'après le billet que j'ai transcrit, il est constant que sa révérence connaissait les portes, dont nous cherchons l'origine, puisque sa démarche n'avait pour objet que d'en faciliter l'ouverture.

On doit conclure de ces premières preuves, que le billet insidieux, adressé à notre héros, partait du chapitre des Dominicains, et que...
« Mais les portes, M. l'auteur, les portes ? Com-
« ment étaient-elles là ? — Par un hasard singu-
« lier, le serrurier du corrégidor était aussi celui
« des révérends pères. Je vous ai dit que le supé-
« rieur, qui n'était pas un garçon sans souci,
« prévoyait jusqu'aux moindres détails... — Ah !
« j'entends, j'entends. Tenez-vous aussi cette par-
« ticularité de l'arrière-petite-fille de votre jolie
« dévote ? — Si je vous dis oui, me croirez-vous ?
« — Ma foi, non. — C'est pourtant ce que vous
« avez de mieux à faire. Permettez-moi de re-
« prendre la suite de mon histoire. »

On ne parlait plus, à Urgel, que des portes qui s'étaient ouvertes, où il n'y en avait pas. Les têtes les plus graves s'exerçaient à expliquer le fait, et, comme on ne trouvait pas d'explication vraisemblable, il fallut se ranger à l'opinion du petit peuple, qui aimait encore un peu Valentin ; mais qui, cependant, attribuait tout au diable. Le père supérieur attendait son frère lay sous peu de jours ; il avait grand soin d'échauffer tous les esprits, et il entravait lui-même la marche de la justice, qui est assez expéditive dans ce pays-là, et qui aurait très-bien pu faire pendre son sorcier.

On instruisait le procès de Valentin; mais on opérait avec lenteur, et parce que le père supérieur pressait sans cesse les juges de ne rien hâter et d'accumuler les preuves, et parce que le corrégidor commençait à se repentir de sa précipitation. Il ne conservait plus le moindre attachement pour Valentin, qui l'avait cruellement offensé dans ce qu'il avait de plus cher; mais il sentait bien, quoiqu'il fût très-bête, qu'il ne pouvait interroger, condamner, et faire étrangler Valentin dans son cachot. Valentin, de son côté, se proposait bien de démasquer son trop heureux rival, la première fois qu'on le ferait paraître en public, et même de se faire connaître lui-même, pour prouver la vérité de ce qu'il avancerait. Les suites de cet aveu ne l'inquiétaient pas; il était tout entier à la vengeance.

D'après ce que je viens d'avoir l'honneur de vous exposer, vous avez lieu de croire que la mesure de l'infortune est au comble, et que notre pauvre jeune homme n'a plus d'affaire incidente à redouter. Hé bien! vous vous trompez.

Vous connaissez la fable du *Geai*, qui se pare des plumes du paon, et vous n'avez pas oublié un certain Carlos, dont Valentin a trouvé l'équipage dans les montagnes de Medina-Celi. Après s'être dérobé aux bons voleurs du frère Ambroise, et avoir rejoint ses gens, Carlos avait fait des pilules et de l'élixir à la première bourgade, où il s'était arrêté ; il allait, vendant ses denrées, et la vente était faible, parce qu'il voyageait à pied, et qu'il n'avait plus ni habits brodés, ni cordons : je crois vous l'avoir déja dit, c'est d'abord par les yeux que les hommes se laissent prendre.

Carlos, obligé de se défaire successivement de ceux qui avaient si heureusement contribué à sa gloire et à son profit, vivait pauvrement, humblement, en se traînant de ville en ville. Il portait sous son bras une petite cassette, qui renfermait sa fortune et ses espérances. Il s'informait soigneusement partout si on n'avait pas vu quelque chose de ses dépouilles.

Le hasard, ou son heureuse étoile, le conduisit à Daroca. Rappelez-vous que Valentin, après avoir voyagé de jour, afin qu'on ne pût le suivre à la trace, était tombé dans cette ville, sans que personne pût dire d'où il venait. C'est là que Carlos obtint les premiers renseignemens sur ses mules, sa livrée, et ses habits chamarrés d'or et d'argent. Il suivit, à la piste, les usurpateurs de son nom, de sa fortune et de sa renommée, et il les aurait atteints bien plus tôt, s'il n'eût été forcé de s'arrêter un grand mois dans l'hôpital de Solsona. Un médecin à l'hôpital ! Eh ! pourquoi pas ? Quand il est dépouillé de l'auréole, dont le préjugé et la vogue avaient ceint son front, ce n'est plus qu'un homme comme un autre.

Les camarades de Valentin déploraient son triste sort. Ils n'avaient pu se décider à s'éloigner d'Urgel, quoique leur présence ne lui fût pas d'une grande utilité. Pour ne pas manger les fonds de la caisse, ils avaient continué à jouer la comédie ; mais que pouvaient-ils faire, privés de leur appui ? Il fallut redescendre à la parade et aux pilules. Michel avait succédé à Valentin ; mais, quelques efforts qu'il fît, il ne le remplaçait pas. Il était sur ses tréteaux avec Auda, qui soutenait partout sa réputation, lorsque Carlos entra dans Urgel.

Le pauvre diable est frappé, d'abord, de l'aspect de son tableau et de ses habits. En homme prudent, il ne dit rien ; il entre dans l'écurie de l'auberge, et il reconnaît ses trois mules. Il court chez le corrégidor ; il prouve, par son acte de naissance, qu'il est le vrai Carlos ; il prouve, par ses lettres de licence, qu'il est docteur de l'université de Salamanque ; il prouve, par sa sotte et plate figure, qu'il n'a pu inspirer de confiance à des malades riches, et que, n'ayant pas exercé la médecine dans des chambres dorées, il lui a fallu la pratiquer en plein vent. Il défiera, dit-il, ceux qui lui ont dérobé ses mules et ses habits, de dire où ils les ont achetés, et il conclut à ce que le seigneur corrégidor le rétablisse dans ses propriétés, sauf à lui à faire, de ceux qui l'en ont dépouillé, tout ce que bon lui semblera.

Sa seigneurie, charmée de trouver une charge

de plus contre Valentin, fit aussitôt arrêter et traduire devant lui la troupe comique. Il pensait que chacun de ses membres chargerait leur directeur, pour se tirer d'embarras. Pour la première fois il devina quelque chose du cœur humain. Mais, comme Michel et ses camarades sentaient bien qu'on ne pouvait leur infliger de peine bien grave pour s'être servis de ce qu'ils avaient réellement trouvé, le *primo mihi* fut sans force. Ils déclarèrent les faits tels qu'ils s'étaient passés, et Carlos fut obligé de convenir qu'il ne reconnaissait là aucun de ceux qui l'avaient attaqué la nuit dans les montagnes. Le corrégidor répliqua que la nuit il ne fait pas clair. L'alcade, qui n'était pas aussi borné que son chef, demanda à ces dames et à ces messieurs ce qu'ils faisaient avant que le hasard les eût faits comédiens et médecins. Les actrices, qui n'avaient ni parens à craindre, ni préjugés à ménager, racontèrent ingénument l'histoire de toute leur vie. Il en résulta qu'elles s'étaient successivement agrégées à une troupe toute formée, sur l'origne de laquelle elles ne savaient rien. Le greffier écrivait leurs déclarations, pour qu'on pût vérifier les faits, et on les fit passer, sous bonne garde, dans la chambre voisine.

Les hommes, pressés de s'expliquer à leur tour, se trouvèrent diablement embarrassés. Michel aurait bien répondu qu'ils étaient ermites, avant que d'être comédiens; mais il prévoyait que l'alcade allait répliquer par : Hé! que faisiez-vous, avant que d'être ermites? Il resta muet, et ses camarades imitèrent son silence. Les uns et les autres pensaient que la présence d'esprit de Valentin pouvait seule le tirer de ce mauvais pas, et ils refusèrent constamment de répondre, afin qu'il pût parler comme il le jugerait à propos. Tout ce que leur arracha l'alcade, et ce qu'ils répétèrent jusqu'à satiété, c'est qu'ils s'en rapportaient à ce que dirait leur directeur.

L'alcade savait son métier. Il pensa, très-judicieusement, que des accusés, qui s'obstinent à se taire, n'ont rien de bon à dire. Il pressa le corrégidor d'envoyer la troupe en prison, de faire saisir ses papiers et ses effets, de mettre le tout au greffe, et vous connaissez le proverbe de Beaumarchais : Ce qui est bon à prendre est bon à garder.

« Parbleu, dit Valentin à ses camarades, je suis
« ravi de vous voir. Je n'aime pas à chanter seul,
« et nous nous amuserons ensemble. » Il réfléchit un moment, quand Michel lui eut raconté ce qui venait de se passer. « Hé bien! dit-il, savez-vous
« ce que je conclus de tout cela? Que nous serons
« obligés de nous déclarer déserteurs, et que notre
« destinée est d'être pendus. Je n'ai pas d'argent;
« ils m'ont apporté ici tout nu. En avez-vous
« vous autres? — Hé! sans doute. — Faisons donc
« bonne chère jusqu'au dernier moment. Allons,
« Domingo, l'olla podrida, et le meilleur vin de
« la ville. » Domingo était un honnête guichetier

qui venait d'entrer, l'épaule chargée de vieille ferraille.

L'alcade avait réfléchi que si réellement Valentin était sorcier, il délivrerait ses camarades; que s'il ne l'était pas, ses camarades lui ôteraient ses fers, et il ne jugeait pas à propos de donner, à six hommes, la facilité de s'insurger. Le moyen le plus sûr de prévenir les évènemens, était de les loger séparément; mais la prison d'Urgel n'est pas grande comme une citadelle, et il fallait y réserver de la place pour les seigneurs hâlés de la garnison, et pour les honnêtes gens que la Sainte-Hermandad pourrait amener. Pour obvier à tout, le geôlier avait reçu l'ordre de *ferrer* les acteurs aussi solidement que monsieur leur directeur. « J'aime « cela, dit Valentin, au moins il n'y a pas de dis- « tinction. »

Le corrégidor, l'alcade et le greffier étaient descendus deux fois au cachot, et avaient interrogé la troupe comique, dont les membres leur avaient ri au nez, et n'avaient pas voulu répondre. L'alcade avait conclu de cette opiniâtreté, qu'ils attendaient un interrogatoire public pour perdre le corrégidor de réputation, et il tira un grand parti de cette idée première. Il conseilla à son chef de faire disparaître Séraphine, et de la mettre ainsi dans l'impossibilité de confirmer ce que dirait le faux Carlos. Il voyait, dans cette mesure, un moyen d'aggraver l'affaire du docteur, qu'on accuserait de rapt d'abord, et ensuite de calomnie.

Cela devait faire une masse de délits, tels que tous les diables réunis ne pourraient le tirer de là, fût-il sorcier, comme tous les sorciers du douzième siècle ensemble.

Le corrégidor sentait toute la valeur de semblables conseils; mais il lui répugnait de confier sa nièce à des mains étrangères, et surtout de s'en séparer.

« Bah! bah! lui dit l'alcade, à votre âge, l'amour
« est dans la tête; il ne descend pas plus bas,
« et les personnes qui nous servent bien ne nous
« sont pas étrangères. J'ai, à Aranza, une sœur,
« dont je suis sûr comme de moi. Elle vit très-
« retirée, avec deux filles, qui ont à présent qua-
« rante ans, et qui, de leur vie, n'ont pensé à la
« bagatelle. Séraphine aura là trois duègnes, au
« lieu d'une, et, si elle veut faire la méchante,
« elle trouvera que mes nièces ont le poignet vi-
« goureux. Cette nuit j'irai la prendre, sur un
« ordre signé de vous. Avant le jour, nous arri-
« verons chez ma sœur; on l'habillera en petite
« bourgeoise; on ne lui laissera pas un sou, et,
« si elle forme quelque projet d'évasion, ce qui
« est très-possible, elle sera retenue par la crainte
« de mourir de faim, ou de gagner ses dépens,
« comme elle l'a fait chez vous, ce qui n'est pas
« agréable à toutes les femmes, surtout quand
« elles peuvent espérer mieux que cela. »

Le corrégidor se laissa persuader; mais il prononça, sans balbutier et d'un ton très-ferme, que

Séraphine serait rappelée aussitôt que les circonstances le permettraient.

Le projet de l'alcade fut exécuté dans tous ses points. On m'a même assuré qu'il avait été au-delà des propositions arrêtées; qu'il avait eu de violentes tentations, pendant le tête-à-tête de quatre heures de nuit; qu'Estelle, qui avait acquis de l'expérience, s'en était aperçue, et qu'elle avait dit au seigneur alcade qu'elle se servait aussi bien de ses ongles, que lui de son écritoire. Pouvait-elle être infidèle, pour la seconde fois, au moment où elle venait de retrouver son amant, qu'elle désirait, qu'elle appelait, et qui, peut-être, volait sur ses pas pour l'arracher à ses ravisseurs? Ah! si elle eût connu sa triste position, elle se fût écriée comme lui : « Si du moins on nous eût
« donné le temps de procréer le petit neveu! »

Le corrégidor, rassuré sur les suites d'une audience publique, qu'il avait évitée jusque alors, fit enfin comparaître les coupables devant tous les habitans rassemblés. Le greffier fit la lecture des pièces à la charge des accusés, et Valentin fut interpellé de répondre, puisque les autres s'obstinaient à se taire. « Je serai moins long, dit-il, que
« monsieur le greffier, qui vient de nous débiter
« une série de balivernes, et, contre l'usage adopté
« par messieurs les avocats, je commence par le
« fait. Je suis Français, et fils d'un conseiller
« au parlement de Rennes. Je m'appelle Valen-
« tin de Merville. J'ai vu, à Paris, M. Duplant,

« président au premier de tous les parlemens,
« à l'exception pourtant de celui d'Angleterre.
« M. Duplant a une jolie fille, et j'en suis devenu
« amoureux, c'est la règle. Mademoiselle Estelle
« m'a aimé, et cela ne vous étonnera point, si
« vous voulez me regarder avec quelque atten-
« tion. On m'avait donné la tonsure, et on vou-
« lait en faire une religieuse, ce qui ne nous ar-
« rangeait pas du tout. En conséquence, nous
« avons pris le parti de voyager ensemble, ce qui
« est fort agréable sans doute. Nous sommes arri-
« vés à Urgel, et mademoiselle Estelle a singuliè-
« rement plu à monsieur le corrégidor, qui a jugé
« à propos de la confisquer à son profit, et de la
« faire ensuite passer pour sa nièce. Or, comme
« j'étais un témoin incommode, on m'a persuadé,
« à grands coups de bâtons, que mes services se-
« raient fort agréables à Sa Majesté catholique,
« et Sa Majesté ayant déclaré, dans je ne sais
« quelle ordonnance, que les engagemens doivent
« être entièrement libres, je proteste contre le
« mien, et je demande qu'il soit déclaré nul. Je
« proteste encore contre la violence que ce vieux
« laid-là a fait éprouver à mademoiselle Estelle,
« et je conclus à ce qu'elle me soit rendue, afin
« que je puisse la rendre à son père, ce qui, sans
« doute, sera très-louable.

« Je déclare que, si on rejette mes conclusions,
« le parlement de Paris, à qui j'ai fait parvenir un
« mémoire, décrétera monsieur le corrégidor de

« prise de corps, et que le décret sera exécuté,
« s'il s'avise de mettre le pied sur le territoire
« français. J'ai dit.

« Alcade, dit tout bas le corrégidor, croyez-
« vous que le parlement de Paris puisse me dé-
« créter de prise de corps? — Hé, non, seigneur;
« hé, non. Mais je vois, par ce que vient de dire
« ce drôle-là, que c'est lui qui m'a si bien rossé,
« et je vous engage à le pousser vivement. Allons,
« répétez votre leçon, comme je vous l'ai apprise,
« et prenez garde de vous tromper.

« — Il est douloureux pour moi, messieurs,
« d'avoir à me justifier d'une calomnie infame...
« Quoi, dona Séraphine ne serait pas ma nièce!
« Et... et... — Le témoignage d'un inconnu... —
« Le témoignage d'un inconnu l'emporterait sur
« celui d'un homme... d'un homme... Soufflez-moi
« donc. — Dont vous connaissez la continence et
« l'intégrité. — Dont vous connaissez l'inconti-
« nence et... et... Je suis un peu distrait; le sei-
« gneur alcade vous dira le reste. » Le corrégidor
répète assez exactement ces dernières paroles, et
l'alcade continue.

« Si dona Séraphine était ici, elle démentirait
« l'horrible calomnie qu'on veut faire peser sur
« un homme respectable. Mais celui qui l'a guérie
« par enchantement, qui, par enchantement, a
« fait ouvrir des portes où il n'y en avait pas,
« qui, à la faveur de sa puissance diabolique, a

« commis les attentats affreux, dont vous venez
« d'entendre la lecture, cet homme a fait enlever
« la vertueuse demoiselle, par son démon familier,
« et l'a fait transporter je ne sais où. Ainsi le sei-
« gneur corrégidor joint aux regrets, au ressenti-
« ment profond que lui causent les outrages qu'à
« soufferts cette jeune dame, le chagrin amer de
« perdre une nièce dont vous connaissez tous,
« messieurs, la beauté, l'esprit et les talens.

« Cet homme ose accuser M. le corrégidor de
« l'avoir fait enrôler de force ; mais est-il digne de
« quelque croyance celui qui n'a pas craint de
« dépouiller un honnête charlatan, de prendre
« son nom et de parcourir l'Espagne, en marchant
« de crime en crime, ce qui n'est pas prouvé en-
« core, mais ce que le temps découvrira ?

« Un moment ! s'écria Valentin. Je prends acte
« de ce que vient de dire l'interprète du corré-
« gidor. Ni mes camarades, ni moi ne sommes sol-
« dats, et nous devons jouir des droits de citoyens,
« dont on veut nous dépouiller par une insidieuse
« procédure. Je demande qu'on nous réintègre
« dans notre prison, et qu'on vérifie les faits que
« j'ai avancés dans mon court plaidoyer. Pendant
« l'information, mon Estelle se retrouvera, car il
« n'y a de diables que dans le cerveau de ces im-
« béciles magistrats. Elle dira, elle publiera que
« mes droits sont irréfragables, puisqu'elle s'est
« librement donnée à moi ; que le corrégidor m'en

« a bassement dépouillé, et que vouloir y rentrer,
« ainsi que je l'ai fait, n'est pas un attentat comme
« prétend vous le persuader ce nigaud.

« Nigaud! imbécile! balbutiait le corrégidor,
« écumant de colère. Il manque de respect à la
« justice, reprend aussitôt l'alcade, tremblant que
« son chef ne dise quelque balourdise, et cela
« seul mérite une punition exemplaire. Cependant
« il faut simplifier l'affaire et la dégager des inci-
« dens étrangers au fond. En conséquence, M. le
« corrégidor ordonne... — Oui, j'ordonne... Quoi?
« — Que les effets, appartenans au véritable
« Carlos, lui seront à l'instant rendus, ainsi que
« l'argent gagné ou volé en son nom. A la bonne
« heure, dit Valentin : voilà ce qui s'appelle parler
« en homme de sens. Soyez aussi impartial envers
« moi que vous venez de l'être pour ce pauvre
« diable de Carlos.

« L'audience dure depuis long-temps, reprit
« l'alcade. La suite du procès est remise à demain,
« et le tribunal statuera, sans désemparer, sur
« le sort des accusés. Parbleu! s'écria Valentin,
« vous avez une furieuse envie de me faire pendre.
« Je m'attendais à finir comme cela; mais je ne
« croyais pas que ce fût pour avoir fait l'amour. »

Les opinions étaient partagées dans l'auditoire. Les uns disaient qu'on ne pouvait refuser à l'accusé de vérifier les faits qu'il avait exposés; les autres prétendaient, et auraient affirmé qu'un sorcier n'est jamais embarrassé, et qu'on n'en aurait pas brûlé un seul, si on s'en était tenu à leurs dires. La discussion s'échauffait, et au moment où on allait reconduire les prisonniers au cachot, où on était prêt à se battre, pour ou contre la sorcellerie, le supérieur des Dominicains calma l'orage par sa présence : elle commande toujours le respect en Espagne.

Sa révérence entra, suivie de tous ses révérends, et remit au corrégidor une cédule du grand inquisiteur. Ce juge suprême revendiquait les prisonniers, et il investissait de tous ses pouvoirs ses respectables et chers frères d'Urgel. Magistrats, huissiers et spectateurs, écoutèrent la lecture de la cédule, debout, les mains croisées sur la poitrine, et la tête baissée. « Allons, dit Valentin, « ce n'était pas assez d'être pendu; vous verrez « que je serai brûlé, pour arranger tout cela. « Votre révérence donne-t-elle au moins la tu- « nique souffrée à ceux qu'elle expédie? Sans « doute, répond un des familiers qui s'emparaient « des coupables. — A la bonne heure. »

La cédule ne faisait mention que de Carlos. Mais il était bien certainement sorcier, et il n'était pas possible que ses compagnons ne fussent pas entachés de sorcellerie. Quand on prend du galon, on n'en saurait trop prendre, dit un vieux proverbe. D'après cet adage, le révérend fit emmener maître et gens. On arrêta, par ses ordres, les demoiselles, que le corrégidor avait relâchées, et qui attendaient, dans un cabaret, le dénouement de tout ceci. Il était évident, d'après l'opinion du grand casuiste Sanchez, que les prétendues demoiselles étaient autant de succubes. On conduisit la troupe comique, tout entière, non dans les prisons du Saint-Office, il n'y en a point à Urgel; mais dans sept à huit chambres, que le prévoyant supérieur avait fait solidement arranger, pendant l'absence de son frère lay.

A l'exception de Valentin, nos pauvres captifs marchaient tristement. Michel, qui avait souvent montré du caractère, laissait aller sa tête sur sa poitrine, et poussait, de temps en temps, des soupirs à attendrir des tigres. On assure que les inquisiteurs sont plus impitoyables encore : c'est ce que je n'ai nulle envie de vérifier par moi-même.

Valentin regardait Michel d'un air de pitié.
« Quand donc t'éleveras-tu à la hauteur des cir-
« constances, et apprendras-tu à braver la for-
« tune? Il y a deux heures, nous devions être tous
« pendus; il semblait qu'aucune puissance hu-
« maine ne pût nous tirer des serres du corrégi-
« dor : il fallait l'inquisition pour opérer ce prodige.
« Sais-tu si quelque être inconnu, inattendu, ne
« nous arrachera pas aux griffes de l'inquisiteur?
« Je ne perdrai l'espérance qu'au dernier moment,
« et je monterai sur le bûcher, persuadé que j'en
« dois descendre. Imite-moi, si tu veux conserver
« mon estime, et souviens-toi que tomber dans

« le découragement est le moyen le plus sûr de
« ne pouvoir rien entreprendre. »

Après cette courte harangue, qui ne produisit pas un grand effet sur Michel et ses compagnons, on passa la première grille du couvent, qui se referma aussitôt, et nos sorciers furent conduits, séparément, aux logemens qui leur étaient destinés. « Diable ! dit Valentin, en voyant sa cham-
« bre, il me semble que vos révérences ne renon-
« cent au monde, que pour mieux s'en assurer les
« jouissances. Tudieu, quel lit ! quels fauteuils !
« quel linge ! Je ne présume pas que vous nous
« ayez mis dans vos plus beaux appartemens :
« comment sont donc décorés les autres ? Ma foi,
« si votre cuisinier vaut votre marchand de meu-
« bles, je n'aurai à regretter que la liberté, et je
« crois qu'on peut s'accoutumer à vivre en prison,
« comme on s'accoutume à la migraine ou à une
« sciatique. Envoyez-moi à dîner, et copieuse-
« ment, car j'ai un appétit de moine. Rira bien
« qui rira le dernier, répondit un gros frère lay,
« taillé en Hercule. — Parbleu, je compte bien
« que ce sera moi. — C'est ce que nous verrons. »

On avait moins à redouter les entreprises des succubes que des incubes. En conséquence, on avait pris moins de précautions avec nos demoiselles. Vous savez que nos jeunes gens ont le goût délicat, et ils avaient fort bien choisi leurs compagnes de voyage. Une jolie femme inspire toujours une sorte d'intérêt, et on avait logé celles-ci dans le grand dortoir. Les révérends voulaient être à portée de s'assurer, à chaque instant, du degré d'intimité où elles étaient avec le diable.

Valentin fut servi, pendant toute la journée, aussi substanciellement qu'il l'avait désiré. Les bons pères vivent très-bien, pensait-il; car enfin il n'est point présumable qu'on fasse un ordinaire à part, tout exprès pour moi. Le souper répondit au premier repas. Mais la digestion pouvait en être pénible. A l'entrée de la nuit, quatre estafiers vinrent prendre notre héros dans sa chambre, et le firent descendre dans les caves du couvent. On sait que les ténèbres inspirent toujours une sorte de terreur, et on avait décidé que le supplice du sorcier en chef commencerait dès ce moment.

Deux torches funèbres éclairaient ces vastes caveaux, et laissaient entrevoir le père supérieur, assis dans un vaste fauteuil. Il avait devant lui une table, sur laquelle on avait placé du papier, de l'encre et des plumes. Un moinillon attendait que l'accusé parlât, pour écrire ses aveux, ou ses dénégations.

Dans l'enfoncement était un chevalet, auquel on avait adroitement adapté les poulies et les cordes du puits; une roue de la charrette du pourvoyeur, et, auprès, on avait mis en évidence la masse et les coins du fendeur de bois de la maison.

Le père supérieur prit le ton mielleux, usité en

pareille circonstance. « Allons, mon frère, con-
« fessez vos crimes, et ne nous forcez pas à em-
« ployer les voies de rigueur. — Quel crime vou-
« lez-vous que je confesse? Je n'en ai commis
« aucun. — Prenez garde, mon frère. Votre en-
« durcissement... — Son frère! Vous êtes mon
« frère, comme Caïn était celui d'Abel. — Votre en-
« durcissement m'arrache des larmes. — Hé bien!
« pleurez à votre aise. — Mais je ne peux m'em-
« pêcher de vous faire appliquer à la question.—
« Oh! ceci devient trop fort! » Pour la première
fois de sa vie, Valentin fut frappé d'un sentiment
de terreur, qui ne lui permit pas d'ajouter un
mot, et vous conviendrez qu'on aurait peur à
moins.

Son silence fut considéré comme une preuve
nouvelle de sa diabolique opiniâtreté, et l'ordre
fut donné de le saisir et de l'attacher sur le chevalet. Si la vue du supplice l'avait effrayé, son
approche lui rendit ses forces et sa résolution.
L'idée la plus heureuse, la plus nouvelle, la plus
grande, la plus inconcevable, jaillit à l'instant de
son cerveau créateur. Suivez-le, messieurs, suivez-le, et vous connaîtrez enfin l'homme dont je
vous raconte la mémorable histoire.

Deux satellites du Saint-Office l'avaient saisi par
dessous les bras; un troisième le poussait par derrière; le quatrième tenait le redoutable levier, qui
devait serrer les cordes, et froisser, disloquer ou
rompre les membres délicats de Valentin. Tout

à coup notre héros, si digne de ce nom, s'élance
à deux pieds de haut, et s'écrie : A moi, frère
Ambroise! Il laisse tomber ses deux mains d'aplomb sur les crânes de ses adversaires de droite
et de gauche. Une violente énergie de volonté les
jette dans un profond sommeil. Il se tourne aussitôt vers celui qui s'était emparé de son postérieur. Il le prend par l'enfourchure et le jette, la
tête en bas, sur le bureau de l'auguste tribunal.
Le quatrième, terrifié, laisse tomber son levier.
Valentin s'élance; il s'arme. Il a vu, dans l'*Avocat Patelin*, que les coups à la tête *sont dangereux* en *diable*, et il frappe, à tour de bras, sur
les chefs tondus, ou chevelus, jusqu'à ce qu'il
n'ait plus rien à redouter de leur industrieuse
imagination...

Assis sur le gros ventre du père supérieur, il
réfléchit à sa position. Il me semble voir le révérend père Jean de Domfront, ayant assommé
son père gardien, l'ayant jeté dans une chaudronnée de tripes, et délibérant sur le parti qu'il
allait prendre.

Il est constant, se dit Valentin, qu'on ne m'appliquera pas à la question cette nuit. Mais il ne
suffit pas de vaincre; il faut savoir profiter de la
victoire. Que vais-je faire?.... C'est cela.... Oui....
Non, non, point de demi-mesures. Il faut périr
ou triompher complètement. Mon plan est arrêté.

Il se lève; il fait un tel effort, il comprime tellement le ventre de feu sa révérence, que le dieu

Crepitus des Romains, qui, sans doute, s'était logé dans ses entrailles, s'échappe avec une détonation qui fait trembler les voûtes souterraines. Valentin prend la lanterne sourde du gros père, et compulse les papiers qui sont sur le bureau. Il trouve la cédule du grand inquisiteur, et il la met en lambeaux. Il voit toutes les pièces de la procédure commencée par le corrégidor, et il en fait un *auto-da-fé*. Un trousseau de clés lui tombe sous la main, et il le met dans sa poche. Il craint les revenans, et il distribue encore quelques coups de leviers à droite et à gauche. Il charge sur son épaule les cordes et les ficelles, destinées à la torture. La lanterne dans une main, les clés dans l'autre, et le levier sous le bras, il s'approche de la porte; il essaie une, deux, trois clés. Il ouvre enfin, et s'avance, sans bruit, vers le dortoir où étaient sa chambre et celles de ses compagnons.

Il eut de la peine à pénétrer dans la première, et il reconnut bientôt que toutes s'ouvraient avec la même clé. En moins de dix minutes, ses camarades sont habillés, et armés de leurs couteaux de table. Il ne restait plus qu'un obstacle à surmonter : il fallait s'assurer des révérences dormantes, et les mettre dans l'impossibilité de nuire. Mais dans quelle partie de la maison logent-elles, et comment faire pour les surprendre?

« Cherchons et nous trouverons, dit Valentin, « à voix basse. » On marche sur le bout du pied; on retient son haleine, et la pointe du couteau menace déja des ennemis qu'on ne voit pas encore. On monte, on descend, on tourne, on revient... on entend des ronflemens qui annoncent une digestion pénible; on arrête, on veut tenir conseil. En avant, dit Valentin, et il lève son redoutable levier. On aperçoit deux gros frères, auprès de qui on a déja passé dix fois, et qui sont là pour veiller sur les prisonniers. L'intempérance a livré ces vedettes à leurs ennemis. Ne versons pas de sang, sans nécessité, dit Valentin, et il éveille les deux frères à grand coups de pied dans le derrière. Ils se frottent les yeux, et ils les ouvrent, pour voir les pointes des couteaux fixées sur leurs poitrines. Si vous jetez un cri, vous êtes morts, leur dit Valentin. Il déroule ses cordes; il fait mettre les deux frères dos à dos; on les ficelle comme des carottes de tabac. La peur est laxative, et ici elle précipite les digestions. Valentin demande, en se bouchant le nez, où sont les chambres des révérends et des sorcières. Quand il a obtenu les éclaircissemens qu'on ne peut refuser à sa manière d'interroger, il fait bâillonner les deux frères, et il marche à de nouveaux exploits.

Il met deux de ses camarades à chaque bout du dortoir; il prend Michel avec lui, et il va de chambre en chambre, à l'aide de son passe-partout. Il intime l'ordre absolu de se taire, et il porte tous les vêtemens au milieu du corridor, parce qu'il sait que des hommes nus sont hors d'état de se défendre. « Quelle manie, dit-il à

« Michel, ont donc ces moines de coucher deux
« par la chaleur qu'il fait! » En y regardant de
plus près, il s'aperçoit qu'il existe, entre les camarades de lit, des différences frappantes ; il retourne aux vêtemens qu'il a entassés dans le dortoir, et il reconnaît ceux de nos sorcières. « Ah!
« ah! dit-il, messieurs, vous avez deux poids et
« deux mesures ! Vous vouliez nous faire griller,
« comme sorciers, et vous jouez, avec ces dames,
« à mettre le diable en enfer! Allons, debout,
« et qu'on réponde brièvement et avec clarté aux
« questions que je vais faire. »

Il relève les postes qu'il a établis aux deux
bouts du dortoir, et le couteau en arrêt, on rassemble leurs révérences. « Combien avez-vous
« de frères lais dans cette maison? — Quatre. —
« Où sont-ils? — Il y en a deux en sentinelle...
« — Et les autres? — Ils sont couchés dans ce
« bâtiment, que vous voyez, au clair de la lune,
« là par la fenêtre. — Lequel de vous est le père
« procureur? — C'est moi. — Où est la clé de la
« caisse? — La voici.

« — Mes amis, trois d'entre vous vont aller
« prendre les deux frères que nous venons de
« garrotter. Vous les forcerez à vous conduire à
« la chambre des deux autres, que vous surpren-
« drez au lit. Vous les envelopperez dans leurs
« draps, et vous les serrerez de manière à ce
« qu'ils ne puissent remuer ni bras ni jambes.
« Vous leur ôterez la parole avec leurs mouchoirs,

« et vous aurez soin de ne pas bourrer la bouche
« jusqu'à suffocation. Si vous éprouvez de la ré-
« sistance, jouez des couteaux. »

Trois membres de la société se détachent, et Valentin, le levier en l'air, prie leurs révérences de s'asseoir, les uns contre les autres. Bientôt les camarades reparaissent, et ils apprennent à leur chef qu'ils ont découvert une vieille citerne sèche et profonde, d'où cinquante matous réunis ne pourraient se faire entendre de personne. Les quatre frères, soumis et tremblans, y sont descendus à l'aide des draps de lit, et comme il faut avoir pitié de son prochain, on a jeté les draps après eux. Il doit résulter de cette mesure, que lorsqu'on les tirera de là, ils pourront paraître dans un état décent, quoique assez burlesque.

« Y a-t-il encore de la place dans la citerne ?
« demanda Valentin. — On y mettrait une com-
« pagnie de grenadiers tout entière. — Allons,
« que chacun de vous prenne ses draps et se dis-
« pose à aller joindre les deux frères. » Le cor-
tége se met en marche, à l'exception du père procureur, dont Valentin s'est emparé. Il le con-
duit à la caisse, et il lui prouve sommairement que sa troupe ne peut voyager sans argent. Il rappelle qu'il en avait gagné beaucoup, et qu'on le lui a injustement ravi. Il termine ses observations en disant qu'il est permis de reprendre son bien où on le trouve. Le père procureur aurait pu répliquer que l'argent que Valentin allait pren-

dre n'était pas celui qu'on lui avait volé ; mais il savait qu'il est inutile de raisonner quand on n'est pas le plus fort, et il se soumit.

Valentin sentait la nécessité de marcher lestement, en sortant de la communauté. En conséquence, il dédaigna l'argent blanc, il garnit ses poches d'or, et continuant de brandir son levier sur la tête du procureur, il le conduisit à la citerne, et lui ordonna d'aller joindre ses confrères.

Nos aventuriers n'ayant plus d'ennemis en présence, remontèrent au dortoir. Auda, Isaure et les autres, bien éveillées et revenues de leur première surprise, jurèrent que leurs complaisances, pour les révérends, n'avaient eu d'autre objet que de captiver leur bienveillance, et de garantir leurs amans du fagot. « Bah ! dit Valentin, une infidèle
« convaincue a toujours des raisons à donner.
« Bien dupe qui les écoute. Mais ce n'est pas de
« cela qu'il s'agit. Sommes-nous maîtres de tous
« nos adversaires ? Sois vraie, Auda. Comptons.
« Le supérieur, six moines, quatre frères lais, et
« quatre gredins, morts, ou entassés dans la ci-
« terne, est-ce bien tout ? » Auda, pour preuve de sa véracité, avoue qu'elle et ses compagnes étaient si bien avec leurs révérences, qu'elles en avaient reçu la permission d'aller partout, excepté pourtant dans le dortoir, où étaient détenus les sorciers. Elle assure que les commensaux de tous les grades viennent d'être désignés, si les estafiers, qui gissent dans les caves, sont bien le cui-

sinier et ses marmitons. Auda les reconnaît au signalement qu'en donne Valentin, et il est démontré que nos jeunes gens n'ont plus d'ennemis à combattre.

« Expliquons-nous maintenant, dit notre héros. Je suis persuadé que l'inquisiteur et sa séquelle avaient pour vous des charmes secrets, qui vous ont promptement fait oublier le peu que nous valons. La tolérance est ma vertu favorite, et je ne veux pas contraindre vos inclinations. Si vous avez un goût décidé pour la vie claustrale, descendez dans la citerne; il y a encore de la place pour vous. Si, au contraire, vous voulez partager notre bonne ou mauvaise fortune, vous nous suivrez. »

Ces dames hésitèrent, balbutièrent, et Valentin sentit que le bien-être présent l'emportait sur des espérances fort incertaines. On conduisit ces dames à la citerne. Elles voulaient avoir leurs habits, et Valentin répondit que Vénus sortit nue du sein de la mer; que ces dames ne pouvaient avoir de plus brillantes parures que leurs attraits, et que, lorsqu'on va se réunir à des amis très-intimes, on ne doit pas faire de mauvaises difficultés.

La bougie, qui brûlait dans la lanterne sourde du père supérieur, allait finir. On allume celles qu'on trouve dans les chambres des révérends. Valentin rase ses moustaches naissantes, et ses compagnons suivent son exemple. Il prend les habits d'Auda, qui ne lui vont pas très-mal, et les camarades se transforment en jeunes filles. Pour masquer la gaucherie, ordinaire à des jeunes gens en corsets et en jupons, on se fait de grands voiles avec les robes des révérends, qu'on coupe en quatre. On prend ce qu'il reste de cordes, et on sort en toute hâte du couvent, dont on a grand soin de refermer les portes. On n'a pas un moment à perdre : le soleil va dorer l'horizon. On connaît parfaitement la ville, et on sent bien qu'on n'en peut sortir par la porte. On monte sur les remparts ; on s'arrête devant une embrasure de canon ; on y fixe le levier en travers ; on y attache une bonne corde, et nos six demoiselles se laissent glisser dans le fossé. Depuis l'avènement de Philippe V au trône, les fortifications d'Urgel sont inutiles, et ne valent pas mieux que celles de Saint-Quentin. Nos coureurs les traversent facilement ; ils marchent, sans s'arrêter, jusqu'à Sainta-Julia, village situé sur la route de France. Ils entrent dans un cabaret, et ils se consultent sur ce qu'il convient de faire pour se mettre en sûreté.

Sainta Julia remplit, en Espagne, les fonctions dont nous avons chargé saint Nicolas en France ; c'est elle qui marie les jeunes filles, et celles à qui un certain, je ne sais quoi, dit qu'un joli garçon est bon à quelque chose, vont par troupe en pélerinage à la chapelle de la sainte, et trouvent quelquefois en route ce qu'elles ont en vain cherché dans leur *endroit*.

Nos aventuriers apprirent ces particularités de quatre muletiers, qui buvaient dans ce cabaret, d'un joli petit vin, qui sentait le bouc à pleine bouche. Nos demoiselles voilées piquaient singulièrement leur curiosité. Leur imagination leur prêtait des charmes, que bien certainement elles n'avaient pas. Après une conversation générale, qui avait amené les détails que je viens de vous communiquer, sur le genre de service que rendait la sainte, vinrent des questions plus directes. Valentin répondit qu'elle et ses compagnes étaient lasses du célibat; qu'elles venaient de Forja del Serral, et qu'elles y retourneraient aussitôt après avoir imploré l'assistance de la sainte. Or, ce village de Forja del Serral est à l'extrême frontière d'Espagne, sur la route d'Ax. Admirez, je vous prie, avec qu'elle adresse notre héros tire parti des moindres circonstances.

Les muletiers demandent la permission de boire aux maris que les signoras ne manqueront pas de trouver bientôt, et les filles les plus réservées ne refusent pas une marque de politesse. Les muletiers s'approchent le verre à la main. Le moyen de ne pas trinquer ? Mais pour boire il faut écarter son voile, et les muletiers ont l'œil perçant. Ceux-ci s'écrient que si d'aussi jolies personnes ne sont pas mariées, ce n'est pas la faute de sainta Julia, et que sans doute elles ont fait quelques fredaines, qui les ont rendues indignes de ses bontés. « Il n'y a, ajoutent-ils, que le premier « pas qui coûte, et les gens de notre métier ont « une réputation qui adoucit les plus sévères. » Là-dessus, ces messieurs prouvent qu'ils ont les mains aussi actives que l'imagination. Nos demoiselles jouent l'indignation à ravir, et, à cheval sur leur vertu, elles chargent les muletiers. Les soufflets pleuvent de toutes parts, et résonnent si bien sur les joues arrondies et rubicondes des assaillans, que l'hôte, frappé du bruit, entre dans la chambre, armé de son escopette, et menace de tirer sur ceux ou celles qui ne s'asseoiront pas à l'instant. Les demoiselles, certaines que l'explication doit tourner en leur faveur, obéissent aussitôt, et prennent un air modeste qui enchante l'hôtelier, et qui leur tient lieu du plus éloquent plaidoyer. Il ajuste les quatre muletiers l'un après l'autre, les force à se replacer sur leurs bancs vermoulus, et les harangue avec une chaleur et une force de logique, qu'il devait sans doute au vif intérêt que lui inspirait la beauté outragée. Il représenta que des muletiers et des vierges fatiguées de l'être, ont bien quelques rapports sous un certain aspect; mais qu'ils sont diamétralement opposés sous les autres; qu'être lasse de sa vertu, n'est pas vouloir en faire le sacrifice à des inconnus; qu'il devait la prospérité de son hôtellerie aux jeunes signoras que la sainte attire en ces lieux ; que si la beauté cessait de trouver chez lui un asile sûr, elle s'éloignerait de son toit hospitalier; qu'enfin, le plus ardent des muletiers trouve, dans toutes les auberges d'Espagne, des servantes, choisies exprès, et dont l'amour du prochain n'a jamais connu de bornes.

Le discours de l'hôte, et l'aspect de l'escopette, toujours menaçante, avaient calmé les têtes jusqu'à un certain point. Mais, pendant que l'orateur parlait, sa femme, très-prévoyante, avait été chercher l'alcade, son compère, son cousin, et peut-être quelque chose de mieux. Les magistrats subalternes tiennent à leurs fonctions, en raison inverse de leur peu d'importance. Celui-ci commença une instruction dans toutes les formes. Après avoir ouï les parties plaignantes, et n'avoir omis aucune des tentatives faites par des mains audacieuses, il interrogea les délinquans, qui répondaient à toutes les questions : *La nature! la nature!* et toujours *la nature.* Ici, Valentin s'approche du juge du village, et lui glisse une pièce d'or dans la main.

Le juge prend aussitôt un air rébarbatif, et répond d'un ton aigre : « Apprenez, mes drôles,
« que la nature est une sotte, quand elle fait
« faire des sottises. En réparation des vôtres, vous
« reconduirez *gratuitement* les dames que vous
« avez outragées, jusqu'à Forja del Serral, leur
« patrie, ou je confisque vos mules à leur profit.
« — Mais seigneur alcade... — Silence. Et pour

« les garantir de vos insultes, pendant la route,
« j'ordonne que de ce moment à celui du départ,
« vous ne boirez que de l'eau, et vous ne man-
« gerez que de la salade. Je défends très-expres-
« sément à votre hôte, mon compère, de vo:
« fournir d'autres alimens, et je lui enjoins de
« veiller exactement à ce que vous n'en alliez
« pas chercher ailleurs. Si vous transgressez le
« moindre des articles de mon jugement, j'in-
« forme criminellement contre vous, et je vous
« faits traduire dans les prisons d'Urgel. »

Pendant l'énoncé du jugement, Valentin regardait Michel, et il lui disait des yeux : Tu vois comme tout s'arrange; douteras-tu à l'avenir de quelque chose ? Va, sois, ainsi que moi, un garçon sans souci, et s'adressant au petit magistrat:
« Seigneur alcade, lui dit-il, je vous prie de nous
« donner une expédition du jugement, pour que
« ces muletiers n'aient rien à nous demander lo:
« de notre arrivée à Forja del Serral. C'est trop
« juste, répond l'alcade. » Et il expédie la pi...
qui doit remplacer le passeport que le corrégider d'Urgel a délivré, un mois auparavant, à Valentin, et qui est resté au greffe : c'est dans cette seule vue que notre héros a demandé l'expédition du jugement.

Enchanté d'avoir mis en évidence les hautes prérogatives de sa charge, très-satisfait du procédé de la vierge pudibonde, qui a grassemer payé sa vacation, le magistrat se retire, après avoir fait à son auditoire un salut de protection. Alors commencèrent les interpellations, l'abjuration de toute abomination, les promesses de conversion, les mouvemens d'effusion, les intercessions, et les supplications de messieurs les muletiers. «Allons, allons, leur dit Valentin, la « fille la plus sage n'est jamais fâchée de plaire, « même à l'homme qu'elle ne veut pas aimer. « Nous oublierons vos impertinences, si vous « vous conduisez bien pendant le voyage, et nous « vous paierons largement quand nous serons ar- « rivés. Vous pouvez même ne pas observer ri- « goureusement le régime que vous a prescrit le « seigneur alcade; nous vous promettons de ne « rien voir. Oh! les aimables, les vertueuses da- « mes! dit un des muletiers. Mais, tiendrez-vous « réellement ce que vous nous promettez? Voilà « six piastres, à compte, dit vivement Valentin. « Nous allons à la chapelle de la sainte, et nous « partons à l'instant. Il faut absolument nous « montrer là pour la forme, souffla-t-il bien bas « à ses camarades. »

Les muletiers, rendus à toute leur gaieté, coururent arranger leurs mules; ils tiennent respectueusement l'étrier à des dames, qui paient aussi bien qu'elles appliquent des soufflets; le cortége se met en marche, et les filles du village ne manquent pas de prier ces demoiselles de les recommander à la sainte, qui, jusque alors, n'a pas jugé à propos d'exaucer leur vœux.

Vous souvenez-vous que l'ame damnée du corrégidor d'Urgel a, au village d'Aranza, une sœur et deux nièces âgées de quarante ans, et qui, de leur vie, n'avaient pensé à la bagatelle?

Tôt ou tard, a dit, je ne sais quel auteur, faut payer le tribut à la nature. Nos vieilles filles, étonnées, confondues de certains mouvemens intérieurs, qu'elles n'avaient jamais connus, cherchèrent à se confier l'état, tout nouveau pour elles, où le diable probablement venait de les mettre, et quand deux personnes, qui veulent se faire des confidences, sont toujours nez à nez, l'explication ne peut tarder à avoir lieu. L'aînée mit la main de sa sœur cadette sur son cœur, et la cadette appliqua celle de l'aînée sur le sien. Elles se regardèrent, et un soupir brûlant s'exhala à la fois de leur sein. Elles se tournèrent vers un petit miroir, et elles s'y regardèrent avec complaisance. « Nous ne sommes plus de la pre-
« mière jeunesse, dirent-elles toutes deux à la
« fois ; mais nous sommes très-bien conservées. »
Elles étaient aussi laides à quarante ans, qu'elles l'avaient été à quinze. « Nous pouvons encore
« faire le bonheur d'un honnête homme, et je
« sens qu'un honnête homme m'est nécessaire.
« Mais nous ne dérogerons pas à la vertu, que
« nous avons professée jusqu'ici, et sainta Julia
« nous en doit la récompense. Allons la lui de-
« mander, et nous cesserons de languir sur notre
« couche solitaire. — Mais ma sœur, convient-il

« à de jeunes personnes d'aller seules en péle-
« rinage ? — Ah, grand dieu ! que dirait-on de
« nous ? — Il faut que maman nous accompagne.
« — D'ailleurs, elle ne peut garder seule cette
« petite Séraphine... — Dont les principes me
« paraissent très-équivoques. — Nous l'emmène-
« rons avec nous. — Elle cherchera à nous échap-
« per. — Nous ne la perdrons pas de vue un mo-
« ment. »

Désir de fille est un feu qui dévore.

Je crois avoir déja dit cela quelque part. N'importe, je le répète, en faveur de l'à-propos. Dès le soir même, nos pucelles, de quarante ans, font part du projet qu'elles ont conçu à leur respectable maman. Maman leur répond qu'elle sera enchantée de se voir renaître dans de petits enfans, et on notifie à Estelle qu'elle ait à être prête pour le lendemain matin. Estelle répond qu'elle n'a rien à dire à sainta Julia. On lui réplique qu'elle ne peut mieux faire que de demander le seigneur corrégidor d'Urgel pour époux, et qu'elle sera trop heureuse de voir ses vœux exaucés. Estelle reprend la parole, et dit qu'elle n'en forme aucun sur cet entêté et méchant vieillard. La conversation s'échauffe ; les vieilles ordonnent ce qu'elles avaient d'abord demandé avec assez de douceur ; leur ton indique que les gestes ne tarderont pas à suivre les paroles : Estelle, totalement subjuguée, promet d'obéir.

Elle pensait, en se couchant, que le petit voyage qu'elle allait faire, romprait l'uniformité de la vie ennuyeuse qu'elle menait à Aranza ; elle dormit d'un sommeil tranquille ; elle se leva gaiement et parut belle et fraîche, au point de désespérer toute femme qui aurait eu moins de vanité que nos trois vieilles.

On se mit en route. Les demoiselles surannées se donnaient des airs enfantins à faire mourir de rire. Tantôt elles folâtraient sur le gazon ; tantôt elles chantaient, en chevrotant, la plaintive romance : on aurait juré que sainte Julia allait faire pleuvoir des maris.

En faisant les enfans, elles n'oubliaient pas celle dont la garde leur était confiée. Estelle était toujours placée entre elles trois, et la force de leurs jarrets répondait à celle de leurs bras carrés. D'ailleurs, où aurait été la petite ? A Urgel, où elle soupçonnait que son amant était encore ? Ne serait-elle pas retombée dans les mains du corrégidor ? Pouvait-elle penser à rentrer en France ? Elle ne possédait pas un réal. Elle n'avait qu'un parti à prendre ; c'était d'espérer et d'être patiente. Telles étaient, en effet, ses dispositions, quand on arriva chez la sainte.

O jour heureux ! jour dont la mémoire doit être éternellement conservée ! C'était celui, c'étaient l'heure, le moment, où Valentin et ses compagnons jouaient les filles à marier. La mère Léonarde, Caliste et Ursule étaient exactement voilées ; elles voyaient tout juste autant qu'il le fallait pour se conduire. Elles n'avaient pas manqué de couvrir d'un tissu épais les charmes d'Estelle. Mais la curiosité, très-ordinaire aux jeunes filles, avait un peu dérangé le voile de celle-ci ; peut-être un sentiment d'amour-propre avait conduit sa main. Quoi qu'il en soit, tout un côté de cette figure charmante était à découvert, et c'était celui que Valentin pouvait voir.

Sa position n'était pas faite pour lui inspirer de la sécurité. Son œil actif se portait furtivement partout, à travers l'ouverture du lambeau de la robe d'une des révérences d'Urgel, qu'il dérangeait à chaque instant. Tout à coup, il est saisi d'étonnement ; il regarde ; il doute ; il croit être frappé d'une illusion ; il regarde encore ; il ne sait s'il veille ; il s'interroge sur la réalité de ce qu'il voit ; bientôt il est convaincu. Il a retrouvé Estelle et le tendre amour qu'elle lui a inspiré.

Mais que fait-elle là, et avec qui y est-elle ? Elle ne peut voyager que par les ordres du corrégidor : elle doit être gardée à vue. Si pourtant elle s'était échappée de la campagne du vieux reître ?... Quelle raison aurait-elle de passer, en pélerinage, un temps qu'elle pourrait mieux employer ?... Mais lui-même n'est-il pas pélerine, et est-il possible à Estelle de deviner ses motifs ? Elle peut donc avoir les siens, bien qu'ils paraissent impénétrables. Mais comment s'approcher d'elle, sans donner des soupçons ? Comment lui parler, sans s'exposer aux tristes effets d'un premier moment de surprise ? Cependant l'occasion est unique ; elle est précieuse ; il est impossible de la laisser échapper. Telles étaient les idées qui se succédaient, avec rapidité, dans la tête de Valentin.

Il avait été assailli, en entrant, par des marchands de brinborions, qui fourmillent aux portes de ces sortes de lieux. Oraisons contre la migraine, contre les maux d'estomac, que se donnent assez volontiers les fillettes, contre la stérilité, contre les fausses couches, etc. On y trouvait tout, et Valentin avait fait de cela une assez bonne provision, sans en prévoir l'utilité. Il se remet sous son voile ; il détache les lettres majuscules ; avec le bout du doigt et un peu de salive, il les arrange sur la couverture d'un des livrets ; et il a écrit : *Valentin est près de vous, peut-il se faire connaître ?* Il dit quatre mots à Michel, et Michel prend le livret. Il fait une station devant chacun des *ex-voto* que la reconnaissance a suspendus aux murailles ; il arrive enfin auprès d'Estelle, agenouillée sous un portrait, ressemblant ou non, de saint Ildephonse. Il touche légèrement le coude de la petite ; elle se tourne de son côté ; elle a reçu le livret.

A son tour, elle se renferme sous son voile ; elle lit ; elle tressaille ; elle se sent mourir de plaisir. « Possédez-vous, lui dit tout bas Michel, en

« se frappant la poitrine, et en fixant l'image du
« saint. Cette nuit, chez la dame Léonarde, à
« Aranza, lui répond Estelle d'une voix défail-
« lante », et elle tombe privée de sentiment.

Léonarde et ses filles n'ont rien entendu, bien
que leur rosaire tombât presque sur les talons
d'Estelle. La mère était à peu près sourde ; Caliste et Ursule étaient exclusivement occupées des
maris, qui viendraient, sans faute, le soir ou le
lendemain. Or, vous savez que, lorsque nous sommes fortement préoccupés, nous n'entendons que
très-machinalement ceux qui parlent haut autour
de nous.

Cependant Estelle, en se renversant sur les
genoux d'Ursule, la tire de sa douce rêverie.
Cette fille s'empresse de la secourir, et Michel de
lui aider. Léonarde et Caliste prodiguent aussi
leurs soins, et Michel a entendu répéter : Ma fille,
maman, et ma fille. Il sait que la vieille dame
est mère des deux infantes qu'il a sous les yeux.

Valentin a tout vu. Il sent qu'il n'a plus rien
à redouter des effets de la surprise ; il s'approche,
et ses camarades le suivent. On fait sortir Estelle,
et Michel propose de la mettre sur une de ses
mules, et de la reconduire chez elle. La proposition est acceptée, à condition que les trois dames auront aussi leur monture, et qu'elles ac-
compagneront leur nièce. Elle trouve partout des
oncles et des tantes, pensait Valentin. Passe pour
les tantes ; mais celles-ci m'ont bien l'air de l'être

de la façon du corrégidor : ce sont des duègnes. Lui et Dubreuil s'attachent à Léonarde et à Caliste ; Michel fait sa cour à Ursule ; les vieilles bénissent la sainte, qui, en attendant les maris, leur envoie de jeunes filles compatissantes aux peines de leur prochain. Chacune d'elles monte derrière un de nos aventuriers. Elles ont soin de placer Estelle au centre de la cavalcade, et elle est sur la croupe de la mule de Valentin. Son bras est passé autour du corps de son amant; elle sent battre son cœur, et elle sait qu'il ne bat que pour elle... Elle le croit au moins, et cela revient au même.

Il était bien difficile, dans une telle position, de n'avoir pas envie de parler de ses amours. Mais comment faire? Léonarde est à la droite de la mule de Valentin ; Caliste est à sa gauche, et Ursule la suit immédiatement. Elles ne soupçonnent rien, et cependant elles ont sans cesse l'œil sur Estelle : que serait-ce, si un mot indiscret s'échappait, et s'il était entendu ? On cheminait donc sans rien dire, assis à côté les unes des autres, et les regards de ceux qui montaient certaine mule, avaient un feu que la contrainte augmentait encore. Cependant, si des circonstances critiques ferment des bouches, brûlantes de parler, vous savez de quoi, rien ne les empêche de s'ouvrir, pour charmer un peu l'ennui du voyage.

Valentin se permit quelques plaisanteries, trèshonnêtes, très-modestes sans doute, telles que doit les faire une fille qui se respecte. Ces dames trouvent que la signora a de l'esprit comme un ange; il leur adresse quelques questions sur le lieu de leur résidence, et elles y répondent avec ingénuité. Il n'avait pensé qu'à se rapprocher d'Estelle, et il ne s'était pas informé si son nouveau domicile était sur la route d'Urgel, ou sur celle de France, ce qu'il importait cependant de savoir. Il apprend, à sa grande satisfaction, qu'Aranza est situé entre Sainta-Julia et Forja del Serral, d'où on peut en une heure gagner les Pyrénées. Il sait qu'il ne fera plus un pas qui ne le rapproche de sa patrie. C'est fort bien; mais sur quel pied son amie est-elle chez la dame Léonarde? Quelle est la distribution de la maison? Y a-t-il des grilles partout, comme dans celle du corrégidor? Estelle n'a pu entrer dans aucun détail avec Michel; on n'est convenu d'aucun signal à donner, soit de l'intérieur, soit de l'extérieur, et il est absolument impossible de parler de rien de tout cela.

Valentin pensa un moment à piquer sa mule, et à enlever Estelle, au risque de tout ce qu'il pourrait en arriver. Des réflexions, aussi rapides que son premier mouvement, le retinrent. Il pensa que les vieilles crieraient; que le chemin était peuplé de gens qui allaient à Sainte-Julia ou qui en revenaient; que peut-être on prêterait main-forte aux duègnes; qu'il faudrait alors se faire connaître comme garçons, et qu'on ne savait pas pour qui se prononceraient les muletiers. Ils avaient, à la vérité, reçu des soufflets; mais ils les croyaient détachés par des mains féminines, et ils étaient de taille et de force à embarrasser singulièrement six jeunes gens sans armes.

En réfléchissant, en causant, en rêvant, on fait du chemin. Nos pélerines et leurs conducteurs entrèrent à Aranza, où nos amans craignaient d'arriver : c'est là que probablement il faudra se séparer encore. En effet, la maison de la dame Léonarde est située au milieu du village, et l'alarme peut s'y répandre en un instant.

Caliste et Ursule poussent leur maman du coude. « N'engagerez-vous pas ces obligeantes « pélerines à se rafraîchir ? » L'invitation est aussitôt acceptée que faite; on saute à terre, on entre dans la modeste maison, et, en un clin d'œil, Valentin l'a parcourue. Par ici! criait Caliste; par ici! répétait Ursule, et il était déja revenu. Il avait reconnu la chambre d'Estelle et les barreaux de fer qui rendaient sa croisée inaccessible à tous les amans nés et à naître.

La limonade circule; on boit, on rit, et Valentin, qui cherche à gagner du temps, propose de jouer à de petits jeux, que sa grand'maman a appris en France. Deux poulettes de quarante ans, qui se disposent à se marier, sont bien aises d'avoir des notions de tous les petits jeux possibles. La proposition est acceptée; on donne des gages, on les retire; on s'embrasse, et à chaque baiser, Estelle saisissait un mot, et en répondait un autre. Elle s'approchait insensiblement de la porte de la rue, et enfin elle en fut si près, que la vieille Léonarde, qui était sourde, mais qui voyait très-bien, vit le moment où la tendre fauvette allait s'envoler. Elle court à la fugitive fillette ; elle lui prend la main, la conduit à sa chambre, et l'y enferme à double tour. Estelle, en sortant, n'a pu qu'adresser un regard à Valentin ; mais, qu'il était expressif! Après sa sortie, le jeu commença à languir, vous vous en doutez bien. Valentin remarqua que la nuit approchait ; que lui et ses compagnes avaient encore deux lieues à faire, et qu'elles ne voulaient pas s'exposer aux entreprises malhonnêtes que pourraient tenter des muletiers. Les vieilles, qui n'étaient pas fâchées de pouvoir s'aller coucher, répondirent qu'il n'y avait rien à répliquer à d'aussi bonnes raisons, et on se quitta, très-satisfaits, en apparence, les uns des autres.

Nos jeunes gens étaient remontés sur leurs mules, et ils cheminaient tristement. Quand Valentin n'était pas gai, tout languissait autour de lui. « Parbleu, lui dit Michel, tu t'affectes bien mal « à propos. — Je ne m'affecte pas ; je cherche un « moyen... — Je l'ai trouvé. — Quel est-il ? — Re-« tournons à Aranza. Va chez l'alcade ; proteste « contre la violence qu'on exerce sur la personne « d'Estelle ; demande qu'elle comparaisse, qu'elle « déclare la vérité, qu'elle te soit rendue, qu'elle...

« — Mon cher ami, tu bats la campagne. Ce que
« tu proposes pourrait tout au plus s'exécuter,
« si nous étions des personnages connus dans le
« canton, de ces personnages dont le crédit force
« les juges à être équitables. Loin de chercher à
« nous approcher de ces messieurs, nous devons
« les éviter avec le plus grand soin; garder le plus
« rigoureux incognito ; nous estimer trop heu-
« reux si nous sortons de cette maudite Espagne.
« Nous devrons notre sûreté à ces habits de filles,
« qui nous vont assez mal, à ces voiles qui nous
« tombent jusqu'aux pieds, et qui ont pu trom-
« per l'alcade de Sainta-Julia, qui ne nous a vus
« qu'assis, et pendant une demi-heure. Ici, il fau-
« dra être filles ou garçons. Si nous redevenons
« nous-mêmes, il faudra donner des raisons de notre
« travestissement. Si nous persistons à passer pour
« filles, il faudra décliner nos noms, nos qualités,
« et que dirons nous? Si notre déclaration a quel-
« que vraisemblance, on fera une enquête, qui
« prendra du temps; nos bras carrés, nos longues
« jambes, nos mouvemens masculins nous décé-
« leront; la supercherie sera découverte, et nous
« serons réintégrés dans les prisons d'Urgel, qui
« ne me plaisent pas du tout. — Tu laisseras donc
« Estelle à la vieille Léonarde? — Non, ventre-
« bleu. — Et que feras-tu? — Je n'en sais rien. »

La troupe allait entrer à Cobarrin, lorsque
tout à coup Valentin fit mettre pied à terre à tout
son monde. Il range ses camarades en cercle, et

fait placer les muletiers dans le milieu. « Que ga-
« gnez-vous par mois, leur demanda-t-il ? —Mais...
« mais... un quadruple chacun, ou à peu près. —
« Je vous en donne vingt, si vous voulez me ser-
« vir fidèlement pendant le reste de la nuit. —
« — Nous sommes tout à vous, signora. —Il n'y
« a plus de signoras. Nous sommes six garçons
« déterminés, et capables de nous venger de ceux
« qui tenteraient de nous trahir. » Valentin arrache son voile; il détache son jupon; il délace son
corset; ses camarades se déshabillent comme lui,
et ils paraissent tous en culottes et en gilets.

« Parbleu! Pédro, nous étions bien dupes de
« vouloir chasser un pareil gibier! — C'est notre
« or, qu'il faut désirer, qu'il faut gagner, mes
« amis. Et pour vous donner plus que des espé-
« rances, je vais vous compter la moitié de la
« somme que je vous ai promise. » Les muletiers,
éblouis, il faisait clair de lune, sautent, embrassent Valentin, embrassent ses camarades, et leur
joie est le garant le plus sûr de leur bonne foi.
« Connaissez-vous le pays? — Parfaitement, mes
« jeunes seigneurs. —Pour aller à Forja del Ser-
« ral, est-il nécessaire de traverser Cobarrin? —
« Nous vous conduirons dans les Pyrénées, sans
« vous faire passer par aucun village, si vous le
« désirez. — Tu soupçonnes donc que nous vou-
« lons sortir d'Espagne? —Par saint Jacques! des
« jeunes gens qui s'habillent en filles, qui font

« des pèlerinages, et qui paient tout au poids de
« l'or, ont bien leurs petites raisons... Mais cela
« ne nous regarde point. — Pédro, dix carolus de
« plus, quand nous serons sur la frontière de
« France. — Tope, mon joli seigneur.

« — Michel, affuble-toi d'une houppelande,
« d'une paire de guêtres, et d'un chapeau de mu-
« letier. Prends un de ces bons enfans avec toi,
« pour te servir de guide. Vas à Cobarrin; achètes-
« y une guitare, et ce que tu trouveras de mieux
« pour nous habiller en hommes. Cours, et re-
« viens; voilà de l'argent. — Si vos seigneuries
« n'étaient pas trop difficiles... — Hé bien, Pédro,
« que ferais-tu? — Nous trouverions, dans le ballot
« que porte la dernière mule, de quoi vous met-
« tre notre uniforme sur le corps, et les muletiers
« vont, passent partout, sans être remarqués. —
« Bravo! bravo! mon camarade. Voilà un carolus
« pour ton conseil. Allons, je me fais muletier,
« et j'espère que ces messieurs ne seront pas plus
« fiers que moi. Mais, la guitare! la guitare! il
« m'en faut une absolument. »

Michel représente qu'il est un peu tard pour se présenter chez un luthier, si toutefois il y en a un dans le village. Valentin réplique qu'il y allait bien pour acheter des habits, et que les fripiers dorment comme les luthiers. Michel convient qu'il n'a pas fait attention d'abord qu'il est dix heures du soir, et que... « Une guitare! te

« dis-je, une guitare ! bonne ou mauvaise, je ne
« peux m'en passer. Viens avec moi, Pédro, Mi-
« chel m'assomme avec ses réflexions. »

Pédro représente à ses bons seigneurs qu'ils doivent être fatigués ; qu'une heure de sommeil ne leur fera pas de mal ; qu'il est sûr de se faire ouvrir tous les cabarets de Cobarrin, et qu'il n'est pas de paysan, en Espagne, qui n'ait des castagnettes ou une guitare. Il promet positivement d'en rapporter une. Valentin l'embrasse, il part. Notre héros se couche sur l'herbe, et il engage ses camarades à dormir. « Pour moi, leur dit-il, j'ai « autre chose à faire. » Il prend un de ses livres d'une main, et la pointe de son couteau de l'autre ; il regarde la lune, les étoiles ; il invoque Estelle et sa muse, et, avant le retour de Pédro, il avait, tant bien que mal, gravé, sur le carton, des couplets, très-peu dignes de Virgile et d'Horace, dont il était le nourrisson. Vous en jugerez plus tard.

« Parbleu ! disait-il, quand il avait fini un cou-
« plet, il est plaisant qu'un homme qui peut être
« pendu, brûlé demain, s'amuse à faire des chan-
« sons. J'ai vraiment une tête à gouverner un
« empire. Les affaires publiques iraient assez mal ;
« mais on rirait dans mes états, et c'est quelque
« chose. »

Michel s'éveille en sursaut. « Pédro est-il re-
« venu ? — Non, laisse moi chanter. — Il nous li-
« vre peut-être, au moment où je parle. — Hé, à

« qui? Quelqu'un serait-il assez sot pour nous
« acheter vingt quadruples? Nous ne les valons
« pas. Le corrégidor seul serait disposé à faire des
« sacrifices; mais il n'est pas à Cobarrin. Tiens, voilà
« des couplets que j'ai faits et que nous chanterons
« en duo.—Où?—Je te le dirai.—Sur quel air?
« — Sur celui des *Folies d'Espagne.* Lis. —Hé!
« comment veux-tu que je lise?—Il fait un clair de
« lune superbe. Au reste, je vais te chanter les
« couplets.—Les paroles ne vont pas sur l'air. —
« En sais-tu un autre qui soit espagnol?—Non.
« — Ni moi non plus. —Il faut refaire ta chan-
« son. — Bah! bah! on peut chanter cinquante
« mesures sur un mot : vois nos finales d'opéras
« comiques. Allons, répète après moi, puisque
« tu ne peux pas lire. »

Pendant que Michel prend sa première leçon,
Pédro revient avec une guitare, qui a la forme
d'un sabot et le son d'un chaudron. « As-tu payé
« cela plus de dix réaux? dit Michel. — Elle ne
« m'en coûte que quatre.—Tu es honnête garçon.
« —Mais j'ai été obligé d'en donner seize au caba-
« retier, qui s'est marié hier, et que j'ai singu-
« lièrement dérangé. — Fripon! — Finissons, fi-
« nissons, s'écrie Valentin. Michel, messieurs,
« regardez-moi faire, et imitez-moi. »

Avec la jupe d'Auda, il se drape les épaules et
le buste; avec le corset, il se fait une espèce de
turban, et les manches frangées lui tombent sur
l'oreille gauche, avec une grace toute particulière;

la ceinture, coupée en deux, fait des laçures au bas des jambes. En un quart-d'heure nos six jeunes gens sont transformés en Turcs, en Arabes, en Maures, en tout ce qu'il vous plaira. « Quel est l'ob-« jet de cette mascarade ? demande Michel. A « cheval ! répond Valentin. — Pour aller où ? — A « Aranza. — Hé, qu'y faire ? — Tu le sauras. A che-« val ! à cheval ! »

On saute sur les mules. Les muletiers font un paquet des uniformes de leur *état*, qu'ils ont prêtés à nos jeunes gens ; ils le rattachent sur le dos de la vieille mule ; ils se disposent à suivre le cortége ; on se met en marche. De Cobarrin jusqu'aux premières maisons d'Aranza, Valentin fait chanter Michel, qui, tant bien que mal, fait sa partie. On laisse montures et muletiers à l'entrée du village, et on va droit à la maison de Léonarde. Valentin prend la guitare, dont il n'a pincé de sa vie, et, à la manière du comte Almaviva, il s'accompagne avec le dos de la main : il est impossible, en Espagne, de chanter sans guitare.

Michel et lui commencent ce duo, sous le balcon de bois de ces dames.

DUO.

Voulez-vous goûter le bonheur?	Oui, Caliste, par sa fraîcheur,
Adorez et charmez Ursule.	Charme toute la péninsule.
Pénétrez jusqu'en sa célule;	C'est la brillante renoncule,
Mais soyez guidé par l'honneur.	Que garde le sévère honneur.
Aux pieds de sainta Julia,	Aux pieds de sainta Julia,
Qui vous destine cette belle,	Qui pour moi forma cette belle
Allez jurer d'être fidèle,	Je vais jurer d'être fidèle,
Assidu, tendre, et cætera.	Infatigable, et cætera.
Faites à ce timide agneau	Je veux faire à ce tendre agneau
Des enfans dignes de leur mère,	Des enfans dignes de leur mère,
Et de Madrid en Angleterre,	Et de Madrid en Angleterre,
On n'aura rien vu de si beau.	On n'aura rien vu de si beau.

Ursule avait été obligée de se lever, parce que la limonade donne quelquefois la colique. Dès les premiers *from, from,* elle court éveiller sa sœur. « Caliste, Caliste, écoute donc. » Caliste se frotte les yeux, bâille, étend les bras, et se met sur son séant. « C'est une sérénade; ma sœur! c'est « une sérénade! — Et la première qu'on nous ait « donnée.—Mais est-elle bien pour nous?... Oui... « oui... — Certainement, très-certainement. *Ado-« rez et charmez Ursule... — Caliste, par sa fraî-« cheur, charme toute la péninsule.* — Que cela est « délicat! —*Aux pieds de sainta Julia, je vais ju-*

« rer d'être fidèle...—*Assidu, tendre, et cœtera.*—
« O! que cet *et cœtera* est expressif!—O! grande
« sainte, que je vous remercie! — *Je veux faire à*
« *ce tendre agneau des enfans dignes de leur mère...*
« —Ils veulent nous faire des enfans, ma sœur!—
« Oh! ma sœur, qu'ils nous en fassent! — Paraî-
« trons-nous à notre balcon? — Hé! comment ne
« pas accueillir des maris que sainta Julia nous en-
« voie! — Bonne sainte! — Excellente sainte! »

Estelle aussi s'est éveillée. Elle a reconnu la
voix de son amant, et elle a tressailli. Sans doute
il ne peut aimer celle à qui il paraît adresser ses
vœux. L'amour lui a inspiré quelque ruse; il faut
le seconder. La petite s'habille, et se tient prête
à tout évènement.

La croisée est ouverte; nos infantes sont sur
le balcon. Valentin et Michel, un genou en terre,
leur débitent, sans rire, les plus jolies choses du
monde, et, à la fin de chaque phrase, les pauvres
filles, mourantes de plaisir, s'écrient : C'est charmant! C'est charmant!

Valentin demande, d'un ton tendre et soumis,
la permission de voir de plus près l'objet qu'il
adore. Michel supplie, le front courbé, et les
mains étendues vers le balcon. Les vieilles brû-
lent de se rendre à leurs désirs; mais elles hési-
tent, elles balancent. Recevoir la nuit, chez elles,
des hommes qui ne sont pas leurs maris! « Ils le
« seront dans une heure, répond Valentin. —
« Dans une heure! juste ciel! Dans une heure!

« Est-il possible? — Expliquez-vous plus claire-
« ment, charmans étrangers. — Nous pouvons être
« entendus des voisins. De grace, ouvrez-nous.
« — Faites au moins éloigner vos écuyers. » Vous
voyez que ces demoiselles avaient lu des romans.
Elles en lisent partout, et elles n'en conviennent
nulle part.

Ursule, sa lampe à la main, et la clé de la
chambre d'Estelle dans sa poche, a entre-bâillé
la porte de la rue. Valentin et Michel se glissent;
la porte se referme à l'instant. On se regarde, on
soupire, on se parle; les mains décharnées des
deux sœurs sont baisées et rebaisées. Elles perdent la tête, et pourtant elles conservent un reste
de prudence. Qui sont ces jeunes et jolis seigneurs? Que signifie ce costume brillant, mais
bizarre? Alvarès et Mendoce sont issus des plus
nobles familles de la Catalogne, et ils veulent faire
partager leur rang et leurs richesses aux objets
charmans que sainta Julia leur a fait voir en songe.
Ils se rendent à un tournoi superbe qui va se
donner à Barcelone, pour célébrer la naissance
d'un infant d'Espagne; ils doivent y représenter
les Maures combattant contre les Chrétiens, et ils
ont voulu se montrer à leurs belles avec le costume sous lequel ils comptent briller et vaincre.

Après avoir levé, d'une manière aussi satisfai-
sante, les doutes qu'avaient formés ces demoiselles, qui ne demandaient qu'à être persuadées,
Valentin vide ses poches sur une table, parce que,

dit-il, le poids de l'or le fatigue horriblement, et cela peut-être vrai, car il a quatre à cinq cents quadruples. A la vue de ces richesses, dont les deux sœurs ne soupçonnaient pas même l'existence, leur confiance n'eut plus de bornes.

Il restait à peine deux heures de nuit, et il n'y avait pas de temps à perdre. Valentin, voyant l'amour, la vanité et l'intérêt prononcés en sa faveur, crut pouvoir tout hasarder, et il proposa d'aller de suite à Sainta-Julia. Tous les momens sont comptés; il n'en a pas un à perdre pour arriver à temps au tournoi où il est attendu, et il sera déshonoré, s'il donne seulement deux heures à d'inutiles formalités. « Partons, ma belle. — « Quoi! sans le consentement de maman! — Elle « sera trop heureuse de le donner à notre retour. « D'ailleurs, pourquoi la fatiguer? Nos écuyers « serviront de témoins, et nos litières que nous « avons laissées à Urgel, pour faire plus de dili- « gence, seront ici à la pointe du jour. Cette « chère maman et vous, voyagerez enveloppées « dans les rideaux, jusqu'à ce que nous puissions « vous habiller selon votre rang, et vous faire « paraître avec éclat au tournoi de Barcelone. — « Au tournoi! ma sœur, au tournoi! — Mais nous « marier, sans en dire un mot à maman! — Hé! « femme charmante, renoncez donc à vos usages « bourgeois, et adoptez ceux de la Cour. — Les « filles de la Cour se marient donc à l'insçu de « leurs mères? — Hé! cela arrive tous les jours

« — J'aimerais beaucoup à me donner des airs
« de Cour; cependant, seigneur Mendoce... —
« Puisque vous le voulez absolument, allez faire
« part à notre respectable maman de notre amour
« et de nos projets. »

« Diable soit de leurs scrupules, dit Valentin
« à Michel, quand les deux sœurs furent sorties.
« Je ne voulais pas me charger de toute la famille.
« — Mais tu prends un détour bien long pour
« arriver à Estelle, et il est temps qu'elle entre
« en scène. — Cela ne peut manquer d'arriver.
« Viens donner à la mère Léonarde une certaine
« idée de nos talens. Il faut la persuader aussi, et
« elle sera peut-être plus défiante que ses filles.
« — Et, si elle résiste? — Nous les enleverons
« toutes les quatre. »

Ils vont répéter leur mauvais duo à la porte de la vieille, qui s'ouvre aussitôt. Elle n'entend pas; mais elle voit bien qu'on chante et qu'on gratte les cordes de la guitare. Elle sourit aussi agréablement qu'elle peut le faire; elle présente la main aux chevaliers. Ses filles ont parlé; Alvarès et Mendoce se sont montrés, et toutes les difficultés sont levées. Il ne reste plus qu'à savoir ce que deviendra Séraphine. La mère et ses poulettes se le demandent, et c'est là que les attendait Valentin. Il questionne, il presse, et, comme une fille bien née n'a pas de secret pour son époux, ces demoiselles lui racontent ce qu'il sait mieux qu'elles.
« Que vous importe, leur dit-il, qu'un petit cor-

« régidor ait de l'humeur ou non ? Il serait plai-
« sant qu'il osât en marquer à des femmes à qui
« il serait trop heureux de faire humblement sa
« cour. — Mon cher Mendoce a raison. Je vais
« ouvrir la chambre de cette petite sotte, et elle
« deviendra ce qu'elle pourra. — Ouvrir sa cham-
« bre ! oui, ma séduisante Ursule ; mais je n'en-
« tends pas qu'elle s'éloigne. Il vous faut une
« femme de chambre, et les filles du village ne
« connaissent pas le service. — Il a raison, il a
« raison, et toujours raison. Venez, petite, et ai-
« dez-nous à mettre nos habits du dimanche. —
« Oh! nous vous aiderons tous les trois ; nous
« sommes si pressés d'être heureux. »

En deux tours de main, les vieilles sont arna-
chées ; Michel va donner l'ordre aux écuyers de
faire avancer les mules. On descend ; les écuyers
s'inclinent jusqu'à terre, puis ils présentent le genou, et font monter Ursule derrière Mendoce ;
Caliste a le plaisir d'arrondir son bras autour du
buste chéri d'Alvarès. Un écuyer se charge de
Léonarde, et Estelle est confiée au paillasse Lecourt, qui n'est ni beau ni bien fait. On sort du
village, à petit bruit, parce qu'au retour, ces
dames se font une fête de jouir de la stupéfaction
et de la jalousie de leurs compatriotes. A peine
est-on arrivé à la dernière maison, qu'Alvarès
et Mendoce engagent une conversation brûlante.
Peu à peu, la main des infantes descend du buste
à la ceinture. Quand une femme est préoccupée

à ce point, elle ne sait plus où on la mène, et, dans quelque disposition qu'elle se trouve, il est difficile qu'elle voie le chemin, lorsqu'elle a les yeux à peu près collés aux épaules du cavalier de devant.

Quand on fut dans la campagne, Valentin ordonna aux muletiers, qu'il avait dit être les valets des écuyers, de prendre la tête du cortége. Le prétexte était qu'il fallait rendre la marche plus imposante. La véritable raison, c'est qu'on avait besoin de guides pour tourner Cobarrin et Forja del Serral.

On ne peut pas toujours garder la même position. La main des infantes commençait à remonter, et leurs idées devenaient plus nettes. « Il me sem« ble, dit Ursule, que nous devrions être arrivés « à Sainta-Julia. — Adorable impatience, s'écria « Valentin, en tournant la tête, à se donner le « torticoli, pour baiser un des petits yeux de sa « princesse ! que mon sort est digne d'envie ! Il « n'est pas, en Espagne, de seigneur aussi fortuné « que moi. » A ces douces paroles, la main d'Ursule redescend; la même scène est répétée sur la mule de Michel. La mère Léonarde commence à grommeler; mais elle est sourde, et Dubreuil, d'ailleurs, n'a pas le talent d'imitation de Michel. Il laisse dire la vieille, met sa mule au galop, et prend la tête de la colonne. Si elle s'avise de sauter à terre, se disait-il, quelqu'un de nos camarades la ramassera par le chignon. On marcha une demi-heure encore, sans que les demoiselles fissent la moindre observation. On avait dépassé les deux villages, et le jour éclairait la cime des Pyrénées, objet de tant de vœux et de travaux, lorsqu'Ursule et Caliste commencèrent une série d'observations, de questions et de plaintes, tellement rapides et multipliées, que Valentin ne pouvant, ou ne voulant pas y répondre, cria : Au galop! Chaque muletier saisit la queue de sa mule, et on alla comme le vent.

Ce genre de marche n'était pas familier à nos princesses, et la crainte leur faisait serrer leur cavalier plus fortement que jamais. Si les mains étaient occupées, la langue était libre, et on n'entendait plus que ces mots, poussés par des voix aigres : Au ravisseur! au viol! au voleur! Estelle, qui voyait le dénouement approcher, riait de tout son cœur. Les pâtres, devant lesquels on passait, ouvraient de grands yeux; l'étonnement les rendait immobiles, et, en un instant, ils perdaient de vue les cavaliers et leurs montures.

On se lance dans les Pyrénées, et on s'arrête devant la ligne qui sépare l'Espagne de la France. Quand on a le pied droit dans un royaume, et le gauche dans un autre, on ne craint pas d'être surpris, et, s'il se présente des figures équivoques d'un côté, on est sûr de trouver un asile de l'autre.

Valentin saute sur le gazon, et va se précipiter dans les bras d'Estelle, qui le presse sur son cœur. Léonarde et ses filles, naguère si orgueilleuses de leur destinée, sont reçues par les muletiers. La maman, furieuse se tord les bras, et serre les mâchoires de manière qu'elle casse sa dernière dent; ses filles s'arrachent ce qu'il leur reste de cheveux. « Ces démonstrations sont inutiles, leur dit Va« lentin. Écoutez-moi. Vous êtes des misérables « qui, pour quelques pistoles, avez exercé votre « dégoûtante tyrannie à l'égard de mademoiselle, « sur qui vous devez savoir que votre imbécile « corrégidor n'a aucun droit. Je pourrais la ven-. « ger, et ordonner aux muletiers de prendre leurs « étrilles, et de vous en gratter le postérieur jus« qu'au sang; mais je me pique de générosité, « même envers mes ennemis. Voyons, combien « votre oncle l'alcade vous a-t-il promis, par « mois, pour tourmenter mademoiselle? —Mais... « mais... — Point de mais. Combien vous a-t-il « promis? — Un carolus. — En voilà six. Retour« nez dans votre bicoque, et souvenez-vous que, « loin de pouvoir captiver de jeunes seigneurs, « il n'est pas, dans l'univers entier, de goujats « qui voulussent de vous. »

Les signoras essayèrent de répliquer à ce discours énergique. Valentin fronça le sourcil, et prit le haut ton : « Muletiers, si elles ajoutent un « mot, conduisez-les, à grands coups de fouet,

« jusqu'au bas de la montagne. » Il ne restait rien à répondre, et, clopin-clopant, les trois vieilles reprirent le chemin de leur masure.

Valentin donna encore à Estelle quelques baisers, qu'elle reçut et rendit avec une joie, un ravissement, un plaisir inexprimables. Il s'occupa ensuite des affaires de la société. « Voilà le tour-
« noi fini; ainsi quittons notre costume maures-
« que, et reprenons celui de nos muletiers, qui
« n'est pas brillant; mais qui ne nous fera remar-
« quer de personne. » On fait un paquet des vêtemens d'Auda et de ses compagnes, et on le donne aux muletiers. On se cache dans leurs serpillières; on s'enfonce la tête dans leurs résilles; on la couvre de grands feutres gris; on s'arme de leurs fouets, et on les congédie, après les avoir payés au-delà du prix convenu.

Valentin s'assied sur l'herbe; il place son Estelle auprès de lui; ses camarades l'entourent; il vide ses poches sur le gazon. « Nous sommes sept, dit-
« il, parce que Estelle m'a toujours tendrement
« aimé, et que c'est pour elle seule que j'ai tenté
« des aventures dont la fin a tourné au bien de
« tous. Voilà quatre cent cinquante quadruples,
« dont je vais faire sept parts. Chacun prendra
« la sienne, et se retirera où bon lui semblera. —
« Ta conduite est noble, lui dit Michel; mais nous
« te connaissons trop, pour en être étonnés. »

Je vous ai dit, il y a long-temps, que la conscience de ces messieurs était un peu chargée. Ils aimaient beaucoup leur chef, et, pour s'excuser de l'espèce d'abandon où ils étaient forcés de le laisser, ils se montraient disposés à faire de pénibles aveux. « Je ne veux rien savoir, leur dit « Valentin, de ce qui peut nuire à l'amitié que « j'ai pour vous. Séparons-nous, pour courir moins « de danger, et disons-nous un tendre et éternel « adieu. »

Après tant d'aventures et de périls, tentés et bravés ensemble, on ne se quitte pas d'un œil sec. Les adieux furent longs et touchans. On sortait des bras de l'un pour se jeter dans ceux de l'autre. « En voilà assez, en voilà assez! s'écria « Valentin : soyons hommes, et quittons-nous. » Il prend son Estelle sous le bras, et, sans tourner une seule fois la tête, il la fait trotter pendant une heure. Il essuyait la sueur qui coulait de son front; il lui rendait ses forces avec des baisers de feu; il regardait, à chaque pas, s'il ne verrait pas une grotte, un trou dans un rocher, où il pourra reprendre la scène que les gens du corrégidor ont si désagréablement interrompue. Ce qu'il cherchait, ce qu'il désirait s'offrit enfin. « Tu as besoin « de repos, dit-il à Estelle. » Elle ne lui répondit rien; mais elle l'attira mollement, après elle, en le regardant d'un œil humide de volupté.

Jetons un voile sur l'ivresse, le délire de nos amans, et sachons un peu ce que sont devenus les révérends et les demoiselles que nous avons laissés dans certaine citerne, où ils n'avaient, pour tout bien, que des draps de lit, qui ne sont ni très-chauds, ni très-restaurans.

Malgré les horreurs qui s'étaient passées la nuit dans le couvent, le soleil s'était levé brillant et pur. Le corrégidor et l'alcade se promenaient par les rues; ils passaient, ils repassaient devant les portes de cette maison, qui ne s'ouvraient pas, et pour cause. Sans doute, disait le corrégidor, on continue l'instruction du procès, et leurs révérences veulent prononcer sans désemparer. Oh! quel plaisir j'aurai à voir brûler ce drôle, qui voulait me faire un petit neveu en ma présence! Il est indubitable que les passions rendent éloquent, car ce fut la première et la dernière fois de sa vie, que le corrégidor ait put lier deux phrases qui eussent le sens commun.

Cependant, huit heures, neuf heures sonnent, et la grille ne s'ouvre pas. Les dévotes étonnées, interdites d'abord, stupéfaites, alarmées ensuite, se rassemblent, se parlent, s'agitent, et ajoutent à leurs mutuelles terreurs. Une partie des habitans se réunit à elles; on raisonne, on conjecture; le temps s'écoule, et nos jeunes gens avançaient toujours.

A midi, les plus impatiens parlent de faire sauter la grille. Les dévotes crient à la profanation, saisissent les montans en fer, et protestent qu'elles ne les quitteront qu'avec la vie. Le corrégidor va criant partout que sans doute le sorcier a joué quelque nouveau tour, et qu'il faut s'en assurer.

Les uns lui rient au nez; les autres répondent qu'il a raison. Quelques-uns prétendent que si les révérends n'ouvrent pas, c'est qu'ils ont de bonnes raisons de tenir leur maison fermée. Toute la ville est en rumeur; on parle, on crie, on propose; on est contredit, on s'échauffe, et on ne sait plus où l'effervescence s'arrêtera.

Cependant, les grandes affaires n'excluent pas le sentiment des besoins physiques. Les rues, si peuplées, se vident en un instant. L'un trouve son rôt brûlé; l'autre son ollapodrida renversée; celui-là voit sa femme en conversation très-particulière avec un jeune homme qui ne se mêle jamais des affaires publiques; celui-ci cherche sa fille, et elle est disparue. On boit, on mange à la hâte; on ressort, agité par des intérêts particuliers. On se coudoie, on se heurte, on s'emporte; la garde vient; elle est dispersée par ceux qui s'agitent en tout sens. Les seigneurs soldats perdent leurs parasols, et jettent leurs fusils pour courir après des meubles beaucoup plus nécessaires. Le corps municipal s'assemble. Il fait inviter le commandant de la place et le corrégidor à se rendre dans son sein. On discute, on délibère; on n'arrête rien, et il est six heures du soir.

Une impassible dévote était allée réciter son rosaire sur la partie du rempart qui domine la maison conventuelle. Habituée à faire filer ses grains l'un après l'autre, elle n'y portait plus des yeux que la curiosité faisait errer de tous les côtés.

Elle aperçoit le levier, instrument précieux de la fuite de notre héros; elle se lève, elle s'approche; elle voit pendre, le long du mur, la corde, à l'aide de laquelle nos jeunes gens sont descendus dans le fossé. Elle redescend dans la ville; elle court, autant que les bienséances de son état le lui permettent; elle apprend que toutes les autorités sont réunies à l'hôtel-de-ville. Elle y va, elle demande à être introduite; on lui répond que leurs seigneuries délibèrent, et que personne ne peut être admis. A huit heures, ces graves magistrats arrêtent qu'ils se conduiront selon que l'exigeront les circonstances. Ils sortent, et la vieille leur fait part de ce qu'elle a vu.

« Voilà, seigneurs, dit le plus savant d'entre
« eux, ce qu'on gagne à ne rien précipiter. Mon-
« tons sur les remparts, et dressons un procès-
« verbal des faits. » Avant que le procès-verbal fût clos, Valentin était à Aranza.

Le commandant s'ennuyait fort de toutes ces formalités. « Seigneurs, dit-il, il est évident, pour
« moi, que les prisonniers se sont évadés en es-
« caladant les murs du rempart. Mais comment
« sont-ils sortis de ce couvent, dont toutes les
« portes sont fermées, et où règne partout un si-
« lence alarmant? c'est ce qu'il faut éclaircir sans
« délai. »

Autre procès-vebal à rédiger sur les présomptions et les motifs qui déterminent à enfoncer les portes d'un couvent, et encore deux heures de perdues. Enfin, au coucher du soleil, le peuple, serré, pressé, foulé, voit, à sa grande satisfaction, ouvrir la grille principale.

Il était de droit que la magistrature entrerait seule; que la Sainte-Hermandad la protégerait dans les recherches, assez inquiétantes, qu'elle allait faire, et qu'on empêcherait ceux, qui ne pouvaient que nuire à la régularité des opérations juridiques, de pénétrer plus avant. Mais le droit public est sans force; quand le droit particulier se prononce, et que chaque publiciste est armé d'une flamberge ou d'un bâton. Magistrats, cavaliers, peuple, tout pénètre pêle-mêle; le couvent est encombré; on parle, on crie tous ensemble, et, après une heure de tumulte et de bruit, on ne sait rien encore, si ce n'est que les sorciers qui ont passé par les trous des serrures, y ont fait glisser aussi leurs révérences, et les ont emportées au diable, très-probablement.

Cependant les poumons les plus vigoureux ne peuvent alimenter des vociférations continuelles. Et puis, il faut prendre le temps de tousser, de cracher, de se moucher, et, au premier moment de silence, ceux qui étaient dans la cour reculée, que nous connaissons si bien, entendirent des cris sourds partir du fond de la citerne. Ils ne doutent pas qu'elle ne soit le repaire des revenans; ils se précipitent les uns sur les autres; tous veulent fuir, tous sont arrêtés par la foule; on pousse, on est poussé; la commotion devient générale, et cours, chambres, dortoirs offrent l'image d'un parterre de spectacle agité du flux et du reflux. Ici, on enfonce une côte; là, un œil est poché; plus loin, une femme crie qu'elle accouche, et un accoucheur gascon saute par-dessus vingt têtes pour gagner une pratique; là-bas, un gros chanoine allonge le bras pour rattraper sa perruque, qui s'envole, et il ne peut ramener son bras. L'épée du commandant est cassée entre ses jambes; la robe du corrégidor est en pièces; la moitié des flambeaux s'éteint; le désordre est partout. Un bruit circule de toutes parts : il y a des revenans dans la maison, on les a entendus; on les a vus. Il y en a de blancs, de noirs, de rouges. L'un vomit de la fumée; l'autre crache du feu. Ceux qui sont près de la grille s'enfuient avec effroi. Ils sont suivis par d'autres, qui font place aux derniers; la foule s'écoule enfin, et il ne reste dans la maison que ceux à qui leur devoir ne permet pas d'en sortir. Tous tremblent, plus ou moins, à l'exception du commandant, qui s'approche bravement de la citerne, le tronçon de son épée à la main.

Les mêmes cris sortent du souterrain. Il y répond, il interroge, il comprend, et il rit en se tenant le ventre à deux mains. Les magistrats, qui sont restés à une distance respectueuse, le voient rire, et le courage leur revient; ils s'approchent à leur tour; tout s'explique, et il n'est plus question que de tirer de là leurs révérences, et les demoiselles, sans qu'on en puisse gloser dans la ville. On fait venir une échelle ; on renvoie le porteur, on ferme la porte de la cour, et les habitans de la citerne se présentent un à un, mourans de faim et de froid.

Le commandant fait sortir la Sainte-Hermandad ; il ferme la grille d'entrée, et revient aux révérends, dont le premier soin est de courir au réfectoire. Auda et ses compagnes les suivent ; tous sont enveloppés dans un drap, et ressemblent à des ombres burlesques qu'aurait dessinées Callot.

Il ne restait que les débris du souper de la veille ; mais une faim dévorante est le meilleur des cuisiniers. C'était une chose à voir, que ces petites filles et leurs révérences, s'arrachant les morceaux et des bouteilles à moitié vides. Quand leur appétit fut calmé, on entra dans les détails de cette extraordinaire aventure. Vous jugez bien que les sorciers furent chargés de tout, et que les succubes étaient parfaitement innocentes. On réintégra les pères dans leurs chambres, où ils trouvèrent de quoi s'habiller ; mais le diable avait emporté les vêtemens des fillettes, et on ne put rien imaginer de mieux que d'en faire des enfans de chœur. On décida que, dès qu'il ferait jour, on leur enverrait des habits convenables ; que le père procureur leur donnerait une centaine de pistoles doubles, et qu'elles sortiraient aussitôt d'Urgel.

Il ne restait plus à connaître que ce qui s'était

passé dans les caves, et, à cet égard, leurs révérences n'en savaient pas plus que le commandant et les magistrats. On prend des flambeaux; on descend; on trouve.... Tirons sur tout cela un épais rideau.

On arrangea une histoire très-courte : c'est le moyen de ne pas se couper. On convint de la répandre dans la ville, qui y croirait, ou n'y croirait pas. On dressa le signalement des sorciers, qu'on chargea la Sainte-Hermandad de porter dans les villages voisins ; on résolut d'en envoyer des expéditions dans toute l'Espagne, et chacun fut se coucher. Je ne sais si leurs révérences glacées invoquèrent le secours d'un compagnon de lit. Ce qu'il y a de certain, c'est que l'homme, à qui il ne reste plus qu'un moment heureux, ne le laisse pas échapper.

Le corrégidor avait autre chose à faire que de penser à dormir. Il ne doutait pas que, par l'intervention du diable, le faux Carlos n'ait découvert la retraite de la belle Séraphine. Dès qu'il fut libre, il fit partir, sur des mules de louage, l'alcade, son jardinier et ses garçons. Il leur ordonna d'aller ventre à terre, et de lui ramener sa nièce, morte ou vive. Ces messieurs marchèrent au pas, parce que leurs montures refusèrent de prendre une autre allure, et ils arrivèrent à Aranza, vingt-quatre heures après que Léonarde et ses filles étaient rentrées dans leurs tristes et pauvres foyers.

Il vous importe peu de savoir ce que leur dit l'alcade, et ce qu'elles lui répondirent. Il est inutile de vous peindre la mine que fit le corrégidor, quand il apprit que la tendre colombe était envolée. Je ne vous ferai pas la description des pompeuses funérailles du père supérieur; je ne vous parlerai pas des cris de vengeance qui s'élevèrent sur sa tombe; je reviens à des objets plus rians et plus doux.

Estelle et Valentin avaient donné le premier moment à l'amour : que pouvaient-ils faire de mieux? Livrés aux plus vives, aux plus délicieuses illusions, ils avaient oublié l'univers. Forcés, enfin, de faire un retour sur eux-mêmes, ils s'occupèrent de leur situation. Ils étaient en France; mais quel sort les y attendait, et quel sera leur avenir? Ces idées tirèrent des larmes à Estelle, qui ne manquait jamais de pleurer, quand elle n'avait pas d'autres ressources. « Pleure pour nous
« deux, lui dit Valentin, et je rirai pour toi. De
« quoi diable vas-tu te tourmenter! L'avenir!
« l'avenir! Nous venons d'avoir du bonheur pour
« dix ans, et déja tu t'occupes de demain! Après
« tout, qu'avons nous tant à redouter? Nous n'a-
« vons pas enfreint les lois de notre pays, et per-
« sonne n'a rien à nous dire, à l'exception pour-
« tant de M. et de madame Duplant. Mais, que
« diront-ils? que feront-ils? Ils me mettront à
« Saint-Lazarre; j'en sortirai. Ils te mettront au
« couvent; je t'en tirerai. Quels obstacles pouvons-

« nous craindre, après en avoir autant surmon-
« tés? Allons, mon petit ange, en avant, et vive
« la joie! »

A la chute du jour, ils entrèrent à Ax. Un dragon les arrêta à la porte, par un « d'où venez-
« vous?—D'Espagne.—Qui êtes-vous?—Français?
« Où sont vos papiers?—Les voici.—Cela ne
« suffit pas. Brigadier, emparez-vous de ces jeunes
« gens-là. » Le brigadier prend deux fusiliers, et
se met en devoir de conduire nos amoureux chez
le commandant. « Un moment, dit Valentin. Je
« crois reconnaître l'uniforme. N'êtes vous pas du
« régiment Dauphin, qui était en garnison à Tou-
« louse, il y a deux ans? — Précisément. — Le
« capitaine d'Abancourt est-il ici? — Sans doute.
« — Conduisez-nous d'abord chez lui; nous irons
« ensuite rendre visite à M. le commandant, si
« cela est nécessaire. — Vous connaissez donc
« le capitaine? — C'est mon meilleur ami. —
« Lui, l'ami d'un roulier! — L'habit ne fait pas
« l'homme. Tel que vous me voyez, j'ai été éco-
« lier, chanoine, soldat aux Gardes-Wallonnes,
« déserteur, ermite, comédien, médecin, fille,
« Maure, muletier, et je redeviens M. de Mer-
« ville, dont vous n'avez jamais entendu parler,
« mais que le capitaine aime beaucoup. »

Le brigadier ne voit pas d'inconvénient à faire
passer nos jeunes gens par le logement du capitaine, pour aller chez le commandant. Il était à

déjeuner, et son domestique lui annonce un jeune homme et une jolie fille, que lui amène la garde de la porte d'Espagne. Au mot de jolie fille, d'Abancourt secoue les oreilles; il se lève, et à peine a-t-il ouvert sa porte que Valentin lui saute au cou. D'Abancourt recule, indigné de cette familiarité; ses yeux se portent sur Estelle, et il la reconnaît aussitôt. Valentin jette le chapeau, le résille, la houppelande; ses beaux cheveux tombent sur ses épaules, sa charmante figure paraît dans tout son éclat; la reconnaissance est théâtrale; elle est complète. On s'embrasse; on se fait cent questions; on s'embrasse encore; on se met à table, et on déjeune avec cette satisfaction que cause un évènement heureux et inattendu.

Dès les premiers mots, Valentin avait donné à entendre qu'il était dans l'opulence. Bien jeune encore, il savait que jamais on ne reçoit mieux un ami que lorsqu'il n'a besoin de rien.

Vous pensez bien que la garde avait été renvoyée; que Valentin et sa tendre compagne étaient aussi libres à Ax, que s'ils y eussent été domiciliés depuis dix ans, et qu'enfin le capitaine était impatient de connaître les aventures de ses jeunes amis. Valentin les raconta avec la rapidité, la gaieté qui lui étaient naturelles. Quand il en fut à la prise de possession d'Estelle par le corrégidor, elle rougit, elle baissa les yeux; elle pleura. « Qu'est-ce que cela fait, qu'est-ce que cela fait?

« Tu as couché avec un corrégidor ; tu n'as pu
« t'en dispenser. Je l'oublie, et je t'engage à ne
« pas t'en souvenir plus que moi. »

Quand il eut terminé son récit, d'Abancourt
lui demanda ce qu'il comptait faire. « Nous ha-
« biller convenablement ; acheter une chaise de
« poste, où nous ne serons pas gênés par les té-
« moins qu'on a toujours dans une diligence, et
« descendre droit chez M. Duplant. S'il s'atten-
« drit, je le bénirai ; s'il se fâche, je l'enverrai
« au diable, et puis... et puis, nous verrons. »

Il ne perd pas un moment ; il fait toutes ses
dispositions dans la journée. Il conduit Estelle
dans une auberge, où on est beaucoup mieux
couché que dans un trou de roche des Pyrénées.
Brillante de bonheur, de jeunesse, de beauté,
que relevait une mise simple, mais soignée, elle
reçut, en rougissant encore, le dernier adieu du
capitaine ; tant la modestie a de puissance sur une
fille bien née, qui aime le plaisir, et qui se reproche celui qu'elle goûte, sans avoir rempli certaines formalités préalables, qui l'autorisent à
marcher le nez au vent. Valentin fit promettre à
d'Abancourt de le venir voir, quand il irait à
Paris, dans son hôtel, s'il en avait un ; dans son
galetas, s'il n'avait autre chose. Il l'embrassa de
tout son cœur ; il monta en voiture avec sa charmante amie ; il baissa les stores : les voilà partis.

Qu'il est agréable de voyager ainsi, avec une
femme qu'on aime, qu'on a cru perdue, qu'on a

retrouvée au moment où on l'espérait le moins, et près de qui l'amour a repris le charme de la nouveauté! Estelle allait au-devant des plus douces caresses; elle les recevait, elle les rendait avec un feu, sans cesse renaissant; elle craignait de ne pas prouver assez combien elle aimait. On traversait les villages, les villes, sans s'en apercevoir, sans être inquiété : il n'y avait alors de passeports que pour le pauvre voyageur à pied, qu'on considérait comme un être sans aveu.

Cependant, à mesure qu'on approchait de Paris, Estelle se refroidissait involontairement ; de tristes réflexions succédaient aux plus doux transports; elle n'avait pas toujours la force de dissimuler avec Valentin, que pourtant elle craignait d'affliger. Valentin répondait que la peur du lendemain devait rendre les momens présens plus précieux, et il se conduisait d'après son axiome. Il représentait à Estelle que la colère de M. Duplant n'était rien, comparée à celle d'un corrégidor puissant, et d'un inexorable inquisiteur; qu'après tout, il était indépendant de M. le président; qu'il répandrait dans tout Paris qu'il avait couru la France et l'Espagne avec sa fille, et que ce magistrat n'aurait rien de mieux à faire que de la lui donner. « Si j'avais eu, ajouta-t-il, plus
« d'expérience il y a deux ans, nous ne serions
« pas sortis de la capitale. Nous aurions passé une
« nuit ensemble dans un hôtel garni; je t'aurais
« présentée à ton père comme ma femme, et il

« ne t'aurait pas remise dans un couvent, qui
« n'est pas consacré à Lucine. »

En craignant, en doutant, en se rassurant, en bravant l'avenir, on arriva à la barrière d'Enfer. Le cœur d'Estelle battit avec une extrême violence, quand elle aperçut les arbres de la Place-Royale. Valentin lui rit au nez, et commença dix contes, plus plaisans les uns que les autres. Tout à coup la voiture s'arrête; il frappe, le suisse tire le cordon, Saint-Jean ouvre la portière. Il reconnaît ses jeunes maîtres; il pousse un cri de joie, et il monte les escaliers en courant. Annette descend; elle s'approche de la voiture; elle s'écrie : « C'est le ciel qui vous ramène ! » Estelle fond en larmes; Valentin descend, et il est aussitôt entouré de tous les gens de la maison. Ils ressemblent à une volée de corbeaux : ils sont noirs jusqu'aux boucles à souliers. Que signifie tout cela? pensait Valentin, en avançant toujours. Au milieu des degrés, il rencontre M. et madame Duplant. Il avait préparé un discours; il n'a pas le temps d'en prononcer le premier mot. Le président et sa femme le pressent dans leurs bras; il sent leurs larmes couler sur ses joues; il ne sait plus où il en est. M. et madame Duplant vont au-devant d'Estelle, qu'Annette pouvait à peine soutenir; ils la comblent des plus tendres caresses. La pauvre petite revient à elle; ses pleurs tarissent; elle rend à ses parens les marques touchantes de tendresse qu'elle en a reçues. « Du courage, lui disait Va-

« lentin. Une affaire qui commence comme cela
« ne peut finir mal; mais que le diable m'emporte,
« si j'y comprends rien. »

Il est temps de vous donner le mot de l'énigme.
M. Hippolyte, après avoir été le tyran des domestiques et des enfans de son âge, était devenu celui de ses parens, qui reconnurent, trop tard, les effets d'une mauvaise éducation; mais qui étaient entraînés dans la route qu'eux-mêmes avaient tracée. Il suffisait qu'ils exprimassent un désir, pour qu'Hippolyte voulût le contraire, et on finissait par céder. Son père désirait le marier et lui passer sa charge. Hippolyte, qui avait déjà des maîtresses et des complaisans, déclara que la vie de garçon est délicieuse; qu'un président est un homme ennuyeux, et qu'il entendait entrer dans un des corps de la maison du Roi. En conséquence, on le mit à l'académie, où il ne trouva ni flatteurs, ni gens à gronder ou à battre. Il annonça d'abord beaucoup de prétentions, et on le détesta. Piqué de l'éloignement qu'on lui marquait, il fit l'insolent; il reçut un soufflet, tira l'épée, et celle de son adversaire l'envoya joindre ses respectables aïeux.

Le président et sa femme tombèrent dans un accès de désespoir, dont on craignit les suites. Les parens les plus aveugles finissent par sentir ce qu'ils gagnent à être débarrassés d'un mauvais sujet, et quand la douleur est diminuée au point de permettre de réfléchir, on ne tarde pas à chercher des dédommagemens. La présidente n'était plus d'âge à remplacer Hippolyte, et elle se rappelait Estelle, si douce, si soumise, si jolie. Le président pensait à Valentin, si pétulant, et pourtant si facile à conduire. « Oh! s'ils étaient ici, répétait « à chaque instant la présidente! Nous les avons « forcés à nous fuir, répondait le président. »

On fit insérer dans la *Gazette de France*, le seul journal qui parût alors à Paris, un avis, par lequel on invitait M. de Merville à revenir et à ramener mademoiselle Duplant, que, par ménagement, on désignait sous le nom d'Estelle. On leur promettait toute espèce de satisfaction. Or, la *Gazette de France* ne parlait que de messes, de voyages de la Cour, de présentations, de promotions, et elle avait fort peu d'abonnés, surtout dans les pays étrangers. Valentin, d'ailleurs, était logé chez les Dominicains d'Urgel, quand l'article parut, et, de toutes manières, il n'avait pu en avoir connaissance.

Il était impossible que nos jeunes gens arrivassent dans un moment plus favorable, et, à chaque instant, Valentin embrassait Estelle, et s'écriait : « Ne te l'avais-je pas dit? » Le président et sa femme conclurent de ces embrassades multipliées, et de la longueur du pélérinage, qu'il était temps de marier ces enfans, si on ne voulait pas que la ceinture de la petite déposât contre elle en public. Cependant il paraissait certain que quelques heures de retard, dans les préparatifs, ne cause-

raient pas de graves inconvéniens. Les parens se groupèrent avec les enfans, et on pressa Valentin de raconter ses aventures. Il le fit avec sa franchise et sa gaieté ordinaires. Cependant il fut moins vrai qu'avec d'Abancourt; il glissa sur l'intimité qui avait existé entre Estelle et le corrégidor : il est des choses qu'un mari peut savoir et oublier, mais qu'il ne se soucie pas que des parens connaissent. Il appuya beaucoup sur son mariage naturel, et il rappela, avec complaisance, qu'il avait épousé Estelle une fois, dix fois, cent, deux cents fois. Il présumait que ces aveux ouvriraient plus vite les deux battans de la porte de l'église. « Vous vous marierez; vous vous ma-
« rierez », disait la présidente, en baissant les
« yeux, et en faisant semblant de rougir. Mais en
« voilà assez sur cet article-là : nous présumons
« bien qu'Estelle a fait

« Tout comme a fait sa mère. »

La noce se fit avec une pompe, une publicité extraordinaires, qui n'en imposèrent à personne. On en rit la veille, on en rit le jour; on n'y pensa plus le lendemain. Estelle aima constamment ; Valentin conserva son caractère, et fut l'homme du monde le plus heureux, parce qu'il n'était ni libertin, ni prodigue. Il chérissait sincèrement son Estelle, et il ne lui était infidèle que quand l'occasion s'en présentait.

Un auteur, je ne sais plus son nom, a dit que

personne ne doit écrire sans avoir un but moral. Plein de respect pour sa décision, je vais m'y soumettre, et vous épargner la peine de trouver le mien, qui, je crois, est bien caché.

MORALITÉ.

Prenez le temps comme il vient; l'argent pour le faire rouler; les hommes pour ce qu'ils sont; les femmes pour ce qu'elles veulent être.

Au revoir, ami lecteur.

FIN DU GARÇON SANS SOUCI.

L'OBSERVATEUR

OU

MONSIEUR MARTIN.

L'OBSERVATEUR.

PREMIÈRE PARTIE.

CHAPITRE PREMIER.

Monsieur Martin.

Monsieur Martin n'était ni jeune ni vieux, ni grand ni petit, ni gras ni maigre, ni beau ni laid. M. Martin était de ces hommes qu'on ne remarque pas, parce qu'ils ressemblent à tout le monde. Il était fin, il avait le coup d'œil sûr, et peu de gens s'en doutaient, parce que M. Martin ne disait pas toujours ce qu'il pensait, de peur de blesser quelqu'un ; mais quand son ame était remuée, il parlait volontiers, et il s'exprimait avec facilité.

Dès l'âge de trente ans il savait que solliciter une place, et être en état de la remplir, sont deux choses tout-à-fait différentes.

Il avait remarqué qu'obtenir cette place est le moyen le plus sûr de démasquer sa nullité.

Il croyait qu'on peut arriver à tout avec de l'audace et de la persévérance.

Il pensait comme Sedaine, à l'égard de la plupart des femmes : discrètes sur un seul point, dissimulées sur tous, il les voyait sans cesse agitées de deux passions qui même n'en font qu'une, l'amour d'un sexe et la haine de l'autre.

Il n'avait pas eu de peine à se convaincre que chaque robe a un esprit qui lui est propre ; que les membres d'une corporation peuvent être aimables isolément; mais que, réunis en corps, ils tendent sans cesse vers un but, auquel ils poussent les jeunes néophytes qui doivent les remplacer un jour.

D'après ces observations, il n'avait pas, pour le genre humain, une estime très-prononcée. Il n'était cependant ni humoriste, ni grondeur. Il avait adopté la maxime de Figaro, et, comme le barbier philosophe, il se hâtait de rire de tout, de peur d'être obligé d'en pleurer.

Avec cette manière de voir et de sentir, vous jugez que M. Martin ne s'était pas marié, et qu'il était très-difficile dans le choix de ses amis. Il s'était fait cosmopolite, pour ne voir les hommes qu'en passant, et avoir moins de raisons de les mésestimer. M. Martin passait sa vie à voyager, par principes et par goût, souvent aussi pour être utile.

Mais quel est ce M. Martin ? où est-il né ? qu'étaient ses parens ? quelle est sa fortune ? Diable, vous êtes bien pressé. Peut-être ne sais-je encore rien de tout cela. Que je le sache ou non, vous me permettrez de ne pas vous le dire : j'ai mes raisons pour me taire. Mais soyez tranquille ; avant la fin du second volume, vous en saurez tout autant que moi.

C'était un beau jour d'été. M. Martin se promenait sur la route de Saint-Germain à Pontoise. Sa calèche, traînée par deux bons chevaux, le suivait à cent pas de distance. Bertrand, son domestique, occupait, dans la voiture, la place de son maître, et y ronflait paisiblement, pendant que celui-ci observait la nature, dont il n'était pas toujours très-content.

Pourquoi, se disait-il, ces malheureux, qui trempent de leur sueur ce mauvais vignoble, ne sont-ils pas sûrs de recueillir le fruit de leur travail ? Une gelée du mois de mai, une grêle au mois d'août, un surcroît d'impôts détruiront leurs espérances : cela arrive presque tous les ans. Pourquoi travailler ? Pour soutenir une vie misérable, dont on se plaint sans cesse, et à laquelle on a la sottise de tenir. Pourquoi se marier ? Pour léguer à ses enfans des maux qu'ils légueront aux leurs. En vérité, c'est bien la peine de naître.

Mais pourquoi l'ordre des saisons est-il si souvent interverti ? Pourquoi pleut-il dans l'Océan, où l'eau ne manque pas, et ne pleut-il jamais dans les déserts de la Lybie, où le voyageur meurt de soif? Pourquoi la terre produit-elle des poisons, des animaux vénéreux ou féroces ? Pourquoi cet animal à deux pieds, sans plumes, se traîne-t-il avec orgueil sur cette misérable planète ? Pourquoi s'agite-t-il dans tous les sens pour obtenir des jouissances que condamne souvent la raison, et auxquelles il parvient si difficilement? Pourquoi ne sait-il pas que sa fierté n'est que du ridicule, son ambition que de la folie ; qu'il n'est lui-même que le plus hypocrite et le plus féroce des animaux, et que tel chien caniche a incontestablement plus d'esprit et de sensibilité que son maître ? Pourquoi.... Pourquoi?... Parce que les choses sont ainsi ; que si elles n'étaient pas ainsi, elles seraient autrement, et que si elles n'étaient ni ainsi, ni autrement, elles ne seraient pas du tout. Je suis bien bon de me fatiguer la tête de tout cela. En finissant son monologue mental, M. Martin éclata de rire.

Ses réflexions n'avaient rien de plaisant : de quoi riait-il donc ?

Une laitière, jeune et jolie, juchée sur son cheval, entre ses deux timbales de cuivre, trottait en chantonnant des couplets assez gais. Un cheval qui trotte a bientôt dépassé un philosophe à pied. La laitière était en parallèle avec M. Martin, et elle allait le laisser derrière elle, lorsqu'un écureuil, qui faisait l'amour, en sautant, de branche en branche, sur un vieux chêne de la forêt de Saint-Germain, perdit l'équilibre, et tomba

entre deux globes soigneusement cachés à tout
œil profane. La laitière crie, et porte une main
timide sur l'écureuil, qui était loin de penser à
mal ; l'écureuil lui mord le bout du petit doigt,
et lui arrache un cri plus aigu que le premier.
M. Martin, riant toujours, propose son intervention, et se prépare à déranger le fichu protecteur. Une belle dame se fût au moins évanouie.
La laitière, au lieu de répondre à M. Martin,
saute lestement à terre, lâche un cordon ou deux,
et l'écureuil, pressé, macéré en haut, se hâte de
s'échapper par le bas. Il traverse le chemin en
deux sauts, s'élance sur le premier arbre qui se
présente, et disparaît.

Mais comment Rosalie remontera-t-elle sur son
cheval ? pas de marche-pied, pas de tendre ami
qui l'enlève dans ses bras... M. Martin offre de
nouveau ses services ; Rosalie les refuse, avec
politesse, parce que l'extérieur de M. Martin
commande une sorte de considération, et elle
déclare, très-positivement, qu'elle ira à pied jusqu'à la première borne milliaire.

On ne marche pas à côté d'une jolie fille sans
lui adresser la parole. Rosalie paraît sage, et
M. Martin lui marque des égards, dont une laitière est flattée comme une duchesse. La confiance s'établit entre les interlocuteurs ; mais Rosalie est causeuse, et vous savez que M. Martin
parle rarement sans avoir un but quelconque.

Il n'a que la peine d'écouter, et de réfléchir sur ce qu'on lui dit.

La borne milliaire se découvre enfin. Rosalie accepte la main de M. Martin, saute sur la borne, et de la borne s'élance sur son cheval. Elle remercie M. martin, en lui adressant un sourire plein d'expression et de charme; son pacifique cheval allonge le pas, et M. Martin a bientôt perdu de vue l'intéressante laitière.

Je ne croyais pas, pensait-il, m'arrêter à Achères au-delà du temps nécessaire pour déjeuner. Mais je peux y faire quelque chose de bon, et j'en suis bien-aise. On se fatigue de réflexions philosophiques comme d'autre chose ; s'occuper utilement, c'est vivre, autant qu'on peut vivre ici ; s'occuper agréablement est un délassement légitime, et M. Martin se remet à rire comme si tous les écureuils de la forêt et toutes les laitières d'Achères étaient rassemblés autour de lui.

« Je vais renouveler, s'écria-t-il enfin, une de
« ces scènes que je me procure si facilement,
« grace à mes observations. Parbleu, ces bonnes
« gens d'Achères vont être bien étonnés ! Je crois
« que j'emporterai, de chez eux, des souvenirs
« plaisans, et un souvenir, une idée donnent lieu
« souvent à quelque aventure piquante ou agréa-
« ble. »

M. Martin s'assied sur le revers d'un fossé, et, en attendant sa calèche, il prend des notes sur ses tablettes. Rosalie ne lui a rien dit de positif; mais il tire des inductions de ce qu'il a entendu.

« Bertrand ! Bertrand ! éveillez-vous, mon ami, « et arrêtez les chevaux. » Bertrand veut descendre, et aller reprendre sa modeste position derrière la voiture. « Il dort debout, et il croit pou- « voir garder l'équilibre ! Restez là, M. Bertrand : « nous sommes encore loin du village ; mais ser- « rez-vous à gauche. »

N'allez pas croire que M. Martin fût las. Il marchait une journée entière, sans penser à sa calèche. Mais il allait entrer à Achères; il comptait y jouer un rôle, et il était bien aise de se présenter d'une manière avantageuse. Voilà de la vanité, pensait-il, rien que de la vanité, car, enfin, de fort honnêtes gens s'estiment heureux d'avoir, pour voyager, une bonne paire de souliers et des guêtres, et leurs voyages sont pour eux aussi nécessaires que les miens. Je m'examine comme j'observe le prochain, et j'avoue que je suis un orgueilleux; mais puisque nous devons tous avoir quelque défaut, autant vaut-il que j'aie celui-là qu'un autre. Ma vanité, d'ailleurs, aide à vivre au charron, au peintre, au maquignon, au maréchal, au cultivateur, qui me vend son foin, son avoine, sa paille, à mon cocher, qui grapille sur tout cela. J'ai quelquefois le plaisir de recueillir, en route, une voyageuse dont la voiture vient de se briser, et au bout d'une demi-heure, je la connais comme si j'avais passé six mois avec elle. Un aigre violon m'annonce la fête du village qui borde le grand chemin : j'arrive, je me range sous le grand tilleul. De là, j'observe. J'indique les mariages qui vont se faire, et je distingue, finement, ceux que prépare l'amour, de ces unions que produit la cupidité. Un site me plaît, je m'y arrête, et, grace à ma voiture, le lit le plus doux de l'auberge, le meilleur plat sont pour M. Martin. M. Bertrand ne manque pas de parler à l'hôtesse de mon opulence ; de piquer sa curiosité par quelques mots mystérieux, et je ne sors pas de ma chambre sans recevoir d'elle des marques d'intérêt ou de politesse, qui me font plus ou moins de plaisir, selon qu'elle est plus ou moins jeune. Oh, c'est une fort bonne chose qu'avoir une calèche !

Les chevaux de M. Martin, qui ne réfléchissaient pas, mais qui sentaient aussi le besoin de déjeuner, avaient pris d'eux-mêmes un trot assez vif ; d'eux-mêmes encore, ils passèrent devant deux ou trois mauvais cabarets, et s'arrêtèrent à la porte du *Coq-Hardi*. Rosalie, qui filait à la sienne, reconnut M. Martin. Moins craintive au centre de son village qu'au milieu de la forêt, elle s'avança, sans ces minauderies qu'on confond souvent avec les graces, et rappelant son joli sourire sur ses lèvres purpurines, elle présenta à son tour la main à M. Martin, qui accepta ce bon office avec autant de cordialité qu'il avait été offert.

Bertrand s'était rendormi, parce qu'il n'éprouvait pas un appétit pressant, et la raison en est simple : M. Martin ne se mettait jamais en route, sans garnir, soigneusement, le coffre de sa calèche, et, depuis long-temps, ces provisions étaient, entre Bertrand et lui, un bien de communauté. En conséquence, Bertrand en avait usé en sortant de Saint-Germain, et il s'était endormi d'un sommeil prolongé, quoiqu'il fût sujet à de cruelles insomnies. Rien ne le stimulait alors ; il regarda un banc de pierre accollé au mur extérieur de la maison, et il se promit de se reposer là, en attendant qu'il pût faire quelque chose de mieux.

C'est un évènement, à l'auberge du *Coq-Hardi*, que l'arrivée d'un équipage qui annonce un maître en état de faire de la dépense. L'aubergiste, en veste de nankin et en bonnet de coton, l'hôtesse, en bavolet à petits plis, en tablier noir, et précédée, d'un pied, par une butte qui prouvait que *le bourgeois* ne dormait pas toujours, le garçon d'écurie, la fourche sur l'épaule, et la servante, qui ne s'était pas donné le temps de déposer un vase que je ne nomme pas, étaient accourus sur la porte, et saluaient jusqu'à terre. M. Martin leur rendit le salut poliment, et ne dit pas un mot. Rosalie est une petite causeuse, pensait-il, elle ne veut pas perdre l'occasion de jaser, et surtout de faire connaître qu'elle a des relations avec le monsieur à l'équipage. Ne nous opposons pas à ses plaisirs, et laissons-là faire.

CHAPITRE II.

Huit heures de séjour à Achères.

« Hé bien, M. Dubourg, vous jouissez toujours
« d'une bonne santé... — Ah, monsieur sait mon
« nom ! — Parce que vous avez un fonds de
« gaieté inaltérable. — D'où monsieur sait-il cela ?
« — Et votre premier enfant, comment vient-il ?
« — Ah, monsieur est déjà venu à Achères ? —
« Jamais. Et le plain-chant, papa Dubourg ? Et
« votre belle voix ? fait-elle toujours trembler les
« vitraux de l'église ? — J'ai décidément l'hon-
« neur d'être connu de monsieur. — Je ne vous
« connais pas du tout, mon cher Dubourg. —
« Oh ! ceci est trop fort. — Et votre gros chien,
« aboie-t-il toujours la nuit ? — Il connaît mon
« chien aussi ! — Conduisez-moi à la chambre
« jaune. — Ah, çà, monsieur !... la chambre
« jaune !... vous devez savoir que j'en ai une plus
« belle. — Oui, mais je veux déjeuner dans la
« chambre jaune. Montons. »

Ici, Dubourg éclate de rire. « Allons, allons,
« monsieur a déjà logé ici, et il s'amuse à mes
« dépens. — Je suis naturellement gai, et j'aime
« assez à m'amuser ; mais je vous proteste que
« voilà la première fois que je passe à Achères,
« et qu'en y arrivant je n'avais aucune idée de
« vous ni de votre maison. — Monsieur mérite

« sans doute d'être cru, et alors je ne peux expli-
« quer... Je ne reviens pas de mon étonnement.
« — Oh, j'en ai étonné bien d'autres. »

Dubourg installe M. Martin dans la chambre jaune, et il descend, en se passant la main sur le front, pour préparer le déjeuner. C'est singulier, c'est extraordinaire, c'est inconcevable, pensait-il; qu'est-ce donc que cet homme, qui sait tout, sans avoir rien vu, sans avoir rien appris?

Dubourg trouve, à la cuisine, Rosalie qui causait avec sa femme : elles parlaient du voyageur. Dubourg apprend que Rosalie l'a rencontré dans la forêt de Saint-Germain. « Ah, voilà ce que
« c'est, la petite lui aura parlé de nous. — Non,
« en vérité, M. Dubourg. — Que diable, il n'est
« pas sorcier. — Il n'en a pas l'air. — Vraiment,
« Rosalie, il n'a pas été question entre vous de
« l'auberge du Coq-Hardi? — Hé, non, vous dis-
« je, non, cent fois non. — Jure par ton mariage
« avec Cognard. — Oh, je jure, et de tout mon
« cœur. — Ma femme, explique tout cela, si tu
« le peux. — Et que veux-tu que j'explique? »

« — Dites donc, monsieur.... » Dubourg parlait à Bertrand, qui se reposait sur le banc de pierre, et qui paraissait attendre le moment de servir son maître. « — Que désirez-vous, monsieur?
« — Comment s'appelle votre maître? — M. Mar-
« tin. — Que fait-il? — Il voyage. — Mais quel
« est-il? — Je l'ignore. — Vous ne savez pas où
« il est né? — Non. — Ni s'il est riche? — Il vit

« bien, paie partout largement, et me donne de
« l'argent quand je lui en demande. Voilà tout
« ce que je sais, et je n'ai pas besoin d'en savoir
« davantage. — Il y a donc peu de temps que
« vous êtes avec lui? — Il y a vingt ans. — Et
« en vingt ans, voilà tout ce que vous avez ap-
« pris? — Oh, mon dieu, rien de plus.

« — Il y a nécessairement quelque chose là-
« dessous. Ma femme, que penser d'un homme
« que son domestique ne connaît pas, après vingt
« ans de service; d'un homme qui n'a jamais passé
« ici, et qui, en arrivant, sait que je m'appelle
« Dubourg; que je me porte bien, parce que je
« ris toujours; que nous avons déjà un enfant;
« que Pompée aboie aussitôt qu'il est lâché, et
« que nous avons une chambre jaune? — Com-
« ment, notre homme, il t'a dit tout cela! — Ah,
« mon dieu, oui. — Explique cela toi-même : je
« m'y casserais inutilement la tête pendant six
« mois... Tiens, il n'y a pas ici à balancer : aux
« grands maux les grands remèdes. — Que vas-
« tu faire? — Rosalie trouve que ce M. Martin
« n'a pas l'air d'un sorcier; mais rien ne ressem-
« ble à un honnête homme comme un fripon. »

La petite femme prend le goupillon dont elle
se sert pour arroser son linge; elle le trempe dans
son bénitier, et parcourt sa maison, de la cave
au grenier, en conjurant l'esprit malin. Elle n'ose
entrer dans la chambre jaune, bien qu'elle grille
de voir l'effet que peut produire l'eau bénite sur

la face d'un réprouvé. Elle se contente d'en faire passer quelques gouttes par le trou de la serrure. La porte de M. Martin s'ouvre aussitôt, et la jeune femme s'enfuit aussi vite que son petit ventre rondelet lui permet de courir.

Une voix aussi nourrie que celle du maître de la maison se fait entendre. La jeune femme se serre contre son mari, et cache sa jolie petite mine sous le revers de la veste de nankin. « Vois-« tu, vois-tu l'effet de ma conjuration ? le sorcier « ne peut plus tenir dans la chambre jaune. Il « trouvera de l'eau bénite partout, et il va être « forcé d'évacuer la maison. »

« M. Dubourg ! M. Dubourg ! répète une voix « qui a nécessairement quelque chose d'infernal. « — Me voilà, monsieur. — Entrez, asseyez-vous, « et causons un moment. — Mais... monsieur... « je ne sais si je dois... si j'oserai... y a-t-il ici « sûreté pour moi ? — Soyez tranquille, M. Du-« bourg. Si j'ai le diable au corps, c'est un diable « de la meilleure espèce. Asseyez-vous, vous dis-« je. — Monsieur... — Écoutez-moi, Dubourg. « Votre femme est jeune et jolie. — Oh, par « exemple, monsieur, il n'y a pas ici de sorcelle-« rie : vous avez vu ma femme. — Elle vous aime « tendrement. — Je l'aime beaucoup aussi. — « Non, Dubourg, vous ne l'aimez pas comme au « jour de votre mariage. — Comme au jour de « mon mariage !... monsieur connaît peut-être « un vieux proverbe... — Petite pluie abat grand

« vent, n'est-ce pas cela ? Parlons raison, Du-
« bourg. Que pensez-vous du mariage ?... — Ma
« foi, monsieur... — Que c'est une institution qui
« contrarie la nature, n'est-il pas vrai ? — Mais il
« y a des momens où je suis porté à le croire. —
« Par exemple, lorsqu'Ursule vous regarde d'une
« certaine façon ? — Ursule, Ursule !... Décidé-
« ment l'enfer est chez moi. » Dubourg se lève,
et veut sortir. M. Martin ferme sa porte à double tour, et met la clé dans sa poche. « Vous m'é-
« couterez jusqu'au bout. L'homme vivant dans les
« bois, isolé, n'attendant rien que de lui, ne doit
« rien à personne. Réuni à un corps de société,
« il en partage les avantages et les obligations.
« Or, une société ne peut se maintenir que par
« des lois, et qui les transgresse est coupable. Le
« mariage a été institué pour marquer les familles,
« assurer les propriétés de chacun, et fixer le sort
« des enfans. Saviez-vous cela, Dubourg, quand
« vous vous êtes marié ? — Mais, monsieur, notre
« curé nous a dit quelque chose qui ressemble
« à cela. — Et ce quelque chose vous l'avez ou-
« blié, parce qu'Ursule veut vous éloigner de
« votre devoir. Vous l'aurez, cette Ursule ; mais
« savez-vous ce qu'il en arrivera ? — Non, mon-
« sieur. — Je vais vous le dire. — Vous voyez
« donc dans l'avenir ? — Comme dans le présent.
« Bientôt Ursule vous paraîtra ce qu'elle est réel-
« lement, une fille sans mœurs, et qui ne suit
« que l'attrait du plaisir. Vous voudrez la quitter ;

« elle vous tourmentera, vous obsédera. Des scè-
« nes multipliées vous la rendront insupportable.
« Vous vous en séparerez enfin sans retour ; mais
« il sera trop tard. Votre femme se sera aperçue
« de cette liaison condamnable ; elle aura souf-
« fert d'abord en silence ; bientôt un cœur de
« vingt ans aura parlé. Le dépit, l'humiliation
« d'être délaissée, pour une fille qui ne la vaut
« pas, auront fait naître le désir de la vengeance,
« et ce désir-là mène une femme très-loin. Quand
« vous aurez formé le projet de redevenir bon
« époux, elle aura deux enfans de plus, dont
« vous ne serez pas le père. — Des enfans dont
« je ne serai pas le père ! — Que vous serez forcé
« de reconnaître et de pourvoir. Ce n'est pas tout,
« encore. — Et que peut-il y avoir de pis ? —
« Entraînés l'un et l'autre par vos passions, vous
« aurez négligé vos affaires. Cette maison sera
« tombée ; des créanciers vous poursuivront. Plus
« de gaieté, plus de repos. Vous serez forcés de
« quitter ce village, et d'aller implorer la charité
« publique. — Ah, monsieur, quel tableau vous
« me présentez là ! Quoi, je ne serais pas le père
« de mes enfans ! Ma femme aurait l'indignité...
« — Et qu'aurez-vous à lui reprocher ? un con-
« trat n'oblige-t-il pas également les deux parties ?
« Si vous manquez à vos sermens, aurez-vous
« l'injustice, la cruauté d'exiger que votre femme
« tienne les siens ? — Et mes affaires dérangées,
« perdues ! — Pensez-y bien, M. Dubourg, et si

« c'est le diable qui vient de vous parler, croyez
« que le diable est votre véritable ami... Vous ne
« sentez pas que mon déjeuner brûle? Allez, Du-
« bourg, allez, réfléchissez, et amendez-vous. »

Comment le déjeuner n'aurait-il pas brûlé?
Pendant que M. Martin tenait Dubourg chez lui,
sa petite femme et sa servante couraient, chacune de son côté. On n'a pas tous les jours un
sorcier chez soi. Comment résister à l'envie d'en
parler à sa sœur, à son amie, à sa commère?

Dubourg, confondu de la science diabolique
de M. Martin, rendait cependant justice à la so-
lidité de ses observations et de ses raisonnemens.
Non, non, se disait-il, en tâtonnant ce qui restait dans ses casseroles, je ne parlerai plus à
Ursule, et je ne me suis pas encore assez avancé
avec elle, pour qu'elle puisse me faire des reproches. D'ailleurs, j'aurai soin de me tenir près
de ma femme, et elle ne viendra pas me chercher là. Il est pourtant bien singulier que le
diable, qui pense toujours au mal, me retienne
aujourd'hui. Le diable pourrait bien n'être pas
aussi noir que le prétend monsieur le curé.

M. Martin, ne sachant que faire, s'était assis
sur son balcon, et compulsait son agenda, un
crayon à la main. Il effaçait, il écrivait, et fut
tiré de ses réflexions par ces mots, prononcés
assez bas, mais très-nettement articulés : « Le
« voilà qui consulte son grimoire. » M. Martin
regarde, et voit sept à huit femmes rassemblées

sous ses fenêtres. « Il n'a pas l'air méchant, disait
« l'une. Je croyais, répondait l'autre, qu'un sor-
« cier doit avoir les yeux petits, ronds, enfoncés,
« et étincelans ; le front en bosse, sur lequel se
« joignent des sourcils noirs et épais ; une large
« bouche, garnie de grandes dents jaunes, et les
« cheveux mêlés et gras. Ne savez-vous pas, ré-
« pliquait une troisième, que le diable prend la
« figure convenable au projet qu'il médite ? Ne
« s'est-il pas une fois transformé en belle femme,
« pour tenter le bon saint Antoine ? »

M. Martin souriait. Bertrand était encore sur
sa pierre, et la patience n'était pas la vertu qu'il
pratiquait le plus. Il se lève, il traite les commères de sottes et de bavardes, et les envoie
faire la soupe à leurs maris, et raccommoder
leurs cotillons. Les commères élèvent la voix, et
la plus spirituelle traite la question avec une
clarté et un laconisme dignes des beaux jours de
Sparte. « On exorcise les sorciers, dit-elle ; donc
« il y en a. En voici un, et nous voulons le re-
« garder. Nous sommes sur la grande route ; la
« grande route appartient à tout le monde, et
« nous y resterons. » On s'échauffe de part et
d'autre. Un homme, deux hommes, trois hommes
s'arrêtent sous le balcon. Bertrand avait tenu
tête, jusque alors, à sept ou huit femmes ; mais
la partie commençait à être fort inégale, et Bertrand se retira avec prudence. M. Martin aimait

à s'amuser; mais il ne voulait pas de scènes. Il ferma sa croisée, et rappela Bertrand près de lui.

Cependant l'attroupement augmentait de minute en minute. On entendait quelques voix qui demandaient assez haut que le sorcier parût. M. Martin voyait, de l'autre côté de la rue, un tas de cailloux destinés aux réparations du chemin, et il commença à craindre que ses plaisanteries ne finissent comme le festin des Lapithes, car s'il y avait des exorciseurs dans la troupe qui assiégeait l'hôtel du Coq-Hardi, il avait aussi entendu les voix protectrices de ces malheureux incrédules, qui n'admettent pas que le diable ait la puissance de tourmenter les humains. Le talent d'observation de M. Martin le tira de la position critique où ce même talent l'avait mis. Il s'élance à la croisée, l'ouvre, et crie : monsieur le maire, je vous prie de vouloir bien monter ici.

Il n'est pas sorcier, disait-on, et il reconnaît notre maire qu'il n'a jamais vu ! Ah, mon dieu, disait l'autre, le maire se rend à son invitation ! Il est en relation avec le diable. Je ne m'étonne pas, ajoutait un troisième, si nous ne savons jamais ce que deviennent nos sous additionnels.

Monsieur le maire se présente assez bravement à la chambre jaune : c'était un des esprits forts du pays. Il rejetait beaucoup des prodiges qu'on attribuait, dans la rue, au grimoire de M. Martin. Cependant, la clameur publique avait fait quel-

que impression sur lui, et il lui paraissait fort extraordinaire qu'un homme, qui ne le connaissait pas, l'ait distingué dans la foule, et désigné par sa qualification. « Rien de plus simple, lui
« dit M. Martin. Vous avez votre écharpe dans
« votre poche; la frange en sort, et je n'ai eu
« besoin que de mes yeux pour savoir qui vous
« êtes. Je vous assure, monsieur, que les choses
« qui m'ont fait une si haute réputation dans le
« pays, sont tout aussi simples. — Je suis curieux
« d'apprendre, monsieur, comment, en si peu de
« temps, vous avez tourné toutes les têtes du vil-
« lage. — Hé, ne savez-vous pas, monsieur, qu'on
« persuade tout ce qu'on veut aux hommes, quand
« on a pu donner une secousse un peu forte à
« leur imagination? ils tiennent alors aux opi-
« nions qu'on leur a inculquées, dans la propor-
« tion même de leur absurdité, et le naturel, le
« vrai, leur paraissent au-dessous d'eux.

« En descendant de ma voiture, je lis, sur l'en-
« seigne de cette maison : » *Dubourg, tient l'hôtel
du Coq-Hardi*, et Dubourg s'étonne que je sache son nom ? « Il a une figure franche, ouverte,
« pleine d'hilarité, et il ne conçoit pas que j'at-
« tribue sa santé fleurie à une gaieté qui doit
« rarement être altérée. Sa femme est très-jeune;
« il n'est pas présumable qu'elle soit mariée depuis
« plus de deux ans; elle ne peut donc avoir qu'un
« enfant, puisque elle est prête d'accoucher, et
« des langes, que je vois sécher dans la cour, me

« prouvent que cet enfant existe en effet. Un mau-
« vais surplis est accroché à un clou au bas de
« l'escalier : il est clair que Dubourg est un des
« chantres de la paroisse. Il a la voix très-ronde;
« il chante donc la basse-taille, et comme on ne
« chante bien au village, qu'en criant très-fort,
« il doit faire résonner les vitraux de l'église. Un
« gros chien est enchaîné, pendant toute la jour-
« née, dans la cour. On le lâche nécessairement
« la nuit, et tout le monde sait qu'il suffit du
« bruit d'une feuille pour faire aboyer ces chiens-
« là. J'ai paru deviner la chambre jaune où nous
« voilà : la croisée était ouverte, et, en mettant
« pied à terre, j'ai aperçu le coin de cette vieille
« tenture de Bergame.

« Je vous assure, monsieur le maire, que si,
« au douzième siècle, on eût permis aux sorciers
« de se justifier, et qu'on les eût écoutés sans
« prévention, on n'en aurait pas brûlé un. Au
« reste, qu'on me croie tel, ou non, dans ce
« village, je n'ai certainement pas lieu de crain-
« dre le fagot. — Le fagot, non; mais un mou-
« vement populaire, qui eût pu avoir des suites
« fâcheuses pour vous, et c'est ce qui m'a dé-
« terminé à me rendre ici. Croyez-moi, monsieur,
« ne faites plus le sorcier dans les villages où on
« aura l'air d'y croire. »

M. Martin remercie le maire du conseil prudent qu'il vient de lui donner, et l'invite à déjeuner avec lui; le maire accepte cordialement.

Il paraît sur le balcon, et il invite les habitans à retourner à leurs travaux. Les uns obéissent, les autres restent. Le maire se revêt de son écharpe, et parle de par la loi. On se sépare en murmurant.

On trouvait très-déplacé que les autorités protégeassent alors ceux qu'elles faisaient rôtir autrefois. Il eût été très-agréable, pour les habitans, de voir griller un sorcier. Ceux des villages voisins seraient accourus, en foule, à cet intéressant spectacle ; les cabaretiers et les marchands auraient fait d'excellentes affaires. Mais les plus belles institutions tombent en désuétude, ce qui est très-malheureux.

Bertrand est descendu à la cuisine pour presser le service. Dubourg n'entre plus, qu'en tremblant, dans cette chambre jaune, qu'il se promet bien de faire purifier, dès que le magicien en sera sorti. Il s'approche, le moins qu'il le peut, de M. Martin. Ses talons sont encore à un pied de la porte, tant il s'est arqué le dos, tant il a allongé ses bras. Ses yeux sont fixés sur M. Martin, et s'il fait le moindre mouvement, Dubourg laissera tomber les plats. Il les dépose cependant, et sort à reculons, en portant son corps en arrière au point de perdre l'équilibre.

M. Martin se remet à rire. « Jamais, dit-il au « maire, on ne détrompera cet homme de ma « prétendue sorcellerie : je lui ai dit une chose « qui n'est sue que de lui, et je l'ai fait frisson-

« ner. — Qui n'est sue que de lui ? vous la saviez
« aussi. — Je ne m'en doutais pas. Mais je suis
« observateur ; j'ai formé des conjectures, et elles
« ne m'ont pas trompé. Permettez-moi, monsieur,
« de fixer votre attention sur les raisonnemens
« qui m'ont guidé.

« J'ai remarqué, dans l'amour, trois nuances
« bien distinctes, et je ne suis pas une heure dans
« un salon, sans avoir reconnu les petites liai-
« sons clandestines, s'il en existe, et le degré où
« chacun est arrivé.

« L'amour naissant se décèle par des soins, par
« un empressement, que modère la crainte de dé-
« plaire ; par des regards, dont la défiance de soi
« tempère la vivacité ; par des mots équivoques,
« mais heureux, auxquels personne ne s'arrête,
« mais dont le vrai sens n'échappe pas à celle à
« qui ils sont adressés. L'objet de ces vœux, con-
« centrés encore, est loin d'y être insensible.
« Mais la beauté timide ne se hâte pas de répon-
« dre ; elle paraît même ne pas entendre ; cepen-
« dant un sourire, presque imperceptible, vient
« errer sur ses lèvres. Elle s'en aperçoit, et elle
« cherche à détourner d'elle un soupçon, que
« l'observateur seul a conçu, en parlant, avec
« continuité, avec une sorte d'affectation, de
« Long-Champs, de la comédie nouvelle, des
« chapeaux à la mode. Elle croit jouer l'indiffé-
« rence, et elle ne se doute pas que la brusquerie
« de sa transition a mis son cœur à découvert.

« L'amour, partagé et avoué réciproquement,
« prend une autre marche. L'homme aimé ne
« pense plus qu'au prix qu'il attend. Chacun de
« ses mouvemens annonce le trouble, l'impa-
« tience, une sorte d'irritation, le désir, que
« contient à peine le respect des bienséances. Ses
« expressions peuvent être ordinaires; mais son
« ton les rend brûlantes. Au milieu d'un cercle
« nombreux, dans une promenade, au spectacle,
« il n'est plus qu'une femme pour lui. Il sait où
« elle doit être; mais il la trouverait, lors même
« qu'elle ne l'aurait pas instruit de ses démarches.
« Celle dont il est aimé lui répond à présent;
« mais souvent par monosyllabes, et le *non* est
« celle qu'elle emploie le plus. Croyez-vous que
« ce *non* soit désespérant? Il le serait, si la bou-
« che qui le prononce n'était démentie par les
« yeux. Ces yeux sont animés de tous les feux
« de l'amour; le reste paraît calme : c'est qu'une
« femme est toujours maîtresse de ses mouve-
« mens, du choix des mots, et ne l'est pas d'im-
« poser silence à l'organe dans lequel viennent se
« peindre toutes nos sensations. Autrefois ces yeux
« disaient *amour*, à travers les bâtons d'un éven-
« tail; aujourd'hui, les bords avancés d'un énorme
« chapeau dérobent la tête charmante à tous les
« témoins. L'observateur, lui-même, ne sait ce
« qui se passe, qu'en étudiant, à défaut d'autre
« indice, la direction donnée au chapeau : l'amant
« et lui sont presque toujours sur la même ligne.

« Mais pourquoi ce *non*, si fréquemment ré-
« pété, lorsqu'on brûle de dire *oui?* est-ce vertu,
« est-ce imposture? ce n'est ni l'un ni l'autre. On
« est décidé à se rendre; mais on sent que le
« vainqueur attachera, à sa victoire, un prix pro-
« portionné à la résistance qu'il aura éprouvée.
« On se flatte qu'il a assez d'amour-propre pour
« croire que lui seul pouvait faire oublier le de-
« voir; que les difficultés, qu'on lui oppose en-
« core, sont la faible et dernière ressource d'une
« vertu mourante; qu'ainsi son bonheur n'affai-
« blira pas une estime à laquelle on prétend en-
« core, quand on a cessé de la mériter, et que
« la reconnaissance ajoutera à son amour.

Jusqu'ici on a combattu, de part et d'autre,
« avec un avantage à peu près égal; mais l'heure
« heureuse ou fatale a sonné, et tout a changé de
« face. L'amant ne craint pas d'infidélité de la
« part d'une femme à qui sa faiblesse a arraché
« des larmes. Assuré de sa félicité, il s'endort sur
« les myrtes dont la main chérie l'a couronné,
« et dont elle sera toujours prête à lui tresser une
« couronne nouvelle. Ses alarmes ont cessé, et il
« jouit de son bonheur avec calme et sécurité.

« La beauté, qui s'est rendue, se reproche
« d'avoir trop fait, et voudrait, cependant, pou-
« voir faire davantage. Elle redoute l'effet trop
« ordinaire de la jouissance, et une glace flatteuse
« ne la rassure que faiblement. La femme la plus
« ordinaire lui paraît redoutable. Elle a accordé

« des faveurs par goût ; elle les prodigue pour
« fixer, et elle ne sent pas que le moyen qu'elle
« croit le plus propre à affermir son empire, le
« détruira infailliblement. Le moindre manque d'é-
« gards, de soins, de prévenances, la tourmente,
« l'exaspère. Elle n'aura de repos qu'après une
« explication, qui ne la convaincra pas ; mais à
« laquelle elle s'efforcera de croire. Elle portera
« partout des inquiétudes, sans cesse renaissantes ;
« partout elle cherchera, elle abordera son amant.
« Elle le suivra jusque dans les salons, et sa place
« sera toujours près de lui. Fait-il un mouvement ?
« elle le suit des yeux. Parle-t-il à une femme ?
« elle rougit, elle pâlit ; elle se lève, elle marche
« au hasard ; elle donne un coup d'œil à une table
« de jeu, pour avoir l'air de faire quelque chose,
« et elle n'a qu'un but : c'est le fauteuil qui tou-
« che à celui où la satiété berce son amant. Elle
« trahit son secret, et s'étonne qu'on ait pu la
« deviner.

« Voilà, M. le maire, un préambule bien long,
« n'est-il pas vrai ? Il était, peut-être, nécessaire
« pour vous faire bien comprendre ce que je vais
« vous raconter.

« Je m'étais mis, une première fois, à ce bal-
« con. Une fille du village s'approche, et une voi-
« sine lui souhaite le bonjour, en l'appelant par
« son nom. Cette fille passe et repasse, et à cha-
« que fois, un coup d'œil vif, animé, pénétrant,
« est lancé dans cette maison. Ce n'est pas à un

« sale et laid garçon d'écurie que le regard s'a-
« dresse : c'est donc Dubourg que cherche cette
« femme. Sa démarche est timide, incertaine, em-
« barrassée. Elle paraît désirer et craindre, à la
« fois, de voir l'homme qu'elle préfère : elle n'est
« donc pas encore sûre de lui. Cependant, si quel-
« ques mots ne lui avaient fait pénétrer les dis-
« positions secrètes de Dubourg, elle ne s'expo-
« serait pas au ridicule, dont lui-même pourrait
« la couvrir, s'il voyait ses démarches avec indif-
« férence. Elle sent que des imprudences répétées
« l'exposeront au ressentiment de la jeune femme ;
« mais elle s'expose à tout, dans l'espoir de por-
« ter, enfin, Dubourg à se déclarer. Il est clair
« qu'ils en sont encore à l'amour naissant, et c'est,
« d'après c'est aperçu, que j'ai parlé à l'époux,
« qui touchait au moment d'être infidèle. J'ai pro-
« duit sur lui un effet que je peux nommer dia-
« bolique, et je crois l'avoir ramené à sa femme,
« du moins pour quelque temps.

« Parbleu, dit le maire à M. Martin, je suis
« charmé de votre pénétration, et je vais vous
« prier de me donner votre avis sur un choix qu'il
« faut que je fasse, et qui m'embarrasse beau-
« coup. — Je sais ce que c'est. Vous avez ici un
« superbe domaine ; vous avez chassé un régis-
« seur qui vous volait, et vous balancez sur le
« choix du sujet qui peut le remplacer, avanta-
« geusement pour vous. Vous me regardez ! vous
« savez bien que le diable ne s'est pas plus mêlé

« de cette affaire-ci que de celles dont je vous ai
« donné l'explication. »

Bertrand rentre. « Monsieur, dit-il, la dame
« en question vient de passer. — Laissons-là al-
« ler : je la joindrai à Pontoise. — Mais, mon-
« sieur, elle y sera dans deux heures. — Je le sais
« bien ; mais elle sera forcée de s'y arrêter. Lais-
« sez-nous, mon ami.

« Quelle est cette dame, demanda le maire,
« quand Bertrand fut sorti ? — C'est mon secret.
« — Je vous demande pardon ; mais il me semble
« que personne n'a pu vous dire pourquoi ni
« comment elle sera forcée de s'arrêter à Pon-
« toise, et vous n'êtes pas devin. — Vous ne se-
« riez pas très-éloigné de le croire, si j'avais été
« moins franc avec vous. Je peux, sans compro-
« mettre personne, vous dire ce qui retiendra
« cette dame à Pontoise. Elle a régulièrement,
« toutes les semaines, une forte migraine. Elle ne
« l'a pas eue depuis dix jours ; le grand air, la
« chaleur, le bruit, et le mouvement de la voiture,
« lui en donneront certainement une violente au-
« jourd'hui. Revenons, s'il vous plaît, à votre
« régisseur.

« Vous êtes, sans contredit, le personnage le
« plus important de ce village, par votre qualité
« et votre opulence. Une partie de cet éclat se
« reflète sur votre régisseur. Il a, dans certaines
« circonstances, l'honneur de vous représenter :
« il est donc ici le premier après vous. Cette place

« doit être fortement désirée, même par ceux qui
« sont inhabiles à la remplir. Ces gens-là intri-
« guent, et finissent quelquefois par se faire offrir
« ce qu'ils seraient désespérés de voir obtenir au
« mérite modeste, à la probité, au talent. Aucun
« des concurrens ne vous convient. — Irai-je cher-
« cher un inconnu à Paris? Je m'attache à ce qui
« m'entoure, et je veux bien connaître d'avance
« celui à qui je donnerai ma confiance. — Don-
« nez-là à Cognard. — Qu'est-ce que c'est que ce
« Cognard? — C'est le fils d'un petit fermier du
« village voisin.

« Avez-vous quelquefois observé les hommes,
« monsieur le maire? Avez-vous remarqué que
« tous les pères veulent porter leurs fils au-dessus
« d'eux? Je vois, dans ce peu de mots, le germe de
« toutes les révolutions politiques. Ceux-ci veulent
« abattre tout ce qui les empêche de monter ;
« ceux-là s'efforcent de revenir au point d'où la
« force des choses et les circonstances les ont pré-
« cipités. Il n'est pas de transaction qui puisse
« rapprocher ces deux partis. Il faut que l'un fi-
« nisse par écraser l'autre. Mais je m'éloigne de
« l'objet dont nous nous entretenons.

« Le père Cognard mit son fils chez un avoué :
« vous sentez quel honneur c'est, pour un villa-
« geois, qu'avoir un fils avoué ; et pourquoi le
« petit-fils ne serait-il pas président? mais l'ambi-
« tion n'enrichit pas toujours celui qu'elle tour-
« mente. Le père Cognard passait une partie de

« son temps à faire des châteaux en Espagne, et
« l'autre à faire rédiger, pour la société d'agricul-
« ture de Paris, des mémoires, sur différens essais,
« qui avaient à peu près réussi. Une médaille
« d'or, obtenue pour un projet impraticable, finit
« de lui tourner la tête. Cette manière d'être ne
« fait pas prospérer une ferme. Cognard s'aperçut
« que ses affaires étaient dérangées. Il était bon
« homme, au fond; il aimait sa femme et ses en-
« fans. Le chagrin le saisit, et, après avoir vécu
« dupe de sa vanité, il mourut comme un sot.

« Depuis quelque temps, son fils était maître-
« clerc; mais il ne balança pas entre son devoir
« et son intérêt personnel. Il lui restait une mère
« et deux sœurs. Il quitta son étude et ses habits
« bourgeois ; il reprit sa blouse bleue, les sabots,
« et le soc de la charrue. Depuis deux ans, il
« soutient ses parens par un travail pénible, mais
« honorable.

« Voilà du désintéressement et de la rigoureuse
« probité. Cognard entend très-bien les affaires,
« et c'est l'homme qu'il vous faut.—Mais sa ferme ?
« — Le bail expire dans huit mois. Cognard don-
« nera à sa mère un garçon de confiance, et vous
« lui permettrez d'aller, de temps en temps, sur-
« veiller les travaux.

« —Ma foi, M. Martin, vous êtes un homme de
« bon conseil. Je vais envoyer chercher Cognard.
« Mais qui vous a dit tout cela ? — J'ai voyagé
« une heure avec Rosalie, la plus jolie laitière du

« canton. — En attendant Cognard, allons-nous
« promener dans mon parc, ou, si vous l'aimez
« mieux, nous ferons une partie de billard. — Je
« le veux bien. »

Ils sortent, ils traversent le village. Un bruit confus part d'un cabaret; ils s'arrêtent. Les notables du lieu s'étaient rassemblés. Il ne s'agissait de rien moins que d'une requête au préfet, qui le supplierait, de par Dieu, de destituer le maire, qui est évidemment en commerce intime avec le diable. « Passons, passons, dit M. Martin. Vingt
« paysans se rassemblent pour renverser leur pre-
« mier magistrat. Chacun d'eux se flatte, en se-
« cret, qu'il le remplacera; voilà le mot. D'après
« cela, vous n'avez pas le moindre tumulte à
« craindre. Ces gens-là, loin d'exaspérer les es-
« prits, chercheraient à les calmer, pour s'en faire
« ensuite un mérite auprès de l'autorité supé-
« rieure. Laissez-les écrire. Le soleil sera couché,
« avant qu'ils soient d'accord sur la rédaction, et
« demain le préfet se moquera d'eux. »

M. Martin trouve, à la porte du maire, Bertrand, sa calèche et ses chevaux. A peine était-il sorti du Coq-Hardi, que Dubourg avait fait déloger le valet et l'équipage. Bertrand était porteur du mémoire de l'aubergiste, qui avait écrit au bas : *Reçu comptant, du cocher du diable, la somme de quinze francs.*

Monsieur le maire se trouvait très-bien de la conversation de M. Martin. Elle était montée sur

un ton très-gai, et l'homme de bonne humeur tire rarement sa montre. Cependant monsieur le maire finit par remarquer que Cognard se faisait attendre.
« C'est l'heure de son dîner, dit M. Martin. Il se
« délasse du travail du matin au milieu des objets
« de ses affections. Quelle raisons aurait-il de se
« presser? Si, d'ailleurs, vous voulez que je vous
« parle franchement, je doute fort qu'il accepte
« la place que vous lui destinez. — Pourquoi donc
« m'avoir conseillé de la lui offrir? — Oh, je ne
« suis pas infaillible, et je me suis laissé entraîner
« d'abord par le désir de vous rendre service à
« tous deux. J'ai réfléchi depuis. En vous écou-
« tant, et en bloquant une bille, j'ai pensé plu-
« sieurs fois à Cognard, et, d'après l'idée que je
« me suis formée de son caractère... non, il n'ac-
« ceptera pas. »

Cognard paraît enfin. C'est un garçon de vingt-cinq ans, grand, bien tourné, et d'une figure heureuse. Il se présente avec politesse, mais sans marquer d'embarras. L'homme qui habite un château ne l'éblouit pas, et il ne lui marque d'égards qu'autant qu'il l'en croit digne.

Monsieur le maire lui parle du régisseur qu'il a renvoyé, de son intention de le remplacer par un homme en état de suivre un procès, si les circonstances en amènent, et surtout de juger, d'après ses connaissances en agriculture, de la capacité des fermiers qui pourront se présenter plus tard; des sûretés qu'ils peuvent offrir au proprié-

taire. Cognard ne répond pas un mot. Monsieur le maire s'imagine qu'il ne l'a pas compris, et lui fait une proposition précise. Cognard, obligé de se prononcer, se recueille un moment, et parle d'un ton modeste, mais ferme. « Monsieur le
« maire, je suis honoré de la confiance que vous me
« marquez, et peut-être en suis-je digne. Je sais
« que vous donnez à votre régisseur des émolu-
« mens au-dessus de ce que je gagne; mais je tiens
« à mon indépendance. Je me suis soumis à un tra-
« vail soutenu, pour m'acquitter envers ma mère ;
« pour doter un jour mes sœurs. Je mène une
« vie dure ; mais mon existence, celle de ma fa-
« mille sont assurées. Je ne ferai pas dépendre
« notre sort d'une fantaisie, d'un caprice, qui
« pourraient m'ôter demain ce qu'ils m'ont donné
« aujourdhui. — Vous êtes fier, M. Cognard. —
« Non, monsieur le maire. Mais je suis un homme
« qui vaut quelque chose, et je ne vois pas pour-
« quoi je me le dissimulerais.

« Que vous ai-je dit, s'écria M. Martin ! C'est
« bien, c'est très-bien, M. Cognard. Je suis con-
« tent de vous. Raisonnons cependant, avec
« calme, sur cette proposition que vous rejetez.
« Votre bail expire dans huit mois, et vous n'a-
« vez pas encore de ferme. — J'en conviens. Mais
« je traite avec un propriétaire... — Qui ne finira
« pas avec vous. — Et pourquoi, s'il vous plaît ?
« — Parce que Séverin veut absolument avoir la
« ferme. — Je le sais. — Et il enchérira sur vous,

« quelque prix que vous en donniez. — Qui vous
« a dit cela ? — Je conviens que plus on promet,
« et souvent moins on donne. Mais M. Durand
« ne s'inquiète pas de l'avenir, parce que ses fer-
« miers l'ont toujours payé. Il est vrai que, plus
« d'une fois, il a fait vendre la récolte sur pied,
« et qu'il a ruiné le malheureux cultivateur. Mais
« que lui importe ? une caisse dont il se sert peu,
« est constamment pleine, et ses vues ne s'éten-
« dent pas plus loin. »

Cognard se frotte le front. « Oui, c'est bien là
« le caractère de M. Durand. Vous le connais-
« sez, monsieur. — Moi, je connais tout le monde.
« Voyons maintenant, M. Cognard, ce que vous
« deviendrez, n'ayant plus de terres à faire va-
« loir. Une mère, deux sœurs sur les bras, et
« pas de moyens d'existence. — Monsieur, vous
« me faites frémir! — Vous voulez épouser une
« laitière... — Une laitière! une laitière! Qui
« épouserais-je dans ma position ? une bourgeoise,
« qui croirait me faire beaucoup d'honneur, et
« qui dédaignerait ma mère et mes sœurs ? D'ail-
« leurs, monsieur, cette laitière est sage, jolie,
« sensible... — Et met son bonheur à vous appar-
« tenir un jour; mais l'indigence lui fermera vos
« bras. — Pourquoi chercher, monsieur, à m'af-
« fliger de toutes les manières ? Quand je rencon-
« tre un malheureux, je le plains, je le console.
« — Vous plaindre, vous consoler! Je ferai mieux,
« mon cher Cognard.

« Si vous aviez accepté, sans balancer, les pro-
« positions de monsieur le maire, vous ne seriez, à
« mes yeux, qu'un homme vulgaire, et je laisserais
« aller les choses au gré des circonstances. Votre
« résistance vous a acquis mon estime, et jamais
« elle ne se borne à de stériles protestations. Je
« vais tout arranger. Vous êtes régisseur de cette
« superbe terre ; voilà une affaire réglée. Et je vous
« promets, reprit monsieur le maire, de n'avoir ni
« fantaisies ni caprices. Les domestiques attachés
« à ma personne, me servent tous depuis long-
« temps ; interrogez-les. Monsieur le maire, re-
« prend M. Martin, a couvert ses pâturages de bes-
« tiaux ; votre mère entend l'économie rurale ; elle
« sera chargée de cette partie : ce travail est doux
« et facile. Elle terminera, ici, heureusement sa
« carrière. Votre sœur aînée sait travailler en
« linge ; elle aura soin de celui du château, et plus
« tard on emploiera la petite Marguerite : vous la
« mettrez en état de faire quelque chose. Mon-
« sieur le maire, acquiescez-vous à ce que je viens
« de proposer ? — Oui, parbleu, et de tout mon
« cœur. — Mais, messieurs, vous ne pensez pas
« que les emplois que vous destinez à ma mère
« et à ma sœur sont remplis par quelqu'un. Moi,
« j'établirais le bien-être de ma famille sur la
« ruine des autres ! jamais, jamais.

« Diable, s'écria M. Martin, je n'avais pas pensé
« à cela. Tous les obstacles sont levés, répondit
« monsieur le maire. J'ai renvoyé, avec le régisseur,

« ceux qui étaient sous ses ordres : ils me volaient
« de concert.—Hé bien, mon cher Cognard, que
« vous reste-t-il à dire ? — Je n'ai plus, messieurs,
« qu'à me taire et à vous bénir.—Allons, monsieur
« le maire, donnez vos ordres à votre régisseur. »

Le maire voulait que Cognard vînt s'établir chez lui le jour même. Il lui représentait qu'un certain nombre d'ouvriers étaient sans surveillant; que différentes parties productives étaient abandonnées depuis deux jours. Il ajoutait, pour le déterminer, que son régisseur habite cette jolie petite maison isolée qu'on voit là, dans le parc, et à laquelle tient un jardin bien tenu et en plein rapport.

Cognard répondait qu'il n'était pas préparé à son changement de condition ; qu'il fallait nécessairement qu'il arrangeât ses affaires ; qu'il était, surtout, indispensable qu'il mît, dans sa ferme, un homme intelligent et sûr, et que cela ne se trouve pas en un moment. Il demandait huit jours.

Monsieur le maire jeta les hauts cris. M. Martin arrangea encore cette affaire. « D'ici à la moisson,
« disait-il, il n'y aura rien à faire aux champs, et
« l'agent, que vous mettrez dans la ferme, passera
« son temps à regarder jaunir vos épis. M. Cognard,
« vous coucherez ici ce soir, et demain vous ins-
« tallerez votre famille. Tous les jours, après avoir
« donné votre coup d'œil partout, vous monterez
« à cheval, et vous irez, pendant deux ou trois
« heures, vous occuper de vos affaires personnel-

« les. Allons, messieurs, allons voir la jolie petite
« maison isolée. »

Cognard suit ses protecteurs, et le premier objet qu'on rencontre, à quatre pas du château, c'est Rosalie : Cognard n'a pas traversé le village sans lui dire un petit bonjour bien tendre. Rosalie est embarrassée, agitée. Elle baisse les yeux d'abord ; elle les relève, en rougissant, et les porte sur M. Martin. Elle prend sa main, et la baise. « Je ne sais comment cela se fait, mais fille
« qui aime a toujours l'oreille plus fine qu'une
« autre, dit M. Martin. — Je vous assure mon-
« sieur, que je n'ai rien entendu. — Non ? ah, je
« me trompe quelquefois. Je vais donc vous in-
« struire. M. Cognard est régisseur de cette terre ;
« il vous épouse dans quinze jours, et vous allez
« venir, avec nous, voir votre nouvelle habita-
« tion. Ah çà, si vous n'avez rien entendu, pour-
« quoi donc cette marque de déférence et d'af-
« fection que vous me donniez tout à l'heure ? —
« Ah, monsieur, ce billet de banque... — J'avais
« bien l'intention de vous l'offrir ; mais j'ignorais
« que vous l'eussiez reçu. Je vois que Bertrand
« devient aussi observateur, et qu'il commence à
« me deviner.

« Un billet de mille francs, dit le maire ! — Il
« n'en faut pas conclure que je sois millionnaire.
« Je donne mille francs à l'homme estimable qui
« en a besoin. C'est mon taux, et il ne m'est pas
« encore arrivé de les donner deux fois dans l'an-

« née. Bertrand, en marquant notre jeu au bil-
« lard, a appris à connaître Cognard, et il a jugé,
« avec beaucoup de sagacité, que le moyen de
« lui rendre le cadeau plus agréable, était de le
« faire passer par les mains de Rosalie. Je suis
« content de vous, Bertrand. Mes bons amis, ce
« billet est le présent de noces. Moi, je donnerai
« le repas, dit le maire. Ah, messieurs, messieurs,
« reprit Cognard, c'en est trop; je ne souffrirai
« pas... — Encore de la fierté, du raisonnement?
« M. Cognard, si vous ajoutez un mot, je me
« brouille avec vous. — Mon bon ami, ne fâche
« pas monsieur. Tu ne sais pas qu'il est sorcier.
« — Comment, il est sorcier! — Mais un sorcier
« de la meilleure espèce. — Allons, allons, voyons
« la jolie petite maison. »

On entre, on va de chambre en chambre. Tout est plus soigné, plus gai, que dans la maison du procureur, chez lequel a travaillé Cognard. Rosalie est dans l'enchantement. Un sourire de satisfaction se développe sur les lèvres du jeune homme, et il regarde, sans lui dire un mot, celle qui va partager son bonheur. « Voilà, enfin, le
« langage du cœur, s'écrie M. Martin », et il embrasse Cognard de toutes ses forces.

Cognard, ébranlé par ces messieurs, fut aisément vaincu par l'amour. Il trouva très-bien et très-simple ce qui, d'abord, lui avait paru un peu précipité, et il s'occupa, franchement, de la distribution des lieux. « Voilà, dit-il à Rosalie, notre

« chambre à coucher. » La jeune fille n'approuva que par une inclination de tête, et elle rougit jusque aux yeux. « Voici, dit-elle, la chambre de « ta mère ; celle-ci sera pour tes sœurs. Que fe- « rons-nous de cette grande pièce ? Permettez, dit « M. Martin, que je la meuble, et que je me la « réserve : j'en aurai peut-être besoin. Ah, mon- « sieur, s'écrièrent ensemble, les jeunes gens, « tout, ici, est à vous.

« Viens, Cognard, viens apprendre la grande « nouvelle à tes parens. Ta bonne mère va pleurer « de joie. » Elle prend le bras de son ami, et ne marche pas : elle saute, elle chante, elle rit ; elle ne se possède pas. M. Cognard, cria le maire, « je « vous attends ce soir.

« M. Martin, je vous dois beaucoup, et de « toutes les manières : vous m'avez fait connaître « des jouissances que, jusque ici, je n'avais « qu'effleurées. Je crois que cet aveu vous fera « compter M. de Polmont au rang de vos amis.
« — Monsieur de Polmont, rien de si commun « que le nom ; rien de plus rare que la chose. On « appelle son ami un homme qu'on connaît à « peine, celui avec qui on n'a que quelques rap- « ports de goûts ; on presse la main de l'être con- « fiant qu'on cherche à supplanter ; on se dit l'ami « d'un homme à qui on ferme sa bourse ; on sé- « duit la femme de son ami. Vous avez, quelque- « fois, vu de la fausse monnaie. M. de Polmont ?
« — Oui, M. Martin. — Hé bien, l'amitié du jour

« ressemble beaucoup à cela. — Vous ne me flat-
« tez pas. — Je ne flatte personne. — Je voulais
« vous offrir le dîner de l'amitié; vous accepterez,
« au moins, celui de la reconnaissance. — Cela
« dépend de l'heure qu'il est... quatre heures.
« J'aurai le temps d'arriver à Pontoise à celle où
« je me couche ordinairement : je suis régulier
« dans tout ce que je fais. »

On est à table. On commence par manger en silence; c'est assez l'usage. M. de Polmont pensait à tout ce qui s'était passé depuis le matin, et il grillait de savoir qui était cet homme, dont l'influence agissait sur tout le monde, avec une force irrésistible.

M. Martin l'observait en mangeant, et il lui dit : « Vous allez m'assaillir d'une foule de ques-
« tions : je veux vous en épargner la peine. Vous
« savez qu'on m'appelle Martin; je vous assure
« que je suis honnête homme; j'ai de l'aisance,
« et je n'exerce aucune profession. Il vous im-
« porte peu de savoir qui était mon père; si je
« suis gentilhomme ou roturier, et si j'ai mille
« écus, ou cent mille livres de rente. Voilà, mon-
« sieur, tout ce que je peux vous dire. — Vous
« êtes bien réservé, M. Martin. — J'ai, sans doute,
« de bonnes raisons pour l'être, M. de Polmont.
« — Au moins, aurai-je le plaisir de vous revoir?
« — Peut-être ici, monsieur. — Et quand,
« M. Martin? — Peut-être dans quelques jours... à
« propos de cela... Bertrand! Bertrand! donnez

« vingt-cinq louis à monsieur le maire. C'est bien.
« Allez, mon ami. Monsieur, vous me ferez le plai-
« sir de remettre cet argent à Cognard, et vous le
« prierez de faire meubler, de suite, la chambre
« que je me suis réservée chez lui... Allons, qu'est-
« ce encore? de nouvelles questions?—Comment
« se fait-il que vous, qui connaissez si bien les
« hommes, vous laissiez votre argent à la dispo-
« sition d'un domestique, qui peut disparaître de-
« main?—Il est impossible que Bertrand se sépare
« jamais de moi.—Et pourquoi?—C'est encore un
« secret. Adieu, monsieur. Je vous remercie de
« l'accueil que vous m'avez fait, et je crois que
« nous dînerons encore ensemble, ici ou ailleurs. »

Parbleu, se disait M. Martin, en montant dans sa calèche, j'ai passé huit heures à Achères; mais elles n'ont pas été perdues, et voilà comment j'aime à employer mon temps.

CHAPITRE III.

La dame de Pontoise.

« Nous avons perdu le village de vue, dit
« M. Martin en arrêtant ses chevaux. Venez, Ber-
« trand, mettez-vous là... Serrez-vous donc. Si je
« vous laissais faire, vous me colleriez aux parois
« de ma voiture... Vous avez mal dîné, mon ami,
« et c'est moi qui en suis cause. — Vous avez bien
« fait, monsieur, de vous arrêter là... Si je pou-

« vais rire, je rirais, et de grand cœur. — De
« quoi donc? — De la surprise des domestiques
« du maire, quand ils ont vu que je ne vous ser-
« vais pas à table; de la stupéfaction dans laquelle
« ils sont tombés, quand j'ai refusé de partager
« un bon dîner avec eux, pour aller, dans la ca-
« lèche, manger du pain et ronger une carcasse
« de poulet froid. — Le domestique, auront-ils
« dit, est aussi extraordinaire que le maître. Nous
« avons laissé de nous, dans ce village, des idées
« bien singulières, ah, ah, ah, ah! Mon cher
« Bertrand, vous vous dédommagerez ce soir, à
« Pontoise, de la frugalité de votre dîner... Com-
« ment, le sommeil vous gagne encore! — Hé,
« monsieur, je n'ai pas fermé l'œil de toute la
« nuit dernière, et la nature ne perd pas ses
« droits. — Faudra-t-il que je couche avec vous,
« pour vous distraire de vos tristes idées? Ber-
« trand, le chagrin aggrave le mal. On ne le sur-
« monte qu'avec du courage et de la persévérance.

« — Qu'opposer à la princesse? — Moi, vous,
« tous les honnêtes gens. Il y en a bien peu; mais
« ils sont forts de leur réputation, s'ils sont fai-
« bles par le nombre. — A la bonne heure. Mais
« le rang de cette dame? — Elle le flétrit. — Ses
« richesses? — Elle en abuse, et l'excès même des
« abus est le signe certain de leur prochain anéan-
« tissement. Mon ami, l'homme naît bon; la na-
« ture lui a donné des passions qui devraient
« tendre à son bien-être; mais l'ambition, la

« cupidité l'exaltent, les privations l'irritent : c'est
« dans la civilisation qu'il faut chercher la cause
« du mal. Mais aussi l'intérêt général repousse
« l'ennemi de la société, de quelque nom, de
« quelque vernis qu'il se couvre, et tôt ou
« tard il succombe. Soyez tranquille, et dormez,
« puisque vous pouvez dormir. »

M. Martin tenait les rênes d'une main, et de
l'autre un La Bruyère, dont il lisait, par-ci, par-
là, quelques pages. Les hommes, pensait-il, devraient savoir ce livre-là par cœur : il y aurait
moins de dupes, et, par conséquent, moins de fripons. La différence que j'établis entre la Roche-
foucault et La Bruyère, c'est que le premier a fait
ses *Maximes* moins avec des observations qu'avec
de l'esprit, et que le second, toujours simple,
séduit et persuade, par cela seul qu'il est vrai.

Déja la calèche touchait aux premières maisons
de Pontoise. Je ne me croyais pas si avancé, se
dit M. Martin. Des réflexions et un livre sont
plus que suffisans pour qu'on oublie où on est.
Il éveille Bertrand en sursaut. « Vite, vite, mettez
« votre faux nez. Il nous a déja été utile, et il le
« sera vraisemblablement encore ce soir. Le rôle
« que vous avez pris, et que, par parenthèse,
« vous ne jouez pas toujours très-bien, vous rap-
« prochera de Matiska. Vous l'observerez, vous
« l'épierez, et, peut-être, parviendrez-vous à lui
« parler. Moi, je pousserai sa maîtresse, et je
« crois que nous découvrirons quelque chose. «

Vous imaginez probablement que cette dame, après laquelle M. Martin court, en chevalier errant, est jeune, jolie, aimable. Elle a cinquante ans ; son teint est jaune ; ses yeux sont caves ; ses joues flétries ; son front se couvre de rides : on vieillit vite, quand on n'est pas bien avec soi-même.

M. Martin ne connaît ni Pontoise, ni aucun de ses habitans. Il faut donc demander quelle est la meilleure auberge : c'est là, sans doute, que la princesse use sa migraine. On arrive à la porte de l'hôtel du Grand-Cerf ; on demande à voir des chambres ; on est logé.

« Ma fille, dit M. Martin à la servante qui ar-
« rangeait son lit, il est arrivé ici, à quatre heu-
« res, une grande dame, qui était, avec ses fem-
« mes, dans une berline devant laquelle couraient
« deux laquais en livrée. — Oui, monsieur. —
« Cette dame a la migraine, et elle est couchée.
« — D'où savez-vous cela, vous qui arrivez ? —
« On me l'a dit. » Je n'ai pas envie pensa-t-il, de faire ici le sorcier : cela me mènerait trop loin, et m'écarterait de mon objet. « Où est l'apparte-
« ment de cette dame ? — Là, à côté de votre
« chambre. — Allez lui dire qu'un étranger de-
« mande à la saluer. — Puisque vous savez mon-
« sieur, qu'elle a la migraine, vous devez penser
« qu'elle ne recevra pas un étranger. — La re-
« marque est d'une fille de bon sens. Faites ve-
« nir Matiska, la première de ses femmes. — Là

23.

« première de ces dames ne quitte pas le lit de
« la princesse. — Oh, que d'obstacles! Je saurai
« les lever. » M. Martin marche droit à l'appartement de madame, et Suzette se précipite. Elle
entre; elle crie qu'un monsieur, à qui elle a refusé la porte, va forcer l'entrée. Matiska se présente avec un air de dignité qui fait rire M. Martin. Elle fixe l'insolent qui ose lui manquer de
respect... Elle recule, elle pâlit; elle veut balbutier quelques mots, et les sons expirent sur ses
lèvres. Suzette sort, ne comprenant rien à ce
qu'elle voit. M. Martin est auprès du lit de la
princesse. « Madame, vous avez déja donné cinq
« heures à votre migraine; j'espère que vous
« m'accorderez bien cinq minutes. — Matiska,
« parlez à cet homme qui me fatigue. — Cet
« homme, madame, ne parle aux domestiques
« que lorsqu'il a besoin de leurs services. »

La princesse fait un effort. Elle se tourne vers
M. Martin; elle ouvre les yeux, et paraît douter de
ce qu'elle voit. « C'est moi, madame, c'est bien moi.
« —Que me voulez-vous encore, cruel homme que
« vous êtes?—Cruel homme, dites-vous! Quelle
« épithète vous donneront donc vos victimes? Vous
« avez, sur l'une, des droits auxquels vous donnez
« la plus révoltante extension; vous n'en avez au-
« cun sur l'autre, et je veux la tirer de vos mains.
« Où est-elle?—Je ne vous le dirai pas.—Madame,
« le prince, votre époux, est un des hommes
« que j'ai le plus aimés, parce que j'avais pour lui

« une profonde estime.—Et voilà pourquoi je ne
« vous crains pas. — C'est par respect pour sa
« mémoire, que je me suis borné à vous suivre
« de Berlin ici, observant tout, et attendant de
« quelque circonstance heureuse, ce que, jusqu'à
« présent, vous m'avez refusé. Mais le motif de
« ces ménagemens cédera enfin à des considéra-
« tions d'une plus haute importance. Réfléchissez,
« madame, que la conduite que vous tiendrez
« aujourd'hui peut influer sur le reste de votre
« vie.—Qui ne vous craint pas, ne redoute per-
« sonne. — Je vous entends : vous êtes très-bien
« à la cour de Russie, et vous croyez votre crédit
« inébranlable. Il est vrai que le sort des souve-
« rains est d'être souvent trompés par ce qui les
« entoure; mais leurs yeux s'ouvrent quelquefois,
« et il n'y a pas aussi loin que vous le croyez,
« des marches du trône en Sibérie.

« Au fait, madame. Vous avez traversé l'Alle-
« magne et toute la France, en évitant soigneu-
« sement les grandes routes jusqu'à Troyes. Vos
« précautions mêmes indiquent un plan secret,
« que j'ai pénétré, que vous suivez avec opiniâ-
« treté, et dont vous voulez dérober l'exécution
« à tous les yeux, et surtout aux miens.—J'ai un
« plan, sans doute, et ce n'est pas à vous que je
« le nierai. Mais c'est vous seul qui m'avez fait
« traverser la plus grande partie de l'Europe.
« Croyez-vous que je ne vous aie pas fait observer
« de mon côté? Je savais que vous me suiviez, et

« je voulais vous dérober ma marche. C'est pour
« y parvenir que j'ai pris tous les chevaux qui
« étaient à la poste de Troyes, persuadée que je
« gagnerais quelques heures sur vous. Voilà tout
« ce que je veux vous dire, tout ce que vous sau-
« rez. — Et c'est à Troyes que j'ai perdu de vue
« cette voiture mystérieuse, qui a marché pendant
« trois jours en avant de la vôtre. Je ne vous de-
« mande pas qui était dans cette voiture; je le sais
« comme vous. Vingt fois j'ai été tenté de la faire
« arrêter, et je n'ai été retenu que par la crainte
« d'un éclat qui vous eût diffamée. Finissons.
« Qu'est devenue cette voiture? — Je me tais —
« Vous n'ignorez pas, madame, que mes conjec-
« tures sont souvent assez justes : vous persistez
« à vous taire, et vous entrez en Normandie, et
« vous vous dirigez sur les bords de la mer!
« Très-vraisemblablement, ce n'est pas vous qui
« allez-vous embarquer. »

Ici, M. Martin fixe la princesse, et remarque
une altération sensible dans ses traits. « Vous pa-
« raissez revenir à des sentimens de modération.
« Parlez, parlez, madame. Il y a toujours quelque
« grandeur à avouer ses fautes; il est toujours
« temps de les réparer. — Quand j'ai pris un
« parti, je suis inébranlable. »

Monsieur! monsieur! crie une voix qui arrive
toujours à l'oreille de M. Martin. Il sort, il descend. Bertrand le tire à part, dans le fond de la
cour. « Matiska, lui dit-il, a conduit, sous cette

« appentis, un domestique de la princesse, et lui
« a parlé bas. Je me suis glissé près d'eux, à la
« faveur de l'obscurité, et cependant je n'ai pu
« entendre que quelques mots sans suite : pas
« de temps à perdre... Un cheval de poste... à
« Dieppe... Bolesko... ah! monsieur! Bolesko, qui
« a si indignement abusé de ma crédulité! — A
« Dieppe, a dit Matiska, à Dieppe! C'est là qu'il
« faut aller. Mon cher Bertrand, des chevaux de
« poste, à l'instant, à la minute. On veut préci-
« piter l'accomplissement de l'infernal projet : il
« faut prévenir ces gens-là. Allez, courez; moi, je
« vais faire garnir les coffres de la calèche. »

M. Martin donne ses ordres. Il met ses chevaux
en subsistance dans l'hôtel : il les reprendra au
retour.

Bertrand revient. Lui et M. Martin aident aux
postillons. En un clin d'œil tout est prêt. Six
francs aux guides, dit M. Martin. On est en voiture, on est parti.

J'entends déjà les observations de la critique.
Comment M. Martin, qui voyage avec ses chevaux, a-t-il pu dépasser la princesse, qui court
la poste? La remarque est tellement importante,
que je ne peux m'empêcher d'y répondre.

De Berlin à Paris, M. Martin avait été en poste
comme la princesse. Cette dame, qui cherchait
à le dérouter, s'était arrêtée dans la capitale de
la France, et s'y tenait bien cachée... Elle le
croyait, au moins. Mais il y a, à Paris, des in-

specteurs d'hôtels-garnis, qu'on ne paie pas cher, et qui ne s'effraient pas d'un cadeau, offert de bonne grace. Il était défendu aux gens de la princesse, de mettre le pied dans la rue; mais son train était assez remarquable pour que M. Martin sût, dans les ving-quatre heures, qu'elle logeait à l'hôtel des princes, rue de Richelieu.

Bertrand, avec son faux nez, était allé prendre dans cet hôtel un logement modeste. Il ne tarda pas à s'approcher de mademoiselle Éliska, la plus jeune et la plus causeuse des femmes de la princesse. Il ne lui parlait que de la pluie et du beau temps, de peur de se rendre suspect : il voulait la voir venir. Mademoiselle Éliska était très-réservée. Mais une jeune femme de chambre a toujours quelques petites affaires, que ne lui fait pas entièrement oublier le zèle avec lequel elle sert sa maîtresse. Éliska avait connu, à Pétersbourg, un très-joli chasseur, attaché à la maison d'un grand seigneur, actuellement ambassadeur de Russie en France, et elle désirait beaucoup ne pas quitter Paris sans renouveler connaissance avec lui. Elle était aux arrêts dans l'hôtel; elle n'avait donc qu'un moyen : c'était d'y appeler son chasseur. Elle voulait que sa lettre lui fût remise en main propre, parce qu'il avait fait la sottise de se marier, et la sottise, plus forte, d'avoir permis à sa femme de le suivre. Éliska regardait Bertrand comme son ami, et elle le pria de vouloir bien se charger de faire sa commission.

Bertrand accepte, avec empressement, cette marque de confiance; il déclare même qu'il s'en tient très-honoré. Mais au premier coin de rue, il ouvre la lettre, ce qui n'est pas très-bien, et ce qui ne lui fut pas difficile : le pain à cacheter était encore mouillé. Ses motifs, que vous connaîtrez plus tard, le rendent excusable.

Mademoiselle Éliska ne savait rien des grands projets de madame. Mais, en allant et venant, elle saisissait toujours quelque chose de ce qui se disait entre elle et Matiska. Elle informait le chasseur, d'un style passionné, qu'elle avait, au plus, trois jours encore à passer à Paris, et elle l'invitait à en tirer le plus grand parti. Elle ajoutait que l'occasion n'était pas à négliger, parce qu'il y avait lieu de croire qu'ils ne se reverraient de long-temps : elle avait entendu qu'on allait en Normandie, et on avait parlé de retourner à Pétersbourg par les Pays-Bas, le Hanovre et la Prusse.

Bertrand recachète la lettre, et la porte à son adresse. Il court chez M. Martin, et lui fait part de ce qu'il a appris. M. Martin le charge d'acheter deux chevaux, et de les conduire à Saint-Germain : il prévoit déjà le parti qu'il en pourra tirer. Il se rend dans cette ville, la veille du jour où madame devait quitter Paris, et M. Bertrand, avec son faux nez, s'établit, de planton, dans la rue qui communique au chemin de Paris. La princesse arrive le soir, et s'arrête pour coucher. Le lendemain M. Martin part à une heure à laquelle une femme de distinction ne s'est jamais levée. Vous savez le reste.

Le soleil paraissait à peine, lorsque nos voyageurs entrèrent à Dieppe. Ils avaient eu le temps, en route, de convenir de ce qu'ils feraient en descendant de voiture, et chacun d'eux s'occupa aussitôt de remplir la tâche dont il s'était chargé.

Bertrand fit éveiller le commissaire de la marine, pour savoir quels étaient les voyageurs qui attendaient le moment de s'embarquer. Le commissaire, qui trouvait les journées assez longues en les commençant à huit heures, dit à sa cuisinière d'envoyer promener Bertrand. Bertrand, qui n'était pas venu à Dieppe pour s'y promener, insista, et voulait, à toute force, parler au commissaire. La cuisinière, rigoureuse observatrice de sa consigne, se mit en travers de la porte, et jura à Bertrand qu'il n'irait pas plus loin. Bertrand protesta que la perte d'une heure pouvait lui en occasioner une qui serait irréparable. La cuisinière cessa de discuter, et resta ferme à son poste.

Pendant qu'ils se regardent, face à face, M. Martin est sur le port. Les marins quittent volontiers leur lit, quand ils n'ont plus rien à y faire, et M. Martin trouve, à chaque pas, des gens prêts à lui répondre. En moins d'une heure, il sait l'histoire et la destination des quinze à vingt bateaux que peut contenir le port de Dieppe. On allait équiper les uns pour la pêche du hareng ; d'autres prenaient un chargement de cidre, destiné à être baptisé à Paris ; celui-ci devait porter des eaux-de-vie à Jersey ; celui-là allait fournir aux habitans du nord des États-Unis d'Amérique de quoi se vêtir chaudement en allant à la chasse aux castors.

M. Martin termine ici ses questions, et commence à réfléchir. Pour juger de ce que fera quelqu'un qu'on veut pénétrer, pensait-il, il faut se mettre à sa place. Si j'étais la princesse, aurais-je donné ordre à Bolesko d'aller à la pêche aux harengs, ou de retourner par mer à Paris? Non, certainement. L'enverrais-je à Jersey? cette île est trop près des côtes de France. Mais le territoire des États-Unis est immense. On peut, en s'enfonçant jusqu'à ses dernières limites, être inconnu au reste de l'univers : c'est à bord de ce brick que s'embarquera Bolesko.

M. Martin s'arrête donc devant l'Hirondelle, et observe ce qu'on y fait. Bientôt certaines dispositions lui annoncent un départ très-prochain. Il ne balance pas, et il entre dans le bâtiment. Il salue le capitaine, et il engage la conversation. Il apprend qu'on doit mettre à la voile à la marée du soir. « Vous avez sans doute, dit-il, quelques « passagers qui veulent aller respirer un air libre? « —Non, monsieur, je n'ai personne. » Cet homme me tromperait-il, pensa M. Martin? Est-il de connivence avec ce fripon de Bolesko? Il est constant qu'il n'y a encore aucun passager à bord :

je ne quitterai pas le quai; j'y passerai toute la journée, s'il le faut.

Il se promenait en long et en large, lorsqu'il vit arriver Bertrand, hors d'haleine, et la joie dans les yeux. « Ils sont ici, ils sont ici, lui cria-
« t-il d'aussi loin qu'il l'aperçut. En sortant de
« chez le commissaire de la marine, qui m'a fait
« positivement mettre à la porte, j'ai rencontré
« le domestique que Matiska a expédié hier au
« soir. Il a quitté sa livrée; il marchait précipi-
« tamment; il a passé près de moi sans me recon-
« naître, et c'est ce que je craignais : il m'a vu
« avec mon faux nez à l'hôtel des princes. —
« Vous l'avez suivi, sans doute? — Je n'y ai pas
« manqué. Venez, venez, je vais vous conduire
« à leur auberge, et j'abandonnerai, à votre sa-
« gesse, la direction que vous croirez devoir
« donner à un dénouement que, depuis si long-
« temps, nous désirons tous les deux. »

A peine finissait-il de parler, qu'ils virent ce même domestique, accompagnant une voiture à bras, chargée de malles, qu'il dirigeait vers le bâtiment destiné pour l'île de Jersey. « L'obser-
« servateur le plus exercé peut se tromper, dit
« M. Martin. Mais je les devine à présent. Ils
« vont à Jersey, où ils seront à l'abri de toutes
« poursuites, et là, ils profiteront de la première
« occasion favorable pour mettre l'immensité de
« l'Océan entre eux et nous. Pas mal vu, pas mal

« vu. Mais ne perdons pas de temps en vaines
« réflexions : le moment d'agir est arrivé. »

M. Martin marche droit au domestique, et lui frappe fortement sur l'épaule. « Éric, tu m'as vu
« hier soir, et tu ne te doutais pas que je pusse
« être ici si matin. » Le domestique s'arrête, et la frayeur se peint dans tous ses traits. Il balbutie que ce n'est pas à lui à juger les motifs des ordres qu'il reçoit; que son devoir est de les exécuter. « En Russie, on donne le knout aux serviteurs
« zélés de ton espèce; ici, on les envoie aux ga-
« lères. Tu sais ce que je peux : obéis en silence;
« c'est le seul parti qui te reste. Fais retourner
« ta brouette, et conduis-nous à l'auberge d'où
« elle est sortie. »

Ils avaient remonté le port, et ils rentraient dans la ville, lorsque Bertrand reconnut Bolesko, qui descendait vers la mer. Une jeune personne tenait son bras, et marchait de manière à faire croire qu'on n'usait envers elle d'aucune violence, Bertrand remet son faux nez dans sa poche, et s'élance sur Bolesko. « Reconnais-moi, et tremble,
« lui crie-t-il. » La jeune personne se jette dans ses bras.

« Ce n'est pas ici qu'on peut s'expliquer, dit
« M. Martin. Conduisons mademoiselle à notre
« auberge; qu'on y transporte ses effets. Bolesko,
« marchez devant nous. »

MM. Martin et Bertrand produisaient sur Bolesko une impression telle, qu'il ne put que baisser

la tête en signe d'aquiescement. On traverse la ville dans le plus grand silence. On arrive à l'auberge ; on s'enferme chez soi. La jeune personne se précipite de nouveau dans les bras de Bertrand. « Mon père, mon père, s'écrie-t-elle d'une voix
« étouffée !... Combien j'étais loin de croire que
« je vous reverrais sitôt ! »

Des larmes abondantes coulaient de ses yeux, et se confondaient avec celles de Bertrand. « Ah,
« dit-il à Bolesko, j'avais juré ta mort. Mais la
« colère s'éteint dans un cœur où règnent la joie
« et le bonheur. »

M. Martin partageait le ravissement de Bertrand et de sa fille ; mais il conservait toute sa tête. Il avait vu Bolesko s'approcher, à plusieurs reprises, d'une croisée ouverte ; son air égaré et sinistre l'avait frappé. « Tu es bien le maître, lui
« dit-il, de te jeter par la fenêtre. Tu te feras
« justice : va, je ne te retiens pas. Cependant, si
« tu veux être docile, je te permettrai de retour-
« ner auprès de ta maîtresse, qui, sans doute,
« comblera de ses bontés l'agent intelligent et
« adroit qui a si bien rempli ses vues.

« Sois vrai. Où conduisais-tu Paula ? — A Jersey.
« — Et de là ? — Au Brésil. — J'entends. L'auto-
« rité arbitraire y règne, et l'inquisition y a des
« cachots. Tu aurais dénoncé au Saint-Office qui-
« conque aurait essayé de tirer cette jeune per-
« sonne de tes mains. Diable ! c'est du génie cela.
« Mais qu'allais-tu faire sur le bord de la mer,

« puisque le bâtiment qui devait te porter à
« Jersey n'est pas encore prêt à appareiller ? —
« La princesse m'a dépêché Éric cette nuit. Il m'a
« apporté l'ordre de m'embarquer à l'instant, n'im-
« porte comment. J'ai été, à la pointe du jour,
« m'entendre avec le patron, et arrêter une bar-
« que qui aurait longé la côte jusqu'à Fécamp,
« où le Saint-Pierre aurait relâché, et nous aurait
« pris. — Tu es un grand coquin. — Comme il
« vous plaira, monseigneur. — Prends une plume,
« écris ta déposition, et signe-la. — Monseigneur !...
« — Fais ce que je te dis, ou saute par la fenêtre...
« Tu voudrais ne faire ni l'un ni l'autre. Il faut
« opter cependant, à moins, toutefois, que tu
« n'aimes mieux être arrêté, et, pour cela, je n'au-
« rai qu'un mot à dire. Ah, tu prends la plume :
« c'est très-bien. Je vais te dicter, si tu le permets.
« Il est bon que tu confesses comment tu as sur-
« pris la confiance de monsieur le comte, au mo-
« ment où il fut persécuté et proscrit. Pendant
« que tu écriras, cette enfant et son père se dé-
« dommageront un peu du mal que tu leur as
« fait. — Mais, monseigneur, quel usage voulez-
« vous faire de cette pièce ? — Me crois-tu fait
« pour me venger d'un être tel que toi ? Je veux
« joindre ce titre à ceux que j'ai déjà, et les op-
« poser ouvertement à la princesse, si elle tente
« quelque chose encore contre le repos de cette
« famille. Conseille-lui de la laisser en paix, en-
« tends-tu ? Allons, écris.

« Je déclare que je suis un grand coquin. —
« — Mais, monseigneur... — Que je suis un grand
« coquin. As-tu mis? Bon.

« Je suis un grand coquin,

« 1° Parce que j'ai servi, pour de l'or, des pas-
« sions haineuses, et des intérêts auxquels j'étais
« tout-à-fait étranger.

« 2° Parce que j'ai feint de détester les persé-
« cutions exercées sur le comte Obinski, afin de
« surprendre sa confiance, uniquement pour lui
« enlever sa fille.

« 3° En ce que j'ai abusé de l'ascendant que
« j'ai pris sur lui, jusqu'à l'amener à me faire con-
« naître l'asile où il avait fait cacher Paula.

« 4° En ce que, pour consommer mes détesta-
« bles desseins, sans éprouver de difficultés de la
« part de la noble demoiselle, j'ai tiré du comte
« une lettre ainsi conçue :

« Paula, vous devez avoir encore cette lettre.
« — Monseigneur, elle ne m'a jamais quittée. —
« Donnez-la-moi. Allons, écris. »

« Ma chère et infortunée fille, un homme de
« bien a pitié de nos maux. Révolté de la con-
« duite de la princesse, il la quitte pour s'occu-
« per uniquement de nous. Que Dieu le récom-
« pense !

« Que Dieu le récompense ! Ah, drôle, s'il te
« traite selon tes mérites... Poursuis.

« Tous les yeux sont ouverts sur moi. Je ne
« peux tenter de me réunir à toi, sans nous ex-

« poser à de plus grands malheurs. Laisse-toi
« conduire par le digne Bolesko.

« Le digne Bolesko! »

« Il te tirera de la Pologne, et te conduira sur
« une terre étrangère.

« Très-étrangère en effet. Au Brésil! »

« Adieu, ma chère fille, je te bénis. Espérons
« que des jours plus heureux luiront enfin pour
« nous. »

« As-tu écrit?—Oui, monseigneur.—Poursuis. »

« Je suis un grand coquin,

« 5° Parce que cette lettre, qui devait me rap-
« peler à l'honneur, n'a été, pour moi, qu'un
« moyen de sécurité dans la marche infame que
« j'ai adoptée.

« Allons signe.

« Je ne te demande plus rien. En te dictant,
« il m'est venu des idées plus justes que les pre-
« mières. Non, tu ne reverras pas ta maîtresse :
« tu sens bien que si la princesse me force à lui
« intenter une affaire, tu seras nécessairement
« impliqué au procès, et tu ne te soucies pas de
« cela du tout. Tu vas t'embarquer à l'instant. Tu
« resteras à Jersey, où tu te trouveras aussi bien
« qu'ailleurs, et tu y mangeras l'argent de la prin-
« cesse. Tu es ignorant, paresseux, et tu aimes tes
« aises. Pour te les procurer, tu feras de nouvelles
« sottises, et tu finiras par être pendu. Va-t-en.

« Paula, il y a long-temps que je vous cherche,
« et je mérite bien que vous m'embrassiez aussi.

« — Ah, monseigneur, je vous suis dévouée pour
« la vie! De quels dangers vous venez de me tirer!

« — Je ne vous demande pas si ce drôle est
« resté avec vous dans les bornes du respect. Il
« avait besoin de toute votre confiance, et un
« seul mot hasardé vous eût éclairée. Ah, ah, ah,
« ah! — De quoi riez-vous donc, monseigneur?
« — Je ris de la princesse, qui a fait cinq cents
« lieues, pour se voir enlever votre fille presque
« sous ses yeux. C'est une terrible chose que de
« faire le mal! On n'a pas un moment de repos;
« on ne se fie pas même à ses complices, et la
« princesse a voulu s'assurer, par elle-même, que
« ses ordres seraient exécutés. Elle perd cent mille
« roubles, au moins, car il fallait cela pour éblouir
« son Bolesko, qui n'était pas dépourvu de res-
« sources. Ah, ah, ah, ah!

« Ah çà, M. le comte, vous n'avez pas dîné à
« Achères; vous n'avez pas soupé à Pontoise, et
« vous avez pris très-peu de chose de là ici. Il
« faut quitter ce régime-là : il n'est pas sain. Nous
« allons faire un déjeuner de famille, aussi bon
« qu'on pourra nous le donner. La satisfaction,
« la gaieté, le rendront délicieux.

« Mon ami, notre incognito nous a été utile.
« Il faut le reprendre, car, enfin, nous ne savons
« ce que peut machiner encore la princesse, et
« j'ai une répugnance invincible à la déshono-
« rer. Redevenez Bertrand, et moi Martin. Paula
« s'appellera Sophie. C'est un nom français, un

« nom ordinaire, qui ne pique en rien la curiosité.
« De la jeunesse, des charmes, un nom étranger
« avec cela, peuvent donner lieu à des questions
« embarrassantes. Voilà qui est convenu, n'est-il
« pas vrai? — Oui, M. Martin. »

M. Martin sonne, et demande ce qu'il y a de mieux. « Ah... la fille, nous sommes venus à
« Dieppe tout exprès pour manger des huîtres :
« vous ne manquerez pas de nous en donner. »

Pendant qu'on arrange le couvert, Sophie et Bertrand causent dans un coin : ils ont tant de choses à se dire! M. Martin se promène, s'assied, leur adresse quelques mots, se parle à lui-même, et rit de tout. « Ma foi, s'écria-t-il, quand la ser-
« vante fut sortie, j'ai fait quelques bonnes ac-
« tions dans ma vie : aucune ne m'a procuré un
« plaisir aussi vif que celle-ci... La princesse!...
« Ah, ah, ah! ses cinq cents lieues... Ses cent
« mille roubles... Son Bolesko, qui sera pendu,
« sans que nous nous en mêlions... C'est bon,
« c'est bon, c'est charmant! Ah, ah, ah! »

Sophie s'était livrée à ce que les sentimens de la nature ont de plus tendre et de plus touchant. Mais un père ne remplit pas tout-à-fait un cœur de dix-sept ans : toute fille jeune et jolie est nécessairement sensible. Sophie laissa échapper le nom de Stanislas, et baissa les yeux. Elle les releva, en rougissant, et les porta, tour à tour, sur Bertrand et sur M. Martin. Ce dernier la pénétra aussitôt : il ne fallait pas, pour cela, être bien

fin observateur. « Ma chère enfant, dans quelque
« position que vous vous trouviez, vous verrez
« que tout est mêlé de bien et de mal. De quoi
« jouirait-on, si on était toujours heureux? On
« n'aurait pas d'idée d'un autre état, et alors on
« n'apprécierait rien. Une sensation pénible remue
« l'ame; lui fait regretter le passé; la force à tout
« faire pour embellir l'avenir.

« Vous étiez heureuse tout à l'heure. L'idée de
« Stanislas vient de vous affecter douloureuse-
« ment. Mais l'attachement même que vous lui
« portez vous aidera à supporter la peine, et bien-
« tôt l'espérance viendra vous ranimer. Stanislas
« n'a encore que vingt ans : vous pouvez at-
« tendre l'un et l'autre. La princesse le retient
« dans quelque forteresse, je n'en doute pas ;
« mais si la sécurité amortit le sentiment, les ob-
« stacles le nourrissent ; les mauvais traitemens
« irritent ; la tête se monte, et quand elle veut
« irrévocablement ce que désire le cœur, ils bra-
« vent toutes les puissances, et triomphent tôt
« ou tard. Stanislas refusera, à la persécution, ce
« qu'il eût peut-être accordé aux insinuations,
« aux prières, à la tendresse de sa mère.

« — Il est prisonnier! Ah, monseigneur... —
« M. Martin ! — M. Martin, ne ferez-vous pas pour
« lui ce que vous avez fait pour moi ? — J'ai voulu
« tirer une fille des mains de son ravisseur pour
« la rendre à son père : je le devais, et tous les
« honnêtes gens m'approuveront. Mais que di-

« raient-ils si, tenant une conduite tout-à-fait op-
« posée, méconnaissant les droits d'une mère, je
« lui enlevais son fils, et pourquoi? pour lui faire
« contracter un mariage que rejette la princesse.
« Sophie, voudriez-vous entrer dans une famille
« qui vous repousse? Il ne vous reste rien. Vou-
« driez-vous qu'on dît à la cour et à la ville
« qu'un misérable intérêt à déterminé votre père
« à oublier de justes sujets de ressentiment? Mon
« enfant, votre âge est celui des illusions ; au
« mien, tout doit être raisonné. Je vous aime
« tendrement, vous n'en pouvez douter. Croyez
« que je m'occuperai sans relâche de votre bon-
« heur ; mais par des moyens que je pourrai tou-
« jours avouer hautement. Laissez-vous donc con-
« duire.

« Après un déjeuner comme celui-ci, on peut
« marcher le reste de la journée, n'est-il pas vrai,
« M. Bertrand? — Très-certainement, M. Martin.
« — Quelques heures de sommeil nous feraient
« grand bien à tous deux ; mais je suis d'avis de
« remettre cela à ce soir : il est inutile de nous
« rencontrer ici avec la princesse. Je ne serais ce-
« pendant pas fâché de lui adresser quelques-unes
« de ces plaisanteries amères, qui ajoutent à un
« dépit déja très-violent : ce serait une vengeance
« bien légitime et assez innocente. Mais je crois
« qu'il est plus sage de lui dérober la route que
« nous allons tenir. Elle est immensément riche,
« et ici, comme ailleurs, on fait bien des choses

« avec de l'argent : nous serions dans des inquié-
« tudes continuelles.

« Nous sommes venus par Gournay et Neufchâ-
« tel. Retournons par Aumale et Beauvais. Nous
« reprendrons mes chevaux à Pontoise, et nous
« parlerons, en route, du lieu où il conviendra
« de vous fixer. Mes amis, les circonstances ac-
« tuelles vous condamnent à l'obscurité. Rési-
« gnez-vous, et attendez, sans impatience, des
« temps plus heureux. Mon cher Bertrand, faites
« demander des chevaux de poste. »

Voilà encore nos voyageurs en route. Cette fois, la calèche est parée des graces de la jeunesse, de la candeur, et de l'amabilité.

M. Martin pensa d'abord que Bertrand et sa fille vivraient plus ignorés dans une ville immense qu'ailleurs. Il réfléchit bientôt que Bertrand ne pouvait toujours porter son faux nez; qu'il pour- rait être rencontré par quelqu'un de la légation russe, par quelque seigneur polonais, et souvent on fait du mal sans s'en douter. Un mot échappé arriverait, peut-être, jusqu'à la princesse, et il y a, dans Paris, dix mille individus qui se lèvent, tous les jours, sans savoir comment ils dîneront, et qui dînent cependant.

Les petites villes présentent d'autres inconvé- niens. On trouve là beaucoup de gens qui n'ont d'autres affaires que de se mêler de celles des autres. Dans un village, au contraire, tout le monde est occupé. M. Martin termina ses observations, en proposant à Bertrand de se fixer à Achères.

« Cela est bien vu, M. Martin, mais votre sor-
« cellerie?... — Oh, ma sorcellerie! je désabuserai
« les habitans aussi facilement que j'ai détrompé
« le maire. »

On arrive à Beauvais, on soupe bien, et on se couche.

On se lève le lendemain, frais, dispos et contens. « Je vous croyais meilleur observateur,
« M. Bertrand. — Comment cela, M. Martin ?
« — Sophie, sans être richement mise, est pour-
« tant vêtue en fille de condition, et les habitans
« d'Achères ne sont pas aveugles. Sans finesse,
« sans intention, ils remarqueront, demain, ce
« qui leur sera échappé aujourd'hui, et les ca-
« quets, les interprétations... — Diable! vous avez
« raison, M. Martin. Je vais courir la ville, et tâ-
« cher de trouver ce qu'il faut pour ranger Sophie
« dans le tiers-état. »

Il trouve, très-promptement, de quoi faire quatre gardes-robes de filles de bons fermiers. Mais la longueur, mais la largeur... Bertrand revenait à l'auberge; prenait ses mesures avec un ruban; retournait chez les marchandes; achetait, payait, emportait; reconnaissait qu'il s'était trompé; retournait encore; changeait, et perdait, selon l'usage, sur chacun de ses marchés. Sophie eut, enfin, tout ce qu'il lui fallait.

« Je crois, M. Martin, qu'il est bon maintenant

« de vider les malles, et de brûler ce qui ne doit
« pas être vu à Achères; vendre ou donner cela
« ici, ferait naître des soupçons. — A la bonne
« heure, mon cher ami. Vous vous formez, et
« je vous en félicite. »

M. Martin fait faire du feu, parce que, dit-il, il a le frisson. Il ordonne qu'on monte les malles, et tout s'arrange comme l'a réglé M. Bertrand. Les malles sont remises devant et derrière la calèche; les chevaux sont là, et on part pour aller dîner à Pontoise.

« J'ai toujours remarqué, dit M. Martin, que
« les grandes toilettes sont désavantageuses à
« toutes les femmes. Elles sont, pour la jeunesse
« et la beauté, une sorte de travestissement; elles
« font remarquer davantage la vieillesse et la lai-
« deur. Y a-t-il rien de plus agréable qu'une jolie
« main? Qu'en voit-on, quand tous les doigts
« sont chargés de bagues? Tout cela n'est qu'un
« luxe d'ambition, et tout ce qu'on lui laisse ga-
« gner est perdu pour la nature. Regardez Sophie,
« avec sa petite cornette nouée sous le menton,
« son juste de basin, qui ne lui va pourtant pas
« très-bien, son jupon de nankin, son tablier de
« taffetas vert, et ses souliers de prunelle noire;
« regardez-la, et dites-moi s'il est possible d'être
« plus jolie. Vêtue ainsi, elle n'éblouira personne,
« sans doute, que par sa beauté; mais combien
« cet éclat est supérieur à celui des diamans!

« Je voudrais que chacun s'habillât selon son

« état et ses moyens. Une mise simple, mais soi-
« gnée, serait favorable à toutes les femmes. Elles
« ne se trompent jamais sur ce qui leur sied;
« mais il faut toujours paraître plus opulente que
« ses égales : de là cette lutte sourde et conti-
« nuelle, qui a dérangé bien des fortunes, et qui
« en renversera encore. »

En raisonnant, en riant, en déraisonnant, on fait du chemin, sans s'en apercevoir. On fut étonné d'être à Pontoise, au moment où on y pensait le moins.

Là, on apprit que la princesse en était partie la veille à deux heures. « Si elle a marché la nuit,
« dit M. Martin, elle ne doit pas être à dix lieues
« de Pontoise, quelque route qu'elle ait prise,
« et qu'a-t-elle eu de mieux à faire, en arrivant
« à Dieppe, que de tempêter, me maudire, et
« remonter dans sa berline? Bertrand, ne dînons
« pas ici. Reprenez mes chevaux, et gagnons, en
« toute hâte, la forêt de Saint-Germain. Nous nous
« éloignerons des routes battues; nous nous ar-
« rêterons dans un fourré; nous nous y cacherons
« jusqu'au milieu de la nuit, et nous entrerons à
« Achères au point du jour, avec la certitude de
« n'avoir pu être suivis. Nous ferons fête, dans
« la forêt, aux provisions que j'ai fait mettre hier
« dans les coffres. Le vin sera un peu balotté;
« mais qu'importe? il vaudra mieux que celui
« qu'on boit, à la glace, dans un palais qu'habi-

« tent les soucis. Je suis sûr que nulle part il n'y
« en a de bon pour la princesse. »

On arrive à la lisière de la forêt; on met pied à terre, de peur d'accident, et on mène les chevaux par la bride. Un de ces messieurs marche derrière la voiture, se tourne à chaque instant, et regarde s'il ne voit pas de figure suspecte. Un seul chevreuil fixa l'attention de la petite caravane. Il était couvert de sang, et traînait, à l'un de ses jarrets, un piége qui l'avait coupé jusqu'à l'os.

Après avoir tourné, pendant une heure, dans la forêt, avoir manqué vingt fois de briser la calèche, on parvient à une pelouse, verte comme le printemps, dont le pourtour est ombragé par des chênes, vieux comme le château de Saint-Germain.

On détèle, on attache les chevaux au premier arbre; on porte, sur le gazon, ce que renferment les coffres. Pas de serviettes, de fourchettes ni de verres. La vaisselle se compose d'un couteau et d'un gobelet de cuir, qu'on se passera alternativement, et chacun a son mouchoir dans sa poche. Sophie ouvre de grands yeux, et reste debout devant la table verte. « Je vois bien, lui
« dit M. Martin, que ce service, très-simple, n'est
« pas dans vos habitudes. Mais, mon enfant, je
« n'ai qu'une question à vous faire. Avez-vous de
« l'appétit? — Oui, M. Martin. — Je vous réponds

« que vous ferez bonne chère : voilà le nécessaire.
« La porcelaine et le vermeil sont le superflu. »

On s'assied sur l'herbe ; Bertrand découpe, et chacun prend ce qui lui convient. Ces sortes de repas ne sont pas longs, surtout quand on n'est pas sans quelque inquiétude. Que fera-t-on pendant quatre ou cinq heures encore qu'on doit passer là ? M. Martin et Bertrand jouent aux échecs, et Sophie s'endort en les regardant. A la chute du jour, il fallut plier l'échiquier et le remettre dans la voiture. On attela les chevaux, à l'aide d'un reste de crépuscule ; on se passa les rênes au bras ; on se coucha, et on invoqua le sommeil, qui fuit souvent quand on l'appelle.

Bertrand pensait à ses affaires, lorsqu'un petit vent frais lui passait sur la figure, et le forçait à ouvrir les yeux. M. Martin s'assoupissait, s'éveillait, trouvait le temps long, et faisait sonner sa montre à chaque quart-d'heure. Sophie dormait, comme on dort à son âge.

Il était minuit, et M. Martin crut voir, dans l'éloignement, un point lumineux. Il regarde, il observe, et bientôt il est convaincu que la lumière s'approche de la salle verte. Il pousse son ami, et lui montre le flambeau ambulant. « Je ne sais
« ce que ce peut être, lui dit-il tout bas ; mais je
« dirai bien ce que ce n'est pas : des voleurs,
« des gardes-forestiers, soit qu'ils veulent sur-
« prendre, soit qu'ils craignent d'être surpris,
« ne portent pas de lumière. » Que feront-ils ?

Éveiller Sophie, c'est lui donner des inquiétudes, peut-être sans fondement. Marcher droit à la lumière, sans rien savoir, sans avoir, par conséquent, rien prévu, c'est vraisemblablement se compromettre. On convient de se recoucher, et de laisser passer le flambeau. Le pis-aller sera de se servir de ses pistolets, si on y est absolument forcé.

La lumière avance toujours. Quelques secondes encore, et celui qui la porte va s'embarrasser les jambes dans celles de nos voyageurs. Un chien, qui marche en avant, s'arrête devant eux, et se met à aboyer. La lumière disparaît.

Le chien était devenu muet, parce qu'il avait trouvé les débris du dîner. On s'observait mutuellement, et cette situation est loin d'être agréable. M. Martin se décida à en sortir, n'importe à quel prix. « Qui vive ! cria-t-il d'une voix qu'il « s'efforça de grossir? Qui vive, vous-même, lui « répondit une voix de tonnerre ? — Nous som- « mes des voyageurs égarés dans la forêt. — Oui? « Hé bien, restez-y. L'interlocuteur siffle son chien, et paraît décidé à battre en retraite. Le chien tenait le manche d'un jambonneau, dont aucun sifflet ne pouvait le détacher. Son maître ne sachant ce qu'il peut être devenu, tourne, à une distance respectueuse, en longeant la salle verte, et en continuant de siffler. On ne décrit pas, la nuit, un cercle bien exact, et le front de l'homme au chien vient frapper celui d'un des

chevaux. « Ah, mon dieu, ce sont des gendarmes!
« — Hé, non, nous sommes égarés, vous dis-je.
« Approchez-vous; je vais vous mettre la main
« sur notre voiture. »

Ce bruit confus de voix éveille enfin Sophie.
Elle ouvre les yeux, étend les bras, et demande
ce que cela veut dire. « Les gendarmes ne mènent
« pas leurs femmes en embuscade, dit l'homme
« que M. Martin cherche à rassurer. » Il s'approche; il s'assure qu'il y a bien là une calèche, et
commence à respirer librement. Bertrand remet
ses pistolets dans sa poche, aussi tranquillement
qu'il les en a tirés.

« Comment avez-vous imaginé que des gen-
« darmes seraient ici, à cette heure, avec leurs
« chevaux, dans des halliers, à une demi-lieue
« de toute espèce de route? — Ma foi, quand on
« a peur, on ne raisonne plus. — Ne pouvons-
« nous savoir enfin qui vous êtes? — Je suivais,
« à l'aide de ma lanterne sourde, les traces de
« sang d'un animal qui est parvenu à arracher
« mon piége, et qui l'emporte avec lui. — Ah,
« vous êtes un braconnier. Ce métier-là est fati-
« gant. Venez prendre un verre de vin; cela ne
« vous fera pas de mal. — Et c'est la bonne ma-
« nière de faire connaissance avec quelqu'un. » Il
tire sa lanterne de sa poche, en tourne le verre,
et porte la lumière sous le nez de nos voyageurs...
Il jette un cri; la lanterne tombe de sa main; il

s'enfuit, il court, il trébuche, il tombe; il se relève pour courir encore.

« Que diable, dit Bertrand, nos figures n'ont
« rien d'épouvantable ; celle de Sophie est au
« moins rassurante. De quoi donc cet homme a-
« t-il pu s'effrayer ? Voyons, M. Martin, si votre
« talent d'observateur ira jusqu'à éclaircir ceci. —
« Ma foi, je vous avoue que je suis en défaut. Au
« reste, ce braconnier est en fuite : occupons-
« nous de nos propres affaires. »

Sophie était alarmée, hors d'elle. Elle exprima fortement le désir de s'éloigner d'un lieu, où on est obligé de se mettre en défense contre des ennemis qu'on ne connaît, ni ne voit, que lorsqu'on les a sur les bras. Bertrand n'eut pas besoin de presser M. Martin de se rendre au vœu de sa fille. Toujours prompt à obliger, il fut relever la lanterne, sans laquelle il eût fallu vraisemblablement attendre le jour, pour se tirer des taillis, dans lesquels on s'était engagé. Un observateur n'est pas obligé de penser à tout. Mais M. Martin remarquait, avec beaucoup de sagacité, qu'il arrive toujours quelque circonstance heureuse, dont la vanité cherche souvent à se faire honneur, quand on n'a eu que le très-petit mérite d'en avoir su profiter.

M. Martin marcha en tête de la voiture. Il tâchait, à l'aide de sa lanterne, de reconnaître l'herbe qu'ils avaient foulée, les branchages qu'ils avaient brisés en venant. Bertrand conduisait les chevaux, aussi bien que le lui permettait la faible lueur de la lanterne. Sophie marchait entre ses deux protecteurs.

Tout à coup M. Martin s'arrête. Il recule; il écoute. Il croit entendre, à deux pas de lui, des soupirs, une sorte de gémissemens. Il s'avance, sa lanterne d'une main, et un pistolet de l'autre. Bertrand quitte les chevaux, et se précipite sur les pas de M. Martin. Sophie tremblait comme la feuille, lorsque elle les entendit rire, tous deux, aux éclats : c'était le pauvre chevreuil du braconnier, qui expirait de fatigue, d'épuisement et de douleur.

« Oh, oh, dit Bertrand, nous régalerons, avec
« cela, les notables d'Achères ; nous en enverrons
« un quartier à chacun, et nous serons au mieux
« dans leur esprit. Qui sait si ce chevreuil-là ne
« me fera pas un jour adjoint du maire, ou, au
« moins, membre du conseil municipal ?— Vous
« avez raison, Bertrand. Petites causes et grands
« effets : cela se voit tous les jours. Portons ce
« chevreuil dans la calèche. »

C'est quelque chose de bien singulier que ce qu'on appelle le hasard, disait M. Martin. Un pauvre diable vient furtivement tendre un piége dans la forêt; une bête s'y prend ; il la cherche, et croit, avec quelque apparence de raison, la mettre sur son épaule, et l'aller vendre au marché de Pontoise ou de Saint-Germain. Pas du tout; c'est nous qui l'emportons; nous qui n'avons rien fait pour l'avoir; qui même n'y pensions pas. Cela me rappelle le *sic vos non vobis*, de Virgile.

M. Martin allait revenir sur le hasard, et prouver que nous nommons ainsi un effet dont la cause nous échappe; mais que tout étant lié par des lois éternelles et nécessaires, il était impossible que le braconnier eût le chevreuil qu'il avait pris, et qu'il l'était également qu'il ne fût pas mangé à Achères. Il préparait, à ce sujet, des argumens irrésistibles, lorsqu'il fut ramené à des idées moins abstraites par deux voix qui crièrent ensemble : alte-là !

« Encore une aventure, dit M. Martin. » On s'approche, et nos voyageurs reconnaissent deux gardes-forestiers, à leurs bandoulières. « Que faites-
« vous ici, messieurs ? — Vous le voyez bien :
« nous cherchons à retrouver notre route. — Vous
« êtes des braconniers. — Des braconniers, qui
« chassons la nuit, avec une calèche, deux che-
« vaux, et une demoiselle, qui aimerait mieux
« être dans sa chambre qu'ici. Cela serait nouveau,
« par exemple. — Oh, on use de toutes sortes de
« moyens pour nous tromper, et celui-là en vaut
« bien un autre. — Non, ce ne sont pas des bra-
« conniers ! Viens ici, Thomas. Vois-tu ce che-
« vreuil, qui a encore au pied le piége dans le-
« quel ils l'ont pris ? allons, messieurs, marchez
« entre nous deux, et vous, mademoiselle, met-
« tez-vous au milieu. Messieurs, dit Bertrand,

« nous savons obéir aux lois; mais soyez moins
« durs dans vos expressions. On ne sait pas tou-
« jours à qui on parle; d'ailleurs, vous n'êtes pas
« les plus forts, quoique vous ayez chacun un
« fusil. Voyez-vous ces pistolets à deux coups?
« M. Martin en a autant dans ses poches. M. Mar-
« tin! M. Martin, s'écrient les gardes-chasse », et
ils disparaissent à l'instant.

« Allons, mon cher Bertrand, nous sommes
« destinés à faire fuir tous ceux que nous ren-
« controns. Voilà une nuit bien extraordinaire!
« Oh! comme nous rirons de tout cela, quand nous
« aurons dormi quelques heures! Quel plaisir,
« pour moi, de débrouiller une confusion d'in-
« cidens, dont le nœud m'échappe à présent! »

En discutant, en s'impatientant, en riant, on arrive enfin à un carrefour, où on trouve un poteau, portant deux planches à sa partie supérieure. Sur l'une est écrit : *Route de Pontoise*, et sur l'autre : *Route de Saint-Germain.*

« Nous voilà bien, dit M. Martin. Suivons tran-
« quillement notre chemin; mais laissons ici ce
« chevreuil, qui pourrait nous procurer quelque
« nouvelle scène, avant que nous soyons chez Co-
« gnard.— Ce n'est donc pas à Achères que des lois
« éternelles et nécessaires veulent qu'il soit mangé?
« —Je n'en sais plus rien. Mais raisonnons un
« peu sur ce qui vient de nous arriver. Nous n'a-
« vons de sensation que par l'impression que
« produisent sur nous les objets extérieurs, et ces

« impressions se modifient d'après notre organi-
« sation. Il paraît que les sensations dominantes
« de ces deux gardes naissent du bien-être dont
« ils voient jouir leurs supérieurs, et de l'espoir
« d'obtenir, un jour, quelque place lucrative.
« Poussés, dans la forêt, par le désir de se signaler
« et de se faire valoir, ils ont cédé à l'impulsion
« de leurs organes, et, par conséquent, à une loi
« de la nécessité. Ils ne savaient où ils allaient.
« Peu leur importait même d'aller à droite ou à
« gauche. Une ouverture se présente; ils y pas-
« sent, parce que cela leur paraît plus commode
« que de chercher un autre sentier, et ce sentier
« les conduit droit où nous sommes. Ce qui s'est
« passé là-bas était donc l'effet d'une force néces-
« saire et irrésistible. — Quel conte! S'ils avaient
« fortement voulu passer ailleurs. — Alors, quelque
« impression étrangère à la première, et toujours
« indépendante d'eux-mêmes, aurait changé leur
« volonté, et ils auraient encore obéi à des lois
« nécessaires. Notre prudence, éveillée par la
« rencontre des deux gardes, nous force à déposer
« ce chevreuil sur la lisière du bois : ne sentez-
« vous pas que notre conduite, calculée sur notre
« intérêt présumé, est nécessairement ce qu'elle
« doit être? — Je parierais, si je le voulais, porter
« ce chevreuil sur mon épaule, chez M. de Pol-
« mont. — Non, vous ne pouvez pas parier. Vous
« ne voulez ni gagner mon argent, ni avoir une
« pleurésie : il faut donc que vous laissiez là le

« chevreuil. — Mais voilà le fatalisme tout pur.
« — C'était le système des anciens. Ils plaçaient
« le *Fatum* avant tous leurs dieux, qui, eux-mê-
« mes, y étaient soumis. — Savez-vous qu'il s'en-
« suivrait de tout cela que l'homme n'est pas libre?
« — S'il l'était, la religion et la crainte des sup-
« plices arrêteraient les grands coupables. — Il
« est donc injuste de les faire mourir? — Pas du
« tout. Un de vos membres est gangrené. Il n'est
« pas coupable; mais vous le faites couper pour
« le salut du reste du corps.

« Changeons de conversation. Celle-ci n'a rien
« d'attrayant pour mademoiselle. Voyez, mon ami,
« voyez les rayons du soleil levant dorer la cime
« de ces arbres. Savourez cet air balsamique
« qui joue à travers le feuillage. Écoutez le chant
« des oiseaux, qui célèbrent le réveil de la na-
« ture. A la naissance du jour, le voyageur res-
« pire librement au milieu d'une forêt. Il ne tient
« en rien à l'ordre social. Il est tout à la nature;
« il jouit de ses beautés. Je me complais à l'ad-
« mirer dans un de ses plus intéressans ouvrages. »
M. Martin regardait Sophie. Il s'incline devant
elle; il prend sa main, et la baise avec une satisfaction assez prononcée.

CHAPITRE IV.

Fête qui ne ressemble en rien à un auto-da-fé.

On arriva à la porte de la maison de Cognard, sans avoir rencontré aucun des habitans du village. M. Martin, qui aimait à tout expliquer, attribua à plusieurs causes la solitude absolue où il se trouvait. Ou, disait-il, ces bonnes gens se sont levés avant l'aurore, et ils sont allés aux champs, ou ils sont encore dans leurs lits. Cette dernière supposition était aussi vraisemblable que la première : c'était lundi, et le dimanche ne finit pas pour les gens du peuple. Aucune des conjectures de M. Martin n'était fondée.

On sonne à la porte de Cognard... « Entrez, « entrez vite, s'écrie le jeune homme, et cachez « vous. — Pourquoi donc, nous cacher ? — En- « trez, vous dis-je, entrez. » Cognard conduit la calèche dans sa cour, et ferme la porte à la clé et aux verroux. Il met les chevaux à l'écurie, et revient à ces messieurs, qui le regardent d'un air étonné, et qui attendent l'explication de ce qu'il vient de leur dire.

« Je ne crois pas aux contes absurdes qu'on « débite et qu'on commente, en ce moment, sur « la place du village, où tous les habitans sont « rassemblés. Je dois trop d'ailleurs, à M. Martin, « pour ne pas me faire un devoir de veiller à sa

« sûreté, lors même que je partagerais les opinions
« qui, de moment en moment, prennent ici plus
« de consistance. Loin d'avoir dissipé les impres-
« sions que vous y avez laissées avant-hier, vous
« les avez portées, cette nuit, jusqu'à l'exaspéra-
« tion.—Comment, cette nuit ! Nous l'avons passée
« tout entière dans la forêt de Saint-Germain. —
« Je le sais bien. — Vous le savez ! — Faites-moi
« l'honneur d'entrer chez moi, et je vais tout vous
« conter.

« Vous pouvez présumer que quelques bonnes
« femmes d'Achères n'ont pas manqué de parler
« du sorcier à monsieur le curé. Monsieur le curé,
« homme fort estimable d'ailleurs, tient irrévo-
« cablement à ses opinions : sa tête s'est montée.
« Hier, il a soutenu, en chaire, l'existence des sor-
« ciers, et il a cru la prouver, jusqu'à l'évidence,
« en rapportant l'histoire de la Pythonisse, évo-
« quant l'ame du prophète Samuel. Pendant la
« journée, et une partie de la nuit, il n'a été ques-
« tion, dans tous les coins du village, que de la
« Pythonisse et de M. Martin. Le commis de la mai-
« rie, qui a une bibliothèque choisie, de quarante
« volumes au moins, racontait, sous les tonnelles
« de Dubourg, toutes les histoires de sorciers
« qu'il a trouvées dans ses bouquins ; enfin, on
« s'est séparé très-tard, et, vraisemblablement, on
« n'a rêvé que de sorciers jusqu'au lever du soleil.

« Mais voici bien une autre histoire. Il y a une
« heure qu'un homme écorché, meurtri, pouvant

« à peine se traîner, a crié, par les rues du vil-
« lage, que les sorciers du département tiennent
« leur sabbat dans la forêt de Saint-Germain;
« qu'il y a vu, à minuit, M. Martin et son do-
« mestique caressant une jolie diablesse, qui, sans
« doute, vient les trouver à commandement,
« comme Samuel apparaissait à la Pythonisse. Il
« ajoutait que vous lui avez offert un verre de
« votre vin; mais qu'il s'est bien gardé d'en boire,
« parce qu'il est ensorcelé, et que, d'ailleurs, il
« ne veut pas trinquer avec le diable.

« Un moment après, arrivent deux gardes-fo-
« restiers, criant à tue-tête que le sorcier va, à
« minuit, tendre un piége dans la forêt; que ses
« conjurations y font venir l'animal dont il a be-
« soin pour ses enchantemens; que cette nuit il
« a fait griller le cœur d'un chevreuil, qu'il a pi-
« qué de clous, ainsi que cela se pratique parmi
« les sorciers, sans doute pour attirer la grêle sur
« le village, ou pour faire périr les bestiaux. La
« foule s'assemble autour d'eux; les rues devien-
« nent trop étroites; on pousse les discoureurs
« vers la place publique. Là, chacun peut les voir,
« les interroger et les entendre, sans être trop
« serré. Cette scène de scandale et de sottises
« dure depuis une demi-heure, et finira je ne sais
« quand. Au reste, je m'estime heureux de trou-
« ver une occasion de prouver, à M. Martin, ma
« reconnaissance et mon dévouement.

« Encore du fatalisme, dit M. Martin. Il était

« impossible que les pratiques de Rosalie eussent
« du lait aujourd'hui, parce qu'elle ne peut s'é-
« loigner de la place publique, où la fixent la
« curiosité, l'admiration, la terreur, tous les grands
« ressorts de la tragédie. Ah, ah, ah, ah! »

« Je ne vois pas, monsieur, reprit Cognard,
« qu'il y ait rien de plaisant dans ce que je viens
« de vous raconter. Je vous conjure de passer la
« journée chez moi; de vous y tenir caché, et de
« vous retirer, pendant la nuit prochaine, dans
« un asile plus sûr que ce village. — Je n'en vois
« pas qui me convienne davantage, et, partout,
« on pourrait exciter un mouvement en frappant
« fortement les imaginations. On sonne chez vous,
« M. Cognard. »

Cognard court, ne fait qu'entre-bâiller sa porte,
écoute et répond pendant quelques secondes;
prend une grosse pièce de gibier, referme sa
porte, vient déposer son fardeau dans sa cuisine, et va prendre de l'argent dans son armoire.
« Monsieur, dit Bertrand, c'est notre chevreuil :
« je le reconnais au jarret que le piége a coupé.
« — Nous avons fait, mon cher Bertrand, tout
« ce qui dépendait de nous pour qu'il ne fût pas
« mangé à Achères : l'y voilà arrivé, malgré nous,
« suivant les lois de la nécessité. Le piége est-il
« resté au pied de l'animal ? — Non, monsieur.
« — Mon cher Cognard, dites à l'homme qui a
« été forcé d'apporter ici cette bête, par l'espoir
« que M. de Polmont la lui paierait plus cher

« qu'un autre, que vous lui donnez deux louis
« du piége. »

Qui se trouve heureux de vendre un chevreuil douze francs, ne se fait pas prier pour gagner deux louis. Cognard revient avec le piége; Bertrand le replace au jarret de l'animal.

« Mon cher Cognard, je vous prie de me ren-
« dre un second service. — Ordonnez, monsieur.
« — Allez chez le curé, et dites-lui qu'un parti-
« culier, logé chez vous, désire lui parler. —
« Vous voulez parler au curé, qui, hier, a prê-
« ché contre vous! y pensez-vous, M. Martin?—
« Si vous me refusez ce que je vous demande,
« j'irai moi-même chez le curé. — J'y vais, mon-
« sieur, j'y vais.

« Le peuple, dit M. Martin à Bertrand, res-
« semble aux vagues de la mer. Le moindre vent
« les agite; un rayon du soleil les calme. Quand
« j'aurai détrompé ceux qui, à présent, me met-
« traient en pièces, quand j'aurai acquis leur con-
« fiance, ils voudront nous dédommager de leur
« injustice; leur dévouement n'aura plus de bor-
« nes, et vous serez ici plus en sûreté que par-
« tout ailleurs. »

L'intrépidité de Bertrand ne s'était démentie en aucune circonstance. Mais sa fille était avec lui; c'est pour elle seule qu'il craignait; et il la regardait avec une douloureuse inquiétude. « Je
« lis dans votre cœur, lui dit M. Martin. Vous
« vous abandonnez à son impulsion, et vous ne

« voyez pas que vous ajoutez aux alarmes, déja
« trop vives, de cette enfant. Rassurez-vous, So-
« phie, je vous réponds de tout. »

Le curé parut, impatient de voir l'homme sur lequel Cognard ne lui avait donné que des indications propres à piquer sa curiosité. M. Martin le reçut avec politesse, et la plus grande affabilité : il n'est pas de moyens plus sûrs de disposer favorablement ceux dont on veut se concilier les bonnes graces.

Ainsi, un brutal finit par exciter la colère, parce que les sensations se communiquent par l'influence qu'exercent les corps les uns sur les autres : telle était la façon de penser de M. Martin.

Il fallait qu'il disposât le curé à entendre, sans répugnance, ce qu'il avait à lui dire, et il était nécessaire, pour arriver à son but, de prendre un détour heureux. M. Martin parla d'abord de la caisse de la fabrique : elle était, répondit le curé, dans un fort triste état, et M. Martin donna dix louis. Les pauvres n'étaient pas nombreux dans le village; mais ils étaient tous infirmes, et la charité manquait d'activité : M. Martin donna dix louis encore. Le curé ne savait comment exprimer sa reconnaissance.

M. Martin lui présenta Sophie. « Voici, dit-il,
« une jeune personne qui sera votre parois-
« sienne. Je la recommande à votre protection
« et à votre amitié. — Monsieur, elle peut comp-
« ter sur l'une et sur l'autre.

« — À propos, monsieur le curé, que se passe-

« t-il donc à Achères ? On n'y parle, m'a-t-on dit,
« que de magie et de sorciers. — Oh, monsieur,
« tout le village est en rumeur. — Les saintes
« écritures donnent à ces bruits-là quelque ap-
« parence de vérité. L'ame de Samuel apparut à
« la Pythonisse. Simon, le magicien, défia saint
« Pierre, et succomba. — J'ai prêché hier sur ce
« sujet-là. — Et vous avez fait observer à vos pa-
« roissiens que ces prodiges, nécessaires alors
« aux vues de Dieu, ne se renouvellent plus au-
« jourd'hui. — Ils se renouvellent, monsieur; mais
« uniquement par l'intervention de l'esprit malin,
« et nous en avons un exemple très-récent dans
« ce village. — Prenez garde, monsieur le curé,
« les apparences sont souvent trompeuses. — Il
« s'agit ici, monsieur, de faits positifs et suffi-
« samment prouvés. — Il ne faut qu'un mot,
« quand les esprits sont disposés à la recueillir,
« pour propager une erreur. Ces mots répétés
« par des personnages considérés, accrédités par
« l'ignorance et la passion, ont préparé la Saint-
« Barthelemi et les massacres des Cévennes. —
« Ces misérables-là étaient des huguenots. — Hé,
« n'était-ce pas assez, monsieur le curé, qu'ils
« fussent damnés dans l'autre monde ? Fallait-il
« les égorger, les brûler dans celui-ci ? Jésus-
« Christ mourant dit, en parlant de ses bour-
« reaux : *Mon Dieu, pardonnez-leur*, et il nous
« a prescrit de nous aimer et de nous aider mu-
« tuellement. Que peuvent faire de mieux ses mi-
« nistres, que penser et parler comme lui ?

« Vous êtes un homme éclairé et respectable,
« monsieur le curé : il n'y a ici qu'une voix sur
« votre compte. Mais croyez-vous, qu'hier, votre
« zèle ne vous ait pas entraîné trop loin? — *Zelus*
« *domûs tuæ comedit me.* — A la bonne heure;
« mais quels regrets n'auriez-vous pas, si vous
« aviez exposé un homme irréprochable à des
« violences que vous-même ne pourriez plus ar-
« rêter? Il est écrit aussi : *Omnis homo mendax.*
« Le grand Fénelon s'est rétracté dans la chaire
« de vérité, et si vous étiez tombé dans une er-
« reur grave, refuseriez-vous de suivre un si bel
« exemple? — Ce serait pour moi un devoir. —
« Hé bien, je vous assure, monsieur le curé, que
« l'homme qui bouleverse tout ici, n'est pas plus
« sorcier que vous. — Des preuves, monsieur, des
« preuves. — Oh, je vais vous en donner. »

M. Martin raconte sa propre histoire, du moment où il est descendu à l'auberge du Coq-Hardi, jusqu'à son retour par la forêt de Saint-Germain. Il rapporte tout ce qu'il a dit à Dubourg, d'après ce qu'il a vu chez lui. Il conduit le curé dans la cuisine, et lui fait voir le chevreuil. Il lui fait remarquer que la peau n'a pas été touchée, et que le conte du cœur, rôti et bardé de clous, n'est qu'un mensonge et une absurdité. Il le prie de regarder Sophie, et lui demande si elle lui inspirerait de l'effroi la nuit ou le jour, dans une forêt ou ailleurs. « Elle ne peut inspirer, répon-
« dit le curé, que de l'intérêt et de la confiance.

« — Hé bien, monsieur, voilà la prétendue dia-
« blesse de la nuit passée, et c'est moi qui suis le
« sorcier. — Vous, monsieur... — Et un sorcier
« comme il n'y en a jamais eu, reprit Cognard,
« enchanté de la tournure que prenait l'affaire.
« C'est à lui que je dois ma place, et la certitude
« d'épouser Rosalie dans huit jours

« Je n'ai que peu de mots à ajouter, continua
« M. Martin. Cette jeune personne est la fille de
« mon homme de confiance, de Bertrand que
« voici. Je veux récompenser ses longs services,
« et le fixer ici. Nous avons été chercher Sophie
« à Dieppe, où je l'ai fait élever. En revenant,
« nous avons été emportés par mes chevaux; ils
« nous ont jetés dans l'épaisseur de la forêt; la
« nuit nous y a surpris, et nous avons été forcés
« de l'y passer tout entière. Voilà, monsieur le curé,
« sur quels évènemens, très-simples, on a élevé
« des montagnes que votre sagesse va aplanir.

« — Mais, monsieur... il me semble... je ne
« sais si le respect que je dois à mon état et à
« moi-même, me permet de haranguer sur une
« place, ou figurent quelquefois polichinelle et le
« marchand de pilules ? — Hé, monsieur, tous les
« hommes ne sont-ils pas plus ou moins marion-
« nettes, quoiqu'ils ne voient pas les fils qui les
« font mouvoir, et ne cherchons-nous pas à nous
« faire avaler mutuellement des pilules, quelque-
« fois bien amères ? Rassurez-vous. A présent, on
« prêche partout; les prédicateurs, en plein vent,

« sont ceux qui ont le plus de vogue, et qui ga-
« gnent le plus d'ames et d'argent. — C'est, en
« effet, ce que disent certains journaux.—Pour-
« quoi ne feriez-vous pas comme eux? Vous savez,
« d'ailleurs, que le monde entier est le temple
« du seigneur, et que le ciel en est la voûte. —
« Vous avez raison, monsieur, vous avez raison,
« et je crois à présent que loin d'être sorcier, vous
« prêcheriez comme un ange. »

Le curé sortait pour aller calmer les têtes qu'il avait exaltées la veille. Il faut, pensait M. Martin, qu'une girouette tourne au gré du vent, et c'est le mien qui souffle aujourd'hui... « Ah, monsieur
« le curé, quand vous aurez exercé, avec succès,
« votre ministère de paix, déclarez à vos parois-
« siens que mon intention est de donner à dîner
« aux notables du village, ici, dans ce parc;
« j'en obtiendrai la permission de M. de Polmont,
« et je charge Dubourg de l'entreprise. Cette
« petite fête sera d'un excellent effet : on ne croit
« plus à la sorcellerie de ceux avec qui on a dîné.
« Un dîner a même souvent démasqué des hom-
« mes qui étaient très-loin d'être sorciers, et
« auxquels on n'accordait un mérite proportionné
« à l'importance de leurs places, que parce qu'on
« ne les avait vus que de loin. Monsieur le curé,
« vous nous ferez l'honneur de dîner avec nous,
« et vous voudrez bien vous asseoir entre M. de
« Polmont et moi.

« Maintenant, Sophie paraît tranquille. Co-

« gnard, avez-vous fait meubler cette chambre,
« ainsi que je vous en ai fait prier par monsieur
« le maire ? — Oh, certainement, monsieur. —
« Bertrand, conduisez-y votre fille, et faites-lui
« prendre un peu de repos. »

Cognard dit à M. Martin qu'il va se rendre sur la place; qu'il ne peut résister à l'envie de voir comment les choses vont se passer. « Oui, « oui, mon cher Cognard. Approchez-vous du « curé, et soufflez-le, s'il oublie quelque chose « d'essentiel. »

M. Martin, qui n'aura rien à faire jusqu'au retour de Cognard, va s'allonger dans un grand fauteuil de paille, et s'endort, plein de confiance, dans les mesures qu'il vient de prendre. Bertrand, étendu par terre, enveloppé dans son manteau, se tourne, se retourne, et trouve enfin le sommeil, quoiqu'il ne soit pas convaincu de l'adresse et de l'efficacité des soins de monsieur le curé; mais, comme il l'a fort bien dit, deux jours avant, la nature ne perd jamais ses droits.

Monsieur le curé n'eut pas de peine à prouver, ainsi qu'il l'avait dit la veille, qu'il y a des sorciers : on a toujours gain de cause, quand on parle à des gens persuadés. Il sua ensuite sang et eau pour convaincre son auditoire que rien de ce qu'il avait avancé n'était applicable à M. Martin. C'était un homme selon Dieu, et la preuve irréfragable de son orthodoxie était dans les vingt louis donnés à la fabrique et aux pauvres.

Tout le monde n'a pas le talent d'improviser, et ce n'était pas la partie brillante du curé. Cognard, qui s'était fait son acolyte, et qui, à propos de M. Martin, le voyait prêt à remonter au massacre des innocens, Cognard prit la parole, et interpella Dubourg. Il lui demanda si son nom n'était pas écrit sur sa porte ; si de la rue on ne voyait pas sa chambre jaune, quand la croisée était ouverte ; s'il ne faisait pas sécher dans sa cour les langes de son enfant, et si tout autre que M. Martin n'aurait pu parler de ce qu'il venait de voir ? Dubourg ouvrit la bouche autant que le lui permit la capacité de sa mâchoire, et les auditeurs commencèrent à entr'ouvrir les leurs. Le braconnier, poussé vivement, fut obligé d'avouer, au risque de payer une amende, que c'était lui qui avait tendu le piége. Le curé jura, sur sa foi de pasteur, qu'il avait vu le chevreuil intact chez M. Cognard, et qu'ainsi on n'avait pu faire de conjurations sur son cœur rôti. Enfin, il déclara que M. Martin régalerait les notables, et que le curé prendrait sa part du festin. Oh, alors toutes les bouches s'ouvrirent d'une grandeur démesurée.

M. de Polmont était présent, toujours prêt à tirer son écharpe de sa poche, et à faire agir ses gendarmes, qui n'attendaient qu'un coup d'œil. Il jugea que l'orage se calmerait, sans qu'il eût le chagrin de déployer son autorité, et il se chargea de la péroraison du discours, commencé par monsieur le curé, et continué par Cognard.

« Mes amis, dit-il, c'est beaucoup, sans doute,
« que de revenir sur une erreur capitale, et de ren-
« dre à un honnête homme l'estime à laquelle il
« a le droit de prétendre, et que la colomnie lui
« avait ôtée; mais encore faut-il qu'il le sache, et
« M. Martin a causé tant de bruit dans ce vil-
« lage, que la réparation doit être aussi bruyante
« que l'offense. Que le tambour de la garde na-
« tionale prenne sa caisse; que le ménétrier ac-
« corde son violon; que les jeunes filles aillent
« prendre leurs ajustemens du dimanche; qu'elles
« se parent de fleurs, et allons tous ensemble
« complimenter M. Martin.

« Je veux que la gaieté termine une journée
« qui avait commencé sous de tristes auspices.
« M. Martin donne à dîner aux notables; moi,
« je ferai danser les jeunes gens dans mon parc.
« Les vieillards se chargeront de faire circuler,
« avec modération, un joli petit vin blanc, dont
« je les engage à ne pas se laisser manquer. Al-
« lons, mes amis, ne perdez pas de temps; pré-
« parez-vous, et venez me prendre chez moi. »

Jamais orateur ne communiqua, de la tribune d'Athènes ou de Rome, des impressions aussi promptes et aussi vives que celles que produisit monsieur le maire, adossé au grand tilleul. Tous les fronts étaient sereins, toutes les bouches riantes. Les jeunes filles, se tenant sous le bras, gagnaient leur domicile, en sautant par anticipation. Les garçons couraient chez le maréchal-ferrant, qui était aussi barbier, et qui, par conséquent, n'avait pas la main très-légère. L'un pour se donner un air plus masculin, faisait raser un duvet que l'œil apercevait à peine ; celui-là se faisait faire la queue. La mercière vendit sept aunes de ruban de soie, et deux paires de gands de fil blanc. La blanchisseuse de linge fin fut obligée de prendre trois ouvrières, pour repasser des cravates, qui n'avaient été mises que deux jours, et qui, pourtant, n'étaient pas mal chiffonnées.

Cognard apprend à Dubourg que c'est lui qui a l'entreprise du dîner. Il lui conseille de prendre une charrette, et de courir acheter ce qui lui manque pour un repas de trente à quarante personnes : or, Dubourg manquait de tout. « Ne « vous occupez pas du rôti, lui dit Cognard. On « mettra le chevreuil tout entier à la broche, et « vous verrez que si son cœur a été grillé, ça « été au feu de votre cuisine. »

Bientôt on se rassemble sur la place. Le curé, qui juge à propos de faire quelque chose pour les vingt louis de M. Martin... Hé bien, que fera le curé? Distribuera-t-il, à l'instant, dix de ces louis aux pauvres? Rassemblera-t-il les marguilliers, pour arrêter l'emploi qu'on fera des dix autres ?... Il fait sonner, à volée, la cloche unique de la paroisse, pour faire honneur à M. Martin.

Le tambour et le ménétrier prennent la tête du cortége, et on se rend, en silence, à la grille du château. M. de Polmont sort de chez lui, en uniforme, en écharpe, et l'épée au côté. On marche vers la jolie petite maison isolée, et lorsqu'on est arrivé à la porte, le tambour et le ménétrier commencent leur tintamarre. Quelques enfans, qui ne sont pas tout-à-fait étrangers aux beaux arts, embellissent le concert par le son harmonieux de leurs mirlitons.

Bertrand, qui, depuis quelques mois, ne dormait pas profondément, s'éveille en sursaut, et tire M. Martin par une jambe. « Oh, oh, dit celui-ci,
« voilà un réveil bien différent de celui que nous
« avions à redouter. Des tambours, des violons,
« des cornemuses, des cris de joie !... c'est char-
« mant, c'est charmant ! Ouvrons, Bertrand, ou-
« vrons. »

M. Martin paraît, et aussitôt les rangs s'ouvrent pour le recevoir. Le maire lui adresse un joli discours, auquel il répond d'une manière tout-à-fait spirituelle. Des applaudissemens, partis de mains fortes et calleuses, retentissent jusqu'aux extrémités du village. On entoure M. Martin, on le presse ; on le regarde avec intérêt, avec bienveillance. Rosalie et Cognard sont occupés à prévenir la suffocation, qui peut être la suite d'empressemens trop marqués.

« Mes amis, dit M. Martin, je ne connais de
« réconciliation sincère que celle qui se fait le
« verre à la main.—Bravo, bravo M. Martin!—Je
« ne peux vous donner à dîner à tous; mais al-
« lons chez Dubourg, et faisons sauter une pièce
« de son meilleur vin.—Bravo, bravo, M. Martin!

« — Rosalie, je vous prie de rester ici. Quand
« Sophie s'éveillera, vous voudrez bien lui pro-
« curer les choses dont elle aura besoin. Bertrand,
« vous devenez bourgeois d'Achères; je n'ai plus
« de services à exiger de vous. Je vous dispense
« de me suivre. Allons, mes amis, marchons. »

« Madame Dubourg, voilà des gens de bonne
« volonté, qui monteront la meilleure pièce de
« votre vin : vous n'avez qu'à la leur indiquer. »
Vingt, trente paysans se présentent aussitôt. Ils
n'attendent pas la lumière; ils n'ont pas besoin
de cordes; ils se précipitent, et justifient le proverbe : Il y a un dieu pour les ivrognes. La pièce
est montée, et il n'est pas arrivé le moindre accident.

« Mais, dit M. Martin, on ne boit pas trois cents
« bouteilles de vin sans manger quelque chose.
« Allons, mes amis, courez, apportez ici le pain,
« le beurre, les œufs et les jambons qu'on vou-
« dra vous vendre dans le village. Je paierai
« partout. — Bravo, bravo, M. Martin! »

« Ah ça, dit M. de Polmont, pensez-vous à
« ce que vous faites? Vous allez enivrer tous mes
« administrés. — L'ivresse du plaisir n'est jamais

26.

« dangereuse. — Mais comment avez-vous fait,
« pour ramener, sur votre compte, le curé, qui
« est bien l'homme le plus entêté... — Contredire
« un sot, c'est vouloir l'irriter. Parler dans son
« sens, est le moyen de le tourner comme on le
« veut : voilà tout mon secret. Le curé n'a plus
« rien à me refuser, et je parie que je le fais dan-
« ser ce soir. — Vous ! — Moi. — Vingt-cinq louis ?
« — Tope.

« — Et ces bonnes gens, qui passent tout à
« coup, d'une fureur ouverte, au calme, à la
« confiance, et même à l'admiration. Hem ? quelle
« bizarrerie ! — Monsieur le maire, il n'y a pas
« loin de la roche Tarpéienne au Capitole. Il ne
« faut au peuple qu'un instant pour franchir cet
« intervalle, et telle est la force de l'imitation,
« qu'il suffit quelquefois d'un homme pour en
« entraîner des milliers d'autres : c'est ainsi
« qu'une terreur panique se communique, en un
« instant, à toute une armée. Revenons à nos
« villageois.

« Encroûté de préjugés, toujours prêt à persé-
« cuter l'homme éclairé, qui veut soulever le ban-
« deau que la cupidité, la superstition, le despo-
« tisme ont fixé sur ses yeux, le vulgaire ne mérite
« pas qu'on s'efforce de rectifier son jugement.
« Mais on peut accorder à la pitié ce qu'on refu-
« serait à l'opiniâtreté et à un sot orgueil. Je pou-
« vais, il y a deux heures, sortir de ce village,
« pour n'y jamais rentrer : j'y suis resté, et je n'ai

« rien fait que dans l'intérêt de vos paysans. —
« Vous êtes un homme bien extraordinaire ! Quand
« vous connaîtrai-je donc parfaitement ? — Mon-
« sieur le maire, me permettez-vous de donner
« mon dîner dans votre parc, et voudrez-vous bien
« prendre le haut bout de la table ? — Je me rendrai
« à votre invitation, et vous pouvez faire chez moi
« ce que vous feriez chez vous. Mais pourquoi
« détourner la conversation ? — C'est que, sans
« doute, il ne me convient pas de la soutenir. »

Quinze cents œufs dans quinze paniers; trente-deux jambons dans quatre hottes ; une charrette chargée de pain, entrent dans la cour de Dubourg, au moment où la pièce de vin est debout et défoncée. Tous les yeux la menacent à la fois.

« Madame Dubourg, apportez ici toute votre
« batterie de cuisine. Allumez un fagot ou deux,
« au milieu de la cour, et faites-moi quelques
« douzaines de copieuses omelettes. Qu'on coupe
« les jambons par tranches, qu'on les fasse frire,
« et vive la joie ! Vive M. Martin ! répondent à
« la fois tous ses convives. »

Chacun met la main à l'œuvre. On va, on vient, on se hâte, on se heurte, on rit, on chante. Le feu du fagot pétille ; le beurre crie dans les casseroles et dans les poêles. On s'arrange, comme on le peut, dans tous les coins de la cour, dans la grange, et même dans la chambre jaune. On boit, on mange, on est content. M. Martin a pris un verre ; il porte la santé des habitans d'Achères.

A ce dernier trait, tous les bonnets, les casquettes, les chapeaux sautent en l'air. On bénit M. Martin, qui est si bon, si généreux, et qui, surtout, n'est pas fier. Le pauvre est toujours reconnaissant, lorsque le riche veut bien voir en lui un homme : cela arrive si rarement! MM. de Polmont et Martin se retirent.

« Encore une réflexion dit le maire. Vous avez
« épuisé toutes les provisions du village, et de-
« main la famine sera ici. — Pourquoi vous occu-
« per d'une chose à laquelle ces gens-là ne pen-
« sent pas? Le peuple est imprévoyant, et c'est
« un bonheur pour lui : l'idée du lendemain affli-
« gerait des êtres qui n'ont jamais de subsistance
« assurée, et qui ne s'aperçoivent qu'ils sont quel-
« que chose dans l'état, que par les *avertissemens*
« que leur fait distribuer le receveur des impo-
« sitions.

« Si le peuple pensait à son avenir, il joindrait,
« au sentiment de sa misère, les soucis qui tour-
« mentent l'homme riche. Il renoncerait au ma-
« riage, par la crainte de faire des enfans, qui
« seraient malheureux à leur tour. Cependant le
« peuple multiplie plus que les grands, parce
« que c'est le seul plaisir qui ne coûte rien, du
« moins pour le moment. La naissance de l'en-
« fant, sa layette, sa dentition, rien n'est prévu.
« Au moment où l'embryon sort de son étui, le
« père regarde s'il a une main au bout de chaque
« bras; prend sa bêche ou sa coignée, va travail-

« ler, et revient gaiement le soir. Il ne craint pas
« que les cris du nouveau-né interrompent son
« sommeil : le canon n'éveillerait pas un journa-
« lier. La mère-nourrice souffre ; mais elle sait
« que l'impatience ne remédie à rien, et elle
« prend son parti. Tout n'est pas bien, sans
« doute ; mais les choses pourraient être plus
« mal. Résignons-nous, et soyez tranquille : vos
« habitans trouveront le moyen de dîner demain. »

Le maire rentre chez lui, et M. Martin se retire chez Cognard. Il trouve un assez bon déjeuner, servi dans la chambre de Sophie. Il est dû aux soins de Rosalie, et M. Martin l'invite à le partager, et à se placer à côté de Cognard. Il fait mettre Bertrand entre sa fille et la jolie laitière. Bertrand s'en est défendu pour la forme. « Vous êtes devenu citoyen, mon cher Bertrand,
« et un honnête homme ne déshonore jamais ce-
« lui qui l'admet à sa table. Déjeunons, mes amis :
« je crois que nous en avons besoin. »

Cognard avait la plus grande envie de présenter sa mère et ses sœurs à M. Martin. M. Martin désirait donner à Sophie quelque consistance dans le village, en la liant d'amitié avec les plus proches parentes de monsieur le régisseur. Il décida, en conséquence, que Rosalie irait les chercher, et les amenerait pour l'heure du dîner.

« Oh, oh, dit M. Martin, il me reste bien peu
« d'or ! Bertrand, donnez un billet de mille francs
« à Cognard. Il voudra bien le changer chez le

« receveur, et aller payer ce qu'ont pris les dis-
« ciples de Noé, que j'ai mis en subsistance chez
« Dubourg. » Bertrand tire un portefeuille de dessous son habit, et Cognard s'étonne en le voyant garni comme celui de l'intendant d'un prince. En allant, en payant, il pensait à ce nom de M. Martin, qui ne s'accordait pas trop avec une opulence aussi remarquable. Il y a là-dessous quelque chose d'extraordinaire, pensait-il. Mais le secret de M. Martin est celui d'un honnête homme : respectons-le.

Bertrand et M. Martin connaissent le prix du temps, et ne sont pas de ceux qui se plaignent de sa lenteur, parce qu'ils ne savent pas l'employer. Ils parcourent les rues du village, en attendant l'heure du dîner. Il est naturel de vouloir connaître le lieu qu'on va habiter, et puis la chambre de Sophie ne saurait suffire à elle et à son père. Il leur faut une fille pour les servir, et Cognard ne peut se passer que de la pièce qu'il a meublée. Bertrand n'a pas besoin d'un palais; c'est sous un toit modeste qu'il peut vivre inconnu; mais, enfin, il lui faut quelque chose. Ces messieurs tournent, vont, reviennent, cherchant un *écriteau*, qui ne se trouve nulle part. L'écusson du notaire les frappe.

L'activité, soutenue de beaucoup d'argent, lève promptement tous les obstacles. Ils entrent; ils s'expliquent; on leur répond. Une femme veuve, vivant d'un très-modique revenu, habite une maisonnette qu'on peut rendre décente. Une cuisine et une espèce de salle à manger, deux chambres au-dessus, et une mansarde, sous le toit, pour la servante; un petit jardin, fort mal tenu, au fond duquel est une tonnelle, que couvre une jeune vigne, composent l'habitation que convoitent M. Martin et Bertrand.

On en donnera huit cents francs pour l'année; mais la veuve délogera dans les quarante-huit heures. Bertrand fera porter, à son nouveau domicile, les meubles qu'il a chez Cognard. Il ira acheter ce qui lui manque, à Pontoise, et il en amenera un barbouilleur-colleur de papier. Un journalier, homme de goût, s'il y en a à Achères, retournera le jardin, et quelques fleurs qu'il y mette, Sophie sera toujours la plus belle et la plus fraîche.

Le notaire a mandé la propriétaire. Six mois d'avance lui sont comptés. L'aspect de l'argent est toujours d'un grand effet : tout est convenu et arrêté.

La maisonnette est située au milieu du village : on ne peut rien tenter là, à force ouverte. Si on osait se le permettre, Bertrand et sa fille trouveraient un défenseur dans chacun des habitans. Ils connaîtront bientôt l'attachement que M. Martin porte à l'intéressante famille : ils seront tous ses amis.

En attendant que les lieux soient prêts à recevoir les nouveaux locataires, on logera au Coq-

Hardi. M. Martin se réserve la fameuse chambre jaune, dans laquelle il a développé un talent d'observation, dont les suites, cependant, pouvaient n'être pas plaisantes.

Vous n'avez pas oublié que Dubourg, descendu, pour un moment, à l'emploi de pourvoyeur, doit avoir parcouru un rayon suffisant pour trouver de quoi régaler dignement messieurs les notables. Semblable à la renommée, bien qu'il n'ait pas d'ailes, ni de trompettes, et que son cheval n'aille qu'au pas, il a répandu sur son passage le bruit de la fête magnifique qui doit avoir lieu le soir. Déja les marchands de pain d'épices, de petits couteaux, de faïence à mettre en loterie, les danseurs et les danseuses les plus fameux des villages voisins, se mettent en marche, les uns la hotte sur le dos, les autres précédés de racleurs qui leur écorcheraient les oreilles, si une heureuse habitude ne leur avait rendu cet organe insensible.

Deux heures sonnent. Les Nestors d'Achères se traînent dans le parc de M. de Polmont. Madame et mesdemoiselles Cognard sont présentées à M. Martin, qui, à son tour, leur présente Sophie, et la recommande à leur amitié. Le maire et le curé paraissent les derniers : un des priviléges des grands est de se faire attendre.

La table est fort bien arrangée, grace aux courses, aux démarches, et à l'intelligence de Rosalie et de Cognard. M. Martin invite ses convives à prendre place. Les cinq femmes, que je viens de nommer, sont seules admises au banquet. M. Martin consent que la nature ait fait les hommes égaux, autant qu'ils peuvent l'être avec des figures, une organisation, des forces différentes; qu'ils soient égaux enfin comme les cinq doigts de la main; mais il veut, pour le maintien de l'ordre social, que la différence des conditions soit maintenue. Or, le maire, le curé, le notaire et le percepteur n'étant pas mariés, la mère, les sœurs, la future épouse de monsieur le régisseur, et Sophie surtout, sont, très-certainement, ce qu'il y a de mieux dans le village, et tout le monde sait, comme M. Martin, qu'un dîner où il n'y a pas de femmes, est la chose la plus ennuyeuse.

Dubourg n'avait pas habité les villes; il n'avait donc pas été maître-clerc de procureur. Il ne connaissait pas nos grands poètes, ni seulement la fameuse satire, où l'empoisonneur Mignot est si bien caractérisé. Tous les gargotiers, cependant, devraient lire cette satire-là. Si elle ne leur dit pas ce qu'il faut faire, elle leur apprendrait au moins ce qu'ils doivent éviter.

Six grands garçons, en gilets et en pantalons blancs, attendent que le Mignot d'Achères leur donne l'ordre de servir. La cloche, qui appelle à dîner les commensaux du château, se fait entendre, et aussitôt quatre potages, l'un au gras, l'autre à l'oignon, le troisième au lait, le dernier à la citrouille, garnissent les quatre coins de la table, ordre de service nouveau; mais qui en vaut bien un autre. Au milieu, figure un morceau de la fesse d'une vache, que Dubourg érige en bœuf. Les bords du plat, de quinze pouces de diamètre, sont garnis de côtelettes et de ris de veau. La tête de l'animal, sa fraise, son foie et ses pieds forment les quatre entrées. Pour hors-d'œuvre, des échalottes roulées dans le sel et le poivre, des concombres coupés par tranches, et nageant dans le vinaigre.

Au second service, doit paraître le chevreuil tout entier, étendu, avec grace, sur une planche de quatre pieds de long. La tête et les jambes seront soutenues par des fourchettes de bois, dont Dubourg a garni une poche de son tablier, en jouant de la serpette dans le jeune bois de M. de Polmont. En tête et en queue du chevreuil, paraîtront les deux cuisses rôties du veau, qui joue ici un si grand rôle. Six poulets au cresson, chacun dans leur plat, rempliront les vides.

Point d'entremêts parce que Dubourg n'a pas étudié l'*office*; mais le dessert sera copieux. Des pêches et des abricots, des abricots et des pêches, couvriront les taches que la nappe aura reçues : les fruits seront donc innombrables.

A l'aspect du premier service, MM. Martin et de Polmont, Bertrand et Cognard se mettent à rire. Le curé ignore s'il rira, ou s'il restera impassible, parce qu'il ne sait pas trop ce qui provoque la gaieté de ces messieurs. Il juge cependant qu'il ne peut y avoir d'inconvénient à imiter ceux dont on recherche les bonnes graces ; or, M. Martin a donné pour la fabrique, pour les pauvres, et rien encore pour les frais du culte : le curé fait un effort, et rit de son mieux.

Il y a toujours, dans cette manière de rire, quelque chose de forcé qui n'échappe pas à un œil scrutateur. « Le curé est un flatteur, dit M. Mar« tin à l'oreille du maire. Vous allez voir qu'il ne « sait de quoi il rit. Convenez, monsieur le curé, « continua-t-il d'un air très-sérieux, que voilà un « repas vraiment patriarcal ? — Oui, monsieur, « très-patriarcal. Jacob et ses descendans rece« vaient-ils un parent, un étranger de marque, ils « tuaient un chevreau. Ici on a dépecé un veau : « on doit faire mieux qu'ailleurs où est M. Martin. » M. Martin répond au compliment par une profonde inclination de tête, et regarde le maire, en se pinçant les lèvres.

Quelque drôle que soit un dîner, l'homme le plus difficile, et qui ne peut, en sortant de table, aller se dédommager chez un restaurateur, trouve toujours quelque chose qu'on peut avaler. Messieurs les notables dînaient à merveille, et les autres pas trop mal. On parle ordinairement beaucoup, quand la gourmandise n'est pas stimulée. M. Martin causait avec le curé, ou plutôt il parlait seul : le curé, homme de bon appétit, ne répondait plus que par monosyllabes. M. Martin avait soin de lui verser, assez fréquemment, de certain vin qu'avait fait venir M. de Polmont, dont un curé de village, et bien d'autres, ne trouvent pas l'occasion de se régaler tous les jours. M. Martin savait, mieux que personne, que le bon vin établit l'intimité entre les convives ; que l'intimité fait naître la confiance, et que la confiance dispose à recevoir et à suivre les impulsions que veulent nous donner ceux qui ont l'art de diriger des machines.

Les violons commencent à se faire entendre, dans le lointain, et s'approchent par degrés. La jeunesse du village, brillante ou non, va paraître dans le parc. M. Martin observe son curé. Il a l'œil vif et le teint animé. Il est au degré où l'homme, en conservant toute sa tête, est cependant disposé à hasarder bien des choses : il ne reste, pour le déterminer, qu'à le pousser adroitement.

« Monsieur le curé, dit M. Martin, ce n'est pas
« sans raison que l'Église proscrit la danse. Si
« les bals ne sont pas précisément des réunions
« scandaleuses, ils tendent évidemment à faire
« naître des liaisons qui, pour la plupart, sont
« loin d'être innocentes. — Et le genre de danses
« qu'on se permet aujourd'hui, monsieur, n'est-il
« pas révoltant ? La valse, surtout, n'a-t-elle pas
« été imaginée par le démon de la luxure ? Une
« fille se jette, sans pudeur, sans scrupule, dans
« les bras d'un jeune homme, dont l'œil avide

« se promène sur son sein. Qu'elle fasse un faux
« pas, et qu'elle tombe, les voilà tous deux dans
« la position que des chrétiens ne doivent pren-
« dre qu'avec l'autorisation de l'Église. Cela est
« affreux, épouvantable ! — Que j'aime ce pieux
« courroux, monsieur le curé ! Toujours fidèle à
« vos devoirs, vous avez, sans doute, parlé en
« chaire contre les bals ? — Parlé, monsieur !
« j'ai tonné, et je n'ai rien obtenu. Le plaisir
« présent l'emporte sur la crainte de l'enfer. Ré-
« pétons avec Jérémie : *Désolation de la désola-*
« *tion,* et convenons que Jésus fut bien bon de
« mourir pour cette canaille-là.

« — S'il est vrai, ainsi qu'on l'assure, et comme
« je le crois, monsieur le curé, qu'il n'est pas
« de fable qui ne doive sa première origine à une
« vérité, altérée par des traditions successives,
« et détruites, enfin, par le temps, il en doit être
« de même des institutions humaines, et si nous
« remontions aux temps les plus reculés, peut-
« être trouverions-nous que la musique et la
« danse viennent d'une source divine.

« Les anges chantent et chanteront, pendant
« toute l'éternité, les louanges du Très-Haut. Voilà
« certainement l'origine de la musique, et n'est-
« il pas vraisemblable qu'à l'exemple des esprits
« purs, l'homme a consacré à Dieu les premiers
« sons mélodieux qu'ait formés sa bouche ? L'Église
« paraît tellement pénétrée de cette vérité, que,
« les jours ordinaires, elle nous fait entendre l'or-

« gue, et qu'aux grandes féries elles nous donne
« des messes à grand orchestre, où on n'entre
« que par billet, ce qui n'est pas très-canonique.

« Ouvrons les livres saints; nous y verrons
« que les filles de Sion dansaient. — Oui, M. Mar-
« tin; mais elles dansaient entre elles. — Et, ar-
« rivées au zénith de chaque saut, elles croyaient
« avoir raccourci d'autant l'intervalle qui les sé-
« parait du ciel, et, en effet, monsieur le curé,
« qu'est-ce que danser, si ce n'est faire une suite
« d'efforts pour se détacher de la terre, à laquelle
« un instinct secret dit à l'homme qu'il est étran-
« ger.

« S'il est impossible d'extirper des préjugés ou
« des abus dangereux, des sages tels que vous,
« monsieur le curé, peuvent au moins en tirer
« un parti avantageux, et puisque vous ne pou-
« vez anéantir la danse, pourquoi n'essaieriez-
« vous pas de la ramener à la noblesse et à la
« pureté de son origine? Une si belle entreprise
« est digne de vous. — Mais comment voulez-
« vous, M. Martin... — Voyons, réfléchissons.
« D'abord, il est d'autres chants que les airs mon-
« dains, dont vous êtes blessé avec tant de rai-
« son. L'air des *alleluya*, par exemple, excite
« une sainte gaieté. Les filles ne pourraient-elles
« pas danser entre elles, et les garçons entre eux,
« des menuets sur le chant de l'*O Filii?* Le me-
« nuet est une danse noble, grave, et qui écarte
« toute idée de volupté. — Mais par quels moyens

« amener ces gens-là... — Par la force de l'exem-
« ple, monsieur le curé, et le vôtre doit être
« entraînant. Dansons ensemble le premier me-
« nuet. — Ah ! M. Martin, je n'attendais pas de
« vous une semblable proposition ! Qui, moi, je
« me donnerais en spectacle !... — Hé, monsieur,
« de jeunes demoiselles, modestes, sages, élevées
« dans les principes d'une austère piété, n'ont-
« elles pas récité, en public, les beaux vers d'Es-
« ther et d'Athalie ? Les prélats les plus respec-
« tables n'assistaient-ils pas aux spectacles de
« Saint-Cyr ? L'intention, enfin, ne sanctifie-t-elle
« pas tout ? — Mais, M. Martin, mon ministère...
« — En est-il au-dessus de celui du Prophète-
« Roi, et ne savez-vous pas que David dansa,
« au son de sa harpe, devant l'arche qu'on pro-
« menait dans Israël ? Monsieur le curé, ce jour
« peut devenir un grand jour, un jour à jamais
« mémorable. Rendez-vous à ma prière, à mes
« raisonnemens. Prêchez, prêchez d'exemple. Je
« vais partager cette bonne œuvre avec vous. —
« Mais, M. Martin... — Venez, venez. — Ne m'en-
« traînez donc pas ainsi ; vous avez l'air de me
« faire violence, et si je parais céder à la force,
« je ne donnerai pas d'exemple. — Voilà une ré-
« flexion pleine de sagesse. Vous ne pensez et
« vous ne dites que des choses excellentes. Mar-
« chons librement, l'un à côté de l'autre. Vous
« êtes justement en habit court... — Et je dan-
« sais fort bien le menuet, il y a trente ans. Il

« me vient une bonne idée, M. Martin. — La-
« quelle, monsieur le curé ? — Je vais préparer
« mes paroissiens à me voir danser. Je dois leur
« faire part de mes motifs. Soyez tranquille ; je
« serai très-court. » Le curé monta sur un banc.
« Mes frères, dit-il, puisque je ne peux vous em-
« pêcher de danser, je veux au moins vous ap-
« prendre qu'on peut s'amuser honnêtement, sans
« se mêler scandaleusement les uns avec les au-
« tres. Je veux vous apprendre à sanctifier le bal,
« et vos jambes, qui ne vous ont pas été données
« pour courir à votre perte. ».

Au grand étonnement des spectateurs, le fameux menuet commence sur l'air d'*O Filii*. La
manière dont le danse le curé, étonne encore
davantage. Il faut, disait-on, que nos contredanses
soient bien condamnables, puisque monsieur le
curé, qui danse si bien, n'ose se les permettre.
Aussitôt chacun veut danser le menuet, qu'il ne
sait pas, sur l'air d'*O Filii*. Le curé, pendant quelque temps, dirige les danseurs, en versant des
larmes de joie. Il embrasse tendrement M. Martin, et se retire chez lui.

O instabilité des choses humaines ! On s'en-
nuya bientôt de se croiser gravement, homme
à homme, fille à fille. On convenait que le menuet n'est pas dangereux, peut-être parce qu'il
endort debout ; mais on murmurait tout bas que
ce n'est pas là danser. Les amours ne s'arran-
geaient pas de la séparation absolue des deux

sexes, et, de minute en minute, la nature effaçait les impressions qu'avait produites monsieur le curé.

Chassez le naturel, il revient au galop.

Bientôt la profane contredanse se fit entendre. Le plaisir acquit une vivacité d'autant plus marquée, qu'il avait été long-temps comprimé. Il était dans tous les cœurs; il brillait dans tous les yeux.

Monsieur le maire avait eu de la peine à sortir de la stupéfaction où l'avait jeté la démarche du curé. « J'ai perdu, j'ai perdu, dit-il enfin à
« M. Martin, et, en vérité, je devrais payer dou-
« ble, car je croyais bien parier à coup sûr. —
« Et moi aussi, parbleu. Ainsi cet argent n'ap-
« partient à aucun de nous. Envoyez-le au curé,
« qui boit et qui danse le soir avec celui qu'il
« voulait griller le matin. Voilà les hommes. Ap-
« prenez à les connaître. »

Je me suis éloigné des personnages que j'ai laissés dans la foule, pour ne m'occuper que de ceux qui, tout à l'heure, étaient en évidence. Qu'ont fait, que font Bertrand, Sophie, Cognard, sa mère, ses sœurs et sa piquante Rosalie ?

Sophie, en entrant dans le bal, avait entendu un murmure d'admiration, qui fait toujours un certain plaisir à une jeune personne. Mais celle-ci ne peut être réellement flattée que des éloges de Stanislas; ce n'est que pour lui qu'elle veut être belle. La joie, le bonheur qu'expriment les yeux de Rosalie et de Cognard, ajoutent à la tristesse de ses sensations. Heureux, disait-elle à son père, ceux qui sont nés dans une classe jusqu'à laquelle l'envie dédaigne de descendre; qui, libres de ce qu'on appelle les usages du grand monde, ne connaissent des convenances que ce qui leur convient véritablement; qui ne conçoivent pas que le don de la main ne suive pas immédiatement celui du cœur; pour qui, enfin, aimer et être heureux sont une seule et même chose!

Quand on est triste et qu'on réfléchit, on est loin d'avoir envie de danser. Sophie avait refusé les invitations de tous les jeunes gens, qui, d'abord, s'étaient empressés autour d'elle. Peut-être aussi se rappelait-elle ce que son père avait été, et conservait-elle, dans son état actuel, cette noble fierté qui intéresse, et qui plaît à ceux qui peuvent l'apprécier. Mais, ici, elle n'était connue que de son père et de M. Martin. On se borna cependant à trouver singulier qu'une jeune et jolie fille n'aimât pas la danse, parce qu'elle avait mis, dans ses remerciemens, cette grace, cette amabilité qui embellissent jusqu'à la beauté, et qui gagnent tous les cœurs.

Cognard était tout à Rosalie. Il ne voyait, il n'entendait qu'elle; ce n'est qu'avec elle qu'il dansait. Mais pendant le dîner, dont il faisait les honneurs, il avait eu, plusieurs fois, l'occasion d'adresser la parole à Sophie. Son maintien, ses réponses décentes, ses expressions toujours pures, sans avoir rien de recherché, l'avaient frappé fortement. Ce n'est pas, se disait-il, la fille d'un domestique. Je commence à douter que Bertrand l'ait réellement été. Un important secret ferme la bouche de ces trois personnages. Vous voyez que Cognard est aussi observateur.

En conséquence de ces réflexions, il avait recommandé la jeune étrangère à sa mère et à ses sœurs, et, sans leur rien communiquer des soupçons vagues qu'il avait conçus, il les assura qu'il paierait, de toute sa reconnaissance, les attentions qu'elles auraient pour Sophie, les soins qu'elles lui accorderaient. Un fils affectionné et respectueux a nécessairement une mère sensible. Celle-ci ne quittait pas la jeune demoiselle, lorsque Bertrand n'était pas avec elle, et que le goût de la danse entraînait ses deux filles. De loin en loin, elle surprenait un soupir; elle se sentait émue, et laissait parler son cœur. Ce langage-là est entraînant. Sophie répondait avec une sorte d'abandon, et bien que la mère Cognard n'entendît, n'appréciât pas aussi bien que son fils ce que lui disait la jeune personne, elle sentait que le cœur de dix-sept ans était dans une certaine harmonie avec le sien, et cela lui suffisait.

On se lasse de tout, même de danser. Le théâtre, d'ailleurs, sur lequel les danseurs développaient leurs talens, n'était pas élastique. La satiété fit sentir le besoin du repos, et puis il fallait, dès le matin, trouver, au bout de la bêche, le pain de la journée. Ce parc, si peuplé, si riche en groupes folâtres et variés, n'était plus, à dix heures, qu'une vaste et sombre solitude. Ainsi, disait M. Martin à Bertrand, passent tous les plaisirs de convention : il n'en reste, le lendemain, que le souvenir de ce qui a dit quelque chose à l'esprit, ou de ce qui a intéressé le cœur. Quoi de brillant comme un feu d'artifice? Cent fusées, qui s'élancent dans les airs, fixent l'admiration des spectateurs : leur ravissement s'éteint avec la dernière. Les ténèbres les environnent et les attristent. Ils s'interrogent. Qu'est-ce que tout cela, et qu'ai-je éprouvé? Une secousse qui m'a, pendant quelques minutes, arraché à moi-même, pour faire naître ensuite des réflexions tristes sur le peu de durée des illusions, et sur le vide qu'elles laissent après elles. Or, toute action qui n'est pas louable ou utile, tout plaisir qui n'a pas sa source dans le cœur, ne sont que des illusions. Que d'illusions dans ce monde !

Cognard conduit au Coq-Hardi M. Martin, Bertrand, et mademoiselle Sophie. Il leur souhaite une bonne nuit, avec le ton de déférence que ses observations lui prescrivent de prendre. Il revient dire un bonsoir bien plus familier et plus doux à sa chère Rosalie. Ce n'est pas elle qui reconduira sa mère et ses sœurs : il se gardera bien d'exposer quatre femmes, la nuit, dans des chemins de traverse. Il met un cheval à sa carriole, et s'achemine vers cette ferme, à laquelle il doit le cœur de Rosalie, la bienveillance de M. Martin, et dont, dans quelques mois, il s'éloignera cependant sans retour.

CHAPITRE V.

Soulevons le voile.

Il était cinq heures du matin. Cognard revenait doucement dans sa carriole, et comme l'imagination ne perd pas son activité, parce que le corps se repose, il pensait à Rosalie, à son prochain mariage, à M. de Polmont, aux moyens d'améliorer sa terre, que son prédécesseur avait laissée dans une sorte d'abandon : un fripon, qui s'occupe exclusivement de lui, trahit doublement son commettant.

Cognard passait de ces objets à M. Martin, à Sophie, à Bertrand. Il se rappelait certains mots qui lui paraissaient obscurs, qui l'étaient en effet pour lui, et qui indiquaient nécessairement quelque mystère qu'il s'efforçait en vain de pénétrer. D'après la conduite de ces trois personnes, leur secret ne devait rien avoir d'alarmant pour la société : ceux qui aiment à faire du bien ne troublent pas l'ordre public. Ainsi, Cognard, après s'être inutilement fatigué la tête, se résuma en ces termes : Aimons ceux à qui nous devons notre bien-être, comme on nous prescrit d'aimer la Providence, qui est impénétrable.

Quand on est tout à ses pensées, les yeux voient, sans s'attacher à rien. Cognard s'aperçut enfin qu'un homme marchait à côté de sa carriole. Cet homme paraissait vouloir lui dire quelque chose. Il le regardait, il ouvrait la bouche, il la refermait; un demi-sourire, assez forcé pourtant, agitait ses lèvres de temps en temps; il laissa, enfin, échapper une de ces phrases banales par lesquelles commence toujours une conversation entre gens qui ne se connaissent pas. « Voilà, « monsieur, une bien belle matinée. — Superbe, « monsieur. — La journée sera chaude. — Je le « crois comme vous. »

L'inconnu se tait. Bientôt après il renoue l'entretien, mais avec une sorte d'embarras, qui inspire de la défiance à Cognard. « Monsieur est « vraisemblablement de ce pays? — Oui, mon- « sieur. Et vous? — Oh, moi, je suis de Paris. « — Et vous venez vous promener à la campa- « gne? — Je ne me promène pas. Je cherche, « avec persévérance, des personnes à qui j'ai de « grandes obligations, et qui sont menacées d'un « évènement fâcheux... — Que vous désirez pré- « venir? — Ah, monsieur, qui me dirait où elles « sont, leur rendrait, et à moi, un service si- « gnalé! — Leurs noms? — Elles voyagent sous « des noms supposés. — Ce sont donc des mal- « faiteurs? — Pas du tout. — Et vous n'avez au-

« cune notion sur la route qu'elles ont prise ? —
« Pardonnez-moi. Elles sont parties avant-hier
« de Pontoise, et n'ont pas passé à Saint-Ger-
« main. Il est donc vraisemblable qu'elles se sont
« arrêtées dans quelque village de ce canton. —
« Oui, cela est possible. — D'autant plus qu'elles
« voyagent avec leurs chevaux, dans une calè-
« che... — Dans une calèche !... Deux hommes
« et une jolie demoiselle ? — Vous les avez ren-
« contrés, reprend l'inconnu, avec une joie qui
« paraît à Cognard avoir quelque chose de per-
« fide ? — Non, je ne les ai pas rencontrés. —
« Vous en avez au moins entendu parler ? —
« Beaucoup. — Et où vous a-t-on dit que sont
« ces voyageurs ? — Je n'ai rien appris de positif
« à ce sujet. Mais un jeune homme de mes amis
« peut vous donner plus que des indices, et puis-
« que vous prenez tant d'intérêt à ces personnes,
« qui sont, dites-vous, estimables, allez au vil-
« lage des Loges, là, à une lieue d'ici, dans la
« forêt. Suivez ce chemin, il vous y conduira.
« Entrez à l'auberge du Cadran-Bleu. Mon ami,
« qui a de l'argent à recevoir de l'aubergiste, y
« sera dans deux heures. — Et comment s'ap-
« pelle votre ami ? — Firmin. »

L'inconnu veut continuer ses questions. Cognard le salue, fouette son cheval, et s'éloigne
au grand trot. Cet homme est un fripon, pensait-il. Si M. Martin lui a fait du bien, il a nécessairement été trompé, à moins toutefois... Ah,

Cognard, qu'oses-tu penser! Tu croirais M. Martin capable de couvrir des crimes du masque de la bienfaisance! Cette gaieté, cette franchise, qui ne le quittent jamais, n'annoncent-elles pas une ame qui ne connaît pas le remords?

. Ce drôle-ci s'est trahi en me parlant. Ses yeux, son front, le son de sa voix n'étaient pas en harmonie avec ses paroles. Peut-être est-il le chef de quelque bande qui poursuit secrètement M. Martin, Bertrand et sa fille; qui les oblige à changer de noms, et à se cacher dans un assez pauvre village : c'est cela, c'est cela. Voilà le moment de marquer ma reconnaissance à M. Martin : je n'en laisserai pas échapper l'occasion. Peut-être cette circonstance inattendue me fera-t-elle découvrir quelque chose, sans que je me sois permis de questions déplacées, et j'en serai bien aise : je ne peux me le dissimuler.

Cognard presse son cheval, et va droit à l'auberge de Dubourg. Il apprend que M. Martin n'est pas levé; mais il insiste sur la nécessité où il est de lui parler à l'instant, et comme un cabaretier de village ne résiste pas au régisseur d'une terre de quatre-vingts mille livres de rente, il est permis à Cognard d'aller frapper à la porte de la chambre jaune.

M. Martin était dans cet état où, dit-il, on est placé entre le sommeil et la veille; où les idées se présentent comme à travers un voile, et n'en sont que plus agréables; où l'imagination n'a pas repris toute son activité, et s'arrête nonchalamment, et avec complaisance, sur les objets qui lui plaisent, et que lui offre, sans le concours de sa volonté, la mémoire, agent inexplicable, qui nous refuse souvent ce que nous lui demandons, et qui nous présente brusquement, et sans transition, ce que nous ne cherchons pas. M. Martin demande qui frappe. La voix de monsieur le régisseur est reconnue; il est admis. M. Martin se remet dans son lit, et invite Cognard à s'asseoir près de lui.

Cognard lui rend, mot pour mot, la conversation qu'il a eue avec l'inconnu, et il observe M. Martin. Le calme qui suit un sommeil tranquille, se peint encore dans ses yeux et sur son front.

M. Martin prie Cognard de lui dépeindre l'homme avec lequel il s'est entretenu. Trente ans environ; cinq pieds un pouce, à peu près; les cheveux plus roux que blonds; la figure ronde et colorée; les jambes grêles et longues.

« C'est ce coquin d'Éric, s'écrie M. Martin, « avec une certaine émotion. — Je crois comme « vous, monsieur, que cet homme est un fripon.
« — Cognard, vous avez adroitement donné le « change à ce drôle-là. Vous me prouvez votre « intelligence et la sincérité de votre attachement : « je vous prouverai que je sais reconnaître ce « qu'on fait pour moi. Le moment de parler est « venu. Je vais m'habiller, et me rendre chez le

« maire : vous m'y accompagnerez. Là, vous con-
« naîtrez l'homme qui vous estime assez pour
« n'avoir plus de secrets pour vous, et qui resser-
« rera, autant qu'il est possible, l'intervalle qu'un
« nom va établir entre nous.

« Je suis, d'ailleurs, intéressé à vous éclairer
« sur bien des choses. Vous pouvez m'être utile
« encore, et l'ignorance où vous êtes, pourrait,
« plus tard, vous égarer, ou vous empêcher de
« profiter de quelque circonstance heureuse.

« Mais quel est ce Firmin, dont vous avez parlé
« à Éric ? — C'est le brigadier des gendarmes ré-
« sidant à Achères. — J'entends. Il se travestira,
« avec un ou deux de ses hommes ; ils iront aux
« Loges ; ils entreront au Cadran-Bleu, et ils ar-
« rêteront ce coquin-là. — Voilà précisément,
« monsieur, ce que j'ai pensé. — Et ce trait de
« prévoyance ajoute à ma confiance en vous. Oui,
« Éric sera arrêté. Je suis las d'opposer des mé-
« nagemens à des attaques continuelles, et je
« dois plus à un ami vivant, qu'à la mémoire de
« celui que j'ai perdu. Il est temps que tout ceci
« finisse. »

M. Martin éprouva, pour entrer chez M. de
Polmont, les difficultés qu'on avait opposées à
Cognard, au Coq-Hardi. Mais M. Martin veut fortement tout ce qu'il doit vouloir, et il pénètre
dans la chambre à coucher. Cognard est sur
ses pas.

« Monsieur le maire, des circonstances impé-

« rieuses m'obligent à lever le masque dont je
« me suis couvert à Achères, et dans quelques-
« unes des villes voisines. Mais je désire, j'ai
« même le droit d'exiger que ce que je vous con-
« fierai reste caché entre nous trois. Que le comte
« Obinski et la comtesse sa fille ne sachent rien
« des mesures que nous allons prendre, et, puis-
« que nous pouvons agir sans leur intervention,
« gardons-nous de troubler la tranquillité dont ils
« commencent à jouir. Qu'ils soient toujours pour
« vous, pour Cognard, comme pour tous les ha-
« bitans du village, Bertrand et Sophie. Je ne
« veux être ici que Martin. Cependant je vais me
« nommer : je suis le prince Paloski. »

M. de Polmont avait l'usage du très-grand
monde. Mais un prince qui le surprenait au lit,
et qu'il avait reçu assez cavalièrement, ne laissait
pas de l'embarrasser un peu. Il veut sonner; le
prince l'arrête. « Je vous devine, lui dit-il ; mais
« je viens de vous déclarer que je veux continuer
« à n'être ici que Martin. Ainsi, pas d'étiquette.
« Les momens sont précieux ; il faut n'en perdre
« aucun. Habillez-vous, pendant que je vous
« parlerai.

« Le projet de rétablir le royaume de Pologne,
« et d'en faire une barrière entre la Russie et
« l'Allemagne, fut une des conceptions heureuses
« de l'homme qui a fait de si grandes choses et
« de si grandes fautes. Mais ce n'était pas à Mos-

« cou que pouvait s'opérer la restauration de ma
« patrie.

« Cependant la proclamation de l'indépendance
« et de l'agrandissement de la Pologne électrisa
« tous les esprits, et la France put, pendant un
« moment, compter autant de soldats qu'il exis-
« tait de Polonais.

« J'étais lié, depuis mon enfance, avec le prince
« Borloff, qui tenait un rang distingué à la cour
« de Pétersbourg, et qui reçut souvent, de son
« souverain, des marques d'une confiance sans
« bornes.

« Borloff, attaché à ses devoirs autant qu'à son
« prince, employa toutes les ressources de son
« génie et de la politique, pour neutraliser les
« efforts de la France. Propriétaire de quarante
« villages, je devais à mes concitoyens, de toutes
« les classes, l'exemple du dévouement et du cou-
« rage. J'armai mes vassaux, et le comte Obinski,
« moins riche, mais aussi dévoué à la cause pu-
« blique, m'imita et me suivit.

« Nous passâmes ensemble le Niémen et la Bé-
« résina, rangés sous les bannières du célèbre et
« malheureux Poniatowski. Ce fut pendant cette
« mémorable et si triste campagne, que je recon-
« nus les grandes qualités d'Obinski, et que je
« lui vouai une amitié inaltérable.

« Borloff et moi n'avions pas cessé de nous ai-
« mer, quoique nous fussions attachés à des partis

« différens : l'affection qui est fondée sur l'estime,
« et qu'a nourrie une longue habitude, est indé-
« pendante des orages politiques. Lorsque les
« vainqueurs décidèrent que la Pologne tout en-
« tière appartiendrait à la Russie, Borloff m'écri-
« vit, et me conjura de faire, pour calmer mes
« compatriotes, et les amener à des sentimens de
« résignation, autant d'efforts que j'en avais fait
« pour les rendre indépendans. Hélas, ils auraient
« eu un roi Polonais au lieu d'un souverain russe,
« et le gouvernement aristocratique eût également
« pesé sur eux ! Il faut que je l'avoue, à la honte
« de l'humanité, les grands seigneurs polonais
« ne s'occupaient que d'eux, et le peuple, accou-
« tumé à une subordination stupide, ne sait, par-
« tout, que vivre et mourir pour ses chefs, en
« servant des intérêts auxquels il est presque tou-
« jours étranger.

« Je sentis que la résistance serait désormais
« sans objet. Il me répugnait de verser inutile-
« ment le sang humain, et je secondai Borloff de
« tout mon pouvoir. Mon rang, mes richesses,
« une réputation non contestée, m'avaient donné
« une influence que je n'employai que pour ren-
« dre le repos à mon pays.

« Obinski, né avec une imagination ardente,
« et doué d'une rare intrépidité, ne put supporter
« l'idée de voir la Pologne soumise aux czars, qui,
« si long-temps, ont été ses tributaires. Il manœu-
« vra secrètement ; il chercha à susciter des trou-

« bles. Il a trop de jugement pour avoir espéré
« de résister aux forces de la Russie. Mais il vou-
« lait mourir les armes à la main, et s'ensevelir
« sous les débris de la Pologne. Il n'a pas eu cette
« satisfaction, et il s'est perdu. Je le lui avais pré-
« dit ; mais son malheur même m'a attaché plus
« étroitement à lui, et j'ai tout quitté pour le
« servir.

« Cependant Borloff ne cessait de parler de moi
« comme d'un homme qui avait singulièrement
« contribué à la soumission de la Pologne. Je fus
« invité à me rendre à la cour, et Obinski y fut
« mandé par un tout autre motif.

« On m'offrit des décorations, des dignités.
« J'acceptai les premières pour ne pas déplaire ;
« mais je déclarai que je voulais consacrer le reste
« de ma vie à l'étude et au repos. Obinski fut
« vivement réprimandé. On lui enjoignit d'être
« plus circonspect à l'avenir, et on lui défendit
« de retourner en Pologne, sans l'autorisation du
« gouvernement.

« C'est à Pétersbourg que nous vîmes, pour la
« première fois, la princesse Borloff, et cette
« entrevue décida du reste de la vie du comte.

« La princesse n'était plus jeune. Cependant
« elle était loin de l'âge où les passions s'anéan-
« tissent. Obinski avait quarante ans ; mais sa taille
« est belle, sa figure est noble, et elle était ani-
« mée par un certain air chevaleresque, qui sé-
« duit et entraîne bien des femmes.

« Il était sans cesse invité à se dédommager,
« dans la société de la princesse, des dégoûts,
« des humiliations dont on l'avait abreuvé à la
« cour, et qui irritaient un homme naturellement
« emporté. Paula, sa fille unique, dont il n'avait
« pas voulu se séparer, était comblée des bontés
« de madame Borloff. Elle avait un fils, âgé alors
« de dix-huit ans. Beau, aimable et sensible, il
« chercha à plaire à Paula, et il y réussit facile-
« ment. Sa mère, uniquement occupée d'Obinski,
« favorisait, sans le savoir, leur amour naissant.

« La fortune de Paula n'était pas considérable.
« Sa naissance n'est pas illustre, mais elle est dis-
« tinguée. La princesse pouvait consentir à ce
« mariage, et, en tout ce qui n'était pas affaires
« publiques, elle avait pris, sur le prince, un
« ascendant qui rendait le succès vraisemblable.

« Elle laissa pénétrer à Obinski le prix auquel
« elle mettait ses bontés pour sa fille. Tout dé-
« pendait de lui.

« Mais un cœur ulcéré et ambitieux s'ouvre
« difficilement à l'amour. La princesse, d'ailleurs,
« n'avait rien de ce qui inspire ces fortes passions,
« qui auraient pu changer la manière de voir et
« de sentir du comte. Il n'était assidu auprès d'elle
« que parce qu'elle écoutait avec complaisance,
« et des marques d'un vif intérêt, des plaintes
« amères, qui l'auraient bientôt fatiguée, si on
« se lassait d'écouter l'objet qu'on aime avec vio-
« lence.

« Les aveux indirects de cette dame l'éclairè-
« rent enfin. Ils l'indisposèrent, au lieu de le
« charmer. Il s'éloigna du palais Borloff, et me
« consulta sur le parti qu'il avait à prendre.

« Mon ami, lui dis-je, une femme ne pardonne
« jamais à celui qui a dédaigné son cœur et sa
« personne. Si elle ne se venge pas, c'est qu'elle
« sera dans l'impossibilité de le faire. Mais vous
« sentez que l'épouse d'un homme qui a rendu
« des services éminens, doit être bien vue à la
« cour, et y avoir du crédit. J'ai lieu de croire la
« princesse astucieuse, intrigante, et sa physio-
« nomie n'annonce pas la bonté. Retournez en
« Pologne, si vous pouvez en obtenir la permis-
« sion, et, au nom de ce que vous avez de plus
« cher, vivez-y tranquille, et étranger à toute es-
« pèce d'affaires. Nous avons fait un rêve de gloire,
« qui ne s'est pas réalisé : le temps de la soumis-
« sion est venu.

« La princesse, outrée de ne plus voir Obinski,
« lui écrivit plusieurs lettres, où, à travers une
« grande réserve d'expressions, perce une passion
« capable de se porter à tous les excès. Ces let-
« tres indiquent suffisamment la source d'où part
« la haine invétérée que cette femme a jurée aux
« Obinski. Nous les avons conservées : ce sont
« des armes qu'on laisse dans un arsenal, jusqu'à
« ce que le moment de s'en servir soit venu.

« Le comte dédaigna de répondre à ces lettres,
« et il eut le tort de vouloir rester à Pétersbourg.

« L'homme, disait-il, qui n'a pas tremblé en pré-
« sence des armées russes, ne fuira pas devant la
« femme d'un oppresseur subalterne de son pays.

« Cependant, le jeune Stanislas était profon-
« dément affligé de ne plus voir Paula, et Paula
« souffrait beaucoup de cette séparation. Le jeune
« homme se présenta plusieurs fois à mon hôtel,
« et je refusai de l'y recevoir, prévoyant que ces
« entrevues seraient bientôt connues; qu'elles ir-
« riteraient la princesse, et qu'elles lui donne-
« raient des sujets de plaintes, justes en appa-
« rence. Obinski adore sa fille. Vaincu par ses
« instances, il oublia mes avis. Il eut la faiblesse
« de recevoir, plusieurs fois, Stanislas en mon
« absence. L'amour de ces jeunes gens s'accrut
« par les obstacles, et l'espèce de persécution
« qu'on leur suscitait. Stanislas, exaspéré, de-
« manda, à son père, la main de Paula. Borloff
« parla de cette proposition à la princesse, en
« homme d'état, qui s'occupe exclusivement de
« grandes affaires, et qui abandonne à sa femme
« la direction de son intérieur. La princesse fut
« révoltée de l'idée d'avoir pour bru la fille de
« l'homme qui l'a méprisée. Elle manifesta son
« opinion d'une manière qui ne permit plus au
« prince de revenir sur ce mariage.

« Cependant elle fit épier les démarches de son
« fils. Elle sut qu'il voyait secrètement Paula. Sa
« haine et ses craintes augmentèrent. Elle jugea
« Obinski d'après elle. Elle trembla qu'il disparût

« avec sa fille, après avoir engagé Stanislas à les
« suivre, et qu'un mariage, contracté selon les
« lois de la Pologne, fît triompher le comte de
« son animosité. Elle ne garda plus de mesures.

« Elle rendit au souverain les propos que l'am-
« bition déçue, l'humiliation, le chagrin avait ar-
« rachés à Obinski. Elle les envenima; elle inter-
« préta jusqu'à son silence. Il avait inspiré des
« craintes ; elle persuada facilement qu'il était
« dangereux, et, pour éloigner tout soupçon sur
« sa véracité, elle para, d'un dévouement sans
« bornes, ce que sa délation avait d'infame.

« L'ordre d'arrêter le comte fut signé à l'instant.
« Borloff, chargé de le faire exécuter, manqua,
« peut-être, pour la première fois, à son devoir;
« mais je ne dois voir, dans sa conduite envers
« moi, que de la générosité. Il m'aimait, il savait
« combien Obinski m'est cher, et il me fit remet-
« tre, par un homme de confiance, un billet qui
« ne me donnait que quatre heures pour faire
« disparaître le comte.

« Je vis qu'il n'y avait pas un moment à perdre.
« J'ordonnai à tous mes domestiques de partir
« à la minute, et de conduire, à petites journées,
« mes chevaux à Varsovie. Je donnai mes instruc-
« tions à Obinski, et je courus prendre congé du
« maître. Je prétextai des lettres qui rendaient
« indispensable mon départ précipité : on me crut.

« Maître, par l'éloignement de mes domesti-
« ques, de faire librement mes dispositions, je fis

« travestir le comte et sa fille. Obinski, mécon-
« naissable par un faux nez, qui, depuis, lui a
« souvent été utile, n'était plus qu'un domestique
« français dont une partie de la figure avait été
« gelée au retour de Moscou, et que je venais de
« prendre à mon service pour le faire courir en
« avant de ma voiture. La belle et intéressante
« Paula fut transformée en jockei, et monta sur
« le siége. Nous traversâmes Pétersbourg en plein
« jour, et avec audace. Il est des circonstances
« où on périt, quand on ne sait pas tout oser.

« On arrêta ma voiture à la barrière. Un homme
« vraisemblablement attaché à la police, et qui
« tenait un papier, qui, je crois, était le signale-
« ment d'Obinski, ouvrit ma portière, et me re-
« garda attentivement pendant quelques secondes.
« Il ne fallait pas un long examen pour s'assurer
« que je n'étais pas celui qu'on cherchait. Cet
« homme salua profondément les cordons dont
« j'étais chamarré, et ferma ma voiture. Nous re-
« partîmes.

« Je conclus de ce qui venait de se passer, que
« Borloff, pour se mettre à l'abri de tout repro-
« che, avait commencé l'exécution de l'ordre qu'il
« avait reçu, par la clôture des barrières, démon-
« stration qui devait faire du bruit dans le public.
« Peut-être avait-il présumé qu'Obinski se hâte-
« rait de se cacher chez quelqu'un de mes affidés,
« jusqu'à ce qu'il pût sortir de la ville sans s'ex-
« poser. Peut-être, encore, avait-il pensé que mon

« ami ne serait plus à Pétersbourg, quand on en
« fermerait les barrières. Quoi qu'il en soit, nous
« courûmes toute la journée, et, à l'approche de
« la nuit, je pris Paula dans ma voiture.

« Nous ne nous arrêtâmes, en Pologne, que le
« temps nécessaire pour m'assurer des rentrées
« de fonds considérables partout où je voudrais
« m'arrêter avec Obinski et sa fille : il me suffit,
« pour cela, d'une conférence d'une heure avec
« mes régisseurs. Nous courûmes sans relâche,
« jusqu'à ce que nous eussions quitté le territoire
« dépendant de la Russie. Nous respirâmes alors,
« et nous nous embrassâmes avec cette effusion
« de cœur naturelle à deux personnes qui vien-
« nent d'échapper à un danger imminent, et à
« celui qui les a sauvées.

« Nous nous arrêtâmes à Berlin. Je crus que le
« comte n'avait rien à craindre dans cette capi-
« tale, et je l'engageai à y reprendre son nom,
« et à vivre selon son rang.

« Je retournai aussitôt à Pétersbourg, pour tâ-
« cher d'arranger la malheureuse affaire que la
« princesse avait suscitée à mon ami. Téméraire
« pour lui seul, et portant, pour sa fille, la pré-
« voyance jusqu'à la timidité, dès que je fus éloi-
« gné, Obinski alla la cacher dans une espèce de
« communauté, près de Postdam, où il la fit re-
« cevoir sous un nom supposé.

« Je n'avais d'espérance qu'en Borloff. Lui seul,
« à Pétersbourg, pouvait s'exposer pour moi. Je

« le trouvai mourant, et je reçus son dernier
« soupir.

« Les bienséances me condamnaient à faire, à
« sa veuve, un compliment de condoléance. Elle
« le reçut avec une extrême froideur. Moins af-
« fectée de la mort de son époux, qu'irritée de
« l'évasion d'Obinski, elle mit tout en œuvre pour
« achever de le perdre. Elle tira de sa fuite l'in-
« duction des crimes qu'elle lui imputait; elle fit
« sentir la nécessité de le mettre dans l'impossi-
« bilité de se faire des créatures, et de reparaître
« en Pologne, en confisquant tous ses biens, et
« en le condamnant à un bannissement perpétuel.
« J'étais son ami, je devais donc partager ses mal-
« heurs, et je fus accusé d'avoir favorisé sa fuite.

« Je reparus à la cour, et j'y fus mal reçu. Je
« ne balançai pas, et je demandai respectueuse-
« ment au souverain ce qu'il avait à me repro-
« cher. — Qu'avez-vous fait d'Obinski? — Sire, je
« conviens qu'il a été imprudent; mais je ne le
« crois pas coupable. Au reste, je suis son ami;
« j'ai dû le sauver, et je l'ai fait. — Vous le jugez
« comme Polonais; je le juge, moi, comme mon
« sujet. Je serai juste envers lui et envers vous.
« Vous partageriez son sort, si je pouvais oublier
« les services que vous m'avez rendus. Je vous
« laisse vos décorations, vos biens et votre liberté;
« mais il est inutile que, désormais, vous parais-
« siez ici.

« Deux jours après, les murs de Pétersbourg

« présentaient partout la double sentence rendue
« contre Obinski. Il était dépouillé du domaine
« de ses ancêtres, et il lui était défendu, sous
« peine de mort, de revoir jamais ses antiques
« foyers. De ce moment, ma fortune est devenue
« la sienne.

« Stanislas vint me trouver. Il était dans un état
« qui tenait de la démence. L'amour malheureux
« a rarement produit d'aussi violentes sensations.
« Je lui dois cette justice, qu'il ne lui échappa pas
« un mot injurieux pour sa mère. Il se permit
« tout le reste. Il voulait venger Obinski, relever
« sa fortune aux dépens de la sienne, et lui faire
« oublier ses infortunes, en faisant le bonheur
« de sa fille : rien de tout cela n'était exécutable.
« Sa vengeance ne pouvait menacer que des têtes
« à l'abri de ses coups. Il était propriétaire, sans
« doute, des grands biens de son père ; mais il
« était encore à l'âge où on ne dispose de rien.
« Je l'engageai à rester avec moi, dans la seule
« vue de le calmer, et de l'amener à prendre des
« résolutions plus modérées. Son exaspération se
« soutenait à un degré effrayant. Il sortit malgré
« moi, en me déclarant que sa mère allait enten-
« dre ses plaintes, ses justes réclamations, et que
« si elle refusait de s'y rendre, il prendrait contre
« lui-même un parti violent.

« Beaucoup d'amans ont fait cette menace, sans
« avoir eu la force de l'exécuter : l'état dans le-
« quel était Stanislas, le rendait capable de tout.

« Je le suivis, non pour lui aider à vaincre sa
« mère, mais pour le sauver de lui-même.

« L'entrée du palais Borloff, dont, peu de jours
« avant, toutes les portes s'ouvraient pour moi,
« me fut nettement refusée. J'entendis un grand
« bruit dans les appartemens ; je reconnus la voix
« de Stanislas, et je jugeai qu'il était loin de la
« modération que j'avais cherché à lui inspirer.
« Femme vindicative, épouse infidèle, la princesse
« n'est pas mauvaise mère. Je crus qu'elle ne né-
« gligerait rien pour se conserver un fils unique,
« et ne pouvant décidément pénétrer jusqu'à lui,
« je me retirai chez moi. Je passai une partie de
« la nuit à écrire, à Obinski, les évènemens qui
« s'étaient passés depuis mon retour à Pétersbourg.

« Le lendemain, j'étais à peine levé, qu'un
« chambellan m'apporta la défense de m'immiscer
« en rien de ce qui concerne la famille Borloff,
« à peine d'être traité comme coupable de déso-
« béissance.

« Le faible, qui heurte le fort, ne fait qu'un
« acte de démence. Prêt à tout oser pour servir
« Obinski, je ne voulais cependant employer que
« des moyens qu'approuverait ma raison. De
« mûres réflexions, des calculs faits avec calme,
« ne me présentèrent rien de satisfaisant, et je
« vis que je n'avais de parti à prendre que celui
« d'une apparente neutralité.

« Il m'était défendu de paraître à la cour ; l'en-
« trée du palais Borloff m'était interdite ; rien ne

« me retenait à Pétersbourg, et, cependant, j'y
« restais, sans savoir ce que j'y ferais, sans pou-
« voir m'arrêter à aucune idée sur l'avenir d'O-
« binski, de Paula et de Stanislas.

« J'étais, depuis deux jours, dans cet état d'an-
« xiété et d'abattement, où l'homme retrouve à
« peine une partie de ses facultés intellectuelles,
« où il sent l'impossibilité de rien entreprendre,
« et qui prouve si bien à l'observateur l'influence
« du moral sur le physique. Il pourrait même,
« en allant plus loin, combattre, avec avantage,
« la distinction qu'on établit entre eux.

« Je marchais, uniquement pour faire quelque
« chose, et par une suite nécessaire de l'inquié-
« tude qui me tourmentait. J'étais entré dans l'île
« Basile, sans presque m'apercevoir où j'étais. Je
« m'étais retiré dans la partie la moins fréquentée
« des quais; je m'étais assis machinalement; ma
« tête était appuyée sur mes deux mains. Je ne
« sais à quoi je pensais. Peut-être même l'homme
« est-il, quelquefois, absorbé au point de ne pas
« penser du tout.

« Fatigué enfin de la position que j'avais prise,
« je relevai la tête. Une femme âgée était assise
« près de moi. Grace au ciel, dit-elle, nous voilà
« à l'écart, et je peux vous parler. Vous voyez,
« monseigneur, la nourrice de Stanislas.

« Je connais trop les hommes pour n'avoir pas
« craint d'abord quelque piége. Cette femme pou-
« vait être un émissaire de la princesse : je la re-

« gardai attentivement. Sa figure offrait un mé-
« lange de tristesse et de franchise ; son cœur,
« surchargé, semblait chercher à se fondre dans
« un cœur compatissant; ses expressions n'avaient
« rien d'étudié. Je l'accueillis; une confiance en-
« tière s'établit entre nous, et j'écoutai, avec une
« extrême attention, ce qu'elle me raconta.

« A la suite de la discussion orageuse qui avait
« eu lieu entre la princesse et son fils, après que
« Stanislas eut épuisé ce que l'amour donne d'élo-
« quence, qu'il eût vainement essayé ce que peut
« un fils unique sur la tendresse maternelle, il se
« retira, furieux, dans son appartement, et de ce
« moment il cessa d'être libre. Il fut gardé à vue
« par des domestiques sur lesquels on pouvait
« compter, et sa mère était déja tellement sûre
« de lui, qu'elle dédaigna de feindre en sa pré-
« sence.

« Elle envoya Bolesko demander, de sa part,
« au directeur de la poste, si quelqu'un avait écrit
« à Obinski, et où ses lettres lui étaient adres-
« sées. Bolesko, messieurs, valet de chambre de
« Borloff, est plus connu à Pétersbourg par cer-
« taines relations avec la princesse, que par son
« attachement au maître qu'il a perdu. C'est un
« de ces instrumens qu'une femme emploie à bien
« des choses, et qu'elle méprise intérieurement.

« La princesse déclara à son fils qu'elle allait
« prendre les mesures convenables pour qu'il ne
« revît jamais Paula. Elle l'exhorta à surmonter

« une passion insensée, qui ne présageait que des
« chagrins cuisans pour tous deux. Stanislas, ac-
« cablé, et de ce qu'il entendait, et d'une vio-
« lente contention d'esprit, trop long-temps pro-
« longée, cessa de répondre, et se laissa aller sur
« un siége. Il s'écriait, par intervalles : Paloski,
« Paloski, où êtes-vous ?

« J'étais dans son antichambre, me dit la nour-
« rice. J'entendais tout, et je pleurais. On ne me
« fit pas sortir, sans doute parce que je ne suis
« pas à craindre. Ne pouvais-je savoir, d'ailleurs,
« ce que connaissent les domestiques du palais ?

« Le directeur des postes ne pouvait refuser une
« chose aussi simple que celle que lui demandait
« une dame qui jouit de la plus haute faveur. Et
« puis, n'est-il pas trop vrai qu'un malheureux
« proscrit ne commande aucun procédé, aucun
« ménagement ? Bolesko revint, et annonça qu'un
« paquet assez volumineux avait été expédié à
« Berlin, hôtel de l'Aigle-Noire : c'est de ma
« lettre qu'on parlait.

« La princesse ordonna à Bolesko de partir aus-
« sitôt pour la Prusse. Elle lui donna des in-
« structions dont la nourrice ne put rien saisir,
« parce que Bolesko avait été conduit dans un
« cabinet particulier.

« La princesse sortit, et ne rentra que deux
« heures après. La nuit vint, et minuit sonnait,
« lorsque les portes extérieures du palais s'ouvri-
« rent. Une voiture entra dans les cours. Elle

« était entourée de quelques hommes à cheval.
« Un officier supérieur monta; il exprima, à Sta-
« nislas, tous les regrets que lui donnait la mis-
« sion qu'il était chargé de remplir, et il lui no-
« tifia, avec beaucoup de ménagemens, que la
« volonté de l'empereur était qu'il fût détenu dans
« un château fort, jusqu'à ce que sa mère pût
« compter sur son obéissance.

« Le malheureux jeune homme ne répondit
« pas un mot. Il suivit l'officier, et, lorsqu'il tra-
« versa l'antichambre, sa nourrice se jeta dans
« ses bras, en sanglotant. On ne les priva pas de
« la satisfaction de s'embrasser, et Stanislas la
« pria, bien bas, de tâcher de me voir, sans me
« compromettre, et de me raconter ce qu'elle
« avait vu.

« Lorsque la voiture sortit des cours, un offi-
« cier y monta; Stanislas fut placé entre cet offi-
« cier et son chef. Le reste de l'escorte fut ren-
« voyé, et il fut ordonné à tous les domestiques,
« sans exception, de rentrer et de fermer les
« portes. Sans doute on voulait dérober au pu-
« blic, et surtout à moi, la connaissance du lieu
« où on conduisait Stanislas.

« La bonne nourrice n'ignorait pas que j'étais
« mal à la cour. En conséquence, elle s'était bien
« gardée de paraître à mon hôtel; mais elle pas-
« sait et repassait dans la rue où il est situé, et,
« ce jour-là, elle me vit sortir de chez moi. Elle
« n'osa m'aborder, me suivit d'assez loin, me

« perdit de vue, me retrouva devant elle sur les
« bords de la Newa, me perdit encore, et vous
« savez, messieurs, où elle me rencontra.

« Je voulus récompenser cette femme ; elle re-
« poussa ma bourse avec une sorte de dédain. Je
« l'embrassai, et de douces larmes coulèrent de
« ses yeux. Elle me recommanda son cher enfant,
« en me pressant les mains, et en me regardant
« d'un air suppliant. Nous nous quittâmes, et nous
« rentrâmes dans la ville par des chemins opposés.

« J'ai dit et répété que le moyen le plus sûr de
« pénétrer quelqu'un est de se mettre à sa place,
« et de se demander ce qu'on ferait dans une cir-
« constance donnée. Je récapitulai ce que m'avait
« dit la nourrice, et je crus avoir démêlé quelque
« chose des projets de la princesse.

« Je me rappelai que cette dame, en s'assurant
« de son fils, avait évité ce qui aurait pu l'irriter
« davantage. On lui avait marqué, en l'arrêtant,
« des procédés et même des égards. L'air qu'on
« respire dans une citadelle est ordinairement sa-
« lubre, et on peut s'y procurer toutes les aisances
« de la vie. La princesse conserve donc de l'atta-
« chement pour son fils, et alors elle n'entend pas
« lui faire passer, dans une prison, la plus belle
« partie de sa jeunesse. Mais elle hait Paula, uni-
« quement parce qu'Obinski est son père. Séparer
« de lui une enfant qu'il adore, et rompre en
« même temps un mariage qui flatterait l'ambi-
« tion du comte, serait se venger doublement. Il

« était évident pour moi que Paula seule était sé-
« rieusement menacée.

« Mais qu'allait faire Bolesko à Berlin ? serait-il
« chargé d'un enlèvement ? oserait-il l'exécuter
« dans un pays où il ne peut compter sur l'im-
« punité. D'ailleurs, où conduirait-il Paula ? Si
« elle n'était pas resserrée dans une étroite prison,
« elle ferait, tôt ou tard, retentir ses justes plain-
« tes dans toute l'Europe. Un projet d'enlèvement
« serait donc une absurdité ; mais de quel pré-
« texte s'étaierait la calomnie pour attenter à la
« liberté de cette jeune personne ? Son âge, sa
« beauté, sa candeur et les faits, ne désarmeraient-
« ils pas des juges impartiaux ?

« Si cependant, pensé-je, la princesse avait
« formé un plan plus atroce, et dont l'exécution
« fût plus facile... Cette idée me fit frissonner.
« J'ai reconnu, plus tard, que la princesse, toute
« à ses passions, est souvent incapable de réflé-
« chir ; mais qu'elle n'a ni la force, ni la volonté
« de commettre un grand crime.

« Cependant je crus que les circonstances, et
« l'incertitude même où j'étais de ce qui se tra-
« mait contre Paula, exigeaient que je prisse un
« parti prompt et décisif. J'aurais voulu ne quitter
« Pétersbourg qu'après avoir découvert le lieu où
« Stanislas est détenu : cela n'était pas impossi-
« ble. Mais le danger d'Obinski et de sa fille était
« pressant. Toutes mes idées se portèrent sur eux,
« et je partis aussitôt pour Berlin.

« Obinski n'était plus à l'Aigle-Noire. Quel mo-
« tif nouveau avait pu le porter à se cacher, dans
« un pays où il n'avait rien à craindre? Je savais
« que Bolesko m'avait précédé de deux jours à
« Berlin, et en deux jours un homme de ce ca-
« ractère fait bien des choses. Mais avait-il vu le
« comte, et comment avait-il pu intimider l'in-
« trépide Obinski au point de le déterminer à
« fuir, sans qu'il prit même le temps de m'écrire
« un mot ?

« J'interrogeai le maître de l'hôtel. A force de
« questions, et en rapprochant des réponses assez
« incohérentes, je sus que Paula n'était plus avec
« son père, depuis dix à douze jours ; qu'un
« homme, que je jugeai être Bolesko, s'était pré-
« senté à l'hôtel; qu'il avait demandé une audience
« particulière au comte; qu'ils avaient passé deux
« heures ensemble; qu'Obinski avait fait précipi-
« tamment ses malles, était monté en voiture, et
« avait ordonné au postillon de prendre la route
« de Bernow.

« On peut se porter, de cette ville, sur tous
« les points de l'Europe. De quel côté chercherai-
« je mon ami, et qu'a-t-il fait de sa fille? En
« quelles mains l'a-t-il laissée? Ici le talent de
« l'observateur fut un moment en défaut.

« Je réfléchis bientôt que l'homme qui croit avoir
« de puissantes raisons de fuir de Berlin, ne doit
« pas se croire en sûreté en Prusse, et qu'Obinski
« aurait pris, pour en sortir, le chemin le plus

« court. La frontière la plus rapprochée de Berlin
« est celle du duché de Mecklembourg, et Ber-
« now y conduit directement. Je partis pour cette
« ville. J'espérais recueillir, dans les maisons de
« poste, quelques-unes de ces indications qui ne
« sont que vagues pour la plupart des hommes,
« mais qui pourraient m'éclairer.

« Je me souvins, en courant la poste, d'un ba-
« ron Hollinder, que, pendant la campagne de
« Moscou, nous avions connu à Wilna, et avec
« qui nous avions contracté une sorte d'intimité.
« Il demeure dans un village situé entre Bernow
« et Bisenthal. Obinski pouvait avoir laissé sa voi-
« ture à Bernow, s'être rendu à pied, la nuit
« peut-être, chez le baron, et, en admettant qu'il
« n'ait pas osé s'y fixer, il était vraisemblable que
« j'y apprendrais quelque chose; j'espérais même
« y trouver une lettre pour moi. Obinski était loin
« d'avoir pensé à m'écrire.

« J'arrivai chez le baron, qui resta stupéfait
« en me voyant. Un cri de joie me fit connaître
« que j'étais chez un ami. Il m'embrassa, et me
« demanda comment je m'étais échappé de prison.
« Je n'y ai pas été, lui répondis-je, étonné à mon
« tour. Le baron me prit la main, et me conduisit
« dans son cabinet.

« Obinski, me dit-il, a passé ici, et s'y est ar-
« rêté un jour. Il est allé à Wismar, ville enclavée
« dans le duché de Mecklembourg, mais qui ap-
« partient à la Suède. Il m'a prié de lui écrire

« dans cette ville, où il compte attendre de mes
« nouvelles, sous le nom de Zuski. Il m'a supplié
« de faire tout ce qui dépend de moi pour savoir
« quel traitement vous est réservé : il souffre plus
« pour vous que pour lui. Expliquez-vous clai-
« rement, répliquai-je, car je ne comprends rien
« à ce que vous me dites.

« Le baron me raconta qu'un homme estima-
« ble, plein d'humanité, et qu'Obinski avait mal
« jugé jusque alors, était venu le trouver à Berlin.
« Il lui dit, les larmes aux yeux, qu'outré de la
« conduite affreuse de la princesse envers lui, sa
« fille, moi et Stanislas, il l'avait quittée pour ja-
« mais ; qu'il voulait réparer, autant qu'il le pou-
« vait, le mal qu'il avait été forcé, par sa position,
« de faire à Obinski ; qu'il le suppliait d'agréer
« ses services, et de disposer du fruit de ses éco-
« nomies qui montaient à dix mille roubles.

« Il lui apprit que Stanislas était enfermé, sans
« qu'on sût en quel lieu ; que j'avais été arrêté,
« pour avoir eu des relations directes avec le
« jeune prince, malgré la défense qui m'en avait
« été faite ; que pour déjouer des vues bien na-
« turelles à un bon père, et qu'on appelait au-
« dacieuses ; pour rendre à la princesse la tran-
« quillité que lui a ravie la crainte d'un mariage
« disproportionné, l'ambassadeur de Pétersbourg
« à Berlin, allait recevoir l'ordre de demander
« l'extradition du père et de la fille, qui seraient
« aussitôt conduits en Sibérie. Il engagea le comte

« à fuir, sans perdre de temps. Mais il lui fit re-
« marquer que s'il emmenait sa fille, et qu'il fût
« reconnu, ils étaient perdus tous les deux; que
« lui, Bolesko, ne serait suspect nulle part; qu'il
« était de la prudence que le comte lui confiât
« sa fille, et qu'il la lui remettrait dans l'endroit
« qu'il lui plairait de choisir. Obinski lui donna
« une lettre pour Paula, et le digne Bolesko partit
« pour aller prendre la jeune demoiselle et la
« conduire à Dresde, où son père ira la joindre
« aussitôt qu'il apprendra quelque chose de po-
« sitif sur votre sort.

« Oh, quel homme que ce Bolesko, ajouta le
« baron! J'ai été touché sensiblement de ce que
« le comte m'en a dit. Bolesko est un scélérat,
« m'écriai-je, et il n'y a rien de vrai dans ce qu'il
« a dit. Il s'est engagé à conduire Paula en Saxe :
« c'est du côté opposé qu'il faut la chercher.

« Obinski, continuai-je, a donc assez peu ob-
« servé les hommes, pour croire qu'un fripon
« revienne sincèrement à la probité; qu'un fripon
« quittera une condition lucrative, pour s'attacher
« au sort d'un proscrit! Au reste, cette confiance
« d'Obinski est celle d'un être franc et loyal, qui
« ne prévoit jamais ce qu'il est incapable de faire.
« Mais comment n'a-t-il pas réfléchi que la Russie
« a des ambassadeurs partout, et que Paula ne
« serait pas plus en sûreté à Dresde qu'à Berlin?

« Je ne voulus pas m'arrêter plus long-temps.
« Je tremblais que quelque nouvelle machination

« fit partir le comte de Wismar, et je m'y ren-
« dis, sans m'arrêter autrement que pour changer
« de chevaux. Je trouvai Obinski à l'adresse que
« m'avait donnée Hollinder.

« La stupéfaction dans laquelle il tomba en me
« voyant, fut égale à celle qu'avait éprouvée le
« baron. Quand je l'eus dissiduadé, par des faits
« incontestables, du prétendu changement de Bo-
« lesko, il tomba dans un accès de fureur à épou-
« vanter. Je lui dis, avec fermeté, que la colère
« est indigne de lui, parce qu'elle avilit celui qui
« s'y abandonne ; qu'en ce moment il fallait agir,
« et non perdre le temps en de vaines déclama-
« tions.

« Mais de quel côté, me dit-il, chercherons-
« nous la malheureuse fille d'un plus malheureux
« père ? Allons à Dantzick, lui répondis-je. Cha-
« que jour des vaisseaux partent de cette ville
« pour les quatre parties du monde : ce coquin-
« là peut avoir reçu l'ordre d'embarquer Paula,
« et de mettre, entre elle et nous, l'immensité
« des mers.

« Nous étions à peine à deux lieues de Wis-
« mar, lorsque nous joignîmes une berline, trop
« élégante pour n'être pas remarquée. Deux do-
« mestiques couraient en avant, et portaient la
« livrée de Borloff. Ce n'était pas Stanislas qui
« était dans cette voiture, et il ne restait que sa
« mère et lui, de cette illustre famille. Mais que
« venait faire la princesse dans un pays où ne

« l'attiraient ni les plaisirs, ni ses affaires con-
« nues? Pourquoi se diriger vers la mer Baltique?
« Il était aisé de comprendre que mes conjectu-
« res, sur le sort qu'on réservait à Paula, étaient
« plus que fondées, et que, pour la trouver, il
« suffirait de suivre la princesse. J'engageai Obinski
« à reprendre son faux nez, et j'ordonnai à mes
« postillons de ne pas perdre la berline de vue.

« Nous cherchâmes, en courant, à pénétrer
« les motifs qui faisaient tenir à madame Borloff
« une conduite aussi extraordinaire. Je la connais-
« sais trop, pour être long-temps à la pénétrer.
« Elle n'avait vraisemblablement pas ignoré mon
« départ précipité de Pétersbourg. Elle sait com-
« bien je suis attaché à Obinski, et à quel point
« je porte l'activité, quand les circonstances l'exi-
« gent. Sans doute, elle craignait que je décou-
« vrisse son coquin de Bolesko, et que je par-
« vinsse à le gagner. Je l'ai dit : ceux qui font
« le mal se défient de tout, et même de leurs
« complices. Peut-être son affection pour son fils
« la portait-elle à s'assurer, par ses yeux, de l'é-
« loignement de Paula, et n'attendait-elle que
« l'impossibilité où seraient ces jeunes gens de se
« rejoindre, pour mettre Stanislas en liberté, et
« le reproduire à la cour, où sa naissance, les
« services de son père, et ses qualités person-
« nelles l'appelaient aux plus hauts emplois.

« Quoi qu'il en soit, notre voiture, constam-
« ment à cent toises de la sienne, ne tarda pas

« à fixer l'attention. Éric, autre fripon que Co-
« gnard a vu ce matin, vint caracoler autour de
« nous. Je ne me cachai pas ; je le regardai fixe-
« ment. Il me reconnut, prit le galop, et je le
« vis parler, pendant quelques secondes, à la por-
« tière de la berline. Sans doute il rendait compte
« de ce qu'il venait de voir, et c'est ce que je
« voulais : un compagnon de voyage tel que moi,
« devait alarmer la princesse, et la rendre incer-
« taine sur l'exécution de ses projets. La berline
« arrêta à la poste prochaine.

« Je descendis ; je me presentai à la princesse.
« Je lui dis qu'il m'était défendu de me mêler de
« ses affaires, et non de celles d'Obinski. Je lui
« déclarai que tant qu'elle n'emploierait que la
« ruse, je me bornerais à la déjouer, par égard
« pour la mémoire de son mari, et par ménage-
« mens pour son fils, dont je ne voulais pas dés-
« honorer la mère ; mais que si elle se permettait
« la violence, aucune considération ne m'arrête-
« rait. Éric et un autre drôle semblèrent me re-
« garder d'un air menaçant. Je protestai, très-
« haut, que moi et mon brave domestique, nous
« étions en état de faire face à dix coquins, et
« de nous en débarrasser ; que, d'ailleurs, je trou-
« verais partout l'autorité disposée à me secon-
« der, et que je n'aurais qu'un mot à dire, pour
« obtenir son intervention.

« La princesse ne me répondit rien, et se re-
« mit en route. Je partis en même temps qu'elle,

« et elle m'a avoué, à Pontoise, qu'elle faisait
« épier ma marche avec autant de soin que j'ob-
« servais la sienne. Nous nous faisions une guerre
« d'un genre tout-à-fait nouveau. Chaque jour la
« princesse changeait de chemin, sans pouvoir
« m'échapper. Sa migraine la retenait-elle dans un
« village, je m'y arrêtais aussi. J'étais devenu son
« ombre.

« Tout à coup elle laissa la mer Baltique der-
« rière elle, et elle gagna le cœur de l'Allemagne.
« Sans doute elle avait reçu quelqu'avis secret,
« dont le porteur avait échappé à ma vigilance
« et à celle d'Obinski. Nous approchions des fron-
« tières de France, lorsqu'une petite voiture de
« poste parut en avant de la sienne. Je ne doutai
« pas que Paula et Bolesko fussent dans cette voi-
« ture, et je ne voulus pas faire d'éclat, par les
« raisons que je viens de vous exposer. Obinski
« partageait mes sentimens de modération à l'é-
« gard d'une femme dont le fils pouvait, un jour
« être son gendre. Mais nous nous promîmes de
« ne pas perdre la chaise de vue, et de nous con
« duire selon que les circonstances l'exigeraient.

« Nous entrâmes en France. La princesse avait
« pris mille détours pour nous échapper, et n'a-
« vait pu y réussir. Nous étions à quelques lieues
« de Troyes, lorsqu'un de mes traits cassa. Je
« travaillai, avec Obinski et mes postillons, à le
« remettre en état, et vous sentez quelle dili-
« gence nous fîmes. Le temps perdu ne se re-

« trouve jamais : quand nous pûmes remonter
« en voiture, la berline et la chaise de poste
« étaient disparues.

« Nous forçâmes nos chevaux, sans pouvoir
« joindre la princesse. Elle avait pris tous ceux
« qui étaient à la poste de Troyes, et là nous per-
« dîmes encore deux heures. Nous étions au dés-
« espoir. Enfin, messieurs, pour terminer un
« récit qui n'a que trop duré, je vous dirai
« que ce ne fut qu'à Dieppe que nous pûmes
« trouver Paula, et la tirer des mains de ses ra-
« visseurs.

« Cependant la princesse est inébranlable dans
« ses desseins, et elle en poursuit l'exécution par
« tous les moyens qui sont en son pouvoir. Éric
« est à présent le seul de ses domestiques dont
« nous soyons connus; l'autre l'a quittée à Paris,
« je ne sais pourquoi, ni comment, et Bolesko
« est en fuite; mais cet Éric est errant dans ce
« canton; il nous y cherche, et je ne suis entré
« dans tous ces détails, monsieur le maire, que
« pour vous faire connaître combien ce drôle est
« redoutable pour nous. Le faire enlever, c'est
« assurer notre repos.

« Sans doute, monsieur, je vous ai inspiré de
« l'intérêt pour la famille dont je vous ai raconté
« les malheurs, et vous ne refuserez pas d'user
« de votre autorité dans cette circonstance. —
« Non certainement, monseigneur. — M. Martin,
« M. Martin. Plus de monseigueur, je vous en

« prie. Évitez soigneusement les distractions à cet
« égard. Vous pourriez me faire perdre, en un
« moment, le fruit de mes travaux et de ma tendre
« sollicitude. Faites partir de suite quelques gen-
« darmes déguisés ; qu'ils courent aux Loges ;
« qu'ils entrent au Cadran - Bleu. Éric y attend
« un certain Firmin, qui n'aura pas de peine à
« le connaître. — Les gendarmes alors lui deman-
« deront ses papiers. — Il ne doit pas en avoir.
« — On le conduira à Paris, à la Préfecture de
« Police, comme vagabond. — C'est cela, c'est
« cela, monsieur le maire, et s'il inculpe la prin-
« cesse, c'est elle qui l'aura voulu. Mais hâtez-
« vous, je vous en supplie. Mon récit a pris près
« d'une demi - heure, et nous n'en avions que
« deux à nous ; n'est-il pas vrai, Cognard ? »

M. de Polmont sonne. Il envoie un domestique
chez Firmin ; il ordonne à son cocher de mettre
les chevaux. « Je ne peux, M. Martin, faire arrêter
« un homme sur une commune étrangère, sans
« l'assentiment du maire. D'ailleurs entre con-
« frères on se doit des égards. — Je n'avais pas
« prévu cette difficulté. Et si ce maire ne pense
« pas comme vous ? — Soyez tranquille, il sera
« fort aise de m'obliger, et de remplir, en même
« temps, un devoir. Il s'est rendu adjudicataire
« de la dernière coupe de mes bois, et il me de-
« mande un délai d'un mois pour achever de me
« payer. — Il est à nous. »

M. de Polmont donne ses ordres à Firmin. Il monte en voiture; il court aux Loges.

CHAPITRE VI.

Qui contient ce que vous lirez, si vous en prenez la peine.

Éric n'était pas homme à s'éloigner des Loges : trouver Bertrand et Sophie était, pour lui, un coup d'or, et il espérait que M. Firmin le mettrait sur le chemin de la fortune. D'ailleurs, il s'était levé avec le soleil; un fripon déjeune quelquefois mieux qu'un honnête homme, et Éric ne s'ennuyait jamais au cabaret.

Les deux heures n'étaient pas révolues, lorsque les gendarmes entrèrent au Cadran-Bleu; mais il s'en fallait de peu de chose. Ils étaient en sarrau de toile bleue, et en bonnet de coton, et chacune des serpillières cachait une paire de pistolets. Ils trouvèrent Éric entre un manche de gigot et une bouteille de vin. Ils en demandèrent une, et causèrent, entre eux, de choses fort indifférentes : le sujet de la conversation ne faisait rien à l'affaire. Mais le gendarme ne manquait jamais de répondre à son brigadier : Oui, M. Firmin, non, M. Firmin, et c'est ce qui devait engager l'action.

En effet, au nom de Firmin, Éric avait secoué les oreilles, et il chercha à se mêler à la conversation. On lui fit beau jeu. En l'écoutant, en lui parlant, Firmin l'examinait attentivement. C'est mon homme, pensait-il : trente ans, cinq pieds un pouce, les cheveux plus rouges que blonds, la figure ronde et colorée, les jambes longues et grêles ; c'est bien lui.

Quand des gendarmes ont trouvé l'homme qu'ils doivent arrêter, ils ne s'amusent pas à faire de l'esprit. « Qui êtes-vous, lui demanda brusque-
« ment Firmin ? — Je suis voyageur. — Où sont
« vos papiers ? — De quel droit m'interrogez-vous ?
« — Du droit du plus fort. » Ici les pistolets sortent de dessous les sarreaux. « Voyons vos papiers.
« — Je n'en ai pas. — Je vous arrête. — Qui êtes-
« vous, à votre tour ? — Brigadier de gendarmerie.
« — Prenez garde à ce que vous allez faire, mon-
« sieur le brigadier. J'appartiens à la princesse
« Borloff. — Appartinsses-tu au diable, tu marche-
« ras. Présente tes pouces. — Vous vous en re-
« pentirez... — Présente tes pouces, ou nous al-
« lons tomber sur toi comme la grêle sur un
« vignoble. — Les voilà, monsieur le brigadier. »

Quand les gendarmes se furent assurés des mains d'Éric, ils commencèrent l'inspection de ses poches, c'est la règle. Un mouchoir, une tabatière, vingt-cinq louis... Il n'y a rien là de suspect. Un portefeuille de maroquin rouge qui renferme quelques papiers... M. de Polmont a défendu à Firmin de rien lire. Il lui a ordonné de mettre sous cachet ce qu'il trouvera en ce genre, et de le lui envoyer. Firmin, religieux observateur de sa consigne, apposa son sceau sur le portefeuille même, et comme des gendarmes ne font pas une expédition qu'elle n'entraîne un procès-verbal obligé, monsieur le brigadier commença le sien. Il demanda au détenu son nom, quel motif l'avait amené dans le canton, et ce qu'il se proposait d'y faire. Il déclara facilement se nommer Éric Powl; mais, à chaque question nouvelle, il renvoyait Firmin au portefeuille. Il y trouverait, disait-il, la preuve irrécusable qu'il avait l'honneur d'appartenir à la princesse Borloff. Firmin n'avait garde d'ouvrir le portefeuille. Il se piquait d'être fort en rédaction; mais Éric refusant de répondre à ses interpellations, il fut forcé de clore son procès-verbal dès la vingtième ligne. Voltaire aurait eu de la peine à parler de ce dont il n'avait aucune idée, et Firmin n'était pas Voltaire.

Un gendarme des Loges entra au cabaret. « Le « maire du village et celui d'Achères, dit-il, vont « terminer des dépêches, que vous attendrez, « et que vous remettrez, avec votre homme, à « la préfecture de police. — A la bonne heure. En « attendant les dépêches, buvez un coup avec « nous... Tenez, vous donnerez ce portefeuille à « M. de Polmont... Ah! nous avons laissé nos che- « vaux et nos habits uniformes à la garde d'un « paysan, à deux portées de fusil du village, là, « au bout de cette avenue. Faites-moi le plaisir

« de les aller chercher, et, à votre retour, vous
« trouverez une omelette que la bourgeoise va
« nous apprêter ; n'est-il pas vrai, ma petite mère?
« — Très-volontiers, M. Firmin ».

Ah, il s'appelle vraiment Firmin, pensa Éric!
c'est dans les bras de la gendarmerie que m'a
jeté l'homme que j'ai rencontré ce matin! Il est
plus fin que moi, je le confesse. Mais quelles raisons a-t-il eues de me faire arrêter? Serait-ce un
agent des Obinski, qui m'observait de son côté?
Quoi qu'il en soit, il faudra bien que la princesse
me tire de là, et qu'elle me dédommage du désagrément d'aller d'ici à Paris, sans pouvoir prendre une prise de tabac.

Les deux maires avaient exposé dans leur rapport, non les véritables motifs qui avaient déterminé l'arrestation d'Éric, celui des Loges n'en
devait pas être instruit, mais le vagabondage
constaté de cet homme, et un certain air d'opulence, qui rendait ses moyens d'existence très-suspects. Ils concluaient à ce qu'il fût mis au secret, et rigoureusement interrogé.

M. Éric est prié de se mettre en route, entre
deux gendarmes bien montés, qui consentent, à
sa prière, à modérer le pas de leurs chevaux.

M. Martin était retourné au Coq-Hardi, où il
attendait, avec impatience, le retour du maire,
et le récit du dénouement de l'aventure. L'homme
impatient ne peut tenir en place. M. Martin passait un quart-d'heure avec ses amis, et il allait

rôder aux environs du château de M. de Polmont; il rentrait chez lui, et il ressortait presque aussitôt. Il distingua, enfin, le carrosse du maire, et il l'attendit avec une sorte d'anxiété. M. de Polmont lui sourit en passant : il n'en demandait pas davantage, et il se retira dans la chambre jaune.

« Qu'avez-vous donc aujourd'hui, lui dit Ber-
« trand? Vous êtes dans une agitation continuelle?
« — Je n'ai plus rien. Mais dites-moi : voulez-
« vous rester quinze jours encore au Coq-Hardi?
« Prenez la carriole de Cognard; allez acheter, à
« Poissy, les choses dont vous avez besoin pour
« mettre votre maisonnette en état de vous re-
« cevoir. Menez Sophie avec vous : cette prome-
« nade la dissipera. — La prendre avec moi! y
« pensez-vous ? — Ne craignez rien, mon cher
« Bertrand, je vous réponds de tout. — Vous me
« répondez de tout! — Hé, oui; tout vous étonne.
« Ne me connaissez-vous pas? Vous savez, comme
« moi, que la princesse est retournée à Paris, et
« je vous apprends qu'Éric est, en ce moment,
« entre les mains de deux gendarmes, qui ne le
« quitteront qu'après l'avoir écroué dans je ne
« sais quelle prison. Ainsi le chemin de Poissy
« est libre pour vous, comme pour tout le monde.
« — Éric arrêté! d'où savez-vous cela? — Ce ma-
« tin, pendant que vous dormiez, je veillais pour
« vous, ah, ah, ah, ah. »

M. Martin raconte à Bertrand ce qui s'est passé entre lui, le maire et Cognard. Il n'a voulu en parler à son ami qu'après s'être assuré qu'Éric était dans l'impuissance de lui nuire, « car enfin, « disait-il, il ne suffit pas de servir ses amis, il faut « calculer tous les avantages qu'ils peuvent tirer « d'un service. Dans quelles transes vous auriez été, « si je vous avais dit qu'Éric errait dans les envi- « rons d'Achères. J'ai fait mieux, j'ai agi, et je vous « ai délivré d'un ennemi dangereux. Donnez-moi « les lettres que la princesse vous a écrites. Je les « joindrai à la confession qu'a signée Bolesko, et « pendant que vous irez acheter des meubles, j'irai, « moi, à Paris, et je verrai ce qu'il y faudra faire. »

Il y avait quelque chose de plus pressant que M. Martin voulait connaître. Éric pouvait avoir fait quelque révélation, qu'il serait possible de tourner contre la princesse. M. Martin laisse Bertrand aux préparatifs de son petit voyage, et il va chez M. de Polmont. « Hé bien, monsieur le « maire, nous le tenons, ah, ah, ah! — Qui vous « l'a dit? — Parbleu, c'est vous, ah, ah, ah! — « Je ne vous ai pas parlé; je vous attendais même « avec impatience. — Si Éric vous eût échappé, « vous m'eussiez regardé, en passant tout à l'heure « devant moi, avec cet air chagrin naturel à un « honnête homme qui a tenté une bonne action, « et qui n'a pas réussi. Votre œil riant m'a dit « clairement : il est pris. Mais instruisez-moi des « détails, je vous en prie. »

M. de Polmont lui raconte la manière dont Éric a été arrêté, et il tire de sa poche le porte-

feuille saisi sur le coquin. « Le cachet est intact
« M. Martin, et je n'ai voulu le rompre que de-
« vant vous. — Ah, monsieur, il ne peut main-
« tenant exister de défiance entre nous ; compul-
« sons le porte-feuille. Ah, ah, voici quelque
« chose d'intéressant : lisons.

« Il est évident qu'Obinski s'est arrêté entre
« Pontoise et Saint-Germain. Éric battra le pays
« et tâchera de le découvrir.

« Il ne se laissera manquer de rien ; mais il
« évitera toute dépense qui pourrait le faire re-
« marquer.

« Quand il aura découvert Obinski, il expé-
« diera, à la princesse, un exprès, porteur d'une
« lettre qui indiquera le lieu où s'est retiré le
« comte.

« Éric se tiendra à portée d'observer tous ses
« mouvemens. Il le suivra, s'il change de lieu et
« de retraite, et, jour par jour, il fera savoir à
« la princesse ce qui se sera passé. »

« Diable, monsieur le maire, voilà des instruc-
« tions en règle. Il est fâcheux que je ne con-
« naisse pas l'écriture. Je présume que c'est celle
« de Matiska : j'éclaircirai tout cela plus tard. J'ai
« aussi un porte-feuille, et je vais joindre cette
« pièce à celles que j'ai déja. »

La conversation était animée, et, de temps en
temps, il échappait à M. de Polmont des expressions mesurées, des marques de respect, qui faisaient sauter M. Martin. Il criait quand le maire

lui parlait à la troisième personne. « Vous voulez
« donc, lui dit-il enfin, que je m'exile d'Achères?
« J'aime bien mieux m'en éloigner que d'y être
« connu. De laitière en laitière, mon secret filera
« le long de la route, et finira par passer de
« Nanterre à Paris. Je ne crains plus la princesse ;
« je veux, au contraire, la surprendre, n'importe
« où. J'ai aussi mon projet, et il réussira plus
« facilement que le sien. Ah ça, pour commencer
« à vous donner l'habitude de la familiarité, je
« viendrai dîner avec vous, et je ferai, aux mots,
« une guerre à outrance. Nous trinquerons avec
« ce joli vin que vous avez fait porter au banquet
« des notables, et qui a mis le curé en goût de
« danser le menuet. Ah, ah, ah! — Monseigneur,
« je vous... — Je vous y prends encore; si vous
« y revenez, je vous donnerai de l'altesse, de
« la majesté, s'il le faut : ah, ah, ah, ah!

« A propos d'une course que je ferai ce soir à
« Paris, il faut que je parle à Cognard. Je vous
« laisse à vos affaires, et je reviendrai à trois heu-
« res. Au revoir, altesse. — Au revoir, M. Martin.
« — Bien, bien, c'est cela. Pour vous rappeler
« mon nom de théâtre, je ferai de vous un petit
« potentat. Telle est la scène où nous figurons
« tous, mon cher Polmont : l'un monte, l'autre
« descend, et, lorsque le rideau tombe, chacun
« se retrouve à sa place. La poussière de celui qui
« a joué le roi et celle de son dernier confident,
« ne sont que de la poussière. Vous me direz que

« l'un se survit dans l'histoire, et que l'autre tombe
« dans l'oubli. Je vous répondrai : heureux qui
« n'a pas besoin d'historien. Alexandre le macé-
« donien, et votre Cartouche ont eu les leurs,
« et il en est un peu des hommes comme des
« femmes : en général, ceux dont on parle le
« moins sont les plus honnêtes, et par conséquent
« les plus heureux. »

M. Martin ne perd jamais de temps, et déja il est chez Cognard. « Voilà une journée qui a bien
« commencé, et c'est à vous que je le dois, mon
« cher Cognard. Je viens vous prier de me rendre
« encore un service. — Ordonnez M. Martin. —
« Voilà qui est bien. Vous avez plus de mémoire
« que votre maire, et je vous en félicite. La mé-
« moire est une histoire vivante du passé et du
« présent que nous portons toujours avec nous.
« Elle nous donne la faculté de comparer, et c'est
« en comparant que nous formons notre jugement.
« La perte de la mémoire entraîne celle des idées.
« La mémoire est donc la plus utile de nos facul-
« tés intellectuelles, et c'est à la vôtre, mon cher
« Cognard, que vous devez votre sagacité. Mais
« revenons.

« Je vais ce soir à Paris. Je monterai dans ma
« calèche ; je la laisserai à Saint-Germain ; j'y
« prendrai une voiture publique ; en arrivant, je
« me jetterai dans un fiacre ; j'en descendrai à deux
« cents pas de mon hôtel garni, et bien fin sera
« celui qui pourra deviner que j'arrive d'Achères.

« J'ai besoin d'un domestique qui ramènera ma
« calèche ici, et qui viendra me reprendre à Saint-
« Germain, quand vous lui en donnerez l'ordre :
« j'aurai soin de vous faire savoir le moment de
« mon retour. Je le presserai autant que je le
« pourrai; je veux être de votre noce, mon cher
« Cognard. — J'y compte bien, M. Martin. Mais
« quelle espèce de domestique voulez-vous? —
« Oh, qu'il sache seulement soigner des chevaux
« et manger sa soupe. — J'entends. Peu d'intel-
« ligence, moins encore de finesse; un homme à
« tout voir sans être frappé de rien; un automate
« enfin, voilà ce qu'il vous faut. Ces gens-là ne
« sont pas aussi rares que les hommes de génie;
« mais ils ne sont pas communs. Cependant Ro-
« salie, qui est du village, et qui est loin d'être
« un automate, pourra vous trouver cela. »

Cognard n'a jamais besoin de chercher Rosalie. Il sait où elle est, et ce qu'elle fait à chaque instant du jour. C'est à M. Martin que Rosalie doit la couronne que lui prépare son ami, et vous sentez quelle activité elle mit dans ses démarches. Elle entra bientôt chez Cognard, en riant aux éclats. Elle amenait un gros, court garçon, qui penchait la tête sur l'épaule gauche, et qui regardait toujours en l'air. « M. martin, je crois
« qu'on vous a fait cet homme-là tout exprès.
« — En vérité, Rosalie, je suis tenté de le croire.
« Comment t'appelles-tu, mon garçon? — Je ne
« m'appelle jamais, monsieur; mais quand on

« m'appelle, je viens. — Quel est ton nom? —
« Mon nom? — Oui, Pierre, Jacques, Thomas?
« —Boniface, pour vous servir, monsieur. — Ce
« nom va très-bien à ta figure. Sais-tu panser des
« chevaux? — Non, monsieur. Bah, dit Rosalie,
« il sait les étriller, les faire boire, leur donner
« l'avoine. Il n'entend pas le mot, qui ne fait rien
« à l'affaire. — Boniface, va-t-en au Coq-Hardi,
« tu diras à Dubourg que tu es à moi. — Non,
« monsieur. — Tu ne veux pas être à moi? — Non,
« monsieur. — Et pourquoi? — Parce que je suis
« à Suzette. — Ah, tu as une maîtresse? — Non,
« monsieur, je suis mon maître. — Tu es ton
« maître? Tu ne veux donc pas être mon domes-
« tique? — Pardonnez-moi, monsieur. — Et si je
« t'emmène bien loin de ton village? — Je n'irai
« pas, monsieur. — N'irais-tu pas jusqu'à Paris?
« — Oh, si fait bien, avec Suzette. — Et que fe-
« rais-tu de ta Suzette? — Je causerais chemin
« faisant; je lui donnerais une tape; elle me ren-
« drait un coup de pied : ça fait passer le temps.

« Cet animal, dit M. Martin à Cognard, est
« amoureux d'une Suzette qui, sans doute, ne
« vaut pas mieux que lui. Cela prouve que l'amour
« est un besoin de la nature, qu'elle pousse sans
« cesse tous les êtres à satisfaire. Nos sentimens
« recherchés, nos petites délicatesses sont au cœur
« ce qu'un habit élégant est au corps : il cache la
« rudesse des formes; mais l'homme est dessous.

« Je prendrai un paysan qui ramènera ma ca-

« lèche de Saint-Germain, et qui viendra m'y re-
« prendre. L'extrême bêtise peut être aussi dan-
« gereuse que l'astuce : l'astucieux agit; l'imbécille
« laisse tout faire. Tiens, Boniface, voilà cinq
« francs, va causer avec Suzette, lui donner une
« tape, et recevoir un coup de pied. »

M. Martin a dîné; il est en route; il suit, de point en point, la marche qu'il a adoptée; il arrive à son hôtel.

Ce n'est plus cet homme simple, qui se met, à Achères, au niveau du bourgeois opulent, c'est un grand-seigneur, qu'on fête, qu'on caresse, et qui reçoit gravement les hommages qu'on lui adresse. La distinction des rangs, pensait-il, n'est pas une chimère, puisque les hommes sentent la nécessité d'obéir. Ils ne se rendent pas toujours compte de leurs mouvemens intérieurs; mais un instinct secret leur dit qu'arracher la clé d'une voûte, c'est renverser l'édifice, et que, déranger quelques-unes des pierres intermédiaires, c'est menacer la clé. J'avoue que le chiffonnier, à genoux au dernier degré, lève des yeux avides jusqu'au premier. Un désir vague, une sorte d'impatience l'y portent; mais ceux devant qui il faudrait qu'il passât, l'arrêtent, et il reprend son crochet. Cependant, qu'une commotion violente et générale brise quelques anneaux de la chaîne, elle cesse d'exister. Un forgeron habile se présente tôt ou tard; il réunit les parties éparses de la chaîne; il les replace; il les consolide; il rive le fer. Voilà, en quatre mots, l'histoire et le dernier résultat des révolutions politiques.

On sait à l'hôtel qu'il faut, au prince Paloski, quatre domestiques de louage, et un brillant carrosse de remise. Tout le monde est en mouvement, et tout cela se trouve. Le valet de chambre, à tant par jour, commence la toilette de monseigneur. Son habit le plus magnifique est celui qu'il a montré du doigt. Les livrées sont tirées d'une armoire, et abandonnées aux valets subalternes; chacun prend ce qui lui va le mieux. Le carrosse est sous la porte cochère; monseigneur est dedans, chargé des décorations de sept à huit ordres; les laquais se sont élancés derrière, et le cocher a reçu l'ordre de toucher à l'hôtel des Princes, rue de Richelieu.

La princesse est sortie; mais madame Matiska est à l'hôtel, et le prince observateur tire parti de tout. Il monte. Matiska ne sait à quoi attribuer cette visite; elle est embarrassée, incertaine de ce qu'elle doit faire. Mais toute femme est adroite, et, sous ce rapport, Matiska est plus femme qu'une autre. Elle veut voir venir le prince; elle attend qu'il ait parlé, et elle se croit sûre de trouver la réponse la plus convenable : la modestie n'est pas sa vertu favorite.

Le prince exprime ses regrets de ne pas trouver la princesse chez elle. Il n'a pas l'intention de lui déplaire; il vient, au contraire, lui rendre un service essentiel. Il demande où elle est. Matiska est sur ses gardes; elle ne répond que par monosyllabes. A la fin, elle ne peut se dispenser d'avouer que madame est allée à un bal magnifique que donne l'ambassadeur de Russie. D'ailleurs, que risque-t-elle en le disant? Il n'est pas vraisemblable que le prince se montre chez le représentant du souverain qui l'a disgracié; et, le lendemain, madame le recevra ou lui refusera sa porte, selon qu'elle le jugera à propos.

« Matiska, j'arrive directement de Dieppe. — « Monseigneur a été bien long-temps en route. — « Parce que je me suis demis le pouce droit à « Aumale; il ne m'est pas même possible d'écrire « encore. Prenez une plume et du papier; écrivez « ce que je vais vous dicter.

« J'ai à vous parler, madame, de choses très-« importantes. Je me présenterai demain, et j'es-« père que je n'aurai pas à me plaindre de la « manière dont je serai reçu : des personnes de « notre rang doivent au moins sauver les appa-« rences.

« Hé bien, monseigneur, vous prenez ce pa-« pier? — C'est pour voir votre écriture. — Vous « le mettez dans votre poche! — Je fais le plus « grand cas de ce qui vient de vous. Comment « donc, une femme qui donne à Éric des instruc-« tions d'une précision, d'une clarté!... Me voilà « convaincu que ces instructions sont de votre « main. Je le suis aussi, qu'un secrétaire intime

« ne rédige des pièces officielles que par ordre
« supérieur.

« Je ne m'étonne plus du soin avec lequel Éric
« cachait ses documens. Ce drôle-là est connais-
« seur : il sait, comme moi, combien sont pré-
« cieuses les choses qui s'échappent de votre
« plume... ah, ah, ah, ah!... Adieu, Matiska ; je
« vous croyais plus adroite. Vous n'êtes plus, à
« mes yeux, qu'une femme ordinaire, et je ne
« m'étonne pas de la facilité avec laquelle j'ai dé-
« joué vos projets. » Matiska reste anéantie.

Irai-je trouver madame Borloff chez notre ambassadeur, se demandait le prince, en descendant
l'escalier? il est courtisan, sans doute ; mais il est
plein d'aménité. Ce qui peut m'arriver de pis,
c'est d'être reçu froidement : je m'y exposerai.
D'ailleurs, j'aime mieux trouver la princesse dans
un bal qu'ailleurs : les bienséances que commande
une telle réunion empêcheront l'explication d'être
orageuse. Il se fait conduire chez l'ambassadeur.

Il fut accueilli plus favorablement qu'il l'avait
espéré. « Vous êtes banni de la cour de Péters-
« bourg, lui dit son excellence ; mais nous som-
« mes à Paris, et je suis fort aise de recevoir un
« homme de votre mérite. J'espère que vous n'ou-
« blierez pas ce qu'on vous a prescrit relative-
« ment à la famille Borloff. La princesse est ici.
« — Je le sais. — Ménagez-là. — Je ne vous ca-
« cherai pas que je suis dans l'intention de m'en-

« tretenir avec elle. Si vous avez quelque chose
« à expédier pour votre capitale, ordonnez qu'on
« ferme les dépêches. La princesse pourra s'en
« charger : elle part demain pour Pétersbourg.
« — Qui vous l'a dit? — Personne. Mais je crois
« que l'air de la France ne lui convient plus. —
« Prince, prenez garde à ce que vous allez faire.
« — Oh, monseigneur, je ne lui parlerai que des
« affaires des autres : je crois que c'est me con-
« former strictement à l'esprit de la consigne. »
Ces messieurs échangent, entre eux, de ces choses
flatteuses, qui sont obligées entre gens du grand
monde, auxquelles on attacherait un certain prix,
si on pouvait les croire sincères, et qu'on prend
pour ce qu'elles valent.

Le bal n'était pas encore très-animé : il n'était
qu'onze heures et demie. Voilà, pensait Paloski,
des petites femmes qui se coucheront à l'heure
où les gens raisonnables se lèvent, et qui s'en
prendront à la nature, de leurs maux de nerfs,
de leurs vapeurs, de leurs migraines. Usez les
rouages d'une machine, il n'y aura plus d'harmonie dans les mouvemens.

Quelle magnificence, quel luxe! Le pain est
cher cette année, et ce que coûte cette fête nour-
rirait cent familles pendant un mois. Mais un
ambassadeur doit représenter, et il faut que les
journaux de Pétersbourg donnent, d'après ceux
de Paris, les détails étonnans de la superbe fête.
Si son excellence ne calcule pas, l'honneur de

faire parler d'elle lui coûtera une terre ou deux.

En faisant ces réflexions, le prince allait, venait, et cherchait sa princesse. Il la croyait rangée parmi ces femmes qui se bornent, au bal, à la jouissance du coup d'œil, et elle était de celles qui se font presser de danser... pour la forme. Paraître céder, par complaisance, à des instances réitérées, est un genre de coquetterie des femmes sur le retour, et elles trouveraient très-mauvais qu'on ne les pressât pas. La contredanse finit, et le prince fut fort étonné de voir un jeune seigneur français remettre la princesse à sa place.

Il la regarda d'abord à la dérobée, et il vit des rides naissantes cachées sous des boucles de cheveux. Une peau jaune paraît blanche aux lumières, et les joues de la princesse étaient chargées de rouge, d'une ligne d'épaisseur. Allons, se dit-il, c'est une fleur artificielle, qui imite, à peu près, une rose dans sa maturité.

Le jeune seigneur s'est assis auprès d'elle, et lui dit de jolies choses, car elle l'écoute avec complaisance. Ah, je vois ce que c'est : c'est un jeune fou qui s'est ruiné, et qui espère rétablir sa caisse aux dépens de celle de la douairière. Ma foi, s'il la voit jamais dans l'état où je l'ai trouvée à Pontoise, il gagnera bien son argent.

On ne parle pas long-temps à une femme, quand ce qu'on lui dit ne part pas du cœur : je ne tarderai pas à avoir mon tour. En l'attendant, faisons un tour ou deux dans le bal.

Voilà une femme charmante. Elle danse comme les graces ; mais ce n'est pas pour danser qu'elle danse. Elle est tout entière à la double admiration qu'elle excite. Sa figure serait immobile, si l'orgueil flatté n'animait, de temps en temps, des yeux à qui il ne faut qu'une vive émotion pour être séduisans. Il est facile de voir que l'art futile de la danse et celui, plus compliqué, de plaire, ont fait sa principale étude. Je plains son mari et ses enfans, si elle en a.

Cet homme ne fait autre chose que se promener dans le bal. Il n'adresse la parole à personne, et il sourit, avec un air d'intelligence, à toutes les jolies femmes qu'il rencontre. Peut-être n'en connaît-il aucune. C'est un de ces êtres dont le cœur est froid, et qui ont la tête exaltée ; qui, même sans éprouver le besoin de jouir, veulent passer pour hommes à bonnes fortunes. Celui-ci me persuaderait qu'il est bien avec toutes les femmes qu'il fixe, si cela était possible, et si l'étonnement ou le dédain de ces dames ne me prouvaient qu'il n'est qu'un impertinent. Cependant, il parviendra à en déshonorer plusieurs, avant qu'on se sépare. C'est un homme qu'on devrait chasser.

Cette petite brune est tout à ce qu'elle fait. Les instrumens l'électrisent, le plaisir brille dans ses yeux ; elle ne voit rien de ce qui se passe autour d'elle... Ah, je vous y prends, mademoiselle. Vous regardez votre danseur, et il vous regarde de manière à ne me laisser aucun doute. L'aveu est reçu et rendu : vous êtes à la seconde nuance de l'amour. Vous n'irez pas plus loin, si vous êtes prudens... à moins que le mariage...

Ah, mon dieu, que cet homme est mal! Qu'il est gauche! Il ne tombe jamais en mesure, et ce n'est pas faute d'oreilles. Il ne daigne pas honorer sa danseuse d'un regard ; mais il paraît content de lui, mais content !... Ah, il a un grand cordon rouge! Il est de ces hommes qui croient encore que ces choses-là leur donnent beaucoup de mérite : une aune de ruban fait remarquer un sot, auquel, sans cela, on ne prendrait pas garde.

Qui donc anime ainsi la figure de cette dame? Elle est assise, et elle jouit plus que les danseurs. Ah, ses yeux suivent cette jeune personne si légère, si gracieuse : c'est l'hirondelle rasant le sol. Cette dame a, au plus, trente-six ans, et déja elle ne vit que pour sa fille. Elle doit avoir autant de jugement que de sensibilité : c'est une femme bonne à connaître.

Voilà un homme bien laid, et cette jolie femme semble l'écouter avec le plus tendre intérêt !... Il y a pourtant quelque chose de faux dans ses yeux... Hé, c'est le marquis de Clainville, cet homme qui veut persuader qu'il est dans le plus grand crédit à la cour de France, et qui le fait croire assez souvent ; que le goût du changement domine sans cesse, et qui, au lieu de payer en diamans et en chevaux, ce qui ne laisse pas d'être coûteux, promet une place au mari ; un époux titré à la jeune veuve qui veut se décrasser, ce qui est plus économique.

La jolie femme avec qui il s'entretient veut obtenir quelque chose; elle joue l'amour avec lui, et c'est peut-être l'homme de France pour qui elle a le plus d'éloignement. Il l'aura cependant, et elle n'obtiendra rien. Le marquis est un assassin moral; il trompe, tous les jours, quelque femme, et il en trompera long-temps : l'expérience des unes est perdue pour les autres, parce que, sans doute, il a du moins le mérite d'être discret.

Le prince allait continuer ses observations, lorsqu'il vit le jeune seigneur français s'éloigner de madame Borloff. Il se hâta de prendre sa place.

Il salua la princesse avec les grands airs qu'il prend comme un autre, quand cela lui convient. « Je suis enchanté, madame, de vous avoir vue « danser tout à l'heure. Vous avez un fonds de « philosophie inépuisable : danser, quand on tient « son fils unique en prison, quand un confident « intime a été arrêté le matin, c'est se montrer « bien supérieur au vulgaire. Ne me regardez pas « ainsi, madame; je vous en supplie, même pour « vous. Cet air irrité gâte la figure charmante que « Matiska vous a faite aujourd'hui. D'ailleurs, ce « n'est pas ici qu'il faut avoir de l'humeur : au « bal, les choses les plus importantes doivent être « traitées gaiement — De l'ironie, monsieur, de « mauvaises plaisanteries! Cela vous sied bien! — « Comme à un autre, madame. J'avoue, cepen-

« dant, que les tours que je joue quelquefois, ne
« sont pas de la force des vôtres... Allons, allons
« ne vous emportez pas ; trois cents personnes
« auraient, à l'instant, les yeux sur vous, et je
« ne vois pas ce que vous y gagneriez. — Vous
« avez raison. Mais quel est, s'il vous plaît, ce
« confident intime qui a été arrêté ce matin ? —
« Ah, madame en a plusieurs ? C'est celui auquel
« Matiska a donné des instructions qu'elle a écrites
« sous votre dictée. — Éric ! ce drôle-là aura fait
« quelque sottise. — Oh, mon dieu, il n'a rien
« fait que ce qui lui était ordonné. — Ah, vous
« allez encore me parler de cette petite fille ! —
« Cette petite fille pourra être un jour une très-
« grande dame.

« — Je vous prie de remarquer, monsieur,
« qu'ici vous touchez de très-près aux affaires de
« ma famille, et que cela vous est expressément
« défendu. — Je vous donne ma parole d'honneur,
« madame, que jamais je ne me mêlerai, direc-
« tement, du mariage de Stanislas et de Paula. Je
« crois que la défense se borne là. Mais j'ai pour
« vous une affection toute particulière... — En
« verité ? — Et je ne suis venu ici que pour vous
« rendre un bon office. — Et quel est-il ? — D'a-
« bord, madame, il me semble que vous avez
« passé bien légèrement sur l'incarcération d'Éric.
« — Et que peut-il en résulter pour moi ? — Com-
« ment, madame, vous dédaignez de vous arrêter
« aux instructions qu'on a trouvées dans son

« porte-feuille ? — Elles ne sont pas de ma main :
« je ne les reconnais pas. Finissons ; quel est le
« service que vous voulez me rendre ? Parlez ; mais
« je vous préviens que je crois à votre sincérité,
« comme vous croyez à la mienne. — Obinski
« conserve quelque rancune contre vous, et vous
« conviendrez qu'elle n'est pas trop mal fondée.
« Il a, entre ses mains, les lettres que vous avez
« pris la peine de lui écrire lorsque vous le trou-
« viez aimable. — Ces lettres ne signifient rien.
« — Prises isolément, non ; mais elles présentent,
« en masse, certaines présomptions auxquelles
« les tribunaux ont quelquefois la simplicité de
« s'arrêter. — Vous vous permettez de parler de
« tribunaux à une femme comme moi ! — Plus
« bas, madame, plus bas. Obinski a joint, à ces
« lettres, une confession précise, authentique,
« que Bolesko a été forcé de signer à Dieppe,
« avant d'emporter votre argent à Jersey. Obinski
« est saisi des instructions que portait Éric. —
« Bagatelles que tout cela. — A Pétersbourg, à la
« bonne heure ; mais à Paris, ces bagatelles-là
« pourraient vous embarrasser un peu. Et puis,
« Éric est en prison ; il est au secret : personne
« ne pourra lui faire sa leçon. Il sera interrogé,
« intimidé. Il parlera, et ses dépositions feront
« des pièces probantes, de ces bagatelles dont
« vous avez l'air de plaisanter.

« Ah, madame commence à m'accorder une

« attention plus réfléchie. J'en suis vraiment bien
« aise : il serait fâcheux qu'une femme de votre
« rang perdît sa liberté. — Qui oserait y attenter?
« — Il y a, ici, un procureur-général qui ne
« connaît personne, et Obinski doit lui présenter
« sa plainte demain matin, demain matin, enten-
« dez-vous, madame? — L'ambassadeur russe me
« défendra. — Et ne sera pas écouté. Le procu-
« reur-général le recevra, sans doute, avec les
« égards qui lui sont dus; il le comblera de poli-
« tesses, et vous irez en prison. Et vous y aurez
« été conduite avec éclat, avec scandale. Et vous
« paraîtrez en public sur les bancs où se sont
« assis les derniers criminels. Et tout Paris fondra
« au palais, pour voir la grande princesse qui fait
« ruiner un homme, parce qu'il ne veut pas l'ai-
« mer, et qui veut faire aller sa fille au Brésil,
« parce qu'elle aime sans son approbation.

« Hé bien, vous ne me répondez plus... Ah,
« vous êtes émue? Je crois même qu'il y a quel-
« que chose de plus que de l'émotion. Ma foi,
« je conviens qu'on aurait peur à moins.

« — Paloski, je ne vous aime pas, je le con-
« fesse. — Oh, je le sais, madame, et je ne vous
« aime pas davantage. — Mais je crois à votre
« probité. — Comme à la vôtre, peut-être. — Plus
« de mots, des choses. Vous êtes venu ici pour
« me proposer une transaction. Voyons, que vou-
« lez-vous? — Voici les articles de la transaction :

« La princesse feindra, à l'instant même, une
« migraine, et cela n'étonnera personne : on sait
« qu'elle en a une tous les huit jours.

« Elle acceptera mon carrosse ; je la reconduirai
« à son hôtel. Elle ordonnera qu'on fasse ses
« malles à la minute.

« Elle montera en voiture, avant le lever du
« soleil, et elle prendra la route de Bruxelles,
« d'où elle ira partout où elle voudra, la France
« exceptée.

« On ne lui demande pas le serment de n'y pas
« rentrer, parce qu'on sait qu'elle ne le tiendrait
« qu'autant qu'elle y serait forcée.

« — Et, avant mon départ, les pièces me se-
« ront rendues ? — Oh, que non, oh, que non :
« vous ne partiriez plus. On gardera les pièces
« pour les produire plus tard, s'il vous arrive
« d'inquiéter encore Obinski et sa fille.

« Il est constant, madame, que je ne me suis
« *immiscé* en rien dans les affaires de votre fa-
« mille. Cependant vous pourriez être tentée, à
« Pétersbourg, de me faire traiter comme l'a été
« Obinski, et mon ami me vengerait bien autre-
« ment qu'il se venge lui-même. Si je perds ma
« fortune, il fait imprimer ces pièces, que vous
« brûlez d'avoir, et que vous n'aurez pas. Il fait
« imprimer des mémoires ; il en distribue des mil-
« liers en France ; il en couvre la Russie. Plus
« notre souverain est loyal et confiant, plus il
« sera indigné de l'abus qu'on a fait de sa con-

« fiance, et le chemin de Tobolsck est ouvert
« pour tout le monde.

« — Si je quitte la France, je peux donc comp-
« ter qu'on ne fera aucun usage de ces pièces?
« Mais quelle sera ma garantie? — Ma probité,
« que vous reconnaissiez tout à l'heure, et, sur-
« tout, mon attachement à la mémoire de Borloff,
« qui ne me permettra d'avilir sa veuve qu'autant
« qu'elle m'y contraindra.

— Mais, si plus tard on voulait, à la faveur de
« ces mêmes pièces, me forcer de consentir à un
« mariage... — Vous connaissez l'ascendant que
« j'ai sur Obinski, et je viens de vous donner ma
« parole d'honneur de ne jamais me mêler di-
« rectement de cette affaire. — Mais, Éric... —
« Il dira ce qu'il voudra. Vous ne serez plus ici
« pour lui être confrontée. Personne, d'ailleurs,
« ne se plaignant, il sera nécessairement relâché,
« et vous aurez le plaisir de le revoir : c'est un
« de ces domestiques fidèles, dont on se sépare
« à regret. — Mais, prince... — Plus de mais ; sur
« la route de Bruxelles dans deux heures, ou en
« prison à midi. Allons, madame, ayez la migraine.

« Bien, bien, cela commence à merveille. »
La princesse a pris cet air souffrant, que tant de
femmes jouent avec une supériorité si marquée.
Il est certain, pour tous les spectateurs, que le
bras de Paloski suffit à peine pour la soutenir.
Le jeune seigneur qui, un quart-d'heure avant,
faisait si vivement sa cour, s'approche, et paraît

disposé à offrir un second bras. « Faut-il l'encou-
« rager, dit bien bas Paloski à la princesse ? Il ne
« sera pas fâché de voyager à vos dépens, et il
« vous sauvera l'ennui d'un long tête-à-tête avec
« Matiska. — Finissez, monsieur, et sortons. »

Les deux heures que Paloski a données à la princesse ne sont pas écoulées, et déja elle est à la porte Saint-Martin. Voilà encore une journée bien employée, se dit le prince. Je n'ai plus rien à faire au bal ; je vais me coucher. Demain, je ferai une visite de politesse à l'ambassadeur.

DEUXIÈME PARTIE.

CHAPITRE PREMIER.

Où il n'est question que de mariages.

Dix heures! dit le prince en s'éveillant ; c'est dormir comme quelqu'un qui n'a rien à faire. Cependant il faut qu'Éric soit relâché, avec injonction de sortir de France : il est inutile, il serait même nuisible qu'il parlât. Je passerai après chez l'ambassadeur ; je déposerai ensuite mes broderies, mes cordons, et je retournerai faire le bonhomme à Achères. Beaucoup de gens titrés bâillent dans les antichambres, et n'en sortent pas : moi, je ne me trouve bien qu'en me rapprochant de la nature.

Ah, je vais écrire à mon intendant de m'envoyer à Paris mes domestiques, mes chevaux, mes équiqages. Quand Obinski n'aura plus d'ennemis en France, je ne vois pas pourquoi nous continuerions à nous cacher, et je peux vivre partout aussi simplement qu'à Achères.

Le prince sonne. Il se fait servir, et habiller selon toutes les règles de l'étiquette. Il écrit à Varsovie; il demande son carrosse; il sort.

« Monsieur, dit-il au chef suprême de la po-
« lice, on a arrêté hier, dans la forêt de Saint-
« Germain, un domestique de la princesse Borloff,
« que des incidens imprévus, et d'une certaine
« importance, ont déterminée cette nuit à partir
« pour Pétersbourg. Cette dame m'a prié de récla-
« mer ce domestique, et de l'envoyer à Bruxelles,
« où sa maîtresse doit s'arrêter, et où il la re-
« joindra. »

Le magistrat se fait apporter les pièces relatives à Éric; il les examine aussi soigneusement que si cet homme eût été réclamé par M. Martin. Il voit que ce valet a été arrêté comme vagabond, et vivant cependant dans une aisance qui l'a rendu suspect. Il loue la vigilance des maires des Loges et d'Achères; mais il ajoute que le témoignage de monseigneur détruit tous les soupçons, et qu'il va remettre Éric en liberté. Monseigneur marque le désir de parler au prisonnier, et aussitôt on fait venir Éric.

La figure du prince a une influence singulière sur les coupables. Celle d'Éric se décomposa à son aspect : déja, peut-être, il se croyait aux galères. Le prince craignit qu'il s'avouât plus coupable que ses vues l'exigeaient, et il se hâta de le rassurer.

« Au lieu de faire ton service auprès de la

« princesse, tu vas courir la forêt de Saint-Ger-
« main, sans autre motif que celui d'herboriser!
« Que diable, madame Borloff n'a pas envie d'é-
« tudier la botanique, et si elle voulait un pro-
« fesseur en ce genre, ce n'est pas toi, vraisem-
« blablement, qu'elle choisirait. »

La figure d'Éric commence à se recomposer.

« Tu n'as pas assez d'argent pour lever une
« boutique d'herboriste ; tu en as plus qu'il t'en
« faut pour rejoindre ta maîtresse. Elle a pris la
« route de Bruxelles, et puisqu'à ma recomman-
« dation monsieur veut bien te rendre la liberté,
« monte, sur-le-champ, dans une diligence, et
« cours sur les traces de la princesse. »

Éric ne demandait pas mieux. Si le prince désirait le savoir au-delà des frontières, je crois
qu'il était très-pressé de sortir de France, où ses
intrigues tournaient mal. Qu'y ferait-il, d'ailleurs,
n'ayant plus ni instructions, ni argent à recevoir
de personne ?

Paloski adresse des remerciemens au magistrat ; le magistrat se félicite d'avoir pu concilier
son devoir avec le désir de faire quelque chose
qui soit agréable à monseigneur. Ces messieurs
se quittent très-contens l'un de l'autre.

La visite du prince à l'ambassadeur ne fut autre
chose qu'un tribut payé à l'usage : quand on s'est
présenté à une fête où on n'était pas invité,
qu'on s'y soit amusé ou non, on doit des remerciemens à celui qui en fait les frais. Ces visites-là

durent un quart-d'heure : cependant on ne passe pas quinze minutes à se regarder, et il faut parler de quelque chose. Le départ précipité de la princesse alimenta la conversation. Le prince avait l'adresse de donner, à bien des choses, la tournure la plus avantageuse aux intérêts de ceux qu'il voulait servir : il eut la satisfaction de laisser l'ambassadeur dans une ignorance absolue de ce qu'il s'était passé entre madame Borloff et lui.

Enfin, tout est terminé, se dit-il en sortant. Me voilà dispensé d'éblouir, plus long-temps, des gens qui ne se doutent pas combien la représentation est fatigante pour tout homme qui n'est pas un sot. Allons rire à Achères.

Le prince renvoie ses domestiques de louage et son carrosse de remise; il remet, dans les armoires de son logement, ses cordons et ses habits brodés. Il sort à pied; il prend les Champs-Élysées, pour dérouter les curieux, et il s'arrête chez un restaurateur. Il y déjeune en simple particulier, et il s'en trouve bien.

Je ne croyais pas, pensait-il, persuader si facilement la princesse, et je n'ai pas pris le temps de faire savoir à Cognard que j'ai besoin de ma calèche. Hé, pourquoi ai-je des jambes? Est-ce pour me faire traîner comme un impotent? Que de gens le sont devenus pour avoir eu un carrosse! Je redeviens Martin, et ma foi j'irai, de Saint-Germain à Achères, à pied, comme un bon bourgeois, comme un philosophe, comme un ami de la forêt.

M. Martin revient au pont de Louis XVI, et monte dans la première voiture qui est prête à partir. Deux jolies femmes occupent le fond ; un gros homme est sur le devant. Je ne serai pas bien ici, se disait-il. Bah, nous ne sommes pas en ce monde pour y avoir toutes nos aises, et puis, j'ai ici une sorte de compensation. M. Martin pensait aux petites dames qui étaient derrière lui : de jolies figures sont toujours bonnes à voir. Mais comment fera-t-il, serré dans son coin par son gros homme, qui dort déjà ? Il faudrait qu'il tournât la tête à chaque instant : la continuité de ce mouvement est pénible. La bienséance, d'ailleurs, ne permet pas de fixer de jeunes femmes qu'on ne connaît pas, à qui, par conséquent, on n'a rien à dire, et M. Martin est rigoureux observateur des bienséances. Allons, pensait-il, puisque je ne peux les voir, je les entendrai, et c'est toujours quelque chose. Elles sont amies, à ce qu'il me semble, et deux jeunes femmes ont toujours quelques confidences à se faire. Mon gros voisin ronfle, et ma figure n'a rien de fort imposant : elle les obligera seulement à s'exprimer avec une certaine ambiguïté ; mais pour moi, un mot en vaut un autre.

En effet, on est à peine parti, que le caquetage commence. On n'est pas à moitié chemin, et M. Martin est au courant. Il est gêné, pressé, froissé, et toutes jolies que sont ces dames, il se décide à les faire descendre à Nanterre. Il sent bien que cela n'est pas très-galant; mais quand il faut opter entre des meurtrissures, des crampes, qu'on peut s'épargner, et une impolitesse, dont personne ne s'apercevra, il n'y a pas à balancer.

« Ami, dit-il au conducteur, connaissez-vous « Saint-Germain?—Comme mes poches.—Pour-« riez-vous me dire où demeure madame Delatre? « —Oui-dà, monsieur; rue de Paris, n° 60. » Au nom de madame Delatre, le silence s'est établi dans le fond de la voiture. M. Martin continua. « Deux fort jolies femmes, dont une est la nièce « de cette dame, sont parties de Paris ce matin. « Une visite à la tante a été le motif avancé au-« près de l'un des maris. On a parlé, à l'autre, « du besoin de prendre le grand air, du désir de « profiter de l'occasion qui s'offrait, et d'accom-« pagner son amie.

« Après les premiers complimens à la tante, on « parlera d'aller se promener sur la terrasse, « dans la forêt, et cette envie paraîtra bien na-« turelle : il fait si beau! Cependant il n'est pas « convenable que deux très-jeunes dames se pro-« mènent seules, et la bonne tante ne peut les « accompagner : ses jambes ne lui servent plus « qu'à aller d'une chambre à une autre. Le mar-« chand de draps de la rue Saint-Honoré, avec

« qui je fais, tous les soirs, ma partie de dames,
« au café du prophète Élie, est un homme à qui
« rien n'échappe, et qui pourvoit à tout. Hier,
« je lui ai dit, en jouant, que j'allais passer quel-
« ques jours à Saint-Germain ; il m'a prié de
« prendre ces dames chez madame Delatre, de
« les bien promener, et je lui ai promis de ne
« pas les quitter d'un instant. J'ai pris l'adresse
« de cette dame, et je viens de m'apercevoir que
« je l'ai perdue : voilà pourquoi je vous l'ai de-
« mandée... Que je suis bon de vous conter tout
« cela! Vous ne pouvez y prendre le moindre
« intérêt. Mais je suis parleur, et quand j'ai com-
« mencé, je ne m'arrête plus. »

M. Martin s'aperçoit qu'il a produit de l'effet :
on se dit quelques mots à l'oreille ; de petits
mouvemens, fréquemment répétés, annoncent
de l'inquiétude et de l'impatience.

On arrive à Nanterre. Le conducteur arrête
pour laisser respirer son cheval ; la marchande
de petits gâteaux se présente, selon l'usage ; les
jeunes dames demandent à mettre pied à terre :
cela arrive tous les jours. Mais les jolies figures
sont couvertes d'un voile de gaze ; les plis en
sont serrés, et quand on a pris la voiture, ces
voiles étaient relevés sur le devant du chapeau.

M. Martin ne perd rien de ce qui se passe. Il
voit les petites dames payer le cocher, et s'arrêter devant une autre voiture, dont le cheval a
le nez tourné du côté de Paris. Il les voit rire de

tout leur cœur en montant dans cette vinaigrette, et il éclate à son tour. Nous avons tous les trois, pensait-il, de quoi nous égayer. Elles rient de la figure que j'aurai chez madame Delatre, quand j'y aurai attendu, pendant deux heures, des femmes qui se garderont bien d'y arriver; je ris, moi, de la mine que feront bientôt ces jolis messieurs qui attendent, sur la terrasse, les petits êtres fragiles que je viens de faire rétrograder.

En arrivant à Saint-Germain, M. Martin passe devant ce n° 60, où il n'a jamais eu envie d'entrer. Il voit madame Delatre, remplissant un immense fauteuil, qu'on a poussé contre sa croisée, et végétant en tricotant un bas. Tante précieuse, s'écria-t-il, pour les nièces à parties fines! J'ai fait manquer celle-ci, et cela ne me regardait pas. Mais, ma foi, je ne pouvais plus tenir auprès de mon gros dormeur.

Le chapitre des dédommagemens est interminable pour les jolies femmes : l'occasion perdue aujourd'hui se retrouve demain. En l'attendant, on fera une histoire aux maris. On n'aura pas été à Saint-Germain, faute de place dans les voitures, ou peut-être parce que les voyageurs qui se présentaient ne convenaient point. On se sera promené aux Champs-Élysées pendant les trois heures d'absence; on y aura pris du lait, ou autre chose, et le conte passera.

Ah, il me vient une excellente idée! Je ne suis pas friant, je ne tiens pas au nombre des plats;

mais j'aime à manger de bonnes choses, et Dubourg est le plus pitoyable gargotier !... Bertrand ne trouvera, à Achères, personne qui nous convienne. Je prendrai, ici, une bonne cuisinière, et je l'emmènerai avec moi... Oui, c'est très-bien vu. Mais à qui m'adresserai-je ? Hé, parbleu, à l'aubergiste chez qui nous avons couché quand nous sommes venus attendre la dame à la migraine. Bah, si l'aubergiste en connaissait une bonne, il la prendrait pour lui, car sa cuisine a a beaucoup d'analogie avec celle de Dubourg. Diable, comment faire ? Je ne connais personne ici... Comment, je n'y connais personne ! oh, que si, oh, que si ! J'y ai découvert une tante qui doit m'être bonne à quelque chose.

M. Martin retourne au n° 60 ; il sonne, on lui ouvre, il entre. Il salue, respectueusement, madame Delatre, qui lui répond par une simple inclination de tête : l'épine dorsale a perdu sa flexibilité. M. Martin s'est chargé de dire à madame mille choses affectueuses de la part de sa nièce, et il s'acquitte avec un sensible plaisir d'une promesse qui lui procure l'honneur de connaître madame. Madame fait signe à une vieille servante d'approcher un fauteuil. Tout est vieux à Saint-Germain, ville et habitans. On prétend même que les enfans y naissent avec des rides indiquées.

« De quelle nièce me parle monsieur, car j'en
« ai deux ? — De celle qui a un superbe magasin
« de draps dans la rue Saint-Honoré. — Ah,

« madame Grisel. — Madame Grisel, précisément.
« — Je l'aime de tout mon cœur : elle est aussi
« sage que jolie. — Ah, madame, à qui le dites-
« vous ? Son mari est le plus honnête homme !...
« — Oh, c'est un ménage d'or ! »

On parle de Saint-Germain ; de la vie paisible qu'on y mène ; du boston que fait tous les soirs madame Delatre ; des cuisinières, ramenant chez elles, la lanterne à la main, les anciennes amies qui viennent faire leurs huit tours ; pas un de plus, pas un de moins. On commence à six heures précises, et à neuf on est couché.

M. Martin ramène madame Delatre sur les cuisinières. Celle de madame Lefèvre va la quitter. C'est un excellent sujet que sa maîtresse regrettera long-temps. « Mais elle est d'une vivacité,
« cette bonne madame Lefèvre ! Et pourtant elle
« a plus de peine à marcher que moi. Hier, en
« lui présentant à boire, Marie a laissé tomber
« le verre ; cela peut arriver à tout le monde.
« Madame Lefèvre s'est emportée, et elle a jeté
« sa béquille dans les jambes de Marie. Marie est
« tombée, s'est fait mal, et s'est fâchée : c'est
« tout simple. Oh, oui, madame Lefèvre la re-
« grettera long-temps... Je le crois bien, ma foi.
« Une fille qui fait seule un dîner de douze per-
« sonnes, et qui ne perd pas la tête un instant.
« — Hé, qui est donc cette dame Lefèvre, qui
« jette sa béquille à la tête, ou aux jambes de
« ses gens ? — Oh, mon dieu, c'est la meilleure

« femme du monde, à ses vivacités près. — Peu
« d'éducation, cependant? — Sachez, monsieur,
« que je ne vois que des gens comme il faut.
« Madame Lefèvre est la fille d'un avocat, et son
« mari était conseiller au Châtelet de Paris. »

M. Martin débite encore quelques phrases insignifiantes; il prend congé de madame Delatre, et il va cherchant la veuve du conseiller au Châtelet, qui marche avec une béquille, et qui a des vivacités.

L'observation est toujours utile : vous conviendrez que si M. Martin eût été de ces êtres impassibles, que rien ne touche, ne pique, il eût pu être suffoqué par son gros dormeur, et qu'il n'eût pas trouvé la fille qui fait, sans perdre la tête, un dîner pour douze personnes.

Vous sentez aussi que madame Lefèvre, fille d'un avocat, veuve d'un conseiller au Châtelet, doit être connue de messieurs du barreau de Saint-Germain. M. Martin va au greffe; le greffier le renvoie au président, et le président au procureur du roi. Enfin il sait où demeure madame Lefèvre; il y va; il demande à parler à mademoiselle Marie : hélas ! il est trop tard.

Madame Lefèvre s'est repentie; elle a fait des espèces d'excuses à mademoiselle Marie; mademoiselle Marie a remarqué une larme que sa maîtresse essuyait furtivement; mademoiselle Marie s'est attendrie de son côté. Le raccommodement s'est fait, sous la seule condition que, lorsque madame sera dans son fauteuil, la béquille sera à l'autre extrémité de la chambre, dût madame attendre, pour changer de place, que mademoiselle Marie revienne de la messe, ou du marché.

Je devais prévoir cela, se dit M. Martin : vieux maîtres et vieux domestiques vivent familièrement ensemble, se querellent, et ne se quittent pas.

Cependant M. Martin est très-lié avec madame Grisel ; il connaît madame Delatre, et mademoiselle Marie ne le laissera pas sans cuisinière. Elle a aussi une nièce qui est son élève; qui ne fait pas de parties fines; qu'elle a établie, de son autorité privée, chez madame Lefèvre, et qui ne peut y rester toujours. Mademoiselle Marie fait entrer M. Martin ; elle le présente d'un air gracieux à sa maîtresse, qui cherchait la pluie et le beau temps dans l'almanach de Mathieu Lænsberg. Elle venait de prononcer, en soupirant, qu'octobre serait humide, et qu'elle ne pourrait quitter son lit de tout le mois.

On fit paraître Pélagie, et on lui proposa de suivre M. Martin à Achères. Les bonnes cuisinières de Saint-Germain gagnent deux cents francs, et M. Martin offre cent écus. Pélagie paraissait incertaine. Madame Lefèvre la supportait ; mais elle l'eut mieux aimée à Achères que chez elle. Elle insista ; la tante insista ; M. Martin insista, et Pélagie baissa la tête, en signe de consentement. Une serviette suffit pour faire son paquet. En cinq minutes il est prêt; Pélagie le met sous son bras; elle suit M. Martin.

Ils étaient à l'endroit de la forêt où M. Martin avait rencontré Rosalie, et ils ne s'étaient pas encore dit un mot. Autant la laitière était causeuse, autant Pélagie l'était peu. Son rigoureux silence n'avait pas empêché M. Martin de la pénétrer. Il avait observé un air rêveur, mélancolique même; il avait intercepté quelques soupirs.

« Allons, finissons-en. Quel âge a-t-il? — Vingt-
« deux ans, monsieur. — Quel est son métier?
« — Menuisier. — Métier agréable, Pélagie. Sa
« conduite?... — Ah, monsieur, vous m'avez
« surprise : je croyais continuer une conversa-
« tion commencée. — Soyez tranquille, mon en-
« fant : j'ai toujours été un confident utile. Sa
« conduite? — Honnête. — Est-il laborieux? —
« Depuis que je le connais, il n'a perdu de temps
« que celui qu'il a passé avec moi. — Vous êtes
« modeste. Mais comment ce temps-là était-il
« employé? Vous rougissez, Pélagie : vous avez
« fait quelque faute. En seriez-vous à la troisième
« nuance de l'amour? — Je ne vous entends pas,
« monsieur. — Voyons, que faisiez-vous, quand
« vous étiez ensemble? — Il me répétait qu'il
« m'aime. — Après? — Je lui disais que je l'aime
« aussi. — Après? — Je conviens... qu'en nous
« quittant... un baiser... — Après? — Y a-t-il en-

« core quelque chose, monsieur ? — Quel âge
« avez-vous, mon enfant ? — Seize ans, mon-
« sieur. »

A cet âge on succombe, sans avoir prévu le
danger, pensa M. Martin. Le garçon menuisier a
donc des mœurs : cela est rare à présent. « Hé,
« pourquoi ne vous êtes-vous pas encore mariés ?
« — Ma tante n'y veut pas consentir, et je suis
« sûre que c'est pour me séparer de Vincent
« qu'elle m'envoie à Achères. — Hé, cela pour-
« rait bien être. Mais pourquoi repousse-t-elle
« Vincent? — Il n'est encore que compagnon.
« — Avec une patente, il sera maître, comme
« tant d'autres, qui ne feraient pas mal de re-
« commencer leur apprentissage. — Oh, Vincent
« est un joli ouvrier ; mais cela ne suffit pas :
« il faut de l'argent pour lever la patente ; il en
« faut pour acheter des outils. — Tout cela est-
« il bien cher ? — Oh, s'il avait mille francs !...
« — Mille francs ? ce n'est pas une somme énorme.
« Espérez, Pélagie. — Hé, monsieur, n'espère-
« t-on pas toujours ? — Oh, jusqu'à la mort.
« Mais espérez que l'été ne passera pas avant
« que vous soyez mariée. — Et qui est capable
« de faire un pareil miracle ? — On en fait de
« plus difficiles, et on n'est pas sorcier pour
« cela. »

Mettez une petite fille à son aise; mettez-là
sur le chapitre de l'amour, et elle ne sait plus
s'arrêter. Pélagie ne manqua pas de raconter,

avec effusion, comment le sien avait pris naissance ; quel plaisir elle ressentit quand Vincent se déclara ; les petits mouvemens de jalousie qu'ils avaient alternativement éprouvés, qui font tant de mal, mais qui amènent des raccommodemens si doux, et le temps passe vite pour fillette qui parle de tout cela. Il est moins rapide pour celui qui écoute. Il passe pourtant, quand l'auditeur a de la sensibilité, et M. Martin et sa jolie petite cuisinière arrivèrent à Achères sans s'en apercevoir.

Pélagie est établie commensale de l'auberge du Coq-Hardi. M. Martin la loge à côté de la chambre jaune. Elle ne descendra que par ses ordres, et quand il n'en aura pas à lui donner, elle s'occupera de quelque ouvrage d'aiguille. M. Martin veut veiller sur elle ; il veut, surtout, qu'elle n'entende pas ces saillies d'une grosse gaieté, dont retentissent souvent les voûtes d'un cabaret : se charger de l'enfant d'autrui, pensait-il, c'est contracter l'obligation de lui tenir lieu de père.

Bertrand et Sophie sont à leur nouvelle maison. Le père presse le peintre et le colleur ; la jeune personne dirige deux jardiniers. Elle s'est fait couper une quantité de petits jalons ; elle les a fichés elle-même en terre ; elle a tracé les allées d'un jardin à l'anglaise. Les massifs, qu'elles laisseront, seront garnis de fleurs, d'arbustes, de gazon. Sophie imagine à chaque instant ; à chaque instant elle crée quelque chose, et elle est enchantée. Ses ouvriers sont étonnés d'eux-mêmes : ils ne se croyaient pas autant de capacité.

M. Martin paraît, et les *artistes* de tous les genres sont abandonnés. Où se retirera-t-on pour conter et écouter sans témoins? Hé, parbleu, dans la petite mansarde que doit habiter Pélagie. On en ferme la porte ; M. Martin raconte ce qui s'est passé pendant la journée qui vient de s'écouler, et qu'il a si bien remplie. On le félicite, on se félicite mutuellement : c'est de ce jour seulement qu'on peut se croire en sûreté.

Mais Sophie n'est plus distraite de ses plus chères pensées par celle du danger qui menaçait son père : le nom de Stanislas s'échappe de ses lèvres, et ses yeux interrogent M. Martin. « Je « suis incapable, lui dit-il, de manquer à ma pa- « role d'honneur, et je ne vous ai pas caché l'en- « gagement formel que j'ai pris hier, de ne ja- « mais me mêler directement de cette affaire. — « Ah, monsieur, deviez-vous le prendre, vous « qui êtes notre unique soutien, et sur qui re- « posaient mes plus douces espérances ? — Vous « avez oublié, Sophie, ce que je vous ai dit à « Dieppe : il ne m'appartient pas de dépouiller « une mère de ses droits, même de ceux dont « elle abuse. Il est contre toutes les bienséances « que vous entriez dans une famille qui vous « repousse. Ce jeune homme et vous êtes encore « aux portes de la vie : vous pouvez attendre. « Attendez donc tout du temps ; mais attendez

« avec patience, avec résignation, et comptez
« sur moi dans toutes les circonstances où je pour-
« rai vous servir, sans compromettre mon hon-
« neur. Allons dîner, mes amis. »

Pélagie sert à table, et sert fort bien. Il lui reste à faire son chef-d'œuvre en cuisine, pour prouver qu'elle est réellement la digne élève de mademoiselle Marie. Dès le lendemain on lui donnera les moyens de faire ses preuves.

Après le dîner, Bertrand et Sophie retournent à leurs ouvriers. Ils reçoivent les meubles simples, mais d'une sorte d'élégance, qui leur arrivent de Poissy. M. Martin est trop content de lui pour se refuser le plaisir de raconter encore ce qu'il a fait à Paris : il y a de l'homme partout. Il va chez M. de Polmont et chez Cognard ; nouveau récit, nouvelles félicitations.

Tout est en l'air dans la petite maison isolée. On se marie le surlendemain, et la mère Cognard, et ses filles, et Rosalie ne savent où elles en sont; depuis une grande heure elles se consultent sur une chose de la plus haute importance : Rosalie a choisi elle-même une belle armoire de noyer. Le charretier l'a descendue, maladroitement, de sa voiture, et le fond est brisé. Maman Cognard veut qu'on change l'armoire : les gens âgés veulent du solide, comme s'ils avaient le temps de tout user. Les jeunes gens tiennent exclusivement au présent, et Rosalie et les petites Cognard grillent de voir figurer l'armoire dans la chambre nuptiale. Quand les portes en seront fermées, disaient-elles, personne ne verra ce qu'il y a derrière.

M. Martin a l'esprit conciliant, et il propose un terme moyen : c'est de faire raccommoder l'armoire. Il y a pour cela plus de temps qu'il en faut. Cette idée tend évidemment à rapprocher les opinions ; mais l'exécution tient à une petite difficulté : il n'y a pas de menuiser à Achères. « N'est-ce que cela, dit M. Martin ? Laissez-« moi faire. »

Il retourne au Coq-Hardi ; il s'enferme dans sa chambre, et écrit :

« Au reçu de la présente, et sans perdre de « temps, vous achèterez tout ce qu'il vous faut « pour exercer votre métier. Vous chargerez vos « outils sur la charrette que je vous envoie, et « vous vous rendrez ici. Je vous établis maître à « Achères, et je crois que votre nouvelle position « rendra mademoiselle Marie plus traitable. »

M. Martin met un billet de mille francs dans sa lettre ; il la cachette, et il passe dans la chambre de Pélagie, qui raccommode son petit bonnet des dimanches. « Bien, bien, mon enfant ; « une jeune fille doit être laborieuse. » Il ajoute un mot sur Saint-Germain, et aussitôt Pélagie parle de Vincent. En lui aidant un peu, et sans lui faire de questions directes, M. Martin sait que Vincent travaille chez M. Maigret, rue de Pologne.

Il retourne chez Cognard. « Mon ami, trouvez-
« moi de suite un homme de confiance, et sur-
« tout expéditif, qui soit propriétaire d'une char-
« rette et d'un cheval. Qu'il parte à l'instant ;
« qu'il remette cette lettre à son adresse, et de-
« main vous aurez un menuisier à Achères. Mais
« où le mettrons-nous ? — Je ne sais pas trop,
« M. Martin... D'abord sous ce hangar, et il se
« logera ensuite comme il le pourra. — C'est
« bien, c'est très-bien. Allez, mon cher ami. »

Il faudra, pensait M. Martin en retournant
chez lui, que je me donne bien de la peine pour
dépenser, ici, le quart de mon revenu, et j'y
laisserai d'heureux souvenirs. Quand je sortirai
de ce village, j'emporterai des bénédictions, et
je n'ai reçu que des coups de coude en sortant
de l'Opéra.

M. Martin se couche de bonne heure, et il
s'éveille toujours à la pointe du jour. Il n'est que
cinq heures, et déja il a la tête à la croisée. « Se-
« rait-ce déja là ma charrette ?... Oui... Non...
« Hé, oui, parbleu. Oh, que l'amour donne d'ac-
« tivité ! Vincent a marché une partie de la nuit.
« Et ce bon charretier, qui s'est prêté à cela
« comme s'il était amoureux ! Je demanderai si
« je peux faire quelque chose pour lui.

« La charrette passe, et prend la rue qui con-
« duit au parc. Tout autre que Cognard eût or-
« donné au charretier de s'arrêter ici, et de
« prendre mes ordres. Il ne sait cependant pas

« qu'il y a là une Pélagie, et que je m'intéresse
« à son petit Vincent. Ah, il aura jugé à mon
« air, à mon ton, que j'avais un double but en
« faisant venir ici un menuisier, et il me laisse
« la faculté de préparer à mon gré les évènemens
« de la journée. Je le répète : Cognard est ob-
« servateur.

« Oh, quelle surprise pour ces jeunes gens de
« se rencontrer au moment où ils y pensent le
« moins ! quelle joie, quel ravissement !... C'est
« pourtant à cette petite madame Grisel qu'ils
« doivent cela ! » En débitant son monologue,
M. Martin se frottait les mains d'un air... Je suis
sûr que vous le voyez de chez vous.

On finissait de déjeuner au Coq-Hardi, et quand
M. Martin a une bonne idée, il n'a de repos que
lorsque elle est exécutée. « Pélagie, vous ne savez
« pas où demeure M. Cognard? — Non, monsieur.
« — Tenez, voyez-vous ce mur, à droite, dans
« cette rue, qui est en face de vous? — Oui, mon-
« sieur. — C'est un des murs du parc de M. de
« Polmont. Là-bas, en tournant le coin, vous
« trouverez une porte cochère. Vous irez là ; vous
« sonnerez ; vous entrerez dans une assez grande
« cour : à gauche est un hangar, vous vous y ar-
« rêterez. — Et que ferai-je, monsieur, sous ce
« hangar? — Vous aurez pris un panier dans le-
« quel vous aurez mis ce poulet, ce petit pain, et
« une bouteille de vin. Vous offrirez cela à celui
« dont la figure vous paraîtra la plus agréable. —

« Je crois que monsieur s'amuse. A qui veut-il
« que je donne cela?— Je vous l'ait dit, Pélagie,
« — Voilà une singulière façon de donner des
« ordres. — Chacun a sa manière; faites ce que
« ce que je vous demande. »

En prononçant ces derniers mots, M. Martin a
pris un air sérieux, qui intimide Pélagie. Ce monsieur-là a quelque chose d'extraordinaire, murmurait la jeune fille, en chargeant le panier. Bah,
se disait-elle en marchant, je donnerai cela au
premier venu : je ne passerai pas mon temps à
comparer des figures. Une seule me plaît, et elle
est à Saint-Germain.

Elle arrive, elle sonne... C'est Vincent qui vient
lui ouvrir. Le panier tombe de son bras; Vincent
recule de quatre pas. Ils se regardent, ils se frottent les yeux; ils s'approchent, ils se touchent :
ce n'est pas un songe qui les abuse. Ils rougissent
de plaisir; ils veulent se parler, et ne trouvent
que des mots sans suite.

Rosalie s'aperçoit qu'on a laissé son armoire,
et elle vient pour savoir ce qui retient son menuisier. Elle aime, et il ne lui faut qu'un coup
d'œil pour être au courant. « Petite, dit-elle à Pé-
« lagie, je me marie demain, et je n'ai pas de
« temps à perdre. A votre âge, on a celui de faire
« l'amour et d'attendre : ne dérangez pas mon
« menuisier. »

Pélagie est un peu interdite de la semonce; mais
elle ne perd pas la tête. « Je ne viens déranger

« personne, mademoiselle, répond-elle d'un petit
« air piqué : je fais ce que m'a ordonné M. Mar-
« tin. — D'où le connaissez-vous? — Je suis à son
« service. — Depuis quand? — Depuis hier. — Et
« hier il a envoyé, à ce jeune homme, de l'argent
« pour acheter des outils, et une charrette pour
« les apporter. M. Martin! s'écrie Pélagie. Il s'ap-
« pelle Martin! s'écrie Vincent. Il n'a pas pris la
« peine de signer sa lettre. J'ai cru, d'abord, qu'on
« me faisait une niche, et si M. Maigret ne m'a-
« vait assuré que le billet de banque est bon, je
« serais encore à Saint-Germain. — Encore deux
« jeunes gens, dit Rosalie, qui devront tout à
« M. Martin. Quel homme! Et nous voulions le
« griller!

« Où est-il, où est-il, demanda Vincent avec
« ardeur? » Pélagie oublie son panier, et entraîne
son ami ; Rosalie oublie son armoire, et court
sur les pas des deux jeunes gens. J'aime à voir
des heureux, se disait-elle en courant : ce spectacle ajoute à ma propre félicité. Que je voie, sur
la figure du brave homme, le plaisir que donne
une bonne action.

M. Martin attendait, à sa fenêtre, le résultat
de la commission qu'il avait donnée à la petite.
Il les voit accourir tous les trois. Ah, ah, pensa-
t-il, ils sont reconnaissans! mon argent est bien
placé.

Ils arrivent, ils montent; ils cherchent un compliment. Un cœur délicieusement affecté ne trouve

pas de ces choses-là. Vincent prend une main de
M. Martin, Pélagie tient l'autre. Ils baisent, ils
rebaisent les mains bienfaisantes; M. Martin les
sent mouillées de douces larmes. Il est ému, et
sa figure est rayonnante. Rosalie parle pour tous
quatre : vous savez qu'elle est causeuse. Elle raconte ce qui vient de se passer chez Cognard;
elle interprète, elle commente, elle ne finit pas.
M. Martin n'entend rien : il est tout à la scène,
dans laquelle il joue un si beau rôle. « On a pour-
« tant tout cela, dit-il enfin, avec un billet de
« mille francs! Ah, reprit Rosalie, quand Cognard
« aura-t-il un billet de mille francs dont nous
« puissions nous passer!

« — Mes amis, le plaisir est beaucoup dans cette
« vie. — Il est tout, M. Martin. — Non, Pélagie,
« et il n'est légitime, il n'a de prix que lorsqu'on
« a rempli ses devoirs : allez vous occuper du dî-
« ner; Vincent, retournez à votre armoire. Ce
« soir vous vous réunirez. Ne perdez pas le prix
« de votre conduite passée; continuez d'être sa-
« ges, et vous ne tarderez pas à en être récom-
« pensés. Vous voyez, petite, que le miracle dont
« vous me parliez hier, n'a pas été difficile à
« opérer. »

Rosalie n'a pas d'argent à donner; mais elle
conçoit qu'il est différens moyens d'être content
de soi, et elle veut être pour quelque chose dans
l'œuvre de M. Martin. Elle choisit, chez Dubourg,
un bon lit pour Vincent, et elle va lui chercher

un local qu'il puisse transformer en boutique. Par-ci, par-là, elle pense à son armoire; mais elle va toujours, et elle ne rentre chez Cognard qu'après avoir arrêté ce qu'elle a trouvé de plus convenable. La force de l'exemple a fait danser des menuets; à présent elle fait faire de bonnes actions.

L'heure du dîner avait rappelé Bertrand et sa fille au Coq-Hardi. Ils s'entretenaient avec M. Martin. Ils se parlaient avec cette confiance et cet abandon qui naissent d'une amitié sincère et longtemps éprouvée. Sophie cherchait à amener, naturellement, la conversation sur Stanislas, dont, cependant, elle n'osait plus prononcer le nom en présence de M. Martin. Le père et la fille craignaient également de heurter un homme en qui ils trouvaient l'ami le plus chaud, et le bienfaiteur le plus généreux. Mais quand ils étaient dans leur petite maison, ils se dédommageaient de cette espèce de contrainte. Sophie ne se lassait pas de dire; son père ne se lassait pas d'écouter. La jeune demoiselle se lançait sans cesse dans l'avenir; elle calculait toutes les chances. Chaque jour elle répétait ses calculs, et chaque jour elle demandait à son père comment son bonheur pouvait se préparer à Achères, à cinq cents lieues de l'objet chéri, qui, lui-même, était privé de sa liberté. Bertrand se fatiguait la tête pour prouver, à sa fille, qu'un pareil mariage ne pouvait s'arranger que de loin. Il voyait bien qu'il ne persuadait pas, et des consolations, de tendres caresses succédaient à de faibles raisonnemens. Sophie se soutenait par l'idée de voir bientôt M. Martin s'ennuyer à Achères. La princesse n'était plus redoutable pour eux; il était donc vraisemblable qu'ils se fixeraient bientôt dans quelque ville capitale, où il serait plus facile de savoir quelque chose de Stanislas, que dans un village écarté des grandes villes.

Ils causaient donc tous les trois au Coq-Hardi, et on parlait de Pélagie et de Vincent. Heureux, répétait encore Sophie, ceux à qui il ne faut, pour être unis, que de l'amour et un protecteur! Heureux et sages, répondait M. Martin, ceux qui ne cherchent pas à précipiter la marche du temps; qui descendent dans leur cœur; qui y rappellent qui y fixent l'espérance, qui console de tout.

Cette réponse était très-philosophique, sans doute; mais ce n'était pas de la philosophie que voulait la jeune demoiselle. Elle se tut; et elle réfléchissait profondément, lorsque Cognard, sa mère et Rosalie entrèrent dans la chambre jaune. Ils étaient en grand costume, et ils venaient inviter, avec le cérémonial usité, MM. Martin, Bertrand et mademoiselle Sophie à vouloir bien assister à leurs noces. Sophie soupira; Bertrand accepta tout simplement, et M. Martin demanda qui présenterait, à l'autel, la jeune et jolie mariée, qui était orpheline. « Si M. Martin voulait
« me faire cet honneur, dit Rosalie, en baissant

« ses grands yeux noirs? — Comment, si je le
« veux? avec un extrême plaisir. — La signature
« d'un homme comme vous, qui serait mise sur
« les registres et au bas de notre contrat de ma-
« riage, nous porterait sûrement bonheur. J'ai
« parlé de cela à Cognard ; il ne m'a rien répondu.
« — Permettez, Rosalie, que je sois aussi réservé
« que lui. »

Rosalie fit une petite mine qui annonçait du mécontentement. La pauvre enfant ignorait que M. Martin ne pouvait la satisfaire qu'en faisant un faux.

M. de Polmont n'avait pas oublié qu'il s'était engagé à donner le dîner de noces, et il vint inviter les trois amis à partager la joie générale. « Voilà, dit M. Martin, un beau jour qui se pré-
« pare. C'est à vous seul que nous le devons,
« s'écrièrent Cognard et Rosalie. » Quand me sera-t-il permis de dire la même chose, pensait la triste Sophie.

« Pour nous disposer dignement à célébrer ce
« grand jour, je suis d'avis, dit M. Martin, de
« finir celui-ci gaiement. Dînons tous ensemble.
« Qu'en pensez vous, M. de Polmont? — Je ne
« demande pas mieux, M. Martin. — J'espère que
« M. Cognard et ces dames ne me refuseront pas.
« Vraiment, nous n'avons garde, répondit Rosa-
« lie. — J'ai ici une petite fille qui est élève de la
« première cuisinière de Saint-Germain. En ce

« moment elle fait son chef-d'œuvre, et je serai
« bien aise de vous voir applaudir à son talent.

« Pélagie... Pélagie !... J'ai quatre personnes de
« plus à dîner. Prenez, chez Dubourg, quelque
« chose que vous ajouterez à ce que vous avez
« préparé.

« Il faudra que vous fassiez comme nous, M. de
« Polmont : vous vous contenterez du petit vin
« de la maison. Il n'est pas mauvais. Le vin est
« ce que Dubourg a de mieux. »

Le premier service est sur la table. On est placé; on se dispose à fêter le chef-d'œuvre de Pélagie : une jolie fille prévient toujours en faveur de ce qu'elle présente... Cependant M. de Polmont fait la grimace à des langues de moutons; Bertrand remet, sur son assiette, l'aile d'un pigeon en compote. Sophie avale machinalement. Cognard, sa mère et Rosalie sont loin d'applaudir au talent de la cuisinière de Saint-Germain; ils mangent, pour ne pas paraître difficiles ou impolis. M. Martin, après avoir servi tout le monde, prend d'un fricandeau qui est devant lui, et le premier morceau lui soulève le cœur. Il regarde ses convives; ses convives le regardent, incertains, embarrassés. « Oh, leur dit-il, mettez-vous à votre aise :
« je n'attache à un dîner gâté que le peu d'im-
« portance qu'il mérite. »

Il fixe Pélagie, qui, la serviette sous le bras, attend, d'un air de confiance, les félicitations

qu'elle croit avoir méritées. « Petite, goûtez ces
« sauces, dont vous me paraissez si contente, et
« dites-moi ce que vous auriez fait de plus, si
« vous aviez eu le diable à traiter. » Pélagie, interdite, goûte, à la pointe d'un couteau, les parties de son prétendu chef-d'œuvre, et, à chaque
plat, elle répète les grimaces qu'ont faites les
convives. Le couteau lui tombe de la main, et
elle s'écrie avec amertume : Ce ne sont pas là
mes sauces !

M. Martin éclate de rire. « Où diable, dit-il, la
« vanité va-t-elle se loger? Dubourg ne veut, chez
« lui, personne qui l'efface. Pélagie, dites-lui de
« monter.

« Vous nous avez condamnés, M. Dubourg,
« à ne pas dîner, parce que j'ai pris, avec moi,
« une jeune fille qui a plus de capacité que vous?
« — Hé, qui vous a dit, monsieur... — Vous savez
« bien que je n'ai pas besoin qu'on me dise les
« choses : je vous ai donné des preuves de ma
« pénétration. — Hé, croyez-vous, monsieur,
« qu'il soit agréable pour un maître de maison,
« qui, depuis quatre ans, exerce avec honneur,
« de se trouver en sous ordre chez lui? — Et
« parce que vous êtes incapable de faire un bon
« dîner, faut-il que vous nous empoisonniez? Vous
« avez voulu perdre Pélagie de réputation dans
« mon esprit. Vous avez pensé qu'après ce mal-
« heureux essai, je la renverrais à Saint-Germain.
« Pas du tout : je me range toujours près du faible

« contre le fort. Je garde Pélagie à mon service, « et c'est vous que je réforme. Mon cher Bertrand, « payez ce que nous devons ici, et partons.

« Hé, mais, continua M. Martin, quand Du- « bourg fut sorti, il me semble que j'ai été un peu « vite. J'ai à venger cette petite fille; mais nous « voilà *sans feu ni lieu*. Ah, ah, ah, messieurs, « je vous offre des lits, dit M. de Polmont, et je « l'aurais fait plutôt, si vous n'aviez voulu vivre « très-bourgeoisement. Nous acceptons les lits, « répond M. Martin. Mais je vous préviens que « je dors mal quand je n'ai pas dîné. — Venez, « venez tous chez moi, nous mangerons ce qui « se trouvera à l'office.

Quand les maîtres sont absens, les domestiques se mettent en vacances. M. de Polmont ne trouve, chez lui, que son valet de chambre, qui, décemment, ne peut se mêler de la cuisine. Il déroge cependant jusqu'à y conduire Pélagie, et à lui indiquer les choses dont elle peut avoir besoin. Pélagie veut rétablir sa réputation compromise, et elle semble se multiplier. Elle est, à la fois, à cinq ou six fournaux. Elle anime le feu de celui-ci; elle modère le feu de celui-là. Elle charge une casserolle; elle retourne un ragoût; elle assaisonne la salade, et, en allant et venant, elle trouve le moment de mettre le couvert. On se promène dans le parc. M. Martin, seul, est resté dans le jardin, et, les coudes appuyés sur une croisée de la cuisine, il regarde faire Pélagie; il jouit de son activité; un léger sourire exprime sa satisfaction, et la petite ne sent plus la fatigue.

Ce n'est pas sans raison que les anciens admettaient des jours malheureux. Pour la seconde fois on allait se mettre à table, lorsque une vieille et grosse fille entra chez M. de Polmont, criant, à tue-tête, qu'elle voulait parler à M. Martin. M. Martin fait un demi-tour, et reconnaît mademoiselle Marie. Pélagie reconnaît sa tante, et saute par une fenêtre.

« C'est donc vous, monsieur, qui venez faire
« des contes à la dame la plus respectable de Saint-
« Germain; qui lui parlez d'une nièce que vous
« n'avez jamais vue, et cela, pour emmener la
« mienne! — Je n'ai jamais vu madame Grisel!
« Cela est un peu fort, par exemple. Je ne l'ai
« pas quittée, avant-hier, de toute la matinée. —
« Avant-hier? Et qu'a-t-elle fait, s'il vous plaît?
« — Elle devait venir, à Saint-Germain, avec une
« de ses amies, et le projet de partie s'est ter-
« miné par un déjeuner aux Champs-Élysées,—
« C'est, ma foi, vrai, et voilà ce que madame
« Grisel nous a conté ce matin. — Et ce matin
« elle est arrivée à Saint-Germain avec son amie.
« — Parbleu, je viens de vous le dire. — Ces da-
« mes sont allées se promener sur la terrasse du
« château. — Ah, mon dieu! — Elles y ont passé
« deux ou trois heures, et elles sont rentrées
« harassées et rouges comme des cerises; je crois
« que vous ne m'avez pas dit cela. — Ah, mon

« dieu, mon dieu! — J'ai vu ces dames, d'ici, de
« ma chambre, et je les vois encore à présent.
« Le boston va commencer. Madame Delatre,
« madame Lefèvre, deux personnes que je ne
« connais pas... Ah, les jeunes dames se disposent
« à retourner à Paris. Hein, qu'en dites-vous,
« n'est-ce pas cela? »

Mademoiselle Marie fait trente-deux signes de croix, et M. Martin rit de tout son cœur. M. de Polmont, attiré par la vivacité du dialogue, en fait autant. Bertrand, qui ne se soucie pas du tout de voir une seconde scène de sorcier, dit, cruement, à mademoiselle Marie que M. Martin s'est moqué d'elle. « Mais il ne m'a dit que des vérités?
« — C'est qu'il a deviné juste. — Cela peut être;
« mais voilà la première fois qu'on me rit au nez.
« — Il y a commencement à tout.

« — Je ne sais pas si ma nièce est très-bien
« avec ce faiseur d'histoires. Au reste, ce n'est
« pas là essentiellement ce qui m'amène. J'ai su
« que Vincent, un petit drôle qui lui a fait tourner
« la tête, avait quitté son maître subitement, et
« j'ai pensé que je le trouverais à Achères. —
« Quelle pénétration! — Il en sortira ou je re-
« prends ma nièce.

« — Écoutez, mademoiselle Marie. Ce petit drôle
« est un joli garçon. — Que trop joli, vraiment!
« — Il est laborieux, bon ouvrier, et il est maître
« menuisier, à Achères, depuis ce matin. — Il est
« maître, dites-vous? — Oui, ma tante, il est

« maître. — Oui, mademoiselle Marie, je suis
« maître. — Venez, venez, ma tante, voir ses ou-
« tils, qu'il a payés comptant, et la boutique que
« mademoiselle Rosalie a arrêtée pour lui. — Ah,
« ça, voyons, est-ce encore là une histoire ? »

Pélagie, en reconnaissant la voix de sa tante, avait prévu un orage, auquel elle avait jugé à propos de se soustraire. Cependant elle avait réfléchi, en courant, qu'elle avait des choses assez avantageuses à apprendre à mademoiselle Marie, pour ne pas la craindre plus long-temps. Elle avait été prendre son petit Vincent, et elle était venue avec lui, assurer le dénouement.

Il résulta des explications, faites bien nettement d'une part, et bien saisies de l'autre, que Marie, qui était bonne fille au fond, s'adoucit considérablement. Elle demanda, à M. Martin, la permission de l'embrasser, et le pria de faire ce qu'il croirait propre à hâter le mariage. Les futurs sont bien jeunes, disait-elle tout bas ; mais je crois qu'il faut en finir. Si Pélagie avait une distraction... Les hommes sont si inconstans !... J'y ai été prise une fois.

Tout était parfaitement d'accord. Les estomacs seuls souffraient, et on parla de se mettre à table pour la seconde fois. Mais pendant que Pélagie courait, qu'elle causait avec sa tante et son petit amant, les sauces s'étaient évaporées, le rôti s'était desséché, et il ne restait, à la broche et dans les casseroles, que des charbons.

« Allons, dit M. Martin, il est clair que nous
« ne dînerons pas aujourd'hui. La loi de la né-
« cessité l'a voulu ainsi. Marie apprend que Vin-
« cent n'est plus à Saint-Germain : elle est forcée,
« pour calmer ses alarmes, de prendre un parti
« vigoureux, de se rendre à Achères. Pélagie est
« forcée de s'occuper d'intérêts très-majeurs : elle
« nous oublie, et nous sommes forcés de mourir
« de faim, ce qui n'est pas agréable du tout.

« Mais moi, reprit Cognard, qui tiens, plus
« que personne, à la conservation d'une vie utile
« à tant de monde, je suis forcé de vous faire
« manger le jambon et les volailles froides que
« ma mère a préparés pour le déjeuner des gens
« de la noce, soumettez-vous, comme moi, à la
« loi de la nécessité.

« C'est cela, c'est cela, s'écrie M. Martin. Vous
« ne pouvez pas plus vous dispenser de nous of-
« frir votre jambon, que nous de l'accepter. » Et
on se met en marche vers la petite maison isolée.
« La loi de la nécessité, dit Bertrand à M. Mar-
« tin, a décidé que nous dînerions chez M. Co-
« gnard; je le veux bien. Mais qu'aurait-elle pro-
« noncé, s'il n'avait pas eu de provisions chez
« lui ? — Que nous aurions été dans la position
« où s'est trouvé le père Jean, de Domfront, lors-
« qu'il fut forcé de manger une fesse d'Anglais,
« dans un désert de l'Afrique, et ma foi, pour
« n'être pas anthropophages, nous aurions fait un
« bœuf à la mode d'un morceau de Boniface : ce

« garçon-là n'a rien d'humain que l'enveloppe.
« Ah, ah, ah, ah !

« A propos de Boniface, faites-lui dire, mon
« cher Cognard, d'amener ici ma calèche, mes
« chevaux, et d'en avoir soin. Je chercherai à les
« loger dans le village. Demain, nous dînons chez
« M. de Polmont ; après demain, la maison de
« Bertrand sera prête, et nous nous y établirons
« tous. — Mais où vous mettrez-vous, M. Martin?
« — Hé, parbleu, dans votre salle à manger.
« Vincent y fera une alcove, que deux portes
« déroberont à tous les yeux. Il faut occuper ce
« jeune homme-là, et nous serons ses premières
« pratiques. »

Bien, très-bien, pensait Sophie; plus il sera
gêné, plus il éprouvera de privations, et moins
nous resterons ici.

La loi de la nécessité voulait que la mère Cognard eût de l'humeur ce soir-là. Elle aurait donné
de son sang à M. Martin; mais son jambon, mais
ses volailles! n'avoir rien à offrir, le lendemain,
à vingt personnes qui arriveront, des quatre
points cardinaux, avec un appétit dévorant! Passer pour une femme sans prévoyance, ou sans
affabilité, serait également dur ! « Allons, allons,
« ma bonne mère, ne vous attristez pas. J'en-
« verrai, ce soir, quelqu'un à Poissy, et nos pro-
« visions seront remplacées. »

On s'arrange dans la petite maison. On dîne,
ou on soupe, si vous l'aimez mieux, et on soupe

très-bien. On rit des contre-temps, dont la suite pouvait être une diète rigoureuse et prolongée. On écoute, avec un plaisir vrai, l'aînée des petites Cognard, qui manque de méthode; mais qui a une jolie voix. On est moins difficile dans un hameau qu'à l'Opéra, pensa M. Martin. Placez un homme au milieu de toutes les jouissances, la satiété l'accablera avant qu'il ait commencé de jouir. Transportez-le dans un désert, le son d'un flageolet le charmera.

On se sépara enfin, fort contens les uns des autres, et impatiens de revoir le soleil.

CHAPITRE II.

Les noces de Cognard.

Rosalie avait devancé l'aurore. Elle avait tout rangé dans la chaumière qu'elle allait quitter, et dont la propreté était l'unique ornement. Elle s'était parée des présens de l'homme à qui elle allait consacrer sa vie. Ses compagnes avaient décoré de guirlandes de fleurs sa modeste habitation.

Dans une grande ville, ce n'est rien qu'un mariage. L'indifférent, et il y en a beaucoup, passe, après avoir reconnu si la mariée est belle ou non, ce qui n'est pas facile, parce que dans les grandes villes on s'encaisse dans des carrosses de remise, ou dans des fiacres, pour filer le long de vilaines rues, et traverser des ruisseaux fangeux. Vive les grandes villes !

Au village, la mariée jouit de la satisfaction d'être vue, et c'est quelque chose pour une jolie fille. Les habitans jouissent de l'aspect du cortége; tous les yeux sourient au bonheur, qui se peint sur les physionomies des parens et des amis, qui accompagnent les époux. On est bien aise de les voir arriver au port, après avoir dissipé les orages que suscitent, quelquefois, la désunion des familles, des motifs d'intérêt, de petites jalousies. On a vu la mariée; on est avide de la voir encore : jamais elle n'a paru si belle. On ne manque pas d'attribuer à sa parure, le changement avantageux dont on est frappé ; on ne réfléchit pas de quel feu l'amour couronné fait briller une figure virginale. M. Martin ne prend une robe et un bonnet que pour ce qu'ils valent.

Il s'est levé aussi de grand matin. Il n'a pas ses habits brodés, ses cordons; mais ce n'est pas là ce qui l'a fait aimer dans le village. Il s'est fait précéder par Boniface. Il lui a remis une boîte, qui renferme un superbe bouquet de mariée, et des gants blancs pour elle et la famille de Cognard. Il lui a ordonné de porter, de sa part, la boîte à la vierge du jour.

On est convenu, la veille, de se réunir à neuf heures, et la vieille horloge d'Achères annonce l'instant où le plaisir va commencer. M. de

Polmont, en grand uniforme, et en écharpe; M. Martin, en simple habit gris et en dessous noir; Bertrand, vêtu comme il l'était au premier de janvier, et Sophie, parée de ses dix-sept ans, sortent du château et se rendent chez Cognard.

Les personnes invitées arrivent de toutes parts. M. Martin observe un homme de quarante ans, en habit noir complet, aux cheveux poudrés; il n'a dit que deux mots, et il a l'air suffisant et protecteur : M. Martin sait déja que c'est le procureur chez lequel Cognard a travaillé.

On se range, pour aller, en ordre, prendre la mariée. Le procureur ne voit là d'égal que monsieur le maire. Il prend, avec lui, la tête du cortége, et il croit faire un acte marquant de politesse, en lui accordant la droite.

Rosalie attendait sur le seuil de sa porte, et cherchait à cacher sa tendre impatience; mais sa figure la décèle. Elle se dilate à l'aspect de ceux qui viennent flatter sa vanité et son cœur. Elle les reçoit sans prétention, avec cordialité, avec franchise, comme la jolie Rachel aurait reçu le jeune Jacob, si elle n'avait pas eu un père.

M. Martin remarqua que la tête de la mariée était couronnée de roses blanches naturelles. Ah, pensa-t-il, elle a trouvé ma guirlande trop élégante, trop riche pour une simple villageoise. Elle l'a serrée, et ce sera pour elle un souvenir d'amitié. Il est loin de soupçonner ce qu'est devenue sa guirlande, et comme des gants blancs sont toujours des gants blancs, et que tout le monde en a, il s'occupe d'autre chose.

Il présente à Rosalie une main qu'elle accepte avec un sourire charmant. Cognard offre la sienne à sa mère. Le procureur est forcé de se mettre en troisième ligne.

On se rend à la petite maison isolée. Les demoiselles Cognard ont servi le déjeuner, et elles en font les honneurs. La présence continuelle du maire donnait, vous le sentez bien, une grande importance, dans le village, à monsieur le régisseur et à la jeune laitière, qu'il élevait jusqu'à lui. On avait toujours dit un bonjour affectueux à Rosalie : ce soir, on saluera madame Cognard.

On se rend à la chapelle municipale, arrangée dans une salle du château. M. de Polmont met à ces cérémonies une solennité imposante ; il veut qu'il ne reste au prêtre qu'à bénir un mariage légalement contracté. Puissent revenir de leur erreur ces officiers municipaux qui n'y voient qu'un simple contrat, et qui remplissent leur ministère avec une insouciance, et quelquefois une légèreté qui donnent, à une chose auguste, l'apparence d'une action à peu près insignifiante !

On est à l'église, où tout est préparé avec un luxe qui n'est pas ordinaire : monsieur le curé a des gants blancs ; le bedeau a des gants blancs ; le garde-champêtre, transformé en suisse, a des gants blancs ; Dubourg et les autres chantres, trois ou quatre polissons qui, le dimanche, ressemblent un peu à des enfans de cœur, la loueuse de deux douzaines de chaises, la gouvernante du curé, sont en gants blancs.

Que de gants blancs! pensa M. Martin, à qui rien n'échappait. Ah, voilà le premier mariage auquel j'assiste en France, et c'est peut-être un usage du pays. Tout à coup, il est pris d'une envie de rire immodérée, et il se retient, pénétré de cette vérité, qu'il faut être respectueux dans un lieu consacré à un culte religieux, quel qu'il soit.

Mais qui a pu produire en lui ce mouvement qu'il a eu tant de peine à réprimer? Il a vu une statue en bois de Madeleine pénitente, dont les bras effilés sont cachés dans des gants blancs. Ce n'est pas tout : au-dessus de l'autel est un tableau représentant une Notre-Dame, et M. Martin voit sa guirlande, fichée avec une épingle, sur la tête de la madone. Les deux bras peints sont couverts chacun d'un gant blanc, attachés de la même manière que les fleurs.

M. Martin se taisait, et c'est ce qu'il avait de mieux à faire, lorsque le curé vint le remercier, et des vingt-cinq louis que M. de Polmont lui a envoyés de sa part, et de la corbeille galante qu'il a reçue le matin. M. Martin le félicite sur l'emploi ingénieux qu'il a fait des dons offerts à l'église, et l'invite à commencer la cérémonie. Monsieur le curé met ses gants dans sa poche; il monte à l'autel, et un silence respectueux règne dans l'assemblée.

Je sais bien, se disait M. Martin, que Boniface est un butor ; mais comment se fait-il que les présens que j'envoyais à Rosalie soient arrivés à la paroisse, et qu'ils décorent burlesquement les saintes qu'elle renferme ? Je saurai cela.

Oh, oh, le procureur ne lève pas les yeux de dessus Sophie. Il serait plaisant qu'avec ses quarante ans, sa morgue, et peut-être sa bêtise, il s'avisât d'avoir des prétentions. Il est arrivé promptement à la première nuance de l'amour ; mais il s'y arrêtera.

Avec quel transport deux jeunes amans, qui s'aiment, prononcent ce *oui* qui les unit à jamais ! quel charme ce mot a pour eux ! Ils craignent de ne pas promettre assez. Pourquoi cette délicieuse ivresse ne dure-t-elle pas toujours ? Pourquoi le retour à soi-même, que le temps amène tôt ou tard, est-il quelquefois si pénible ? Nous avons tous des défauts ; le désir de plaire les atténue, et s'ils percent quelquefois, on ne veut pas les voir dans l'objet qu'on adore, et qu'une imagination exaltée transforme presque en divinité. Mais, à mesure que l'amour s'éteint, on se montre davantage ; on se juge à la rigueur, et on est, quelquefois, étonné de ne pouvoir plus se supporter, après s'être jugés parfaits... Allons, allons, se dit M. Martin, voilà des réflexions déplacées un jour de noces. Respirons le parfum de la rose prête à s'entr'ouvrir, et foulons aux pieds le souci.

La cérémonie est à peine terminée, que chacun s'empresse autour de la mariée ; chacun a droit à un baiser de félicitation, et veut jouir de la prérogative du jour. M. Martin en donne l'exemple, et il ajoute ces mots : « L'anneau que vous « venez de recevoir est un gage d'amour et de « fidélité ; permettez que je vous en donne un « de mon sincère attachement », et il met un joli brillant au doigt de Rosalie. Ce second exemple ne fut suivi par personne.

On se disposait à sortir, et le procureur avait oublié la suprématie du rang. Il s'était approché de Sophie, et il lui avait dit, d'un ton tout-à-fait galant : Petite, prenez mon bras. Sophie, qui n'était pas habituée à ce genre de galanterie, se hâta de prendre celui de son père, et M. Martin, qui était à tout, fut choqué de l'expression du procureur. « Mademoiselle, lui dit-il, se nomme « Sophie, et non *Petite*. Croyez, monsieur, que « si on s'examinait rigoureusement, *Petite* serait « plus grande que bien d'autres qui se croient au-« dessus d'elle. — Je sais fort bien, monsieur, « que, sous le rapport du sexe et des charmes, « une femme est l'égale de tout le monde. — Et « même d'un procureur ? Vous commencez à « devenir modeste, et je vous en félicite. »

Quel est donc cet homme, pensait le procureur en marchant, qui donne une superbe bague à l'une, et qui prend à l'autre un intérêt si vif? Ah, c'est un de ces nouveaux riches, qui vient exercer ici l'aristocratie de l'opulence, et qui doit à sa bourse la considération qu'on lui marque. Oh, comme il regarde cette petite paysanne, dont il veut faire une demoiselle !... J'y suis, j'y suis. Mon ci-devant maître-clerc a épousé une veuve, et la petite Sophie est la déité du jour. Heureux coquin !

On se promenait, on jouait, on folâtrait dans le parc, et M. Thomasseau cherchait à s'approcher de Sophie. Sophie, à qui il déplaisait, dans la proportion de la tendresse qu'elle avait pour Stanislas, se serrait contre son père, et M. Thomasseau, désespérant de pouvoir lui dire, au moins dans ce moment, ce qui se passait dans son cœur, ou plutôt dans sa tête, voulut au moins parler d'elle : il joignit Cognard, et lui fit cent questions.

Cognard était peiné du ridicule que s'était donné son procureur en sortant de l'église, et il lui parla de Sophie, de son père et de M. Martin, de manière à le faire revenir de l'opinion défavoble qu'il paraissait avoir conçue de tous trois. Thomasseau avait de la confiance en son ancien maître-clerc, et il crut à la sagesse de Sophie : c'était un attrait de plus.

Mais la fille d'un domestique, le domestique surtout, ne doivent pas être très-difficiles à gagner. La maîtresse d'un procureur est quelque chose dans le monde, et il est fort agréable pour un amateur, quel que soit son rang, d'essayer un cœur tout neuf. Or, dans le grand monde, et le procureur se croit de ce monde-là, on sait ce qu'est un cœur. Le chevalier de Boufflers a révélé le secret. On est convenu de substituer un mot honnête à un autre qui ne l'est pas. D'après ces réflexions, d'une justesse admirable, M. Thomasseau se décida à faire des propositions *sonnantes* au papa.

M. Martin, appuyé contre un marronnier, ses mains dans ses poches, et l'œil au guet, ne perdait rien de ce que faisait le procureur. Il lisait, sur sa figure, les différentes impressions qui se succédaient rapidement en lui. Il s'élance, il tire le procureur par un pan de son habit, il l'arrête, et lui dit gravement : « Prenez garde, monsieur, « vous allez faire une sottise. — Qu'est-ce que « c'est, monsieur, qu'est-ce que c'est? — Je vous « préviens que Bertrand est un ancien grenadier « de l'ancienne armée, et qu'il n'est pas plaisant « du tout. *Petite*, d'ailleurs, aura cent mille francs, « et plus, le jour qu'elle se mariera, et une fille, « ainsi dotée, ne se prête pas à n'être qu'un « simple amusement. — Cent mille francs, dites- « vous, monsieur, cent mille francs ! — Et plus, « M. Thomasseau. — Et qui les lui donnera ? — « C'est moi, parbleu ! »

Le procureur rêve un moment, et il va droit à Bertrand. Il le salue avec une politesse marquée, et il lui demande la permission de proposer à mademoiselle une partie de quatre coins.

Mademoiselle répond qu'elle ne joue à aucun jeu.

Boniface venait de panser ses chevaux. Il regardait, de ses yeux fixes et saillans, le tableau mouvant et varié qu'il avait devant lui. Sans peine, et sans plaisir, il végétait là, comme il avait végété partout : c'est une espèce qui n'est pas précisément du règne animal, mais qui est quelque chose de plus qu'un polype. M. Martin est frappé d'un gros rire bête, qu'il entend derrière lui ; il se tourne, et voit son commissionnaire du matin. « Dis-moi un peu, butor, ce que « tu as fait de ma corbeille ? — Je n'en ai rien « fait, monsieur. — Où l'as-tu mise ? — Sur une « table, monsieur. — Finissons, où l'as-tu por« tée ? — Où vous me l'avez dit, monsieur. — « Chez Rosalie ? — Vous ne m'avez pas parlé de « madame Cognard, monsieur. — Et que t'ai-je « dit, cheval ? — Oh, cheval ! c'est moi qui les « étrille, monsieur. — Que t'ai-je dit ? Parleras« tu ? — Vous m'avez dit : Porte cela à la vierge « du jour. — Hé bien, maraud ? — Hé bien, « monsieur, les bonnes fêtes se souhaitent la « veille, et c'est demain celle de l'Assomption. — « Ah, ah, ah, ah ! — Monsieur rit ! j'ai donc bien « fait ma commission ? — Ah, ah, ah, ah ! — « Oh, que je suis content de voir monsieur rire « en personne ! »

Au bout de cinq minutes, Bertrand, sa fille, M. de Polmont, Cognard, les gens de la noce, savaient que les bonnes fêtes se souhaitent la veille; que c'était, le lendemain, celle de l'Assomption, et tous riaient en personne.

M. Thomasseau était revenu tourner près de M. Martin, et M. Martin voyait qu'à des noces, comme dans son étude, un procureur ne laisse pas échapper une bonne affaire, quand il peut s'en saisir. En effet, M. Thomasseau ramène la conversation sur Bertrand. « Il n'a pas été préci-
« sément votre domestique, n'est-il pas vrai?
« c'était votre homme de confiance? — Oh, il
« avait ma confiance tout entière, et il l'a encore.
« — Ce n'est pas que je sois fier, et j'aurais tort
« de l'être, car enfin, je ne suis pas gentilhomme.
« — C'est que vous ne le voulez pas : aujour-
« d'hui, tout le monde est baron. — Cependant,
« je ne serais pas bien aise d'être à table avec un
« ex-laquais. — Comment donc? mais c'est tout
« simple. Un procureur de Saint-Germain ! — Et
« un procureur marquant, je vous prie de le
« croire. »

Oh, se disait M. Martin, Bertrand eût porté la livrée, que les cent mille francs et, plus, de Sophie en feraient un homme très-recommandable. Tout le monde ne peut pas être maître, et puisqu'il faut que les uns servent les autres, un domestique intelligent et fidèle n'est pas du tout à dédaigner... quand il a de l'argent.

M. Thomasseau trouve le moyen de se placer auprès de Sophie. Le meilleur morceau était pour elle, et le verre de Bertrand ne désemplissait pas.

Le procureur ne faisait pas encore directement sa cour ; mais il adressait à la jeune personne des complimens préparatoires, et, pour se mettre bien dans l'esprit du père, il remarquait que le général Stofflet était parvenu, de l'état de domesticité, aux plus hauts grades militaires, et n'en fut que plus respectable et plus respecté. Sophie ne répondait que par monosyllabes, et Bertrand se permettait quelquefois un sourire, que M. Thomasseau voulait bien croire approbateur.

Venait ensuite l'énumération brillante des plaisirs de Saint-Germain. Ce n'est pas un Paris, pensait le procureur ; mais c'est beaucoup pour une petite fille qui ne connaît encore que ses moutons et ses poulets. Il s'étendait avec complaisance sur sa clientelle, sur les belles choses dont il parerait sa femme, quand il se marierait ; et il faut bien finir par-là, ajoutait-il. Souvent même on se détermine plutôt qu'on ne l'aurait cru. Il termina son discours par un soupir plein d'expression, qui s'adressait autant aux cent mille francs et plus, qu'à Sophie.

M. Thomasseau avait toute l'activité nécessaire à un procureur, et il était stimulé encore par la perspective d'une grosse dot. Il résolut de ne pas perdre de temps. On était à peine sorti de table, qu'il s'empara de Cognard, qui avait bien autre chose à faire que de l'écouter, et qui, cependant, ne pouvait brusquer son ancien procureur. Il écoutait, il répondait, sans marquer d'impatience ; mais il enrageait, oh, il enrageait... comme un nouveau marié à qui on ne permet pas de s'occuper de sa femme.

« Savez-vous, M. Cognard, que mademoiselle
« Bertrand est charmante? — Il faut bien que
« cela soit, car tout le monde le dit. — Elle a
« beaucoup d'esprit. — Il m'a semblé qu'elle ne
« vous répondait que par des mots. — Et c'est
« là précisément ce qui prouve en sa faveur : une
« petite sotte eût parlé à tort et à travers... Ah,
« ça, on assure qu'elle aura cent mille francs et
« plus en mariage ? — Et plus ? je le crois bien,
« vraiment. C'est M. Martin qui la dotera. — Il
« me l'a dit. — Et il est immensément riche. —
« En honneur, mademoiselle Bertrand me paraît
« adorable... — Ah, ah ! — Et je l'adore, M. Co-
« gnard. — Vraiment, M. Thomasseau ? — Mais
« cela ne suffit pas. — Ah, vous avez un but. —
« Et vous m'aiderez à l'atteindre. — Moi ! — Vous,
« monsieur. Vous demanderez mademoiselle So-
« phie à son père. J'ai un état qui marque dans
« la société ; je suis encore jeune ; je ne suis pas
« mal tourné, et M. Bertrand ne peut voir, ici,
« qu'une alliance honorable pour lui, et agréable
« pour sa fille. »

Vous sentez que Cognard ne pouvait jaser longtemps, sans qu'un tiers intervînt. Rosalie a déjà passé son bras rondelet sous le sien, et sa main est dans la sienne, ce qui va nuire singulièrement à l'attention qu'il voudrait donner à M. Thomasseau.

« Vous ne me répondez pas, mon cher Cognard? « — Je vous avoue, franchement, que je n'aime « pas à me mêler de mariages. Oh, reprend Ro- « salie, on peut se mêler de celui-ci. Monsieur est « avantageusement connu, et notre petite Sophie « est si bonne, si douce, si jolie! Je voudrais la « voir heureuse. » Remarquez, s'il vous plaît, que Rosalie ne sait rien de ce que sont vraiment Bertrand et M. Martin, et louez la discrétion de Cognard. Avoir un secret pour sa femme est une chose assez ordinaire; mais cacher quelque chose à sa maîtresse, est presque de la vertu : Turenne ne livra-t-il pas le secret de l'état à la duchesse de Longueville?

Cognard se défendait de porter la parole à Bertrand et à sa fille. Rosalie insistait sur les avantages réciproques qui résulteraient de cette union. Elle pressait son mari, et M. Thomasseau l'eût embrassée plus vivement qu'à l'église, si elle avait voulu le permettre. Cognard s'impatiente; Rosalie se pique; l'harmonie est déjà troublée, et le mariage n'est pas consommé encore! Ce que c'est qu'un procureur! où ne porte-t-il pas la désunion!

« Ce mariage ne se fera pas, dit enfin Cognard, « parce qu'il est impossible qu'il se fasse. Il ne se « fera pas, répond Rosalie? c'est ce que nous ver- « rons. » Elle quitte le bras de son mari, et court chercher Bertrand ; son mari court après elle ; le procureur court, pour arrêter Cognard ; les gens de la noce courent, pour savoir ce qui fait courir les autres.

Rosalie rencontre M. de Polmont, et lui conte l'affaire en quatre mots. M. de Polmont lui rit au nez. Elle ne se rebute pas ; elle plaide pour le procureur auprès de M. Martin, et M. Martin lui rit au nez. Elle s'adresse directement à Bertrand, et Bertrand lui rit au nez. Thomasseau voit son secret connu de trente personnes, et il croit de sa dignité de mettre fin à ces ricanemens, en s'expliquant lui-même. Il s'étend, avec emphase, sur ce qu'il est, et sur ce que Sophie peut être... Il est étonné, confondu : MM. de Polmont, Martin et Bertrand lui rient au nez. Cognard se pince les lèvres, pour ne pas éclater ; Rosalie seule garde un sérieux imperturbable. « Ma foi, messieurs, « s'écrie le procureur, je ne me croyais pas si plai- « sant », et il se remet à courir. Bientôt on l'a perdu de vue.

« Ma chère amie, dit Cognard à sa femme, avec « un peu de déférence à mes conseils, tu te serais « épargné le désagrément de te faire moquer de « toi. — Tu as bien raison, mon bon Cognard. Je « vois que les choses iraient beaucoup mieux, si « nous nous laissions diriger par nos maris... quand « ils sont en état de le faire. — Et tu entends que « la femme juge, sans appel, de la capacité du « mari ? — Et qui peut le connaître mieux qu'elle ?

« — Allons, allons, tu as un peu l'esprit de ton
« sexe, et, avec cette manière de voir, les femmes
« voudront toujours être maîtresses à la maison...
« Tiens, ma charmante amie, donnons-nous le
« baiser de paix; donnons-nous-en d'eux d'amour.
« L'amour vaut mieux que toutes les discussions
« possibles. Qu'à l'avenir il nous en éloigne tous
« deux. »

Rosalie est dans ses bras; elle le comble des plus tendres caresses. Il regarde le soleil : « Deux « heures encore, dit-il, et il sera couché. » Rosalie rougit et baisse les yeux. C'est toujours ainsi que répond la pudeur.

Oh, oh, qu'est-ce donc qui arrive ? Si c'est quelqu'un qui vient dîner, il s'y prend un peu tard. Le procureur est allé mettre sa haridelle à son cabriolet, sur brancard, doublé de camelot gris. Il a donné vingt coups de fouet à son paisible cheval, et il est parvenu à lui faire prendre le trot. Il arrive au milieu de la noce : « Messieurs, « dit-il, un homme qui tient à la magistrature, « qui a pignon sur rue à Saint-Germain, et un « équipage à sa disposition, ne reste pas où on « manque aux égards qui lui sont dûs. Je me re-« tire, et j'abandonne à leur triste sort une jeune « personne et des parens qui méconnaissent les « avantages réels que je voulais leur assurer. »

Bon voyage, cher Thomasseau.
A Saint-Germain arrivez sans naufrage.

C'est M. Martin qui fredonne cela entre ses dents, et tout le monde, la famille Cognard exceptée, répète en cœur : *Bon voyage, cher Thomasseau.* Thomasseau, bouffi d'orgueil et de colère, jure qu'il intentera un procès à ceux qui lui manquent de respect, et il veut s'éloigner au galop. Il fouette, il frappe de la mèche et du manche; l'instrument se brise dans ses mains. Le cheval, qui commençait à trotiller, s'arrête, et se met à paître tranquillement. Voilà M. Thomasseau immobile au milieu des railleurs.

« C'est moi, monsieur, lui dit gravement M. de
« Polmont, qui veux vous faire un procès. Com-
« ment ? vous faites paître vos bestiaux dans mon
« parc sans ma permission ! »

Ordonné qu'il sera fait rapport à la cour.
Du foin que peut manger une rosse en un jour.

dit M. Martin en riant. Cognard prie ces messieurs de vouloir bien ménager son procureur. Le procureur, exaspéré, désespéré, veut sauter sur Bertrand, qui, sans lui dire un mot, le regarde d'un air goguenard. Le pied du procureur porte à faux, il se donne une entorse; il pousse un cri du diable, et tombe sur son postérieur.

Oh, alors la scène change, et les rieurs reviennent de son côté. C'est à qui le soulagera, lui aidera, le consolera. L'un lui fait prendre une position commode; l'autre lui offre des sels; celui-ci le déchausse ; celui-là court chercher le maréchal-expert, parce que les habitans d'Achères sont assez heureux pour n'avoir pas de médecin.

Le maréchal-expert, autre personnage important, déclare qu'il va présenter une pétition à la Chambre pour que la guillotine soit supprimée, attendu que cet instrument-là ne produit pas de graisse de pendu, et qu'il en faut pour guérir une entorse. A défaut de ce remède merveilleux, le pétitionnaire charge le pied malade de compresses d'eau-de-vie camphrée ; il enveloppe le tout du mantelet de drap noir de la mère Cognard, et il prononce que M. Thomasseau est en état de supporter la voiture, sauf à faire la grimace, si cela lui convient, lorsque quelque cahot lui en donnera l'occasion.

On porte le procureur dans son cabriolet. On pose douillètement son pied sur un oreiller farci de paille d'avoine. M. de Polmont lui donne un domestique, chargé d'avoir soin de lui en route, et on lui souhaite un bon voyage.

« Hé bien, M. Bertrand, s'écrie M. Martin,
« nierez-vous qu'il était nécessaire que M. Tho-
« masseau vînt se donner une entorse à Achères?
« N'avez-vous pas observé la liaison intime des
« évènemens, qui se sont pressés, succédés, et
« était-il possible que l'un d'eux n'arrivât pas ?
« Ce serait dire qu'une boule, frappée par une
« autre boule, peut ne pas rouler. Non-seule-
« ment elle roule; mais elle roule dans une direc-

« tion et avec une vitesse obligées d'après l'im-
« pulsion qu'elle a reçue. Cette vérité est surtout
« sensible sur un billard.

« Je conçois fort bien, répond Bertrand, qu'une
« bille aille où je la pousse. Mais la comparaison
« n'est pas juste, car enfin, M. Cognard pourrait
« n'avoir pas été clerc de procureur, et alors
« M. Thomasseau ne se serait pas donné d'entorse.
« M. Thomasseau, au lieu d'un cheval qui aime
« à brouter, pouvait en acheter un qui aime à
« courir, et, dans cet autre cas, pas d'entorse.
« M. Thomasseau pouvait ne pas désirer une jolie
« femme et une grosse dot ; il pouvait n'être pas
« suffisant et irascible, et avec une cisconstance
« de moins, il n'y a plus d'entorse.

« — Je vous arrête, je vous arrête. Ce que vous
« appelez du mot vague *circonstance*, est pour
« moi un chaînon de la grande et indestructible
« chaîne. Si je vous dis que la végétation, que
« l'animalisation sont nécessaires, prouverez-vous
« que je me trompe en me répondant qu'en sup-
« primant la circonstance du soleil, il n'y aura
« plus rien ? — Mais le soleil n'est pas une cir-
« constance ; c'est une cause. — Qui vous l'a dit ?
« Savez-vous si sa vertu créatrice et vivifiante est
« inhérente à sa nature, ou si elle lui est com-
« muniquée ? Dans l'un ou l'autre cas, l'animal,
« à qui il a donné la vie, a reçu, à l'instant de
« sa naissance, une impulsion relative à ses facul-
« tés organiques, et cette impulsion première le

« dirige pendant la durée de son existence. Ainsi
« il faut que l'oiseau vole, que le ver rampe, que
« le poisson nage.

« Mais laissons le soleil, et revenons à des ob-
« jets sur lesquels nous ne sommes pas d'accord,
« quoique nous puissions les voir et les toucher.
« Prenons la filière qui a amené l'entorse, d'aussi
« haut que nous le pouvons.

« Il était dans le sang et les humeurs du père
« Cognard qu'il eût de l'ambition ; il était dans
« son jugement qu'il ne visât qu'à des succès
« moyens. Pouvait-il changer son être, ou se
« conduire autrement que d'après son organisa-
« tion ? — Non. — Il était donc nécessaire que
« son fils fût clerc de procureur.

« Il meurt ; ce qui est encore nécessaire à une
« certaine époque. Son fils, bon et sensible, ne
« peut sacrifier sa mère et ses sœurs à son goût
« pour le travail du cabinet. Il est forcé de ve-
« nir reprendre le soc de la charrue. Son sang
« est chaud, et il sent le besoin de suivre le pré-
« cepte : *Croissez et multipliez.* Rosalie lui plaît,
« et il n'est pas calculateur : il a donc fallu qu'il
« s'attachât à Rosalie, et qu'il l'épousât.

« Son petit amour-propre était flatté de l'idée
« de rendre son procureur témoin de son bon-
« heur, et de la confiance qu'a en lui M. de Pol-
« mont, et il l'invite à ses noces. Le vaniteux
« procureur croit qu'il jouera ici un grand rôle,
« et il s'empresse de se procurer cette jouissance.

« Il sent encore l'aiguillon de la chair, et il aime
« l'argent : Sophie devait donc lui tourner la
« tête. Il annonce ses prétentions, avec l'orgueil
« qui accompagne toujours la sottise : pouvions-
« nous ne pas lui rire au nez? D'après la haute
« opinion qu'il a de lui, pouvait-il ne pas se fâ-
« cher du peu d'égards que nous lui avons mar-
« qués? Le sourire sardonique de Bertrand ne
« devait-il pas l'exaspérer? Ne fallait-il pas qu'il
« sautât de son cabriolet à terre, et l'entorse
« n'est-elle pas le complément d'une suite d'évè-
« nemens aussi simples que nécessaires ? — Mais
« si ce caillou ne s'était pas trouvé là ? — Il y a
« été poussé par une cause que nous ne connais-
« sons pas, et il devait y être par cela seul qu'il
« y était. — Mais si M. Thomasseau eût sauté à
« côté ? — L'homme qu'agite la colère ne raisonne
« pas ses mouvemens; ils sont indépendans de
« sa volonté. Celui qu'a fait M. Thomasseau, en
« s'élançant, était tel qu'il était impossible que
« son pied ne portât pas sur le caillou, et la
« preuve de ce que j'avance, c'est qu'il s'est donné
« une entorse. »

Pendant que ces messieurs se noient dans la physique, ou la métaphysique, comme il vous plaira l'appeler, le soleil s'est couché, ainsi que l'a désiré Cognard. Tout l'univers est pour lui dans le lit nuptial. Il y entre avec ivresse, et son délire est partagé. Ces jeunes gens ne se demandent pas si leur cœur est mu, ou non, par des lois nécessaires : ils y trouvent une source précieuse de jouissances, et ils y puisent, au lieu de l'analyser.

CHAPITRE III.

Rencontre imprévue.

Un mois s'était écoulé. Cognard et Rosalie se félicitaient de s'être mariés. Pélagie et Vincent venaient de l'être. La petite femme avait relevé sa réputation, si fortement compromise par Dubourg. La boutique du menuisier était fournie de bois; l'ouvrage venait de tous les côtés. M. Martin, Bertrand et sa fille, étaient établis dans la petite maison.

M. Martin jouait aux échecs avec son ami. Assez souvent il allait faire une partie de billard avec M. de Polmont. Il rentrait chez lui, et lisait quelque ouvrage philosophique. Il soutenait la tendre et faible Sophie, et il l'assurait, chaque jour, de sa vive et inaltérable amitié.

Bertrand avait commencé, sur les révolutions de la Pologne, un gros livre, qui, vraisemblablement, n'a pas vu le jour, car je n'en ai jamais entendu parler. Il cultivait les fleurs de sa fille, et il tenait beaucoup à une cave que M. Martin avait meublée convenablement.

Sophie avait planté un jeune marronnier en l'honneur de Stanislas. Que le soleil fût brûlant ou non, c'est sous l'arbre chéri qu'elle brodait, qu'elle chantait, qu'elle riait quelquefois, qu'elle soupirait souvent. Elle apprenait à tenir une maison. Aucun détail ne lui paraissait au-dessous d'elle.

De temps en temps, quelque malheureux venait solliciter des secours. Bientôt tout le monde gagna sa vie à Achères, parce que M. Martin n'accordait rien à la paresse, et qu'il encourageait l'amour du travail. Il ne passait plus dans une rue, sans rencontrer quelqu'un qui lui dût une honnête existence. Souvent le cri *vive M. Martin*, venait flatter son oreille, et celui-là était sincère : il n'y avait personne dans le village qui distribuât trente sous par jour aux crieurs.

Cependant M. Martin n'avait plus de bien à faire. Il se trouva réduit aux échecs, au billard, à ses livres de philosophie, aux conversations de l'amitié, qui sont quelquefois languissantes. Chaque jour amenait constamment les mêmes choses, et M. Martin se rappela le vers fameux : *L'ennui naquit un jour de l'uniformité.* Or, quand on pense à l'ennui, on n'est pas loin de s'ennuyer.

Mes amis, se disait-il, ne doivent pas s'amuser ici plus que moi. Ils ne me le disent pas, parce qu'ils sentent que notre séjour dans une grande ville quintuplerait ma dépense. C'est à moi de les prévenir là-dessus, et de les empêcher de croire qu'une misérable parcimonie les retient ici, lorsque les raisons qu'ils ont eues de se cacher ont cessé d'exister.

Ainsi ce qu'avait prévu Sophie, à ce sujet, commençait à se réaliser, et ses espérances ne seront pas déçues.

M. Martin avait bien peu d'idées qu'il ne pût communiquer à tout le monde, et celles-ci étaient de nature à être avouées hautement. « La prin-
« cesse, Matiska et Éric, dit-il un jour à ses amis,
« sont maintenant à Pétersbourg, et je ne vois
« pas que vous soyez retenus ici par d'autre mo-
« tif que le triste état de votre fortune. Je veux
« vous rendre indépendans des évènemens. L'a-
« mitié m'en fait un devoir, et je le remplirai
« avec une extrême plaisir. J'irai demain à Paris,
« où plusieurs choses m'appellent. Je vous met-
« trai de suite en possession d'un revenu honnête,
« et le surplus de ma fortune appartiendra à So-
« phie, quand je ne serai plus. Vous vous fixerez
« où vous croirez devoir vous plaire. Je vous sui-
« vrai, parce que vous m'êtes bien chers, et que
« j'ai besoin des jouissances du cœur. Voilà une
« affaire réglée, n'est-il pas vrai ? — Nous ne
« pourrons donc jamais cesser de vous être à
« charge ! — A charge, dites-vous, Bertrand ?
« Quel est le plus heureux, de celui qui offre,
« ou de celui qui reçoit ? N'engageons pas là-des-
« sus de discussion nouvelle, et répondez à une
« dernière question : Si vous étiez Martin, et que
« je fusse Bertrand, que feriez-vous ? — Précisé-
« ment ce que vous faites. — Voilà la chose ju-
« gée. — Cependant... — Quoi ? Qu'allez-vous

« ajouter? Je vous déclare que si j'étais Bertrand,
« je ne me piquerais pas d'une fierté déplacée. —
« Allons, mon véritable, mon excellent ami, n'en
« parlons plus. »

Sophie sourit, se frotte les mains, et ne dit
mot. « Je vous entends, je vous entends, lui dit
« M. Martin. Nous vivrons à Paris, à Londres, à
« Vienne, où vous persuaderez votre père de
« s'établir, et ce ne sera qu'où il y aura une lé-
« gation russe : comment ne pas chercher à dé-
« couvrir quelque chose de positif sur quelqu'un
« dont on s'occupe exclusivement? Ne rougissez
« pas, mon enfant; je ne vous fais pas de repro-
« ches : la loi de la nécessité veut que vous rap-
« portiez tout à l'objet de vos plus chères affec-
« tions. »

Prendrai-je mon imbécille avec moi, se deman-
dait-il? J'ai craint de m'en faire accompagner à
mon dernier voyage; mais aujourd'hui qui pourrait m'inquiéter? Si je veux causer, il me dira
des balourdises qui me feront rire. Si je veux me
promener dans la forêt, il conduira mes chevaux,
et de Neuilly, je le renverrai ici avec ma voiture.

M. Martin est dans sa calèche; il prend la route
de Paris. Il regarde à droite, à gauche, devant
et derrière lui, s'il ne se présente rien qui puisse
donner lieu à quelque observation nouvelle et
piquante. On n'est pas heureux tous les jours, se
dit-il, et, en effet, il ne voyait que quelques voitures qui croisaient la sienne; quelques gens à

pied qu'il laissait derrière lui : tout cela n'offrait que peu de ressources. Son imagination était inactive; la chaleur était forte, et le sommeil le surprit sans qu'il s'en aperçut. Dormir est un moyen sûr de trouver le chemin moins long; mais ce moyen a, quelquefois, certains inconvéniens pour celui qui tient les rênes des chevaux.

Des pavés étaient au milieu de la route, attendant les bras qui devaient les employer. Les chevaux, qui ne dormaient pas, mais à qui la nature a, je ne sais pourquoi, refusé le jugement, mettent sur les pavés une roue de devant et de derrière, et la calèche et M. Martin tombent assez doucement sur un tas de sable, destiné à lier les pavés. Rien ne réveille aussi brusquement qu'une culbute. Le premier objet que voit M. Martin, c'est Boniface, qui lui fait de grandes révérences avec cette immobilité de figure qui ne varie jajamais. « J'ai l'honneur de prévenir monsieur qu'il « vient de verser. — Tu le crois, Boniface? — Je « le vois bien, monsieur. — Et que faisais-tu là « derrière? — Je regardais de quel côté tomberait « la voiture. — Allons, donne-moi la main... — « Ah, monsieur, le respect... — Donne-moi la « main, te dis-je, et tire-moi d'ici. — Jamais, « monsieur, je ne mettrai la main sur mon maî- « tre. — Il faut donc que je reste là? — Comme « il plaira à monsieur. »

M. Martin chercha à se tirer seul de sa calèche; et cela ne fut pas très-difficile. « Voilà, dit-il,

« une chute dont je ne parlerai pas dans mes
« mémoires, si jamais je les écris : pas un mem-
« bre cassé, un œil poché, pas même la plus lé-
« gère contusion... Ah, ah, quelle est cette grosse
« mal bâtie qui me regarde d'un air hébété? —
« C'est Suzette, monsieur. — Et que fait-elle là?
« — J'ai dit, il y a long-temps, à monsieur, que
« j'irais volontiers à Paris avec lui, pourvu que
« Suzette fût du voyage. — Cela était bien néces-
« saire. — Très-nécessaire, monsieur. — Comment
« cela? — Elle m'aidera à relever la calèche. —
« Pas si bête, pas si bête! »

Pendant que Boniface et Suzette emploient, maladroitement, toutes leurs forces pour remettre la voiture sur ses quatre roues, une troupe de musiciens ambulans vient à passer. Ces gens-là parcourent le globe, non aux dépens de ceux qui les écoutent; ils ne manquent pas d'auditeurs; mais de ceux qui les paient, et voilà pourquoi ils ne voyagent pas très-commodément. Un homme qui a une voiture et deux bons chevaux à ses ordres, doit aimer les arts, et se montrer géné-reux envers les artistes. En conséquence de ce raisonnement, les Orphées errans s'accordent, et pendant que Suzette et Boniface suent inutile-ment sang et eau, le concert commence. M. Martin, qui n'a pas un goût décidé pour la musique de plein vent, tire sa bourse, afin d'imposer hon-nêtement silence à ces misérables râcleurs.

O incident que la sagesse humaine ne pouvait

prévoir! C'est une sauteuse que jouent nos musiciens. Boniface et Suzette laissent retomber lourdement la calèche, et se mettent à danser au milieu du grand chemin. M. Martin rit d'abord, et se fâche ensuite. Il veut imposer silence à l'orchestre; mais il a donné cinq francs à ceux qui le composent, et ils croient leur honneur engagé à gagner leur argent.

Ils jouent plus fort; Suzette et Boniface sautent plus haut. M. Martin leur crie de danser tant qu'ils voudront, et qu'il va, à pied, les attendre au Cheval-Blanc, à Saint-Germain. Il s'éloigne à grands pas, pour échapper plutôt au tintamarre infernal qui le poursuit.

Il va, il court, il s'arrête; il regarde derrière lui du haut d'une colline, et il voit ses infatigables danseurs se trémousser sans interruption. Il rit, il tempête; il se remet en chemin; il s'arrête encore; il repart; il arrive au Cheval-Blanc. Il met un homme de planton dans la rue, pour arrêter ses quatre bêtes au passage. Il se repose; il se fait servir des rafraîchissemens, et il prononce, très-philosophiquement, que l'impatience et la colère ne remédient à rien.

Une heure, deux heures s'écoulent, et la calèche ne paraît pas. Que diable! se disait M. Martin, il n'est pas possible que mes imbécilles dansent encore : les forces d'Hercule n'y suffiraient pas. Que sont-ils devenus? qu'ont-ils fait de ma voiture et de mes chevaux? Il recommande au maître du Cheval-Blanc de renvoyer, à Achères, gens et bêtes, lorsqu'ils paraîtront. Il trouve une place dans une voiture publique; il la prend. Il arrive à Paris.

Peut-être n'avez-vous pas oublié que M. Martin a écrit à Varsovie, et qu'il a ordonné à son intendant de lui envoyer chevaux, équipages et domestiques. Tout cela était arrivé depuis quatre jours, et il y en avait deux que les valets n'avaient plus un sou dans leur poche, parce que les intendans sont grands calculateurs; parce que celui-ci avait réglé la route par étapes, et qu'il savait, comme un autre, que moins un intendant donne, et plus il lui reste.

Cependant la livrée de monseigneur fut reconnue, à l'instant, à l'hôtel des Sultanes. Les domestiques n'offraient guère, pour garantie, que leurs habits. Mais vingt jolis chevaux, et cinq à six voitures élégantes, répondaient amplement des frais. Le maître de la maison ne manqua pas de se prévaloir, auprès de monseigneur, de la confiance absolue qu'il avait eue en ses gens, et monseigneur, qui connaissait le cœur humain, se moqua de sa prétendue délicatesse. Le maître s'inclina profondément, en remerciant monseigneur du ton familier et plaisant qu'il daignait prendre avec lui, et il finit en présentant le mémoire de la dépense faite jusqu'à ce jour.

« Corbleu! s'écria le prince, me prenez-vous
« pour un sot? Quinze cents francs en quatre

« jours ! — Je supplie monseigneur de se donner
« la peine de lire. — Pour logement et nourri-
« ture de huit hommes et de vingt chevaux, deux
« cents francs... Voilà qui est raisonnable... —
« Mais comme mes écuries, mes remises, et les
« appartemens dont elles dépendent, étaient en
« grande partie occupés, que j'aurais cru man-
« quer de respect à monseigneur en ne recevant
« pas son monde et ses équipages, j'ai donné
« congé à mes locataires; j'ai été forcé d'en in-
« demniser plusieurs, et je me renferme dans les
« bornes d'une stricte modération, en ne deman-
« dant que treize cents francs de dédommagement.
« — L'apostille est heureuse! Monsieur le maître,
« je donne quand cela me convient, et je ne me
« laisse pas dépouiller. Frédéric, va chez le com-
« missaire de police, et prie-le, de ma part, de
« venir ici. — Mais, monseigneur, il est inutile de
« faire intervenir l'autorité... — Je veux qu'elle
« intervienne. — Ce serait vous dégrader. — Que
« vous importe ? — Je réduirai mon mémoire de
« ce que prescrira monseigneur. — Il sera réduit
« par le commissaire, et je ferai insérer son ju-
« gement dans tous les journaux. — Monseigneur,
« je le réduis à zéro. — Faquin, je fais des ca-
« deaux, et je n'en reçois jamais. »

Le commissaire arrive, disposé, selon l'usage,
à prononcer en faveur du prince : c'est une terrible chose, contre l'obscur plébéien, que l'ascendant du rang et de la richesse! Le commissaire

se fait présenter le registre de la maison. Il résulte de l'examen, que les valets occupent des cabinets, qui ne l'étaient pas, et que depuis quinze jours il n'est entré, à l'hôtel, que des carrosses de remise.

Le magistrat prononce que la première partie du mémoire sera acquittée, et que le maître de l'hôtel est débouté de sa demande en indemnité.

Le prince tient à sa parole, tout autant que M. Martin. Il sort, à l'instant, de l'hôtel des Sultanes, et son premier soin, après s'être établi à celui du Pérou, est de se faire donner ce qu'il faut pour écrire. Il rédige, en dix lignes, un article bien gai, bien comique, bien piquant : il sait que c'est le moyen le plus sûr d'être lu. Il en fait faire des copies par Frédéric, et il lui ordonne de les porter aux différens journaux. Il est au-dessous de moi, pensait-il, de me venger ; mais je dois un avis utile aux voyageurs qui me remplaceront à cet hôtel des Sultanes, et je ne peux mettre dans la balance l'intérêt de tous avec celui d'un fripon. Il soupe bien, il se déshabille, il se couche en personne, parce que son valet de chambre est en course, et il n'en est pas fâché, parce que c'est autant de pris sur le temps donné à la représentation.

Les journalistes n'ont jamais négligé d'insérer une épigramme dans leur feuille, quand elle est de la façon d'un grand seigneur, qui se nomme. Celle-ci venait à propos pour distraire un peu le lecteur, habitué à bâiller sur des articles interminables, ennuyeusement importans, qu'on n'entend pas, ou qu'on entend mal, et dont, pourtant, on a la fureur de parler. A combien de gens, en France, on pourrait appliquer le fameux

Ne, sutor, ultra crepidam judicares !

Le lendemain on lisait, dans tous les coins de Paris, l'article du prince. Sous peu de jours on le lira dans toute la France, et les voyageurs éviteront l'hôtel des Sultanes, comme les anciens fuyaient loin de Carybde et de Scylla. Seront-ils traités plus humainement ailleurs ? c'est ce dont je ne leur réponds pas.

Le prince charge Frédéric de lui trouver un superbe appartement, de le faire magnifiquement meubler, et il règle, en déjeunant, ses opérations de la journée.

Il commencera par se rendre chez un notaire, et il fera dresser les actes relatifs à la famille Obinski ; vous sentez que, dans cette circonstance, monseigneur est obligé de décliner son véritable nom, ce qu'il n'a pas jugé à propos de faire à Achères. En sortant de chez le notaire, il passera chez l'ambassadeur; delà il ira aux Montagnes russes, dont il a beaucoup entendu parler, qu'il n'a jamais vues, et qui ressemblent beaucoup plus à des taupinières qu'au Simplon, ou au Mont-Blanc. Il reviendra dîner. Il examinera ensuite le logement que Frédéric aura arrêté pour lui, et il conviendra, avec le tapissier, du prix de la location des meubles. Le lendemain, il redeviendra M. Martin; et aussitôt que les lieux seront prêts à le recevoir, il viendra s'y établir, avec le comte et sa fille.

Paloski éprouve, pendant quelques momens, le plaisir que donne toujours un changement de position. Il était couvert de ses broderies, de ses cordons, et du fond de son carrosse richement armorié, il s'applaudissait, intérieurement, d'être un objet de déférence, de respect et d'envie. N'était-il pas aussi heureux dans son habit gris, marchant le nez en l'air, et riant de quelque aventure burlesque ?

Tenant toujours à ce qu'il arrêtait, il ne dévia pas d'une ligne de la route qu'il s'était tracée en déjeunant. Tout lui avait paru facile, de son appartement; mais le chapitre des contradictions commença avec sa première démarche.

Il apprit du notaire qu'une donation n'est valable qu'autant qu'elle est acceptée par ceux au profit de qui elle est faite. Il était donc indispensable que celle-ci fût signée par Obinski, et il n'était pas là. Le prince ne connaissait pas d'obstacles : il fallut cependant qu'il s'arrêtât devant celui-ci. L'affaire du testament ne présenta aucune difficulté. Paloski en dicta les dispositions en quatre mots : « Je donne tout en usufruit au « comte, et la propriété entière, absolue, après

« lui, à la jeune comtesse. Ils savent que, de mon
« vivant, ils ne manqueront de rien; ainsi; ne
« parlons plus de la donation. »

Une dissertation d'une heure, sur des affaires que le prince n'entendait pas trop, lui avait fatigué la tête, et il comptait se distraire agréablement chez l'ambassadeur. L'excellence ne recevait pas. Paloski se fait annoncer, et on vient le prier d'attendre. Il se promène, pendant une grande demi-heure, dans un vaste salon, tantôt bâillant, tantôt regardant le plafond ou le parquet. Il voit enfin sortir du cabinet une actrice très en vogue au théâtre, et jadis très-recherchée au boudoir. Le prince fronce le sourcil, et l'ambassadeur lui dit, avec une sorte d'embarras, que cette dame, jeune encore... à la scène, mais d'âge cependant à s'occuper de son avenir, voudrait avoir *trois parts*, parce que tout est très-cher à Paris, et que son boudoir commence à être moins fréquenté. Elle est venue solliciter sa protection, et, dans le cas où son excellence ne réussirait pas, elle se contenterait de sept à huit villages en Russie, où elle ferait l'impossible pour amuser sa majesté.

Aux taupinières russes, le prince voit des étourdis qui s'exposent à se casser le cou; des nymphes qui n'ont pas de boudoir, qui en valent bien d'autres, à l'engouement près, et qu'on rendrait très-heureuses, en leur donnant un hameau; des femmes qui ont une apparence de raison et de jugement, que les hommes paraissent dédaigner, sans doute parce qu'elles sont déplacées là. Tout ce qui n'est pas fou, déplaît dans le temple de la folie.

En vérité, se dit le prince, il est un âge où Paris n'est qu'étourdissant pour celui qui n'a rien à faire. J'étais mieux à Achères, où j'ai fini par m'ennuyer. Là, du moins, tout est à peu près vrai. Ici, je ne vois que des gens travestis et masqués. Si cette pauvre petite Paula ne brûlait d'être dans une grande ville, si je ne sentais la nécessité de finir son éducation, et que je pusse vivre sans elle et le comte, je me fixerais au village. J'y bâillerais souvent, j'en conviens; mais je dormirais ensuite, et je m'éveillerais avec une tête calme, rafraîchie, et susceptible d'apprécier les choses à leur juste valeur.

Frédéric est un garçon intelligent, qui comprend fort bien tout ce qu'on lui dit, et qui tire des inductions raisonnées de tout ce qu'il voit. Le mystère dont on lui a dit, à l'hôtel des Sultanes, que le prince s'enveloppe dans ses voyages actuels; les précautions qu'il prend pour n'être pas suivi; le silence rigoureux qu'il garde sur ses motifs, avaient fait travailler la tête du valet de chambre. Il comparait, à la conduite présente de son maître, quelques incidens dont il avait été témoin à Pétersbourg, et il en concluait, avec sagacité, qu'il était de sa prudence de donner au prince le temps de réfléchir sur le parti qu'il croirait devoir prendre.

D'après cet aperçu, il se tenait à la porte de l'hôtel, et il courut au-devant du carrosse, du moment où il l'aperçut. Il fait arrêter; il monte d'un air mystérieux : chacun est bien aise de se faire valoir, et il prend la parole.

Le prince l'écoute, interdit, stupéfait. Il se fait répéter ce qu'il vient d'entendre, ce qu'il ne conçoit pas, ce qu'il ne peut croire. Il reste absorbé dans ses pensées. « Cela est fâcheux, s'écrie-t-il
« tout à coup; mais je n'ai contribué en rien à
« cet évènement, et si, plus tard, les apparences
« m'accusent et me font condamner, je conser-
« verai ma propre estime. Puissé-je concilier, en
« ce moment, les droits d'une mère et les pré-
« tentions de l'amour! »

Il monte, il ouvre, il entre... Stanislas est dans ses bras.

« Comment se fait-il que vous soyez ici, lui
« dit-il d'un air sévère, et comment avez-vous
« eu l'imprudence de me chercher, vous qui savez
« que je suis au plus mal avec votre mère ? —
« Hé, qui chercherai-je au monde, si ce n'est
« l'homme qui m'a toujours marqué de la ten-
« dresse; qui a écouté, avec intérêt, le récit de
« mes maux; de qui j'ai obtenu de la pitié, et
« qui seul peut me donner connaissance du sort
« du comte et de sa fille ! — Soyez sans inquié-

« tude à cet égard : ils sont en sûreté; ils sont
« bien. — Et voilà tout ce que vous m'en dites!
« Quoi, lorsque j'ai payé par tant d'efforts, de
« fatigues, de peines, le bonheur de la revoir,
« vous me priveriez froidement du droit que j'ai
« acquis, peut-être, de tomber à ses pieds! Se-
« rez-vous aussi cruel que ma mère? Ah! mon
« père! je croyais vous avoir retrouvé dans votre
« meilleur ami : c'est de ce moment que je sens
« l'étendue de la perte que j'ai faite! Me voilà
« donc étranger à tout l'univers, et placé entre
« l'amour et le désespoir! — Jeune homme, ne
« m'accusez pas. Mon cœur n'est pas changé; il
« sera toujours le même pour vous; mais j'ai pro-
« mis solennellement à la princesse de ne pas
« me mêler de votre mariage. — Avez-vous dû le
« promettre? — La tranquillité de Paula en dé-
« pendait. — Ainsi mon sort est d'être poursuivi,
« ou abandonné par les êtres qui me sont les plus
« chers! — Stanislas, m'offenser de ce que vous
« me dites serait déraisonnable, parce que la pas-
« sion seule parle en vous, et que le propre des
« passions est de nous faire délirer. Mais en vous
« aimant, en vous plaignant, je n'en suivrai pas
« moins la marche que je me suis tracée : je ne
« peux m'en écarter, sans manquer à mes princi-
« pes, à mes promesses, et, par conséquent,
« sans me déshonorer. »

Stanislas insiste, presse, supplie; ses larmes
coulent sur les mains du prince. Il ne demande,

pour toute grace, que de voir Paula un moment, une minute, une seconde. Il promet de se retirer ensuite, et de faire tout ce qu'on lui prescrira. « Vous ne tiendrez pas cet engagement, lui dit « Paloski, parce que vous ne pourrez pas le tenir. « Vous resterez aux genoux de Paula, et la vio- « lence seule pourra vous en arracher. Pensez, « d'ailleurs, au rôle que je jouerais pendant « une entrevue clandestine, qui nuirait à la ré- « putation de Paula, et qui porterait atteinte aux « droits de votre mère. Le prince Borloff, dont « vous invoquez la mémoire, n'aurait rien exigé « de semblable, et s'il pouvait nous entendre, il « approuverait ma conduite. »

Stanislas est loin d'être persuadé. Il renouvelle ses prières, ses supplications. Il passe, de ce que l'amour a de plus touchant, à l'état d'irritation que produit toujours la résistance sur un jeune cœur. Il s'emporte, il menace, il demande pardon, et, un moment après, il est forcé d'en solliciter un second.

Paloski se montre inébranlable. Cependant il est touché, il est ému; il ne croit pas devoir refuser, à Stanislas, toute espèce de consolation. Sans s'exprimer d'une manière positive, il lui fait entendre que Paula est fidèle, et qu'elle ne vit que pour lui.

Cette assurance rend un peu de calme à ce cœur navré. Ce jeune homme, malheureux, tourmenté, exaspéré, il n'y a qu'un moment, sourit à l'idée d'être toujours cher à Paula : les extrêmes se touchent. Le prince a besoin d'explications, d'après lesquelles il se conduira désormais, et l'instant est favorable pour les obtenir. Il demande à Stanislas où il était détenu ; comment il a recouvré sa liberté ; quels calculs l'ont conduit en France, plutôt qu'ailleurs ; quels sont ses moyens d'existence ; ce qu'il se propose de faire à Paris.

Le jeune homme commence un récit, qu'il interrompt cent fois, pour parler de son amour, et de sa destinée future. Laissons ce qui est étranger à sa narration, et ne nous attachons qu'à ce qui lui est uniquement personnel.

Pétersbourg est bâti sur la Newa, à douze lieues de l'embouchure de cette rivière. La rive droite est encore inculte, et couverte de forêts.

La rive gauche, de Pétersbourg à la mer, est formée par une colline prolongée, où l'art a partout ajouté aux charmes d'une nature déja riche et riante, sur ce point.

C'est au haut de cette colline, à l'embouchure du fleuve, dans une situation délicieuse, que Menzikoff bâtit le château d'Oranienbaum. La disgrace de ce prince entraîna la confiscation de ses biens, et ce château fut réuni au domaine de la couronne.

Il fut fortifié, sous les yeux, et pour l'éducation militaire du malheureux empereur Pierre III.

Le long de la colline, entre Oranienbaum et Pétersbourg, sont bâties, dans des bosquets agréables, et à peu de distance les unes des autres, les maisons de plaisance des seigneurs russes.

Cet aperçu topographique était nécessaire à l'intelligence de ce qui va suivre.

C'est à ce château d'Oranienbaum que fut conduit Stanislas. Sa position, les beautés locales, la richesse des appartemens, et le délâbrement même des fortifications, que, depuis la mort de Pierre III, on a cessé d'entretenir, annonçaient au jeune prince plutôt un exil qu'une prison rigoureuse, et quiconque n'aurait pas été appelé ailleurs par des intérêts pressans, aurait pu se plaire dans cette retraite charmante. Mais Stanislas aimait passionnément, et la Sibérie, avec Paula, lui eût paru préférable aux jouissances de toute espèce, qu'on avait ordre de lui procurer.

Le commandant l'avait reçu avec les égards dus à son rang. Il avait fait passer devant lui les domestiques destinés à le servir; il lui avait laissé le choix de son appartement; il avait mis à sa disposition les jardins intérieurs, et une bibliothèque assez bien choisie. Mais il avait été prié de déposer l'argent qu'il avait sur lui; on l'avait prévenu qu'une compagnie d'invalides était uniquement employée à garder les remparts et les portes de la forteresse; enfin, on lui avait demandé la permission de faire coucher un soldat dans son antichambre. Stanislas avait répondu modestement que dans sa position on sollicite des graces, et qu'on n'en n'a pas à accorder.

Au milieu de l'abondance en toutes choses, dont il était entouré, Stanislas ne jouissait de rien. Toutes ses pensées, tous ses vœux étaient tournés vers Paula, et son imagination incertaine et brûlante ne savait sur quel point de la terre lui adresser ses hommages. Tout, pour lui, était privation et tourment.

Le commandant s'était facilement insinué dans son esprit : il avait commencé par répondre au nom de Paula ; il en avait ensuite parlé le premier, toujours sûr de se faire écouter. Il lisait à découvert dans un cœur sans artifice, et bientôt il devint le confident intime, l'ami exclusif du malheureux jeune homme. Ils mangeaient, ils jouaient, ils lisaient ensemble. Stanislas s'était donné volontairement un surveillant, qui ne le quittait plus, et il ne s'en doutait pas.

Quelques jours s'étaient écoulés. Il était dix heures du matin, et le jeune prince n'avait pas vu le commandant. Cent fois il avait soupiré le nom de son amante, et personne encore n'y avait répondu. Il passe chez M. Makline, où il n'allait jamais. Les portes sont ouvertes ; il pénètre jusqu'au cabinet, et ne trouve pas le commandant : il était allé passer ses vétérans en revue. Un papier raturé est sur un bureau. Stanislas n'est pas indiscret ; mais son nom l'a frappé. Il lit, ou plutôt il déchiffre un rapport, qui, sans doute, sera adressé à sa mère. Il voit, avec surprise, avec indignation, que celui sur qui il comptait pour désarmer la princesse, lui parle de son amour comme d'un mal qui augmente sans cesse, et qui le rendra capable de tout entreprendre.

Jamais Stanislas n'a dissimulé un sentiment. L'artifice, dont on usait, lui fit sentir la nécessité de ruser à son tour. Il résolut de jouer, avec M. Makline, une amitié qui venait de s'éteindre sans retour, et la première idée d'évasion se présenta à lui.

Mais comment l'exécuter? Les remparts sont ruinés en certains endroits; mais on a placé des sentinelles sur les brèches. La nuit, il ne peut sortir de chez lui. Un certain Pikoff, vieux soldat, qui ne connaît au monde que son commandant et sa consigne, roule son lit, le soir, contre la porte de son appartement. Pikoff a une jambe de bois; mais il a sous la main le cordon d'une cloche d'alarme qu'on a placée en dehors d'une croisée de l'antichambre.

Stanislas ne possède pas un rouble. Il ne peut donc essayer de gagner l'invalide. En admettant, d'ailleurs, qu'il parvînt à sortir du château, de quel côté porterait-il ses pas? où chercherait-il Paula, son père et le prince Paloski?

Cependant le désir de recouvrer sa liberté ne le quittait plus, et devenait plus vif de jour en jour. Son imagination travaillait sans relâche, quand il était seul, et sa franchise apparente, son abandon simulé avec le commandant ne permettaient pas au soupçon de naître.

M. Makline était un de ces grands politiques, qui, du fond de leur cabinet, règlent les intérêts des états, et tirent des conséquences des moindres actions des souverains. Il recevait les journaux de Pétersbourg, et il les passait à son prisonnier, avant, ou après les avoir vus.

Un jour, Stanislas lit l'article suivant : « Le « premier de juillet, notre ambassadeur près de « la cour de France a donné une fête superbe, « à Paris. » Une longue et pompeupe description suivait ce premier exposé. « Parmi les Russes de « distinction qui contribuaient à l'éclat de cette « fête, on a remarqué la princesse Borloff et le « prince Paloski. »

Ils sont en France, ils sont en France ! s'écrie Stanislas : le prince et eux sont désormais inséparables... Mais comment le prince et ma mère ont-ils consenti à se trouver ensemble ? Cela tient à des raisons que je ne pénètre pas... Mais qu'importe ? Ils sont en France, ils sont en France !... Peut-être ma mère y poursuit-elle Paula. Peut-être le prince s'attache-t-il à elle pour déjouer ses projets ; peut-être... Hé, encore une fois, qu'importe ? Ils sont en France : c'est là que j'irai les chercher.

Plus de repos le jour, plus de sommeil la nuit. Vingt-quatre heures, quarante-huit heures s'écoulent, et Stanislas ne sait encore comment il tentera de s'échapper. Les anciens avaient créé un Cupidon pour enflammer les cœurs, et un

Mercure pour les servir : qui sera ici le Mercure de Stanislas ?

Minuit venait de sonner. Le jeune prince pensait à faire sauter un barreau de sa croisée ; ensuite se présentait l'idée de couper ses draps en lanières, et de se laisser couler dans les jardins. Mais que fera-t-il, arrêté, de tous côtés, par des murs de douze à quinze pieds d'élévation ? Il montera à l'aide des espaliers, et il sautera sur la place d'armes. S'il ne se blesse pas, il verra ce qu'il aura de mieux à faire. S'il se casse une jambe, il écrira à sa mère qu'il ne se laissera traiter que lorsqu'elle aura consenti à son mariage avec Paula. Vous voyez que Stanislas avait lu des romans, et il arrivait au dénouement du sien, lorsqu'il entendit le vieux Pikoff se plaindre de manière à l'inquiéter.

Paula fut oubliée un moment, ce qui n'est pas romanesque du tout ; mais ce dont je dois convenir pour rendre hommage à la vérité. Le bon jeune homme parle à Pikoff, qui ne lui répond qu'en se plaignant plus fort. Il ne balance pas ; il se lève ; il pousse sa porte avec violence, et fait reculer le lit de l'invalide. Il allume une bougie à la lampe qui brûlait toute la nuit dans l'antichambre ; il cherche de l'eau de Cologne, des sels, ce qu'il croit propre à soulager son rébarbatif gardien. Jusque alors il ne s'est occupé que de l'humanité souffrante.

Pikoff était un vieux gourmand qui s'était empiffé, la veille, des débris du souper de Stanislas. Un reste de volaille aux truffes, qu'il avait aperçu trop tard, n'avait pas moins piqué sa sensualité. Il en avait farci un estomac déja surchargé, et il s'était donné une de ces indigestions qui dispensent quelquefois leur homme de s'en procurer une seconde.

Stanislas présente à Pikoff de l'eau froide, à défaut d'eau tiède. Pikoff, qui, depuis trente ans, a conçu pour l'eau une aversion que la nécessité seule a pu lui faire surmonter, commence un discours sur les qualités salutaires du jus de la treille. Les hoquets l'interrompent à chaque mot, et tout ce qu'il peut faire, c'est de demander distinctement du vin.

Stanislas, sans finesse, sans intention, lui apporte une bouteille de Pomard, qui restait encore chez lui. Pikoff, alléché par le parfum et le moelleux de la liqueur, vide la bouteille d'un trait, et joint le mal de l'ivresse à celui qui le tourmente déja... Mais quelle idée lumineuse se présente en ce moment !... A peine est-elle conçue que Stanislas l'a exécutée. Il coupe la corde de la cloche ; il garnit de ses matelas les croisées de l'antichambre ; il veut que Pikoff ne puisse ni sonner, ni se faire entendre à l'extérieur, quand il aura recouvré l'usage de la voix. Il prend les habits du malade : c'est l'amour qui se déguise en invalide. Plus d'une fois ce travestissement a inspiré de la sécurité à la beauté défiante et timide.

Stanislas détache la banderole du fusil de Pikoff; il la met dans une poche, et coule dans l'autre la corde de la cloche. Il s'empare de la jambe de bois, et de la clé de l'appartement, qu'il sait être sous le chevet de son geôlier. Il sort, il l'enferme; il gagne les remparts sans être découvert.

Il sait où sont placées les sentinelles, et il les évite aisément. Il s'arrête à un endroit où les fortifications sont assez bien conservées. Il passe la jambe de bois à travers une embrasure; il y attache la banderole et la corde, et il se laisse glisser. Il arrive à l'extrémité de sa corde, et il est encore à dix pieds de terre... Il invoque Paula; il s'abandonne, et il tombe sur du gazon épais, qui garnit les revers et l'intérieur d'un fossé desséché.

Il se lève, il s'examine, il se touche, il s'assure qu'il n'est pas blessé, et il s'enfonce dans les bosquets dont est couverte la colline qui s'étend de Pétersbourg à Oranienbaum, et au milieu desquels sont bâties les maisons des seigneurs de la cour.

Il s'arrête, il se repose, il se consulte, et le résultat de ses réflexions n'est pas satisfaisant: comment fera-t-il cinq cents lieues sans argent? Comment même passera-t-il la journée qui commence?

Il se rappelle qu'il a eu pour camarade, en faisant ses exercices à Pétersbourg, un comte

Milow, plus âgé que lui de trois ou quatre ans, et qui lui marquait beaucoup de bienveillance. Peut-être le comte a-t-il là une maison, comme tant d'autres, dont il est l'égal par la naissance et la fortune.

Le jour commençait à paraître, et, sans doute, on ne tardera pas à s'apercevoir de son évasion, et à le chercher. Des soldats invalides ne sont pas des limiers fort alertes; mais s'il s'arrête, et qu'ils marchent toujours, ils réaliseront la fable du Lièvre et de la Tortue. Stanislas avance, et toujours dans la direction de la capitale, où on ne doit pas supposer qu'il ose rentrer.

Un paysan se présente devant lui; il l'interroge, et il apprend qu'en effet le comte Milow a une habitation charmante sur la colline. Il soupire, lorsqu'il sait que le comte est à Pétersbourg; il sourit quand le paysan ajoute que la comtesse est au château : un beau jeune homme a toujours de la confiance dans une femme, quel que soit son âge. Est-ce un instinct de la nature? Est-ce de la vanité? Le lecteur prononcera.

Stanislas arrive à la porte du château. Il frappe, on lui ouvre. Il demande à parler à madame la comtesse; le concierge lui rit au nez. Un soldat invalide, qui demande à parler à madame, à six heures du matin! « J'arrive de Pétersbourg, et
« j'ai des dépêches à rendre à madame, de la
« part de monsieur le comte. — Monsieur le
« comte a des courriers, et ne se sert pas de

« messagers de votre espèce. D'ailleurs, où sont
« vos dépêches? » Stanislas est embarrassé; le
concierge veut le faire sortir. Il résiste, il se défend ; le concierge crie; les chiens aboient; une
femme de chambre, qui fait préparer un bain
pour madame, ouvre une croisée.

Elle voit la plus jolie figure du monde, sous
un chapeau d'invalide; elle parcourt d'un coup
d'œil la personne du vétéran, et la taille vaut au
moins la figure. Elle saute les escaliers; elle se
place entre le concierge et Stanislas; elle le prend
sous sa protection.

Elle commence par fermer la porte, et elle
invite le bel invalide à s'expliquer. Le concierge
prétend que cet homme ne peut prouver la mission dont il est chargé. « Et si elle est verbale,
« répond Mirza, qu'avez-vous à objecter? Sans
« doute elle est verbale, répond vivement Sta-
« nislas : je n'ai pas dit qu'elle fût écrite. Hom,
« hom, gromelait le vieux concierge, en rentrant
« chez lui, c'est un amoureux de Mirza. Ma foi,
« qu'ils s'arrangent. »

Tout à coup on entend la cloche d'alarme du
château d'Oranienbaum. Un coup du seul canon
qu'il y ait dans la place frappe l'oreille de Stanislas
et de Mirza. Le jeune prince pâlit. « Ah, mon
« dieu, lui dit-elle, vous êtes déserteur! — Hé,
« non, non. J'étais prisonnier, et j'ai pris ces habits pour m'évader. — Prisonnier à Oranien-

« baum, dites-vous? On soupçonne, en effet,
« que c'est là qu'a été enfermé le jeune prince
« Borloff. — Et ce prince, c'est moi. — Oh, j'en
« suis enchantée. Vous ne sauriez croire combien
« j'étais inquiète sur le genre d'infirmité qui avait
« fait donner cet habit à un jeune homme beau
« comme un ange et droit comme une flèche.
« Venez, venez. Ils ne vous trouveront pas. »

Vous voyez que sans étude, et même sans réflexion, Stanislas avait bien jugé les femmes.

Mirza le conduisit dans sa chambre, et, en deux tours de main, elle fit du beau jeune homme une brune très-piquante. Sa pudeur fut quelquefois alarmée pendant la métamorphose. Mais comme il y a compensation en tout, Mirza fut pleinement rassurée sur les craintes qu'elle avait conçues d'abord, et elle prononça en elle-même que le prince était un grand prince.

L'intérêt qu'inspire un grand prince à une jeune fille s'étend à tout, prévoit tout. Mirza commença par faire disparaître, pour jamais, les habits de Pikoff, en les mettant sous la chaudière où chauffait le bain de madame. Elle revint avec des provisions de bouche, dont Stanislas avait un pressant besoin. Elle le servait, elle l'engageait à manger, à boire, ce qui n'était pas nécessaire; mais Mirza aimait à causer avec le beau jeune homme, et elle lui parlait de tout, excepté de ce qui, peut-être, la touchait le plus. Elle finit par l'engager à se reposer pendant quelques heures. « Où, lui demanda Stanislas ? — Hé, sur mon « lit, grand prince. »

Le lit d'une jolie fille n'a jamais effrayé un jeune homme, quelque chaste, quelque fidèle qu'il soit, surtout quand il doit l'occuper seul. Mirza est-elle rentrée ou non, pendant que Stanislas dormait? C'est ce qu'il ne dit pas au prince Paloski, et ce qu'au fait il ne devait pas lui dire.

Ce n'était pas assez pour Mirza de l'avoir mis à l'abri des recherches de M. Makline ; elle voulait assurer son avenir. Peut-être était-il pénible pour elle de penser qu'elle n'allait travailler qu'à éloigner d'elle un grand prince; mais il faut aimer ses amis pour eux-mêmes. Au reste, je n'établis, ici, que des conjectures, parce que Stanislas s'exprima avec une extrême réserve sur tout ce qui se passa chez le comte Milow.

Quoi qu'il en soit, la jeune comtesse n'entendit parler, pendant une grande heure qu'elle passa au bain, que de l'intéressant fugitif. Elle avait répondu, d'abord, qu'elle ne compromettrait pas son mari, en favorisant l'évasion d'un prisonnier de cette importance ; mais elle s'adoucit singulièrement, quand elle sut que Stanislas avait vingt ans, une figure angélique, qu'il était fait à peindre, et qu'il contait ses malheurs avec un charme, une expression dont le cœur le plus froid aurait peine à se défendre. J'ignore absolument si Mirza parla de la grandeur du prince;

mais il est constant que la comtesse ordonna qu'il lui fût présenté au moment de son réveil.

Elle ne trouva pas que les éloges de Mirza fussent exagérés, et elle dit à Stanislas qu'elle s'estimait vraiment heureuse de lui être utile. Elle lui représenta que sans doute on le chercherait pendant plusieurs jours, et qu'il y aurait de l'imprudence à sortir étourdiment d'un asile où il était en sûreté. Stanislas sentit la justesse de l'observation, et il resta.

La comtesse voulait toujours l'avoir auprès d'elle : ce que c'est que d'être née avec un cœur compatissant! Ils lisaient, ils causaient, ils jouaient même ensemble : les devoirs de l'hospitalité ne se bornent pas à fournir l'exact nécessaire; il faut distraire, amuser ceux qu'on a admis dans ses foyers.

Il était indispensable que Mirza rôdât dans les environs, pour savoir ce qu'il se passait à Oranienbaum. Il résultait de cette nécessité des tête-à-tête prolongés, entre la comtesse et le prince ; mais il fallait bien qu'ils cédassent à la force des circonstances. C'est ainsi, du moins, que Stanislas voyait les choses, quand il en parlait à Paloski.

Le quatrième jour, la jeune comtesse dit à Stanislas : « Mon ami, le comte arrive aujourd'hui,
« et il est inutile que vous l'attendiez, puisque
« je peux faire pour vous ce que sans doute il
« ferait lui-même. Mirza a garni une malle de ces
« vêtemens qui vous vont si bien. Elle est atta-

« chée derrière une voiture, qui vous attend à la
« grille, et qui vous conduira à Cronstadt, puis-
« que vous voulez vous embarquer pour la France.
« Allez, aimable enfant ; que l'amour veille sur
« vous, et vous conduise. » Parlait-elle de l'amour
de Paula ?

Elle embrasse tendrement le grand prince, en glissant dans son sac une bourse pleine d'or, et elle laisse à Mirza le soin de le conduire à sa voiture : il ne faut jamais se compromettre. Voilà Stanislas, habillé en fille, roulant vers le port où sa liberté lui sera rendue, si toutefois il parvient à s'embarquer. Mais comment fera-t-il, sans passe-port, sans recommandation ? L'aimable comtesse, se dit-il, a invoqué l'amour ; il ne m'abandonnera pas.

Le jeune voyageur arrive, et descend à une auberge voisine du port. Dans cette auberge logeait un gros capitaine hambourgeois, chargé pour le Hâvre, et qui avait relâché à Cronstadt, où il avait déposé quelques marchandises. C'était un de ces loups de mer, qui bravent tout, qui s'accommodent de tout, qui jouissent de tout. Une belle et grand fille, qui arrive seule dans un port de mer, et qui paraît assez embarrassée de sa personne, ressemble beaucoup à une aventurière, et le capitaine Canning commença par lui passer la main sous le menton. Stanislas, plein du rôle qu'il jouait, répondit par un soufflet à ce début trop familier. « C'est bien, c'est bien,

« dit Canning, je me suis attiré cela ; mais il ne
« fallait pas frapper si fort. »

La conversation s'engage, et Canning sait bientôt que la jouvencelle va joindre son père en France, et qu'elle n'a pas de passeport. « Bon,
« bon, dit-il, on a toujours comme cela des
« pères de commande. Il faut bien dire quelque
« chose d'honnête, pour couvrir ce qui ne l'est
« pas. Au surplus, je ne vous demande compte
« ni du passé, ni de l'avenir : je ne m'occupe que
« du présent.

« Vous n'avez encore parlé ici à personne, et
« nous pouvons arranger une fable conforme à
« votre intérêt et à mes plaisirs. Vous êtes ma
« femme ; vous êtes venue me trouver ici, de
« Pétersbourg, où nos affaires de commerce vous
« retenaient depuis trois mois. Vous êtes ma
« femme, entendez-vous ? — J'entends. — A la
« bonne heure.

« Je vais vous conduire à l'amirauté. On vous
« expédiera un passeport, à ma demande, et sans
« difficulté, parce qu'il est égal à l'empereur de
« Russie qu'un capitaine hambourgeois prenne à
« bord sa femme, ou celle d'un autre, pourvu
« cependant qu'il n'y ait pas de réclamations.
« Nous nous embarquerons après demain, et vous
« ne paierez rien pour votre passage. Cela vous
« convient-il ? — Beaucoup. — Marchons. »

Canning fait une histoire assez vraisemblable au commis chargé de délivrer les passeports. Celui de sa femme est expédié, bien payé, emporté, et M. et madame Canning retournent, bras dessus bras dessous, à leur auberge. Le mari demande un baiser ; madame le refuse, et proteste qu'elle ne se laissera épouser qu'en mer. — « Qu'en mer, « ventrebleu ! Et que ferai-je d'ici là ? — Tout ce « que vous voudrez. — Ah, je vois ce que c'est : « vous avez été quelquefois attrapée. — Hé, je « ne dis pas non. — Apprenez que Canning n'a « jamais trompé personne. — Je ne veux pas m'y « fier. Finissez, capitaine, ou les soufflets vont « pleuvoir. — C'est un diable que cette grande « femelle-là. »

Les deux jours qu'il fallait passer encore à Cronstatdt, furent un combat continuel entre Canning et sa femme. De gros baisers étaient pris, par-ci, par-là, et le capitaine n'avait pas toujours ses mains dans ses poches. Tantôt il était puni de sa pétulance par une égratigure au visage ; tantôt sa perruque volait par la fenêtre. On n'était en paix qu'à table, parce que le capitaine préférait à tout la bonne chère et le vin vieux. Madame ne manquait pas de le griser le soir, et elle s'assurait ainsi le repos de la nuit.

On mit à la voile enfin, et madame se sentit singulièrement soulagée quand elle se vit éloignée du port de quatre à cinq lieues. Mais si elle n'avait plus à craindre les Makline, les Pikoff, elle prévoyait dans quel embarras diabolique ne tarderait pas à la mettre un mari, souverain absolu sur son vaisseau. Elle crut devoir précipiter le dénouement de l'aventure.

Canning commandait la manœuvre, et sa femme fut droit à lui. Elle prit un air tout-à-fait gracieux, et lui passa, à son tour, la main sous le menton. Elle descendit du pont dans la chambre, et le capitaine, enchanté, y entra aussitôt qu'elle. Il ferme la porte, et se dispose à exécuter pleinement la clause importante du marché... O surprise, ô stupéfaction, ô douleur ! Ce n'est plus qu'un beau garçon qu'il a devant lui, et il sent succéder un froid glacial aux doux transports qui l'agitaient.

Stanislas invoque sa pitié, en lui racontant ce qu'il veut de son histoire. Il lui représente que si le plaisir fuit, l'argent est une compensation qui n'est pas à dédaigner. Il tire sa bourse, et déclare qu'il entend payer généreusement son passage.

Canning n'était pas l'homme du monde le plus traitable. Mais il réfléchit bientôt que la colère et ses juremens ne feraient pas une fille d'un garçon, et qu'il valait mieux toucher de l'argent que rien.

La paix se fait ; on se touche dans la main, et, en arrivant au Hâvre, on était les meilleurs amis du monde.

Remarquez que Stanislas raconta, dans les plus petits détails, ce qu'il s'était passé entre Canning et lui; qu'il avait glissé, très-légèrement, sur ses conversations particulières avec la jeune comtesse et Mirza, et concluez-en ce que vous voudrez.

Stanislas pria Canning de lui procurer des habits d'homme. Il prit congé de lui, et sortit du vaisseau hambourgeois pour monter dans la diligence de Paris.

On ne doute de rien, tant qu'on est conduit par l'espérance. Mais Stanislas ne fut pas plutôt à Paris, qu'il s'arrêta sans savoir où il porterait ses pas; qu'il réfléchit, et qu'il jugea qu'il n'était pas beaucoup plus avancé que lorsqu'il vivait sous la surveillance de M. Pikoff.

En effet, à qui s'adresser pour découvrir le prince Paloski? Il pouvait apprendre quelque chose à la légation russe; mais il sentait à quel danger il s'exposerait s'il se présentait là. L'ambassadeur l'accueillerait, le caresserait, et manœuvrerait secrètement pour remettre cet enfant mineur à une mère qui l'aimait tendrement, qui devait être affligée de son évasion, et inquiète sur sa destinée.

Il avait entendu parler de l'almanach des vingt-cinq mille adresses, fort utile à ceux qui ont des annonces à colporter, et à ceux qui, par pudeur, ne demandent pas dans la rue, et viennent jusque dans votre chambre à coucher, vous arracher quelque aumône. Stanislas compulsa cet almanach; il prit les adresses de ceux qu'il crut pouvoir être, par leur profession, en relation avec le prince : personne ne put lui en dire un mot. Il alla à l'Opéra, aux Français, à Feydeau, à Saint-

Roch, à Saint-Sulpice, à Saint-Eustache, et il ne découvrit rien. Ce qu'il avait reçu de la petite Milow n'était pas inépuisable, et il commençait à s'affliger sérieusement, lorsqu'en déjeunant dans un café, et lisant, assez machinalement, un journal, il tomba sur l'article qu'avait composé Paloski, pour punir de sa rapacité le maître de l'hôtel des Sultanes.

Il jette le journal, il laisse son chocolat, et il court à l'hôtel garni. Il apprend d'une fille qui fait des lits, et qui aide à les défaire quelquefois, que le prince a quitté cette maison pour l'hôtel du Pérou. Il reprend sa course, il arrive, il est dans les bras de son ami. Qu'on dise, après cela, que les journaux ne sont bons à rien !

CHAPITRE IV.

Ruse contre ruse.

Quand Stanislas eut terminé un récit qui, très-vraisemblablement, a laissé beaucoup de son pathétique au bout de ma plume, il revint à son amour, à ses peines, à ses espérances. Il pria, il supplia de nouveau, et le prince lui répéta, avec beaucoup de douceur et de bonté, ce qu'il lui avait déjà répondu. Il était difficile que ces messieurs pussent s'accorder, l'un demandant sans cesse, l'autre refusant toujours. Paloski pensait aux moyens d'échapper à Stanislas, et d'aller se cacher de nouveau dans son village. Stanislas cherchait comment il persuaderait le prince de le garder avec lui, sans se rendre importun, et sans porter ses instances jusqu'à l'impolitesse. Il sentait que s'il s'éloignait un moment de Paloski, il s'exposait à le perdre pour toujours.

Toutes ses sensations se peignaient sur sa figure, qu'il n'avait pas l'art de composer encore. Paloski y lisait, comme dans un livre, et il était embarrassé, incertain. Il sentit la nécessité de faire quelques concessions pour obtenir beaucoup.

Après s'être étendu de nouveau sur les motifs qui l'empêchaient de favoriser son mariage, après avoir épuisé toute la finesse de son esprit, toutes les ressources de son éloquence, pour convaincre un jeune homme, qui ne voulait pas l'être, de l'obligation où il était de garder une neutralité absolue, il continua ainsi :

« Vous n'êtes pas en sûreté à Paris, et je vous
« conseille de vous retirer en Angleterre, où
« vous n'aurez rien à craindre de l'autorité. Il
« faut qu'un homme comme vous vive décem-
« ment, et je vous donnerai douze mille francs
« par an, payables de mois en mois, ici, chez
« mon banquier, et sur votre simple quittance,
« que vous lui enverrez de Londres. Un jeune
« homme de votre âge ne connaît pas le repos,
« et si son activité ne lui est pas utile, elle tourne
« nécessairement à son désavantage : je vous en-
« gage, mon cher ami, à vous livrer sérieusement

« à l'étude des mathématiques. Cette science forme
« le jugement, et rend propre à tout. Des jours
« plus heureux que ceux-ci luiront, je l'espère,
« pour vous et pour Paula, et lorsque je pourrai
« vous servir, sans compromettre ma réputation
« d'homme d'honneur, vous connaîtrez, à la cha-
« leur de mes démarches, et à ma persévérance,
« que j'ai reporté sur vous toute l'affection que
« j'avais pour votre père. »

« Je ne suis pas injuste. Je vous demande beau-
« coup, je le sens, et je vous dois un dédomma-
« gement des sacrifices que vous allez me faire.
« Écrivez au comte Obinski. Je vous réponds qu'il
« aura demain votre lettre, et que vous recevrez
« sa réponse aussitôt que vous m'aurez fait con-
« naître votre domicile à Londres. Je viendrai ici,
« une fois chaque semaine, pour recevoir vos dé-
« pêches, et vous expédier celles du comte. »

Le prince savait bien que l'adresse seule de la lettre serait pour Obinski, et il connaissait assez sa faiblesse pour être certain qu'il permettrait à sa fille de répondre à son amant. Il ne se dissimulait pas qu'il éludait, jusqu'à un certain point, la promesse qu'il avait faite à la princesse; mais il se demandait ce qu'auraient fait, dans une semblable position, ceux qui se permettraient de le blâmer.

Pendant qu'il parlait, il observait attentivement Stanislas. La première partie de son discours avait sensiblement altéré la physionomie du jeune homme; elle venait de se remettre subitement, et le prince ne manqua pas d'attribuer ce changement rapide au plaisir que lui donnait la permission de correspondre avec l'objet de ses vœux les plus ardens. Cependant, il ne s'empressait pas d'écrire, et cette lenteur ne s'accordait ni avec son caractère, ni avec ses sentimens. Il parla de choses indifférentes avec assez de liberté d'esprit; il appuya sur l'argent qu'il avait reçu de la comtesse, et sur son impatience de le rendre. « Vous « le rendrez, lui dit le prince en souriant; mais « quand vous la reverrez. Je suis persuadé qu'elle « a parlé à son mari du séjour que vous avez fait « chez elle : je la crois trop adroite pour s'être « laissée prévenir par ses gens. Mais je doute « qu'elle ait tout dit au comte, et il est d'un ga- « lant homme de ménager les femmes à qui il a « des obligations. »

Stanislas s'étendit ensuite sur les dispositions de son départ pour l'Angleterre, sur la vie qu'il y mènerait, avec un calme qui étonna le prince. Voudrait-il jouer de finesse avec lui, sans expérience, sans connaissance du monde? Paloski ne réfléchissait pas que l'amour est un grand maître : l'observateur le plus délié ne saurait penser à tout.

Stanislas veut prendre congé du prince, qui est vraiment heureux de le revoir. Il va, dit-il, écrire chez lui, et il viendra remettre sa lettre à son meilleur ami. « Pourquoi me quitter si tôt, « mon cher enfant? Vous trouverez, dans ce se-

« crétaire tout ce qu'il vous faut. — Mais il est
« six heures... — Et vous commencez à vous
« apercevoir que l'amour n'est pas une nourriture
« très-substantielle? Quand on retrouve un ami,
« dont on a été séparé pendant long-temps, on
« dîne avec lui. Je vais faire servir. — Je voudrais
« cependant... — Quoi? vous pouvez faire ici tout
« ce que vous feriez ailleurs. — Il faut que j'arrête
« une place à la diligence de Calais. — Mon valet
« de chambre vous évitera cette peine-là. Il ira
« aux messageries pendant que nous dînerons...
« Ah, n'oublions pas l'essentiel. Voilà cinquante
« louis. C'est plus qu'il vous faut pour vous éta-
« blir à Londres, et y attendre le premier mois
« de votre pension. — Mais... — Quoi encore? —
« Une petite malle à faire... — Dînons, écrivez,
« et nous penserons ensuite aux préparatifs de
« votre départ. »

Pourquoi Stanislas, qui craignait, il y a une heure, de perdre le prince de vue, fait-il maintenant tout ce qu'il peut pour s'en éloigner? Aurait-il conçu quelque nouveau plan? C'est, vraisemblablement, ce que la suite nous apprendra.

Stanislas écrivit, et le prince remarqua le feu qui animait et embellissait sa figure. Le pauvre enfant est de bonne foi, pensait-il. Il part sans murmurer. Il exprime, à Paula, le regret de ne l'avoir pas vue, et l'espoir de se réunir un jour à elle, pour ne plus la quitter. Vous n'êtes plus jeune, monsieur l'observateur, et vous avez oublié qu'on ne parle jamais froidement à ce qu'on aime : or, écrire c'est parler.

La diligence où Stanislas avait une place, partait à dix heures du soir, et il n'avait que le temps nécessaire pour faire ses dernières dipositions. Paloski lui dit qu'en sa qualité de Russe, il obtiendrait facilement un passe-port à Calais. Il l'embrasse tendrement, et lui souhaite un bon voyage.

Il appelle Frédéric; il lui dit de voir le propriétaire de l'appartement qu'il a loué, de lui payer un terme, et de lui remettre le logement. Il le charge de passer chez le tapissier, et de lui donner une indemnité convenable, pour les meubles qu'il devait fournir. Il faudra, disait-il en soupirant, que je joue encore aux échecs et au billard à Achères, et que la triste Paula continue de s'y ennuyer. Elle s'y est soustraite aux persécutions de la mère; elle y restera pour échapper aux tendres poursuites du fils. L'étrange chose que la loi de la nécessité! Nous comptions vivre, ici, au sein des jouissances honnêtes; il a fallu qu'une indigestion, résultat de l'intempérance de Pikoff, et, de chaînon en chaînon, que cette indigestion ramenât Stanislas à l'hôtel du Pérou.

Un domestique annonce un ramoneur qui veut, à toute force, parler au prince, quoiqu'il soit barbouillé de la tête aux pieds. M. Stanislas l'a chargé, dit-il, d'une commission importante. Paloski ordonne qu'on le fasse entrer. Le ramoneur dépose ses souliers dans l'antichambre, par respect pour les tapis de monseigneur. Il s'avance d'un air gauche, et présente un billet, dont l'extérieur est déja de couleur de pain d'épices. C'est un dernier adieu de l'intéressant jeune homme. Le prince fait quelques questions au ramoneur, qui y répond de travers, en fixant, sur monseigneur, de gros yeux, dont l'émail est relevé par la teinte noirâtre de la peau. Paloski aurait été bien aise de parler encore de Stanislas; mais ne pouvant rien tirer de son commissionnaire, il le congédia.

Allons, voilà dix heures. Mon jeune ami monte dans la diligence, et je vais me mettre au lit. Je dormirai tranquillement, et il sera cahoté... *Va-t-en voir s'ils viennent, Jean, etc.*

Vous savez que le prince mène une vie très-régulière, quand les circonstances ne l'obligent pas à faire le jour de la nuit. A six heures, Frédéric lui aidait à se mettre dans le pantalon de nankin, et à endosser son habit gris.

« Frédéric, tu ordonneras de ma part, à tous
« mes domestiques, de rester dans leurs cabinets
« jusqu'à dix heures. Tu les y enfermeras, pour
« être plus sûr de leur obéissance; et je te dé-
« fends de passer le seuil de la porte, avant le
« moment indiqué.

« Tu parais étonné : rien de si simple que ma
« conduite. J'aime assez à jouer au grand-seigneur
« de loin en loin; mais aussi je suis bien aise de
« jouer quelquefois au bourgeois, car tout est

« jeu et travestissement dans ce monde. Or,
« comme ma vie bourgeoise ne s'accorde pas avec
« mes décorations et mon train ; que vous ne
« concevez pas, vous autres petits, comment on
« se plaît à déposer des cordons pour lesquels
« vous avez tant de respect; que cette abnégation
« de soi-même vous paraît ridicule, ou fausse-
« ment modeste, je ne veux pas me donner en
« spectacle à mes gens, au milieu des hommes
« obscurs avec qui je vais passer quelques jours,
« et les ordres que je t'ai donnés n'ont pour objet
« que d'empêcher quelque curieux, toi-même,
« peut-être le premier, de me suivre et d'épier
« mes démarches. — Monseigneur doit croire que
« personne ici ne se permet de l'observer. — Je
« n'en sais rien, car moi j'observe tout le monde.
« — Et les ordres de sa grandeur seront exécutés
« à la lettre. — Ma grandeur, ma grandeur ! Va,
« si je n'avais que mon nom et quelques bouts
« de ruban, je serais bien peu de chose. Mes
« quarante villages, des vassaux qui m'aiment,
« parce que je les protége, voilà ma véritable
« grandeur, si toutefois il en existe réellement,
« car, enfin, quelques molécules m'ont formé,
« comme toi, au hasard, sans notre intervention.
« Nous sommes assujettis aux mêmes besoins,
« aux mêmes infirmités. La seule différence qui
« existe entre nous, c'est que la *nécessité* nous a
« poussés, moi en ligne droite, et toi obliquement.
« Ne vas pas conclure de là que tu sois dis-

« pensé de me servir fidèlement. J'ai de l'argent,
« tu n'en a pas; j'ai besoin de tes services, et
« toi d'une existence. Nous faisons un échange
« continuel de tes soins et de mon superflu. Nous
« nous trouvons bien tous les deux de cet arran-
« gement; ne m'oblige pas à le rompre, et, je te
« le répète, que personne ne sorte avant dix
« heures. »

Le prince Paloski est redevenu M. Martin. Oui, oui, j'ai très-bien fait de consigner mes gens, pensait-il en courant, à pied, les rues de Paris. Les domestiques sont les espions naturels de leurs maîtres. Ils se vengent de leur supériorité en leur cherchant des défauts qu'ils s'empressent de divulguer. Je ne crois pas en avoir d'essentiels; mais si mes gens savaient que je me cache soigneusement dans un assez pauvre village, ils en tireraient des conséquences plus ou moins désavantageuses pour moi... Et puis Stanislas peut fort bien ne pas se contenter long-temps d'une correspondance stérile. Il ne lui faut que soixante heures pour revenir de Londres, et si un de mes domestiques savait quelque chose, et qu'il se laissât gagner!... dans quel embarras affreux me jetterait ce jeune homme, s'il arrivait inopinément chez Bertrand!... Je prendrai tant de détours, pour retourner à Achères, que le plus fin des hommes me perdrait de vue.

M. Martin ne négligeait aucune précaution. Il passa à l'hôtel où logeait Stanislas, et il apprit qu'il en était sorti la veille, à neuf heures et demie du soir, suivi d'un crocheteur qui portait son modeste équipage : M. Martin est tranquille à cet égard. Il se met dans un fiacre, le quitte au milieu de la rue Saint-Antoine, et gagne la rue Jean-Beausire. Là, il monte dans une vinaigrette qui le conduit à Charenton.

Il s'aperçut, dans ce village, qu'il était, en effet, soumis aux mêmes besoins que Frédéric, et celui de déjeuner se fit sentir. Par où irai-je, se disait-il en mangeant, pour dérouter les espions, si j'en ai ? J'ai pris la route opposée à celle qui conduit à Achères, c'est fort bien ; mais il faut arriver. Rentrerai-je à Paris ? Y resterai-je, un jour ou deux, dans quelque hôtellerie du faubourg Saint-Jacques ou Saint-Marceau ?... Que ferai-je là ? Je ne m'amuse pas à Achères, et je mourrais d'ennui, enfermé seul dans une triste et étroite maison. Respirons le grand air. Allons à pied d'ici au Bourg-la-Reine. Il y a un peu loin, je l'avoue ; mais je prendrai mon temps, et, après tout, j'en ai beaucoup à perdre.

Au Bourg-la-Reine, il s'arrange avec le conducteur d'un cabriolet, pour aller à Versailles. Il était fatigué, et il dormit pendant tout le temps que dura ce troisième voyage, moyen efficace, quand on peut l'employer, de réparer ses forces, en éloignant l'ennui. Parbleu, se dit-il en arrivant, je fais le tour, non du monde, mais de Paris. J'ai mis, entre mes deux derniers cochers, tout le chemin que j'ai parcouru en me promenant, et on ne devinera pas plus d'où je viens et où je vais, qu'on ne peut connaître la route d'un vaisseau qu'on rencontre au milieu de l'Océan. C'est une belle chose que la connaissance des hommes! Combien de fois me suis-je applaudi de m'en être défié!

M. Martin n'avait jamais vu Versailles. L'occasion de parcourir des lieux si célèbres était trop belle pour ne pas la saisir.

De minute en minute, son admiration est accrue par des objets plus ou moins riches, plus ou moins élégans : tous les arts se sont disputé la gloire d'embellir ce séjour, et tous y ont déployé leur magnificence. Quelle richesse, quel luxe, quelle surabondance de vie devaient régner, se disait-il, où je ne vois plus qu'un désert entretenu à grands frais! Quelle idée donne Versailles du roi qui l'a bâti, des courtisans qui l'entouraient, des grands hommes, en tous genres, que la nature semblait avoir formés pour lui, et qu'il accueillait avec une bonté toujours majestueuse! Mais hélas, quelles tristes pensées se mêlent à ses souvenirs séduisans d'une grandeur éteinte! L'homme qui, pendant une longue suite d'années, a rempli de sa gloire la France et le reste de l'Europe, le monarque le plus absolu, était soumis lui-même à des passions qui ne l'ont pas toujours honoré; à un amour immodéré de la guerre; à des pratiques de religion puériles et minutieuses. Accoutumé à tout voir plier devant lui, il eut le malheur et le tort inexcusable de vouloir contraindre la conscience de ses sujets, et le massacre de la Saint-Barthelemi se renouvela dans les Cévennes. Ah, si Dieu voulait du sang, a-t-il besoin des hommes pour le répandre? Ne dispose-t-il pas de la foudre?

Allons, allons, descendons du ciel, et terminons des réflexions trop sublimes, en remarquant tout simplement que si les sommes qui sont enfouies ici eussent été employées au soulagement du peuple, ce Versailles, inutile aujourd'hui, n'eût jamais existé; mais trois cent mille individus ne seraient pas morts de misère, notamment pendant le déplorable hiver de 1709. Quoi qu'il en soit, je me félicite d'avoir vu cela. Je vais dîner, et je coucherai à Chatou.

Le lendemain matin, il voit une voiture de place, qui, la veille, avait amené quelqu'un de Paris, et qui allait s'en retourner à vide. Il s'élance dans la vinaigrette, en s'applaudissant de n'avoir pas vu deux fois la même figure devant, derrière, ou à côté de lui.

Ce cocher, se disait-il, s'est levé, convaincu qu'il allait retourner à Paris. Il le voulait; mais il était *nécessaire* que sa volonté changeât à l'aspect d'une pièce de cinq francs, et qu'il allât à Saint-Germain, et, de pièce de cinq francs en pièce de cinq francs, on peut, *nécessairement*, le conduire au bout du monde, sans qu'il en ait eu la moindre idée en sortant de chez lui. Je ne vois pas ce que Bertrand répondrait à cela.

Il quitte la brouette au bas de la montagne de Saint-Germain. Il la gravit à pied, et il est dans le centre de la ville avant que le cheval poussif, qui l'a traîné, soit à mi-côte.

Me voilà rentré dans ma forêt, se dit-il. Encore un moment de jouissance, qui s'usera, parce que tout doit s'user. Mais, après tout, qu'ai-je tant à regretter à Paris? Une ville immense, où on trouve un monument à côté d'un cloaque; une place magnifique, où aboutissent des rues infectes; plus de boutiques que d'acheteurs; autant de filles que de femmes décentes; d'escrocs que d'honnêtes gens; de spectacles que d'églises; où on rencontre en même temps un enterrement et un baptême; où on se croise, on se heurte dans tous les sens; où on ne peut marcher librement, ni à pied, ni en carrosse; où on avale des flots de poussière, quand le temps est sec, et où on est couvert de boue quand il pleut; où, dans ce qu'on appelle la bonne société, on ne rencontre que des oisifs, des ambitieux, des intrigans, des femmes qui se hâtent de dépenser leur temps, leur santé et leur argent. Il y a des exceptions, sans doute :

Il en est jusqu'à trois que je pourrais citer.

Ah, ah, ah, ah! La campagne est cent fois préférable à ces étouffoirs du genre humain. Mais la campagne a aussi ses désagrémens, même pour ceux qui y sont nés, et qui ont l'habitude d'y vivre. Que conclure de là? Que les anciens n'avaient pas tant de tort d'admettre un bon et un mauvais génie. Ce sentiment, après tout, est assez orthodoxe, puisque nous les reconnaissons aussi sous des noms différens, nous qui sommes les êtres par excellence. Nous avons dérobé bien des choses aux anciens, et que de peines se donnent nos savans pour défigurer leurs larcins!

Hé, mais... que vois-je là-bas? A propos des deux génies, qu'Arimane m'emporte, si ce n'est là ma calèche! Ma foi, je l'avais oubliée... Hé, oui, c'est bien elle. Mais où sont mes chevaux? Qu'en a fait ce stupide Boniface?

M. Martin s'approche. Il trouve son imbécile et sa Suzette, jouant à la main chaude sur le revers du fossé. « Parbleu, leur dit-il, en éclatant « de rire, je n'avais pas encore vu jouer ce jeu-« là à deux. — Je ne sais comment cela se fait, « monsieur; mais nous jouons depuis six heures « du matin, et je vous jure que nous ne nous « sommes pas trompés une fois. — Oh, je t'en « crois sur ta parole. Mais pourquoi n'as-tu pas « reconduit ma voiture à Achères? Que sont de-« venus mes chevaux?—Les chevaux? Ah, comme « monsieur va rire! — Je t'assure que je ne de-« mande pas mieux. Voyons, qu'est-il arrivé? — « Monsieur nous a laissés, dansant au son des « instrumens de ces braves musiciens. — Je m'en

« souviens. Après? — Oh, les honnêtes gens que
« ces musiciens! Ils ont joué jusqu'à ce que nous
« soyons tombés de lassitude, et ils ne nous ont
« pas demandé un sou. — Corbleu! je les avais
« généreusement payés. — Ce n'est pas tout : ils
« nous ont dit qu'ils allaient nous montrer un
« fier tour, et cela, sans intérêt, au moins. — Hé
« bien? — Moi, j'aime les tours, monsieur. La
« boulette qu'on tire d'un nez; le mouchoir coupé
« et raccommodé sans couture... Oh, il y a de
« quoi mourir d'aise. — Boniface, finiras-tu? —
« M'y voilà, monsieur. Je me suis assis avec Su-
« zette, ici, à cette même place, et nous regar-
« dions de tous nos yeux. V'là que les musiciens
« détèlent les deux chevaux; ils montent d'sus deux
« par deux; i' leux jettent de la poudre de per-
« linpinpin dans les oreilles. I' nous disent d'at-
« tendre, et qu'les chevaux viendront tous seuls
« s'cacher dans les sabots de Suzette. C'est ça,
« monsieur, qui est un tour! — Et il y a trois
« jours que vous les attendez ici? — Monsieur
« voit bien qu'ils ne sont pas encore dans les sa-
« bots de Suzette. — Hé, peuvent-ils y entrer,
« imbécile? — Hé non, monsieur, ils ne le peu-
« vent pas, et c'est là le beau. Ah, ah, ah!...
« Comment, monsieur ne rit pas?

« — Boniface, va chercher un cheval au village
« voisin, et ramène ma calèche à Achères. — Je
« ne bouge pas d'ici, monsieur : il faut que je
« voie la fin du tour. — La voici : Tes musiciens

« sont des fripons qui ont fait le tour de la forêt,
« pour aller vendre mes chevaux, je ne sais où.
« — Ah, mon dieu, mon dieu, ce seraient des
« voleurs! — Je t'en réponds. — Je prie monsieur
« de croire que je ne suis pas de moitié avec eux.
« — Tu es trop bête pour cela... Hé bien, où
« cours-tu? — Je cours après vos chevaux et les
« voleurs. — Qui courent eux-mêmes depuis trois
« jours. Boniface!... Suzette!... Ce vilain paquet
« de fille prend ses sabots à la main, pour courir
« plus vite... Boniface! arrêteras-tu, coquin!...
« Où vont-ils? ils n'en savent rien.

« Comment ai-je fait la sottise d'accorder la
« moindre confiance à un pareil animal? Hé, qui
« diable aurait deviné une suite d'incidens plus
« invraisemblables les uns que les autres? Voilà
« pourtant encore des chaînons, bien absurdes,
« presque incroyables; mais, enfin, ce sont des
« chaînons, d'après lesquels il était *nécessaire*
« que mes chevaux fussent volés, et que je res-
« tasse seul, avec ma calèche, au milieu de la
« forêt. Que vais-je faire à présent? »

M. Martin voit venir un cavalier qui suit la même route que lui, et qui semble, à mesure qu'il s'approche, ralentir son pas. M. Martin n'est pas homme à attendre et à s'impatienter. Il va droit à celui dont il attend du secours. Ah, ah, c'est un ecclésiastique! M. Martin lui procurera l'occasion d'exercer la charité chrétienne.

Il raconte, à monsieur l'abbé, l'histoire de la

partie de main-chaude à deux ; celle de ses chevaux volés, et attendus pendant trois jours à la même place. Ils en rient de tout leur cœur, quoiqu'il ne soit pas très-plaisant, pour M. Martin, de perdre un milier d'écus.

Monsieur l'abbé n'attend pas qu'on lui demande un bon office ; il propose, à M. Martin, de le conduire, lui et sa calèche, où il voudra aller. — « Mais, monsieur, cela vous détournera de votre « chemin. — Qu'importe, monsieur ? mon devoir « est d'être utile. D'ailleurs, je vais passer mes « vacances chez mes parens, à Marines, et il est « assez indifférent que j'arrive quelques heures « plus tôt ou plus tard. — Ma foi, vous me tirez « d'un grand embarras, et j'accepte votre offre « avec autant de plaisir que de reconnaissance. « Fort heureusement, mes coquins n'ont pas em-« porté mes harnois. Arrangeons-nous le mieux « que nous le pourrons. »

On n'a pas fait une grande lieue, que notre observateur sait que son nouveau compagnon de voyage est un jeune séminariste, dont la vocation n'est pas très-ardente ; mais il a de l'esprit, il s'énonce bien, et, probablement, il compte arriver à l'épiscopat par la prédication. Plusieurs ont trouvé une crosse au bout de cette carrière-là, et pourquoi le petit abbé ne réussirait-il pas comme un autre.

M. Martin avait remarqué aussi qu'il était, quelquefois, préoccupé. Il revenait souvent sur la considération que lui inspirait le vrai mérite ; sur le désir, bien naturel, de revoir quelqu'un à qui on a rendu un service, et il demanda enfin, positivement, la permission de saluer M. Martin à son retour de Marines. Mais pour cela, il fallait connaître le domicile de l'homme méritant et considéré. Ma foi, pensa M. Martin, si mon abbé s'occupe d'amourettes, c'est vraisemblablement des siennes : il a l'air trop éveillé pour s'astreindre au rôle passif de confident. D'ailleurs, il est certain que je ne l'ai jamais vu ; il ne sait d'où je viens ; je lui ai dit que je m'appelle Martin : où est l'inconvénient de lui faire connaître que je demeure à Achères ? Il serait l'aumônier et l'émissaire de Stanislas, qu'il ne devinerait pas Obinski et Paloski dans une bicoque, et portant des noms supposés. M. Martin satisfait le jeune homme, et la conversation change d'objets. Monsieur l'abbé la rend variée, aimable et piquante. Quelques traits de flatterie, glissés adroitement, achèvent de gagner l'homme de mérite, et monsieur l'abbé est invité à dîner.

Puisqu'il doit me voir au retour, pensait M. Martin, il est fort égal que je le reçoive aujourd'hui ou dans un mois : d'ailleurs, je lui dois de la reconnaissance.

L'abbé accepte le dîner aussi franchement que M. Martin a accepté son cheval. On arrive à Achères.

Bertrand et Sophie commençaient à compter

les heures. Ils accourent au-devant de leur ami; ils l'embrassent, ils l'interrogent; ils parlent tous les deux à la fois. M. Martin ne sait auquel entendre, ni à qui répondre. Il a, dans sa poche, de quoi calmer cette première effervescence : il présente, à Bertrand, la lettre de Stanislas. Il n'a pas osé écrire encore, et cependant Sophie jette un cri de surprise et de joie : elle a reconnu les caractères. Un amant passionné et délicat n'a-t-il pas le bouquet à Cloris, qui ne peut offenser, parce qu'il paraît adressé à un être idéal? n'a-t-il pas la romance, et ces petits billets qui seraient écrits sur des choses tout-à-fait indifférentes, s'il était rien d'indifférent en amour?

Sophie entraîne son père dans sa chambre, et M. Martin ordonne, à Pélagie, de presser le dîner, parce que monsieur l'abbé a encore quelques lieues à faire. Monsieur l'abbé répond que s'il pouvait concilier ce qu'il doit à ses parens avec des jouissances qu'on ne trouve pas souvent dans la vie, il respirerait long-temps l'air qu'épurent la beauté, la franchise, la science, et surtout les qualités morales. M. Martin répond à un coup d'œil expressif, qui ajoute à ce que ces paroles ont de flatteur, en serrant la main de son petit abbé.

Ce n'est pas assez de lire une lettre charmante qu'on n'attendait pas, qu'on n'osait pas même espérer, et qui, dans le moment, du moins, comble tous les vœux de la beauté timide; il faut la relire, en peser chaque mot, l'interpréter, le commenter, quoique tout soit très-clair. Le dîner était servi, et on ne pouvait arracher Bertrand et sa fille de la chambre et de la lettre. « Vous « l'avez vu, vous l'avez vu, M. Martin! vous lui « avez parlé! » Tel fut le texte sur lequel roula la conversation pendant toute la durée du repas, et ce texte amenait des questions nouvelles. Où Stanislas avait-il été enfermé? Comment avait-il brisé ses fers? quelle suite d'aventures l'avait conduit à Paris? M. Martin répéta, avec exactitude, ce que Stanislas lui avait raconté. Il glissa, cependant très-légèrement, et pour cause, sur ce qui concernait la petite comtesse Milow et sa jolie femme de chambre. Sophie souriait, ou soupirait, selon la position dans laquelle se trouvait son amant. L'abbé ne perdait pas un mot; M. Martin s'en apercevait, et le nom de prince et de princesse ne fut pas proféré : c'était un bon bourgeois qui racontait l'histoire d'un bourgeois comme lui.

Vous sentez bien que Sophie ne dîna point : l'amour, à dix-sept ans, ne tient-il pas lieu de tout?

Mais monsieur l'abbé était à peine parti, qu'elle demanda si c'était le lendemain qu'on s'établirait à Paris. M. Martin répondit, avec fermeté, qu'il était plus nécessaire que jamais de se tenir caché à Achères. Sophie demanda les raisons de ce changement, disposée, ainsi que vous pouvez le croire, à les trouver mauvaises, et à les combattre avec tenacité. M. Martin n'en donna qu'une, qui renfermait toutes les autres : Stanislas était à Londres, à la bonne heure; mais il pouvait revenir à Paris. M. Martin paraîtrait, alors, avoir ménagé le rapprochement des deux jeunes gens; la princesse l'accuserait d'avoir enfreint ouvertement la parole qu'il lui avait donnée. Il y avait même manqué indirectement, en se chargeant d'une lettre, et en promettant de faire parvenir la réponse. Mais, quelque chose qui arrive, il ne fera pas davantage.

Sophie combattit avec cette réserve de paroles qui tient à l'éducation et à la pudeur; mais sa figure et ses mouvemens ne s'accordaient pas avec ses discours. M. Martin voyait le trouble de son ame, sa douleur, l'excès de son amour. Il était peiné, affligé; il se repentait de s'être engagé avec la princesse; mais le soin de son honneur ne pouvait être balancé par les tourmens de l'amour, dont le monde ne lui tiendrait certainement aucun compte. « Nous restons à Achè-
« res, répéta-t-il avec force. Bertrand, répondez
« à Stanislas, et dans quatre jours je porterai
« votre lettre à Paris. »

Il sortit pour aller causer une heure avec Cognard, et défier ensuite M. de Polmont au billard. Je la lirai cette réponse, pensa-t-il, avant que de la mettre à la poste : Paula aime trop pour ne pas indiquer notre demeure au jeune prince, et je bifferai ce qu'il ne doit pas lire... Abuser de la confiance de cette enfant! cela n'est pas possible... Je brûlerai la lettre... D'après ce que j'ai promis, cette mesure m'est interdite. Si Stanislas, d'ailleurs, ne reçoit pas de nouvelles, il accourra à Paris... Oh, qu'il est difficile d'arranger tout cela!... Allons nous dissiper un peu, et d'ici à quatre jours je trouverai, peut-être, quelque moyen de complaire à Sophie, et de me mettre à l'abri du reproche.

M. Martin remarqua le soir, et pendant la matinée du lendemain, que Bertrand et sa fille cherchaient des prétextes pour s'éloigner de lui, et s'enfermer chez eux. Ils cherchent à me surprendre, se dit-il, la jeune personne par amour, et le père par faiblesse. Je mettrai fin à ces menées, en leur faisant connaître que je les ai pénétrés. Il va frapper à la porte de Sophie; il se nomme; il est admis.

« Bertrand, ce n'est pas à mademoiselle que je
« parlerai : ses dispositions de cœur et d'esprit
« ne lui permettraient pas de m'entendre. Mais
« vous, dont l'âge a refroidi le sang, a mûri la
« raison; vous, sensible aux droits de l'amitié,
« et qui me devez la vôtre tout entière, pouvez-
« vous entrer dans une intrigue d'amour, dont
« vous savez que les suites doivent nécessaire-
« ment me compromettre?... Ah, mon ami, mon
« cher ami; pensez à ce que vous allez me dire;
« que le mensonge ne souille pas vos lèvres. Pen-
« sez à ce que vous devez à Sophie, à vous et à

« moi ; ne vous perdez pas dans l'estime de votre
« fille, qui, tôt ou tard, appréciera les choses à
« leur juste valeur ; conservez la haute opinion
« que j'ai conçue de vous, et respectez-vous
« vous-même. Vous cherchez à me tromper,
« avouez-le. — Je l'avoue. Ma fille, abjurons des
« projets dangereux, et revenons à la franchise
« et à l'amitié. — Achevez, mon ami, achevez.
« Quels étaient ces projets ? — Nous pensions à
« nous dérober à vous, à aller à Londres... —
« Grand dieu, vous avez pu concevoir cette idée !
« Vous auriez osé l'exécuter ! Une fille de qualité,
« belle, sage, modeste, passerait la mer pour
« chercher un jeune homme qu'on lui refuse,
« que, peut-être, elle n'obtiendra jamais. Elle lui
« sacrifierait sa réputation, le seul bien qui lui
« reste ! — Une fille, monsieur, ne peut-elle
« voyager avec son père, sans donner lieu à d'aussi
« cruelles interprétations ? — Oui, mademoiselle,
« vous pouvez voyager avec votre père, et aller
« partout, excepté où est Stanislas. — Et qui sau-
« rait que je fusse instruite ? — Vous, votre père
« et moi, et c'en est assez. Faites taire un mo-
« ment votre cœur ; interrogez votre conscience,
« et vous resterez avec un vieil ami, qui ne peut
« partager vos erreurs, vos démarches inconsi-
« dérées. Vous ne l'abandonnerez pas au chagrin
« cuisant que lui donnerait une conduite con-
« damnable. Sophie, si vous m'aimez, si vous
« croyez me devoir quelque chose, rendez-vous

« à mes prières, à mes supplications. Promettez-
« moi de rester ici, autant que ma prudence le
« jugera nécessaire. — Je vous le promets, mon
« ami. — Jurez-le par l'honneur. — Je me sa-
« crifie à l'amitié; elle le veut, et je jure. — Je
« suis tranquille. »

Sophie ne devait plus voir Stanislas ; mais elle pouvait lui écrire. Son cœur entraîna sa plume, et elle se sentait soulagée. Elle présenta sa lettre ouverte à M. Martin. Cette marque de loyauté et de confiance lui plut singulièrement. Il lut la lettre ; elle était dans les convenances, et nulle indication ne pouvait faire connaître le lieu où vivait la triste famille. M. Martin embrassa Sophie avec une extrême tendresse.

Il connaissait trop le cœur humain pour ne pas savoir que l'amitié a son héroïsme; qu'elle se fortifie par les combats mêmes, qui la rétablissent dans ses droits. Mais il savait aussi que ce noble enthousiasme doit tomber devant un sentiment plus fort, plus impérieux, et qui finit par imposer silence à tout ce qui n'est pas lui. Sophie vient de remplir un devoir ; elle s'est soumise de bonne foi; elle a juré : que peut demander de plus M. Martin ?

La paix, l'harmonie se rétablirent dans la petite maison, et M. Martin se promit de faire tout ce qu'il imaginerait de propre à maintenir ce calme heureux.

On dînait, et il s'efforçait d'égayer la conversation, lorsqu'on entendit une voiture, qui arrêta devant la porte de la maison. M. Martin n'a que le temps de regarder à la croisée... Un homme s'est élancé; il court, il vole; il est aux pieds de Sophie. Sophie jette un cri et perd l'usage de ses sens; Bertrand s'étonne; M. Martin reconnaît Stanislas.

Comment peindre cette scène inattendue, touchante et cruelle à la fois? Le peintre d'Agamemnon, désespérant de rendre la douleur d'un père, au moment du fatal sacrifice, lui couvrit le visage d'un voile. Que le lecteur soulève celui qui s'étend sur les personnages qu'il a devant lui, et que son imagination supplée à la faiblesse de mes crayons.

Les premiers momens écoulés, le front de M. Martin s'arma de cette sévérité imposante à laquelle personne, de très-jeunes gens surtout, ne pouvaient résister. « Stanislas, un homme « d'honneur ne trompe jamais, et c'est pourtant « ce que vous avez fait. » Stanislas n'entendait rien: son amante était revenue à la vie, et elle n'existait que pour lui. Mais ils ne se disaient pas un mot, ils ne se permettaient pas un geste, un mouvement qui ne fussent avoués par la plus rigoureuse décence. « Stanislas, écoutez-moi, dit « M. Martin, d'un ton à fixer l'attention, et à « faire naître la crainte. J'atteste le ciel que je « n'ai pas prévu votre arrivée ici, et qu'il n'a pas « été en mon pouvoir de la prévenir. Mais je vous

« déclare que j'entends, que je veux que vous re-
« partiez à l'instant, à la minute. Partez, dit Sophie
« avec un son de voix enchanteur. Partez, mon
« ami : ce moment nous laissera de longs et doux
« souvenirs de bonheur. — Vous quitter ! m'éloi-
« gner de vous, après vous avoir retrouvée, au
« prix de tant d'anxiétés, d'alarmes, de désespoir !
« Vous quitter ! plutôt mourir. — Oubliez-vous,
« monsieur, que vous êtes chez le comte, et qu'il
« est le maître chez lui ? — Monseigneur, il y a
« des auberges dans le village. — Si vous y pas-
« sez la nuit, je vais demain trouver notre am-
« bassadeur ; je le presse de demander votre ex-
« tradition ; il l'obtiendra ; vous serez reconduit,
« bien escorté, en Russie, et vous y serez en-
« fermé dans une citadelle dont les fortifications
« ne seront pas démantelées, et où vous ne trou-
« verez pas un Pikoff. Ah, monseigneur, s'écria
« Sophie, pourriez-vous le traiter avec cette du-
« reté ? — Je prouverai ainsi à la princesse que
« je ne suis pas de connivence avec vous. »

Quand on est fortement agité, on ne s'écoute pas parler. Pélagie, en allant, en venant, avait saisi les mots *Russie, monseigneur, princesse.* Elle avait vu les transports de Stanislas, la douce et forte émotion de Sophie. Un moment après, Vincent savait que la petite maison était habitée par l'empereur de Russie, et que son fils voulait épouser une grande princesse cachée sous le nom de Sophie. Vincent était causeur, et de bouche en bouche, l'intéressante, l'étonnante nouvelle se répandit dans le village. Mais revenons.

M. Martin n'avait pas oublié qu'on n'obtient rien d'important qu'en accordant quelque chose. Il proposa une transaction, que la délicatesse, l'amitié qu'on lui portait, et peut-être la crainte firent accepter avec moins de difficultés qu'il n'avait osé s'y attendre. Stanislas donna sa parole d'honneur, du ton de la bonne foi, la main sur son cœur, qu'il partirait le lendemain pour Londres, et Sophie jura que s'il violait sa promesse, elle ne le reverrait jamais. A cette condition, M. Martin consentait que Stanislas partageât le dîner refroidi de sa tendre amie; il permettait que la soirée fût tout entière à l'amour. Mais il déclara, du ton le plus ferme, que si Stanislas, n'importe sous quel prétexte, éludait la clause principale du traité, il ne croirait plus à sa probité, et il l'abandonnerait sans retour.

Il ne se présentait qu'une difficulté à l'exécution de la capitulation : le pauvre jeune homme donna à entendre qu'il ne lui restait presque rien des cinquante louis qu'il avait reçus. « Et qu'en « avez-vous fait, monsieur? — Un ramoneur a « porté à monseigneur le billet d'adieu que je lui « ai écrit, à Paris. — Ne rappelez pas ce qui ne « vous fait point honneur. — Un marinier lui a « proposé, à Charenton, une promenade sur la « rivière. — Hé bien? — Un hussard s'est pro- « mené à cinquante pas de lui, dans le parc de

« Versailles ; un meunier était assis à la porte de
« son auberge, à Chatou, et un joli petit abbé l'a
« abordé dans la forêt de Saint-Germain. — Qui
« vous a dit tout cela? — L'abbé, le meunier, le
« hussard, le marinier et le ramoneur sont un
« seul et même homme, un jeune étudiant en
« droit, qui loge dans l'hôtel où j'étais, à qui
« j'ai confié mes peines, et qui a bien voulu me
« servir. — Et il a fallu acheter des costumes et
« le mauvais cheval qui a traîné ma calèche.
« Ainsi, monsieur, je voyageais sous votre sur-
« veillance ! »

L'amour-propre de M. Martin était piqué. Un homme si fin, si pénétrant, être joué par deux enfans! Comment se pardonnera-t-il cela? Il fronçait le sourcil, et il allait commencer un beau discours sur le respect que doivent les jeunes gens à l'âge mûr, lorsque l'impassible Bertrand éclata de rire. « Je ne vois rien là de plaisant,
« lui dit M. Martin avec assez d'aigreur. — Vous
« ne voyez pas qu'il est *nécessaire* qu'une jolie
« fille et un beau garçon s'aiment ; que la nature
« les force, par des lois éternelles et immuables, à
« se rapprocher ; que tout instrument convient
« à ses vues, et que le petit abbé, jeune et sen-
« sible, a dû, *nécessairement*, vouloir soulager
« des maux, avec lesquels son âge l'a mis en rap-
« port direct? Reconnaissez là votre *Fatum*, au-
« quel les dieux mêmes étaient soumis, et sou-
« mettez-vous comme eux à la *nécessité*. — Il

« faut avouer que Stanislas et son petit abbé sont
« d'adroits fripons! Ah, ah, ah, ah! Bertrand, je
« sens qu'il est *nécessaire* aussi que nous nous
« mettions à table. Allons, jeunes gens, placez-
« vous... A côté l'un de l'autre? soit; je le veux
« bien. »

M. Martin et Bertrand fêtaient le dîner, qui ne valait plus grand'chose. Sophie et Stanislas employaient mieux le temps. Ils l'embrassaient tout entier; ils croyaient l'avoir fixé. Quels regards! quels épanchemens, quelle ivresse! Pas un mot qui fût recherché, pas un mot qui ne fût brûlant. Tout au présent, ils avaient oublié que dans deux heures ils ne se verraient plus.

Bertrand, en mangeant fort bien, les regardait avec attendrissement. Il poussait M. Martin du genou. « Je vois bien, je vous entends bien,
« disait celui-ci. Oui, ce serait un couple char-
« mant. Mais cela ne dépend ni d'eux, ni de vous,
« ni de moi. — Les lois de la *nécessité* peuvent
« amener bien des choses. — A la bonne heure;
« mais attendons qu'elles se prononcent. »

M. de Polmont et Cognard entrèrent en riant aux éclats. « La journée est heureuse, dit M. Mar-
« tin : les uns rient, les autres jouissent. Mais ne
« puis-je savoir, messieurs, ce qui vous égaie à
« ce point? Je vais vous le dire, répondit M. de
« Polmont. Vous avez mis encore une fois tout
« le village en l'air. — Comment cela? — Ce sor-
« cier qu'on voulait un jour mettre en pièces;

« l'homme affable et généreux qu'on adorait le
« lendemain, est aujourd'hui, je ne sais par quelle
« grace, autocrate de toutes les Russies. — Moi!
« — Vous. — Oh, la bonne folie! Ah, ah, ah! »

Deux témoins étrangers, qui arrivent inopinément, effarouchent les amours. La conversation de nos amans fut interrompue, et Sophie écoutait M. de Polmont. « Puisqu'on vous fait ici plus
« grand que vous l'êtes, dit-elle à monsieur Mar-
« tin, en baissant les yeux, vous ne pouvez plus
« garder l'incognito. Il n'avait pour objet que de
« nous dérober aux recherches de Stanislas, et
« vous n'avez plus rien à lui cacher. — J'entends.
« Nous irons à Paris. Ce ne sont pas les plaisirs
« qui vous y attirent ; mais les lettres de Londres
« y arrivent un jour plutôt qu'à Achères. C'est
« cela, c'est cela, dit Sophie en riant à son tour,
« et en se frottant les mains. » Elle se lève, et va baiser M. Martin sur les deux joues.

« A propos, messieurs, dit celui-ci, je vous
« présente le jeune prince Borloff, dont je vous
« ai parlé avec tant d'intérêt. C'est un espiègle ;
« mais je lui pardonne ses petites ruses, en fa-
« veur de ce qu'il m'a promis. Et il tiendra sa
« parole, reprit Sophie : il a fait plus que vous
« promettre ; il s'est engagé avec moi. Hé, lui
« est-il si difficile de se dévouer, quand je lui
« en donne l'exemple ? »

M. de Polmont et Cognard félicitèrent cordialement le jeune prince sur le bonheur dont il jouissait en ce moment. Stanislas comptait les minutes qu'on lui faisait perdre ; mais les complimens s'échangeaient réciproquement, lorsque le tambour, le violon, les mirlitons et le cri : *Vive l'empereur !* se firent entendre.

Ce n'était plus cette démarche d'équité et d'affection qu'avaient faite les habitans, lorsqu'ils dépouillèrent M. Martin de sa qualité de sorcier, pour le réintégrer au rang des hommes ordinaires. Ils ne lui avaient marqué que des égards pour sa personne, et de la reconnaissance pour son vin. A présent, tout ce que le respect, la soumission ont de plus recherché va lui être prodigué.

Le greffier de la municipalité ouvre la marche. Il est en habit noir complet, poudré à blanc ; son jabot, droit comme une planche, lui rase le bout du nez, et ses manchettes tombent sur le bout de ses doigts. Il tient à la main une grande feuille de papier, sur laquelle, sans doute, il a écrit un compliment. Il est suivi de madame son épouse, qui porte, sur son oreiller, une couronne dans laquelle entrerait la tête d'un éléphant. La carcasse est de la façon du tonnelier, et la reine-marguerite, la pivoine et le tournesol couvrent les cerceaux. Les intervalles sont remplis par des guirlandes faites avec des œufs soufflés. Les garçons et les filles portent d'énormes bouquets.

Le cortége défile au son des instrumens, et se range autour de la table.

Deux témoins gênent les amans; je vous le disais tout à l'heure. Mais on est seul, quand on le veut, où il y a foule, et Stanislas et Sophie allèrent se dédommager, dans un coin de la salle, de la contrainte que les convenances leur avaient imposée pendant quelques momens.

Le tambour frappe un coup sur sa caisse : il est convenu qu'à ce signal on mettra un genou en terre. Le tambour frappe un second coup, et toutes les têtes s'inclinent profondément. Au troisième coup, on se relève. M. Martin est resté dans son fauteuil, où il garde un sérieux imperturbable. Il a répondu aux grandes salutations, qui lui ont été adressées, par un signe de main et un sourire de protection.

Madame la greffière était embarrassée. Elle n'avait pas lu la fable des bâtons flottant sur l'onde :

De loin c'est quelque chose, et de près ce n'est rien..

Elle s'était imaginé que le volume des têtes était dans la proportion de la puissance. Elle était déconcertée en voyant que celle de sa majesté était de grosseur ordinaire. Que fera-t-elle de sa couronne ?

C'était une femme heureuse en expédiens. Elle demanda humblement la permission de monter sur la table, ce qui lui fut octroyé par un nouveau signe de main. Elle ôte son bonnet, en détache le ruban avec dextérité, et suspend la couronne à un clou à crochet, qui, jadis, portait le croc de la propriétaire.

On recula la table; on supplia le potentat de permettre qu'on roulât son fauteuil sous le signe révéré de sa puissance, et comme le fauteuil n'avait pas de roulettes, on prit le parti de le porter, lui et son siége, où on voulait l'avoir.

Le greffier s'approche à une distance respectueuse. Il tousse au premier coup de baguette, il crache au second, et se mouche au troisième : c'était un homme très-méthodique que monsieur le greffier.

Il commence son compliment en voix de fausset, parce qu'il n'en a pas d'autre, ce qui a, quelquefois, attiré de mauvaises plaisanteries à madame la greffière, qui en effet n'a pas d'enfans.

<pre>
    Pierre-le-Grand fut à Saardam,
  Lieu peu distant de Rotterdam.
Il se croyait caché dans ce modeste asile,
Mais il était connu des bourgeois de la ville.
    Ainsi son digne successeur
    Croit en vain cacher sa grandeur :
    A Paris, ainsi qu'au village,
    Chacun lui porte son hommage.
    Proclamons-le notre patron,
    S'il fait restaurer notre pont.
</pre>

Plus d'un souverain a été forcé d'écouter, sans rire, d'aussi détestables vers. Le grand sérieux de M. Martin ne put tenir contre ceux que venait de lui débiter monsieur le greffier, et le poète ne manqua pas de croire que le charme de sa poésie mettait sa majesté en belle humeur. Il regardait M. de Polmont et son régisseur, d'un air triomphant, qui voulait dire : Vous vous êtes laissé souffler cette précieuse occasion ! Il est vrai que vous ne savez pas faire de vers.

Un auteur applaudi prétend à l'être davantage : ce murmure est si doux à son oreille ! Le greffier sollicitait l'indulgence de sa majesté, du ton d'une fausse modestie. Il avait eu si peu de temps pour composer ! Il n'avait pu mettre la dernière main à son ouvrage. Il n'avait de mérite que par le sentiment qui l'avait inspiré. « Que dites-vous, « monsieur le greffier, s'écria M. Martin ! le su- « blime de la dernière pensée n'a pu vous échap- « per.

S'il fait restaurer notre pont !

« Ce n'est pas là une de ces épigrammes qui « ne prouvent que la malignité de l'écrivain ; « c'est une grande leçon que vous donnez aux « rois. Vous leur apprenez que partout leur pré- « sence doit se manifester par des bienfaits.

S'il fait restaurer notre pont

« est vraiment admirable ! — Sa majesté me per- « met-elle de faire insérer mes vers dans l'alma- « nach des Muses ? — Comment, si je vous le « permets ? Je vous en prie, je vous l'ordonne, « monsieur le greffier. »

Le pauvre poëte est prêt à crever dans sa peau. Il répond ; l'autocrate réplique, et s'amuse de tout cela... Pan, un coup inattendu lui ôte la parole.

Le ruban de la greffière avait orné, successivement, sept à huit bonnets. Il était mûr, et il soutenait une couronne du poids de vingt livres au moins. Le diable de ruban casse, pendant que le greffier fait assaut d'esprit avec sa majesté. Le potentat est enfilé de la tête aux genoux. Sa couronne serait sortie par ses pieds, s'il n'eût été assis, et si elle n'eût eu un fond. M. Martin écarte les touffes de fleurs avec ses mains, et il se fait une espèce de croisée par laquelle il parlemente. Il disait que son joyeux avènement lui ôtait la respiration, et qu'il abdiquait le trône, pourvu qu'on le débarrassât de son lourd et immense diadême.

Quand il fut rendu au grand air et à lui-même, il se remit à rire. Le maire, Bertrand et Cognard en firent autant : Sophie et Stanislas n'avaient rien vu, rien entendu.

« Savez-vous, dit M. Martin à ses amis, quelle
« est la différence de cette cérémonie avec d'au-
« tres que j'ai vues et que je pourrais citer ? Ici
« c'est une farce ; ailleurs c'est une comédie.

« Mais qui diable vous a donc fourré dans la
« tête, monsieur le greffier, que j'étais empereur
« de Russie ? — C'est Pélagie, c'est Vincent, ce
« sont vingt paysans du village. — Si un million
« d'hommes bien armés le croyait comme vous,

« je le serais infailliblement : ce n'est pas le droit
« des mots, c'est celui des baïonnettes qui fait
« les rois.

« Détrompez-vous, mon ami, je ne suis pas
« plus empereur que vous. — Pourquoi, sire,
« persister à vous cacher ? — Je ne suis pas em-
« pereur, vous dis-je, et que vous importe ? Votre
« unique but était d'obtenir la restauration de
« ce pont qu'on laisse tomber en ruines, comme
« tant d'autres choses. Je le ferai remettre à neuf :
« il ne faut pas être souverain pour cela. Mais
« le jour commence à baisser. J'ai à m'occuper
« d'affaires moins chimériques que mon trône et
« mon empire. Faites-moi le plaisir de vous re-
« tirer. »

L'amour entend bien, quand il est intéressé à
bien entendre. Le jour commence à baisser, disait Stanislas en laissant tomber sa tête sur sa
poitrine. Le jour commence à baisser, répétait
Sophie, en essuyant furtivement quelques larmes. « Oui, mes enfans, reprit M. Martin, le mo-
« ment de vous séparer est venu, et j'attends de
« vous de la résignation et du courage. »

Du courage ! c'est bientôt dit. M. Martin ressemblait un peu, dans cette circonstance, à ceux
qui souhaitent de la patience au malade qui souffre des douleurs aiguës. Qu'importe, d'ailleurs,
qu'une promesse authentique soit remplie avec
stoïcisme ou faiblesse, pourvu qu'elle le soit ?

Stanislas n'avait voulu que voir un moment sa

Paula, lui parler, l'entendre, et obéir ensuite à M. Martin, pour qui il avait autant de respect que d'affection. Mais des heures s'étaient écoulées ; la main de Paula avait presque toujours été dans les siennes ; le souffle des deux enfans s'était confondu. Stanislas avait obtenu plus qu'il avait désiré, et cependant il ne pouvait s'éloigner : on prend si vite l'habitude d'être heureux.

M. Martin parla de nouveau, et avec l'énergie qu'il employait dans les grandes occasions. Sophie retira sa main blanchette ; elle recula de quelques pas, et se laissa tomber sur un siége, en fondant en larmes. Stanislas se précipita à ses pieds.

Bertrand sentait les peines des deux amans ; son cœur était brisé ; M. de Polmont et Cognard étaient attendris. « Vous partirez, dit M. Martin
« à Stanislas, s'il vous reste encore un senti-
« ment d'honneur. Les princes sont-ils placés à
« la tête des nations, pour les rendre témoins de
« leurs faiblesses ? voulez-vous traîner un grand
« nom, au lieu de l'illustrer, à l'exemple de votre
« père ? »

Cela était fort beau, sans doute ; mais Stanislas n'aspirait pas, en ce moment surtout, au titre de grand homme, et il ne croyait pas que l'honneur consistât à délaisser sa maîtresse. Il avait saisi le bas de la robe de Paula ; ses lèvres y étaient fixées ; on ne pouvait l'en détacher. « Voyez,
« jeune homme, dans quel état vous la jetez.

« Avez-vous cessé de l'aimer? êtes-vous sans pitié?
« vous est-il indifférent qu'elle souffre, pourvu
« que vous soyez satisfait? »

Ces mots font un effet terrible. « C'est à elle
« seule, s'écrie le prince, que je me sacrifie, que
« je peux me sacrifier! » Il s'arrache d'auprès
d'elle, il s'élance, il sort... « De Londres, disait
« Paula en sanglotant... de Londres... vous nous
« écrirez, » et ses bras s'étendent encore vers
l'amant qu'elle ne voit plus.

Bertrand, M. de Polmont, Cognard, sont sur
les pas de Stanislas. M. Martin sait qu'il l'a frappé
au cœur, et qu'il ne reviendra pas. Il doit des
secours, des consolations à Sophie : il reste auprès d'elle.

« Oui, oui, disait Stanislas, je pars pour Londres. Paloski le veut, et peut-être a-t-il raison...
« Je n'en reviendrai que pour être son époux...
« Une scène comme celle qui vient de se passer,
« serait au-dessus de nos forces. »

Mais il a renvoyé la voiture qui l'a amené,
peut-être parce qu'il espérait gagner Paloski. Bertrand remarque qu'il est neuf heures, et qu'il y
a loin d'Achères à Paris. M. de Polmont prend le
bras du jeune homme; il le conduit chez lui ; il
fait apprêter un cabriolet.

« Ah, mon dieu, s'écrie Bertrand, Paloski a
« oublié de remplacer les cinquante louis! Que
« n'oublie-t-on pas, dans de semblables momens! »
Il donne sa bourse au jeune homme ; il le tient

long-temps embrassé; leurs larmes se confondent. On monte Stanislas dans le cabriolet... Il est parti.

CHAPITRE V.

Le dénouement se prépare.

Les insomnies que cause l'amour heureux sont quelquefois délicieuses; celles qui naissent des peines du cœur, sont cruelles et prolongées. Les yeux charmans de Sophie ne s'appesantirent qu'à l'aube du jour; ils étaient battus, lorsqu'elle se présenta devant M. Martin; une teinte de mélancolie, répandue sur toute sa figure, la rendait plus intéressante : rien n'enlaidit la jeunesse et les graces.

« Nous avons tous trois besoin de dissipation,
« dit M. Martin. Ce jeune homme m'a affecté
« aussi, et cependant je suis satisfait de sa con-
« duite. Si cet animal n'eût pas laissé voler mes
« chevaux, nous irions prendre l'air à Poissy, ou
« à Pontoise. Quelques courses dans les monta-
« gnes, un dîner champêtre, dissiperaient nos
« tristes idées. — Croyez-vous, mon ami, dit
« Sophie, en baissant les yeux, que l'air de Paris
« ne vaille pas celui de Pontoise ? — J'ai ordonné
« à Frédéric de remettre le logement que j'avais
« arrêté, de rompre mon marché avec le tapissier.
« — Êtes-vous sûr qu'il n'y ait plus de place à

« l'hôtel du Pérou ? — Ma foi, je n'en sais rien.
« — Dans deux heures, nous pourrions le savoir.
« — Comment cela ? — M. de Polmont a une
« berline et des chevaux. — Ma jeune amie, rien
« ne vous embarrasse... Mais où est donc votre
« père ? — Il est allé voir si le domestique qui a
« conduit Stanislas est de retour. — Ah, c'est
« juste, c'est très-juste. Il faut savoir si la fraî-
« cheur du soir a calmé notre jeune homme ; s'il
« a souvent prononcé le nom chéri... — Et s'il
« n'a pas écrit quatre lignes en arrivant. — Com-
« ment donc ? Je n'aurais pas poussé la pré-
« voyance plus loin, moi qui me pique de ne
« rien oublier... Allons, allons, quand Bertrand
« sera de retour, nous verrons, en déjeunant,
« quel parti il conviendra de prendre. »

Stanislas ne s'est pas borné à écrire quatre lignes ; c'est un paquet que rapporte Bertrand. Qu'est-ce qu'un déjeuner pour une fille de dix-sept ans, qui tient une lettre de l'objet aimé ? On a servi, et Sophie est allée s'enfermer dans sa chambre. « Mettons-nous à table, Bertrand, « nous qui ne sommes pas amoureux. »

Ces messieurs s'occupent, en mangeant, du présent et de l'avenir. Il est constant qu'ils n'ont plus la moindre raison de garder l'incognito ; M. Martin est toujours empressé de faire ce qui peut être agréable à ses amis, et Bertrand est toujours de l'avis de sa fille. On arrête donc qu'on se rendra à Paris dans le jour ; à Paris, dont M. Martin a pensé tant de mal, quand il s'est cru obligé d'en sortir. Ainsi parlait le renard, des raisins qu'il ne pouvait atteindre : c'est un moyen de consolation. M. Martin pense, en ce moment, qu'on peut supporter la vie dans une ville où on trouve un Louvre, des Tuileries, un Luxembourg, un Jardin du Roi, des boulevards toujours animés, un Panthéon, qui, peut-être enfin, se tiendra debout, un dôme des Invalides, des places magnifiques, des rues de Richelieu, de Saint-Louis, de Grenelle, de Saint-Dominique, du Mont-Blanc, des bains publics dans tous les quartiers, de vastes et nombreuses bibliothèques, des sociétés savantes et littéraires, les premiers peintres de l'Europe, des spectacles enchanteurs, des femmes charmantes, des hommes aimables, toutes les commodités de la vie, et le luxe, paré de ce que l'élégance et la grace ont de séduisant.

On n'a plus de chevaux; mais, comme l'a très-bien pensé Sophie, M. de Polmont ne refusera pas les siens. On quitte la table, on va prendre congé de lui ; le petit voyage d'Achères à Paris s'arrange. On promet à M. de Polmont de venir quelquefois lui demander à dîner. On met à sa cheminée une carte d'adresse de l'hôtel du Pérou.

On passe chez Cognard. On lui renouvelle des protestations sincères d'estime et d'attachement. On embrasse Rosalie, et on s'engage à nommer l'enfant sur lequel le couple heureux commence à compter. On a reçu des marques d'amitié chez

M. de Polmont; on emporte des bénédictions de chez Cognard.

On rentre chez soi. On fait venir Pélagie et Vincent. On leur donne les trois garde-robes bourgeoises, les meubles et la jouissance de la petite maison pendant le reste du bail; on leur promet protection et assistance, quelque chose qui leur arrive. On recueille encore des bénédictions, et M. Martin remarque, avec sa sagacité ordinaire, que cela vaut bien des complimens.

Et comme il ne faut rien oublier, on fait venir le maître maçon. On convient de ce que coûtera le rétablissement du pont, et on se conduit en souverain : on ne marchande pas, et on paie d'avance la moitié du prix convenu.

Le bruit du départ de M. Martin s'est fait entendre dans tout le village. On n'a pas le temps de s'occuper du cérémonial, et, cette fois, le tambour et le violon sont muets. Les habitans de toutes les classes entourent la maison. Ils viennent remercier M. Martin, M. Bertrand et mademoiselle Sophie. Souvenirs de reconnaissance sont bien doux à inspirer !

« Mais où est donc, dit monsieur le curé, cette
« belle demoiselle, que tout le monde chérit, et
« qui se dérobe aux empressemens de l'amitié ?
« Ah, mon dieu, s'écrie M. Martin, elle n'a pas
« déjeuné. » Il court à sa chambre; il la trouve à la septième page de sa réponse au paquet qu'elle a reçu le matin. « Pourquoi, ma jeune amie, pas-

« ser tant de temps à écrire, lorsque vous ne
« savez encore où adresser votre lettre? — Écrire
« à ce qu'on aime, n'est-ce pas lui parler? — A
« la bonne heure; mais venez recevoir les der-
« niers hommages de nos bons bourgeois. Vous
« déjeunerez ensuite, ce qui n'est pas à dédaigner,
« quelque amoureux qu'on puisse être.

Les complimens sont échangés. Chacun est retourné à ses travaux champêtres. Les chevaux de M. de Polmont sont mis à la calèche. On se dispose à y monter. Vincent et sa jolie petite femme ne peuvent quitter leurs bienfaiteurs qu'au dernier moment.

Un homme arrive au grand galop d'un cheval, couverts tous les deux de sueur et de poussière : il est chargé d'une lettre pour M. Martin. « Vous
« allez voir, dit celui-ci, après l'avoir lue, que
« l'homme est le très-humble serviteur des circon-
« stances, ou de la fatalité. Nous comptions aller
« à Paris; nous le voulions fermement; aucune
« puissance ne semblait pouvoir nous en empê-
« cher : pas du tout, nous partons pour Meulan.
« — Pour Meulan ! — Pour Meulan ! — Boniface
« et son laidron de Suzette s'y sont fait empri-
« sonner, et se réclament de moi. — Ce sont des
« imbéciles. — Je le sais bien, Sophie, et voilà
« pourquoi ils ont besoin de protection. — Par-
« don, mon ami, pardon. La contrariété a fait
« taire un moment mon cœur. Allons secourir
« ces malheureux. Partons pour Meulan. » M. Mar-

tin embrasse Sophie ; on monte en voiture ; le cocher de M. de Polmont fait résonner son fouet. On a quitté l'asile de la paix : trouvera-t-on mieux ?

A peine avait-on fait une demi-lieue, que M. Martin s'écria tout-à-coup : « Vous croyez que « nous allons à Meulan ; vous le voulez comme « moi : hé bien, nous sommes forcés de retour- « ner à Achères. — Comment cela ? — Je ne sais « de quoi sont accusés Boniface et Suzette ; mais « qui prouvera aux magistrats de Meulan que ceux « qui viennent les réclamer valent mieux qu'eux ? « Il nous faut une attestation authentique du « maire d'Achères, qui fasse naître la confiance, « qui donne du poids à ma recommandation. »

On cède à la loi de *la nécessité*. On murmure un peu ; on s'accuse mutuellement d'imprévoyance ; mais on revient sur ses pas.

« La fortune a sa roue, dit M. Martin ; notre « destinée a aussi la sienne, et quelques efforts « que nous fassions, il faut que nous tournions « avec elle. — Mon ami, votre système n'a rien « de consolant. — Pourquoi cela, Sophie ? Que « nous importe d'aller en ligne droite, ou de dé- « crire un cercle ? Quand nous serons arrivés au « terme, il faudra bien nous arrêter. Allons, « allons, dit Bertrand, laissons de côté la méta- « physique, et jouissons de la vie, sans nous in- « quiéter comment ni pourquoi nous vivons. »

Quel est donc ce Sancho qui arrive ventre à

terre sur un âne, les jambes et les bras en l'air?...
Hé, c'est Vincent! Que diable vient-il annoncer?... Il apporte une lettre de M. de Polmont.

M. de Polmont a su, par la voix publique, que M. Martin va à Meulan. Il connaît le motif qui le *pousse* vers cette ville. Il a pensé à la *nécessité* de s'y présenter d'une manière à se concilier les esprits, et il envoie le certificat qu'on venait lui demander.

« Hé bien, me direz-vous qu'on fait ce qu'on
« veut dans ce monde? Nous sommes partis pour
« Paris, pour Meulan, pour Achères, et nous
« voilà arrêtés au milieu des champs, sans savoir
« définitivement où nous irons. Notre roue tourne
« à présent vers Meulan : qui sait si nous y arri-
« verons? » Ainsi parlait M. Martin. Bertrand, que ces sorties philosophiques n'amusent pas infiniment, ne répond rien, et dit au cocher de reprendre la route de Meulan.

On marchait au grand trot, pour regagner le temps perdu. M. Martin pensait; Bertrand bâillait; Sophie cachait ses petites impatiences, pour ne pas s'attirer une nouvelle mercuriale. Tout à coup un homme s'élance du taillis; il traverse le chemin; il saute à la bride des chevaux. Bertrand, qui ne plaisante jamais, tire un pistolet, et jure qu'il va lui faire sauter la cervelle... « Il n'en a
« pas, dit M. Martin : c'est notre imbécile. » La grosse Suzette arrive. Elle fait sept à huit révérences, fixe ses gros yeux ronds sur l'intérieur de

la voiture, et rit du rire de la bêtise. « Vous
« voyez bien, dit M. Martin, que nous n'allons
« plus à Meulan. Tournons, puisque la roue le
« veut ainsi. Tu n'es donc plus en prison, Boni-
« face? — Monsieur le voit bien. — Et pourquoi
« y es-tu entré? — Parce qu'on m'y a conduit.
« — Butor! — Comme il plaira à monsieur. —
« Et pourquoi t'a-t-on arrêté? — Parce que j'ai
« couru après vos chevaux. — Il ne finira pas. —
« Je réponds à toutes les questions de monsieur.
« — Je ne t'en ferai plus. Raconte-nous ce qu'il
« t'est arrivé. — Oh, c'est bien facile. — Voyons.
« — Monsieur sait bien que nous nous sommes
« mis à courir. — Je le sais. — Après avoir bien
« couru, nous nous sommes demandé où nous
« allions, et nous nous sommes répondu que
« nous n'en savions rien. — Jolie manière de
« chercher quelque chose! — Mais comme les
« chevaux ne pouvaient être que d'un côté, et
« que ce pouvait être du côté où nous étions,
« comme d'un autre, nous avons été tout droit
« devant nous. — Diable, voilà du raisonnement!
« — Nous marchions, nous marchions, dame; il
« fallait voir, et si monsieur l'avait vu, il aurait
« été très-content de nous. — Poursuis. — Qui,
« monsieur? — Et parbleu, ta narration. — Nar-
« ration?... — Oui, va donc, va donc. — Où
« monsieur veut-il que j'aille? — Finis ton his-
« toire. — Hé bien, monsieur, nous voilà avec
« vous, et j'en suis bien aise. Ah, ah, ah, ah! —

« Mais comment es-tu venu ici? — Par la grande
« route.

« Hé, s'écria Bertrand, ces imbéciles ont été
« en prison ; ils en sont sortis, c'est tout ce que
« vous vouliez : laissons-les là, et dirigeons-nous
« sur Paris. — Comment, je ne saurai pas pour-
« quoi on les a arrêtés, pourquoi on les a relâ-
« chés? — Ah, c'est là ce que monsieur veut sa-
« voir! S'il s'expliquait clairement, je l'aurais
« bien compris. — Allons, parle. — Monsieur
« sait bien qu'en allant toujours tout droit, on
« finit par arriver quelque part. — Bon. — Nous
« sommes arrivés sur la place de Meulan, et nous
« avons entendu de la musique. Nous étions bien
« fatigués : pourtant j'ai demandé à Suzette si
« elle voulait danser. — Elle a dit qu'oui? —
« Oui, monsieur. Mais quand nous avons été en
« posture, j'ai reconnu les musiciens de la forêt
« de Saint-Germain. — Ah, ah! voilà qui devient
« intéressant. — J'ai sauté à la gorge d'un ; Su-
« zette en a empoigné un autre, et le diable ne
« nous aurait pas fait lâcher prise. Ces coquins-là
« se sont mis à crier au voleur : il est venu deux
« gendarmes. Ces musiciens de malheur ont dit
« que je leur avais pris leur mouchoir. Moi, j'ai
« répondu que ça ne pouvait pas être, parce que
« je ne m'en sers jamais. On m'a fouillé ; on a
« trouvé dans ma poche un mouchoir marqué
« d'une lettre qui était sur leur passeport, et
« comme j'ai dit que Suzette est ma femme, on

« nous a menés en prison tous les deux. — Ah,
« enfin nous savons quelque chose.

« Hé, comment êtes-vous sortis de là ? — Par
« la porte, monsieur. — Mais pourquoi vous l'a-
« t-on ouverte ? — Ah, c'est différent, ça : il faut
« être clair, quand on parle. — Hé bien ? — Il
« est venu un monsieur habillé de noir, qui nous
« a parlé long-temps, et qui écrivait en parlant.
« Après ça, on a fait venir les quatre musiciens,
« qui n'ont plus parlé de leur mouchoir. Après
« ça, il est venu un monsieur tout rond, qui a
« dit que les musiciens lui avaient vendu vos che-
« vaux au marché de Poissy. Après ça, il est venu
« un autre monsieur qui a dit qu'il avait vendu
« ces chevaux à Paris, à un monsieur qui avait
« un nez d'argent. Après ça, les musiciens n'ont
« pas pu dire de qui ils avaient acheté les chevaux.
« Après ça, on a parlé encore à Suzette et à moi.
« Comme nous ne comprenions pas ce qu'on nous
« disait, nous n'avons pas pu répondre. On nous
« a dit que nous sommes des bêtes, et on nous a
« mis à la porte, ce qui n'est pas poli du tout.

« — Voilà mes chevaux retrouvés, c'est fort
« bien ; mais la justice les mangera : n'y pensons
« plus. Ah ça, de quoi avez-vous vécu, car vous
« n'aviez pas le sou ? — Nous avons vécu de la
« grace de Dieu. — Ah, les malheureux sont à
« jeun ! — Monsieur se moque de moi. A jeun
« depuis quatre jours ! Est-ce que ça se peut ?
« — Mais où était la grace de Dieu ? — A la porte

« d'une ferme, monsieur. Nous demandions du
« pain, et quelquefois on le frottait avec un mor-
« ceau de lard. — Le joli métier ! — N'est-ce pas,
« monsieur ? Celui-là ne fait de tort à personne.

« Hé, dit Bertrand, la loi de *la nécessité* veut
« que l'homme mange, et quand il n'a rien, il
« est *forcé* de demander, ou de prendre. Partons,
« partons, dit bien doucement Sophie. — Mes
« amis, donnez-moi encore un moment. Tu as
« dit que Suzette est ta femme : elle a donc passé
« la nuit avec toi ? — Oui, monsieur ; celle-là et
« les autres. — Cela est affreux ! — Non, mon-
« sieur ; c'est bien bon. — Tu épouseras Suzette.
« — Non, monsieur, je ne l'épouserai pas. — Et
« la raison, imbécile ? — J'aimais bien mon père,
« monsieur... — A la bonne heure. — Il m'a fait
« promettre de mourir comme lui. — Et com-
« ment est-il mort ? — Il est mort garçon. — Quelle
« immoralité ! Tu feras un enfant à cette fille. —
« Que voulez-vous que je lui fasse ? un veau ?

« Au nom de Dieu, finissez-en, dit Bertrand.
« — Tenez, voilà dix louis : faites-en ce que vous
« voudrez, et que le diable vous emporte. —
« Grand merci, monsieur, et que le ciel vous le
« rende. »

La gaieté reparaît sur la figure de Sophie, parce qu'on est sur le chemin de Paris. Celle de Bertrand se dilate, parce que le sourire est sur les lèvres de sa fille. M. Martin réfléchit à la variété des traits du visage, des organes, et surtout

des facultés intellectuelles. « Ainsi, dit-il à Ber-
« trand, qu'il y a des hommes grands et petits,
« beaux et laids, vigoureux et débiles, il y en a
« de sots et de spirituels. On explique assez bien
« cette différence de vigueur et de stature, en
« rapprochant l'espèce humaine des végétaux,
« en qui le plus ou le moins de sève opère les
« mêmes variétés. Mais à quoi attribuer cette dis-
« semblance dans ce qu'on appelle esprit, si cet
« esprit n'est pas le résultat de sensations plus
« ou moins vives, selon que les organes sont plus
« ou moins disposés à recevoir des perceptions ;
« selon que les nerfs de notre cerveau sont plus
« ou moins irritables? J'ai incontestablement une
« ame immortelle, d'une essence tout-à-fait étran-
« gère à la matière, et par conséquent à mon
« corps, puisque je tiens cette vérité importante
« de personnages bien plus instruits que moi.
« Pourquoi donc mon ame ne pensait-elle pas
« dans le sein de ma mère? Pourquoi sa puis-
« sance de perception ne s'est-elle développée
« que dans la proportion des forces qu'ont ac-
« quis mes organes? Pourquoi commence-t-elle
« à perdre de son énergie, maintenant que j'ai
« cinquante ans? Pourquoi l'ame d'un être qui a
« quelque chose de dérangé dans le cerveau, dé-
« raisonne-t-elle sans interruption? Pourquoi
« l'ame du greffier d'Achères, qui se pique d'être
« un bel-esprit, ne pourrait-elle faire, en cent
« ans, quatre vers d'Athalie ou de Mahomet, car,

« enfin, un esprit doit être une chose toujours
« égale, toujours inaltérable : un rayon du so-
« leil est toujours un rayon.

« Oh, répondit Bertrand, on pourrait faire là-
« dessus un gros livre, qui ne persuaderait pas
« tout le monde. Mais comme nous en avons déja
« beaucoup sur cette matière; que certains ont
« pour eux l'avantage de l'antiquité, et le carac-
« tère de leurs auteurs, qui sont généralement
« et si justement révérés, je ne vous conseille
« pas de prendre la plume. Après des siècles d'er-
« reurs, plus ou moins funestes, les hommes ne
« sont pas revenus de la médecine. — Je vous
« entends, je vous entends. Ayons des médecins,
« écoutons-les, payons-les, et jetons les drogues
« par la fenêtre.

« Nous arrivons à Saint-Germain, et j'en suis
« fort aise, car votre conversation, messieurs,
« n'a rien de bien attrayant. — Je crois même
« avoir surpris quelques bâillemens mal étouffés...
« Parlons de Stanislas, cela vous réveillera. —
« Oh, oui, parlons-en, M. Martin. » Et de ce
moment jusqu'à celui où on arrêta devant l'auberge du Cheval-Blanc, on ne s'entretint que du
bien-aimé. Bertrand en parlait avec presque autant de plaisir que sa fille. M. Martin écoutait
avec une bienveillance encourageante.

Douce et précieuse illusion, pensait-il, qui fais
le charme du moment et qui embellis l'avenir,
pourquoi dois-tu te dissiper un jour ? Parce que

tout ce qui a commencé doit finir : vérité affligeante, qu'il faut cacher soigneusement aux êtres heureux. Ah, Paula et Stanislas n'eussent-ils, dans toute leur vie, qu'un an de bonheur sans mélange, ils seraient encore digne d'envie ! Combien de misérables sont nés pour souffrir, et n'arrivent à leur dernier jour qu'à travers des privations de toute espèce, et par des douleurs cruelles et soutenues ! Doivent-ils s'en prendre à la nature seule ? Les institutions sociales, les arbitres de la société !... On ferait encore un beau livre là-dessus ! Mais silence. Un client sage ne se brouille pas avec son patron, quelque mécontent qu'il en puisse être : il peut trouver pis.

On a dîné à Saint-Germain ; on est remonté en voiture, et la gaieté de Sophie est plus piquante et plus vive, à mesure qu'on approche de l'enceinte où Stanislas respirait hier, où il doit adresser sa première lettre. « Croyez-vous,
« M. Martin, qu'il soit à Calais ? pensez-vous qu'il
« puisse arriver demain à Londres ? Est-il impos-
« sible que dans deux jours nous ayons de ses
« nouvelles ?... Ah, il lui faut le temps de se loger.
« Le Packet-Boat de Douvres peut être arrêté par
« des vents contraires... Ah, mon dieu, ce serait
« bien malheureux ! — Vous oubliez, Sophie,
« que vous avez été un an sans entendre parler
« de lui, et vous supportiez votre sort. Vous l'a-
« vez vu hier, et vous vous plaignez aujourd'hui !
« Le bonheur rend-il donc injuste et exigeant ?

« — J'ai tort, mon ami, j'ai tort, j'en conviens ; « mais je l'aime si tendrement ! — Aimez, Sophie, « aimez ; mais que la raison ne perde pas ses « droits sur vous. L'amour honnête et réservé « élève l'ame, et n'est jamais suivi de regrets. « Une passion insensée, délirante, dégrade l'in- « dividu qu'elle subjugue.

« Ma foi, s'écria Bertrand, le curé d'Achères « avait raison : vous auriez prêché comme un « ange. — J'avoue que je ne suis pas monté sur « le ton plaisant ; mais nous approchons de Paris, « et l'air de cette ville, l'agitation qui y règne, « disposent à la frivolité, et, par conséquent, à « l'oubli des choses sérieuses. — Ah, mon ami, « Paris ne me fera rien oublier.

« — Nous voilà à la barrière. Laissons ici « M. Martin, Bertrand et Sophie ; et redevenons « nous-mêmes. — En serons-nous plus heureux, « mon ami ? — Je l'ignore, Paula. Mais je crois « que chacun doit tenir au chaînon que la for- « tune lui a assigné. Le bourgeois opulent, qui « tranche du grand seigneur, troque son argent « contre des ridicules. Le prince qui descend de « son rang, sans nécessité, devient l'égal de ses « inférieurs. Dédaigné à la cour, il est encore dé- « pouillé de la considération dont il jouissait à « la ville. Tout doit rester à sa place, et tout doit « être fait dans son temps. Ainsi un jeune homme « qui affecte une raison précoce, n'est qu'un pé- « dant imberbe, comme un vieillard qui conserve

« les goûts de la jeunesse, perd en estime ce
« qu'il gagne en travers. »

On descend à l'hôtel du Pérou. Monseigneur y a son appartement : il est logé de droit. Le reste de l'hôtel est occupé. Où logeront Obinski et sa fille ? dans un hôtel garni ? Pourquoi se séparer ? Un grand seigneur, sans se détacher du chaînon auquel le sort l'a lié, peut renoncer, en faveur de ses amis, à une chambre et un cabinet, surtout lorsqu'il lui restera encore plus de place qu'il lui en faut. L'hôte, d'ailleurs, à qui cet arrangement ne convient pas, parce qu'il n'y gagne pas un sou, ne manquera pas de congédier, au premier moment, quelque locataire, dont monsieur le comte paiera le logement le double de ce qu'il vaut.

Pendant qu'on s'occupait de ces dispositions provisoires, Frédéric ne pouvait détourner son attention d'Obinski et de sa fille. Il les avait vus à Pétersbourg ; il avait entendu parler des persécutions qu'on y avait suscitées au comte, des malheurs qui en étaient résultés, et il ne concevait pas qu'il fût réuni à son maître. Il ne comprenait pas davantage à son habit de gros drap, et au costume villageois de la jeune comtesse. « Non, non, lui dit le prince, tu ne comprends
« rien à tout ceci ; et il n'est pas nécessaire que
« tu y comprennes quelque chose : il l'est que tu
« fasses exactement ce que je vais te dire.

« Monsieur le comte et sa fille veulent se faire

« habiller selon leur rang. Tu as eu le temps de
« dormir pendant que tu étais seul ici : cours jus-
« qu'à deux heures du matin, s'il le faut, et qu'à
« notre lever il y ait dans mon antichambre un
« tailleur, une couturière et une marchande de
« modes. Que ces *artistes* soient de la classe la
« plus distinguée.

« Pendant la longue et importante conférence
« qu'on aura avec eux, tu chercheras, pour le
« comte, un domestique actif, adroit, intelligent
« et fidèle comme toi. Tu vois que je n'ai pas perdu
« mes habitudes de cour, et que je sais flatter
« ceux dont j'ai besoin ; mais ne te prévaux pas
« de cela.

« Il faut à la jeune comtesse une femme de
« chambre qui réunisse les qualités que j'exige
« dans le domestique. Prends garde de te tromper
« dans ton choix : une femme de chambre est
« quelque chose de plus essentiel qu'on ne pense.
« Je veux que celle-ci soit laide, entends-tu bien ?
« — Laide, monseigneur ! — Laide, M. Frédéric,
« parce que vous êtes un égrillard, et que je ne
« veux pas d'intrigues chez moi. Une femme de
« chambre laide, d'ailleurs, est toujours un peu
« humoriste, et cela empêche qu'il s'établisse,
« entre la suivante et sa maîtresse, une fami-
« liarité qui est au moins déplacée. Marche. »

Le prince s'arrange dans son local resserré,
Obinski dans le sien ; Paula finit la lettre qu'elle
a commencée à Achères. Le prince se met au lit,

tout seul, en personne, comme aurait pu le faire
M. Martin. Ah, pensait-il, un prince et un goujat
en chemise se ressemblent singulièrement.

Dès le matin, tout est en mouvement dans
l'hôtel. Des *artistes*, des porteurs, des pièces de
drap, de velours, des étoffes de soie, des modèles de broderies, des dentelles, des chapeaux
de toutes les couleurs, et de toutes les formes,
sont étalés sur les chaises, sur les banquettes,
sur les tables de l'antichambre, et les marchands
attendent les acheteurs dans l'attitude respectueuse qu'ils prennent à l'égard de ceux dont ils
espèrent tirer de l'argent.

Le prince, dans sa robe de chambre, paraît
au milieu de tout ce monde : il est, pour ces
marchands, l'aurore qui annonce un beau jour.
Frédéric se doute bien qu'ils n'ignorent pas les
usages reçus en pareille circonstance. Pour qu'on
ne les oublie pas, il fait tout voir, tout remarquer à monseigneur. Il donne les raisons des
choix qu'il a faits, des motifs qui l'ont porté à
préférer, à tant de concurrens, monsieur celui-ci, mademoiselle celle-là. « Allons, allons, lui dit
« le prince à l'oreille, tu entends les affaires :
« les cinq pour cent te sont acquis. Mais que
« vois-je là ? Des écrins ? — Ce sont des bagatelles
« qu'une jeune demoiselle peut porter, et qui lui
« font toujours plaisir. — A la bonne heure. »

Paloski va frapper chez le comte, et le prie de
passer, avec sa fille, à l'antichambre. Le choix

d'Obinski tombe sur ce qu'il y a de plus modeste ; Paula regarde tout avec assez d'indifférence. Oh, oh, se dit le prince, l'amour règne bien exclusivement sur cette jeune personne ; puisque elle est insensible aux charmes de la toilette ! il faut la marier, il le faut ; mais comment faire ? En vérité, je n'en sais rien.

C'est Paloski qui choisit pour elle. De temps en temps, Frédéric se permet de glisser son mot, et le maître convient, intérieurement, que son valet de chambre a plus de goût que lui.

« Ah ça, messieurs et mesdames, dit le prince, « il faut que tout cela soit fait et rendu ici, ce « soir, à cinq heures. — Ah, monseigneur !... — « A cinq heures ! — Comment faire ? — Comme « vous le voudrez : cela vous regarde. Mais je « veux que cela soit ainsi. — Dès que monseigneur « le veut.... — Il faut bien le satisfaire. — On « prendra des ouvriers, des ouvrières. — On n'en « trouve pas facilement. — Vous apporterez vos « mémoires ; Frédéric les soldera à l'instant. — « Monseigneur lève toutes les difficultés. »

Pendant qu'on déjeunait, l'intelligent et infatigable Frédéric présenta un domestique et une femme de chambre. Paloski fit peu d'attention au premier. Si le comte n'en est pas content, pensait-il, il le remerciera ; mais il interrogea la seconde sur tous les points, et il l'examinait attentivement, pour juger de la sincérité de ses réponses. Elle sortait de chez une femme de finance, dont elle produisit un certificat en bonne forme, et dont les expressions avaient quelque chose de flatteur. « Hé, pourquoi, mademoiselle, « avez-vous quitté une dame qui paraît faire de « vous un cas particulier ? — Monseigneur, elle « m'a renvoyée. — Comment cela ? — Ma manière « de me mettre est trop simple pour elle. — Trop « simple pour une bourgeoise, dont le mari sera « peut-être destitué demain ! Cela fait pitié. Je « conviens, cependant, qu'un peu de toilette « peut, jusqu'à certain point, cacher les torts de « la nature... Mais pourquoi avez-vous refusé de « complaire à votre maîtresse ? — Ma mère est « dans l'indigence... — En voilà assez. Vous êtes « au service de mademoiselle.

« Allons, mes amis, Denis-le-Tyran envoyait « aux Carrières ceux qui ne trouvaient pas ses « vers bons ; ne restons pas inutilement, volon- « tairement dans la nôtre. Allons respirer l'air des « champs. Là, du moins, nous ne trouverons pas « de percepteur chargé de la levée d'un impôt « sur les poumons. Paula est encore dans les vê- « temens de Sophie ; mais Sophie valait Paula, « et un Fabuliste ancien a dit qu'il ne faut pas « regarder au vase, mais à la liqueur qu'il con- « tient. Frédéric, fais mettre les chevaux.

« Hé bien, ma chère amie, votre figure était « rayonnante quand, hier, nous approchions de « cette ville. — Stanislas y a passé. — Elle est « rembrunie aujourd'hui. — Stanislas n'y est plus.

« — Il faut la dilater. Venez voir la nature ; elle
« vous fera oublier les chagrins que nous impo-
« sent souvent les institutions sociales. — La na-
« ture unit les cœurs ; les institutions les séparent.
« — Elles finiront par consacrer vos vœux et ceux
« de Stanislas : la persévérance et le temps sont
« deux grands maîtres. Du courage, de l'espé-
« rance, et surtout de la gaieté. Montez, Paula. »

On court à Meudon, à Sèvres, à Saint-Cloud. On quitte la voiture, on se promène, on raisonne, et, malgré les efforts du prince, la conversation conserve une teinte sentimentale. On remonte en carrosse ; on change de lieu, et Paula porte partout ses pensées et sa mélancolie.

On revient dîner du train dont on a parcouru les environs de Paris. Les chevaux sont rendus ; mais qu'importe ? On est à peine sorti de table, et Frédéric annonce ses *artistes*. Julie s'empare de tout ce qui est destiné à sa maîtresse. Elle la conduit chez elle avec cet air doux, bienveillant, empressé, qui plaît toujours, et qui fait dispa- raître la laideur. Obinski a dépouillé le costume de Bertrand ; Paula est parée, et ne s'en doute pas. Les chevaux sont mis. On va à la petite salle où on joue le grand opéra.

« Je n'entends pas un mot, dit Paula. Le mu-
« sicien n'a-t-il travaillé que pour l'orchestre ? »
Le prince lui présente la main, et on court aux Français. On donnait Zaïre, et là, notre aimable enfant entendait trop ; elle fondait en larmes.

Zaïre est la pièce du cœur. On y pleure peu à présent : c'est que le cœur du chevalier de Boufflers a singulièrement prévalu sur l'autre.

Paloski enlève Paula, et l'entraîne au Vaudeville. On jouait *Lantara*, et Paula écoutait. Un léger sourire errait, par intervalles, sur ses lèvres. « Demain, lui dit le prince, je louerai une « loge ici. »

Le lendemain matin, il la conduisit aux montagnes de tous les noms. Elle ne vit là que de la démence. Il la mena à la bibliothèque du roi. « Tout est ici, dit-elle. Heureux qui peut lire ! » Il lui fit voir le Panthéon. « Mon ami, cela est « bien beau et bien inutile, puisqu'on a laissé « périr l'inscription qui consacrait les morts, et « qui encourageait les vivans (1). — Mon enfant, « l'acception du mot *grand-homme* change selon « les circonstances. Galilée, dans les prisons de « l'inquisition, n'était qu'un hérétique. Christophe « Colomb passa pour un fou, jusqu'à ce qu'il eût « découvert le Nouveau-Monde, que son génie « lui avait révélé. Cette inscription pourra être « rétablie ; mais dans quel esprit ? je l'ignore. « Peut-être annoncera-t-elle la cendre d'un jésuite, « ou d'un général de capucins. »

Il remet Paula à l'hôtel, et fait toucher chez l'ambassadeur de Russie. Ah, se disait-il, cette

---

(1) *Aux grands Hommes, la Patrie reconnaissante.*

chère enfant est dévorée par une passion violente, irrésistible. L'amour la flétrira comme le soleil brûle une tendre fleur. Oh, si je pouvais les marier !

« Vous venez à propos, lui dit l'ambassadeur. « J'ai, depuis quatre jours, un paquet à votre « adresse. » Paloski jette les yeux sur l'enveloppe... « C'est l'écriture de Matiska ! Ce paquet est de la « princesse !... Si monseigneur voulait me per- « mettre... — Comment donc, monseigneur !... « mais je vous y invite. »

Paloski rompt le cachet. Il parcourt d'abord ; il revient, il lit, il dévore, il s'écrie, il prend son chapeau, il oublie que l'ambassadeur est devant lui, il saute les degrés, il s'élance dans son carrosse. « A l'hôtel, et ventre à terre, dit-il à « son cocher.

« Grande nouvelle, grande nouvelle, crie-t-il « du bas de l'escalier ; grande nouvelle, crie-t-il « en montant, en traversant son appartement. « Obinski, Paula, passez dans mon cabinet... Ve- « nez, venez donc... Écoutez, écoutez. »

Il est assis, il a déployé, devant lui, les papiers qu'il vient de recevoir. Paula et son père attendent, incertains, empressés. Paloski lit une lettre de la princesse.

« Prince, ce que vous avez prévu, ce que vous « m'avez annoncé est arrivé : il n'y a pas aussi « loin que je le croyais, de la faveur à l'exil. Une « intrigue de cour, dans laquelle j'ai cru devoir

« entrer, pour soutenir mon crédit, m'a perdue
« sans retour. Je suis reléguée à Archangel, d'où
« je vous écris.

« C'est là, dans l'isolement absolu où m'a mise
« ma disgrace, que je réfléchis à l'instabilité des
« grandeurs. C'est dans la solitude que la con-
« science, toujours incorruptible, élève enfin sa
« voix. La mienne me retrace, avec une fidélité
« cruelle, mes fautes et mes injustices. Elle me
« fait expier les premières, et ne me donne au-
« cun moyen de réparer les secondes : je ne peux
« rendre, à Obinski, ce que je lui ai ôté.

« Agitée, tourmentée par le souvenir du passé,
« je n'oublie pas que je suis mère, et que j'ai
« perdu mes droits à la tendresse de mon fils. Je
« ferai tout pour la recouvrer. Elle sera ma con-
« solation, mon soutien. Je lui devrai, peut-être,
« des jours encore supportables.

« Stanislas s'est échappé d'Oranienbaum. Vous
« devez le savoir, parce qu'il n'a pu s'occuper
« que de trouver l'ami, le protecteur de la fa-
« mille persécutée, et que rien n'est impossible
« à la jeunesse active et persévérante. Dites-lui
« que je le mets en jouissance des grands biens
« de son père ; que je consens à son mariage,
« parce qu'il y attache son bonheur, et parce que
« Paula cessera, nécessairement, de haïr la mère
« de son époux.

« Vous trouverez, dans ce paquet, les pièces
« nécessaires pour former une union si désirée.

« S'il est vrai que le bonheur fasse oublier tout
« ce qui n'est pas lui, la princesse n'existera plus
« pour Stanislas et Paula; mais ils se souviendront
« qu'ils ont une mère à Archangel.

« Je demande humblement pardon, à Obinski,
« du mal que je lui ai fait. Qu'il m'écrive que le
« repentir a trouvé grace devant lui.

« Et vous, prince, qui pouvez vous rappeler
« toutes vos actions, sans avoir a rougir d'aucune,
« vous serez généreux et compatissant comme la
« vertu. — Toute à vous. »

Vingt fois Paloski avait été interrompu dans sa lecture. Les exclamations de Paula et d'Obinski s'étaient succédées presque sans interruption. « Est-il bien vrai?... Puis-je le croire?... Elle m'ac-
« corde la main de son fils!... Ah! oui, oui, elle
« sera ma mère... Sa bonté lui donne un enfant
« de plus. Je lui pardonne, je lui pardonne, s'é-
« tait écrié Obinski... Elle a raison : le bonheur
« présent efface le passé de ma mémoire. »

On se parlait, on s'interrogeait, on ne se donnait pas le temps de répondre. On se félicitait, on s'embrassait. La joie se peignait dans tous les yeux; l'ivresse était dans tous les cœurs.

« Mes amis, mes amis, dit le prince, j'ai éloi-
« gné ce mariage, parce que je le devais. Fort
« du consentement de la princesse, je dois, je
« veux, à présent, en presser la conclusion. Un
« jour, que je ferais perdre à ces enfans, peserait
« sur mon cœur. Paula, aussitôt que nous saurons

« où trouver Stanislas, nous courrons à Londres.
« Vous pouvez aller au-devant de votre époux,
« placée entre votre père et le meilleur ami des
« deux familles.

« — Oui, oui, monseigneur, nous irons à Lon-
« dres ; nous lui ferons partager l'enchantement
« où nous sommes. Son bonheur comblera le
« nôtre... Les lettres d'Angleterre sont distribuées
« à trois heures, Julie s'en est informée... Celle
« que nous attendons, avec tant d'impatience,
« arrivera-t-elle aujourd'hui ?... Demain matin
« nous pourrions être à Calais. — Nous y serons,
« Paula, si, en effet, nous recevons aujourd'hui
« une lettre de Stanislas, et le soir, il sera dans
« nos bras. — Ah, mon ami, je vous dois plus
« que la vie. » L'aimable enfant presse une main
de Paloski, et la baise avec transport. Obinski
tient l'autre, et la mouille de douces larmes.

Le prince sonne. « Frédéric, il est inutile que
« tu nous cherches des appartemens : au premier
« moment, nous partons pour Londres. Que tou-
« tes les malles soient faites ; qu'on s'y mette à
« l'instant. Qu'elles soient chargées de suite sur
« ma berline. Qu'il y ait des chevaux de poste
« attelés jusqu'à cinq heures... Ah, deux bidets,
« pour toi et un de mes domestiques.

« Mes amis, il est impossible de faire plus, jus-
« qu'à ce que nous ayons des nouvelles de Sta-
« nislas. Employons, convenablement, le temps
« dont nous pouvons disposer encore. Il y a à Ar-

« changel... — Oh, oui, mon ami, nous devons,
« à cette femme infortunée, des consolations, des
« marques de reconnaissance. Écrivons, écrivons
« tous trois. Je vais donc, pour la première fois,
« lui donner le doux nom de mère! »

Des feuilles de papier sont jetées, çà et là, sur une grande table; au milieu, sont des écritoires; des plumes, des canifs sont dans toutes les mains. Le père, la fille, leur excellent ami sont placés. Les plumes courent, les lignes se succèdent avec rapidité : le cœur n'est jamais difficile sur le choix des expressions. Le mot propre, qui ne vient pas, est remplacé par un mot de sentiment, et l'un vaut bien l'autre.

On lit ce qu'on vient d'écrire; on est content les uns des autres. Paula, surtout, sans prétention, sans effort, a parlé cette langue douce, pénétrante, qu'entend si bien le malheureux, et qui le rattache à la vie.

Le temps s'est écoulé, et on ne s'en est pas aperçu. Paula regarde la pendule. Quatre heures, dit-elle tristement! Elle envoie Julie savoir si le facteur a passé : il y a des Anglais à l'hôtel du Pérou.

Il a passé, il a passé! Il faut perdre ce jour encore à Paris! Oh, qu'il sera long! « La jeune
« princesse Borloff voudra bien se souvenir que,
« dans quinze jours, elle n'aura plus rien à dési-
« rer, et qu'ainsi, quelques heures ne sont rien.
« — J'ai tort, mon ami, j'ai tort. Je le sens si

« bien, que, de ce moment à demain, je vais
« être tout au plaisir et à l'espérance. — A l'es-
« pérance ! Il me semble qu'il y a certitude. Mais
« ne disputons pas sur le mot. Dînons, et allons
« jouir des agrémens de la soirée. — A la bonne
« heure; mais point de spectacles. Ne nous oc-
« cupons pas d'amours chimériques. Allons où
« nous pourrons parler des nôtres. — Soit, ma
« chère amie. — Vous m'entendrez, vous me ré-
« pondrez. — Oui, oui : s'occuper du bonheur
« des autres, c'est le partager.

« Onze heures ! dit Sophie en rentrant. Il doit
« s'en écouler seize encore, avant que le facteur...
« Cruelle enfant ! cesserez-vous de vous tourmen-
« ter, s'écria Paloski ? Julie, conduisez votre maî-
« tresse; couchez-là. Prenez un livre, et lisez-lui
« jusqu'à ce que le sommeil vienne fermer sa
« paupière.

« Elle ne dormira pas, dit-il à Obinski : l'amour
« heureux ne repose pas plus que l'amour persé-
« cuté. La nature aurait dû ne nous donner que
« l'amitié. Mais elle veut qu'on multiplie. Elle fait
« tout pour les espèces, et rien pour les indi-
« vidus. »

CHAPITRE VI.

Conclusion.

Non, l'amour heureux ne repose pas plus que
l'amour persécuté. Le cœur de Paula tient ses

yeux ouverts pendant toute la nuit. Mais ce cœur était satisfait, et une nuit n'est pas longue, quand on la passe en parlant de ce qu'on aime. La pauvre Julie, qui n'était aimée de personne, et qui n'aimait personne, souffrit, seule, de l'insomnie de sa maîtresse. Si, du moins, elle avait pu lire! Mais on l'interrompait à chaque page; on lui faisait poser le livre; il fallait qu'elle écoutât, et qu'elle répondit à des choses qu'elle n'entendait pas trop : on ne s'occupe pas de la théorie du cœur, quand on ne s'aperçoit pas qu'on en a un.

Le prince chercha, jusqu'à midi, à distraire Paula; mais, alors, il lui fut impossible de fixer son attention. Elle regardait sa montre, elle allait à la pendule, et celle qui retardait, sur l'autre, de quelques minutes, était incontestablement un meuble à briser. Elle se mettait à la croisée; elle la quittait pour faire descendre Julie : ce ne serait pas la première fois que les lettres auraient été distribuées une heure plutôt qu'à l'ordinaire, et une heure est bonne à gagner.

« Quelque nouveau Josué a encore arrêté le
« soleil aujourd'hui, dit-elle en souriant, et en
« cachant, dans le sein de son père, sa tendre
« impatience. Il ne quitte pas ce point où je le
« vois depuis plus de cinq minutes. Hé, sans
« doute, il est arrêté, répondit le prince, et c'est
« depuis le miracle opéré par Josué, que la terre
« tourne. C'est ce que Galilée aurait dû répondre
« à ses juges, aussi savans qu'humains. Mais on
« ne pense pas à tout.

Qu'il tourne ou qu'il soit fixe, il quitta le point où Paula l'avait jugé immobile, il descendit, ou parut descendre, et deux heures sonnèrent enfin. Oh, alors, il ne fut pas possible d'arracher Paula de sa croisée. Tout ce qui paraissait, dans l'éloignement, avec un habit bleu, était indubitablement le facteur. L'objet s'approchait, il passait, et il emportait l'espérance avec lui.

Enfin, les rayons de ce soleil, si lent dans sa course, se reflètent sur un chapeau rond, verni. On distingue facilement l'habit bleu; les paremens rouges et le coffret de cuir, dans lequel est, sans doute, la lettre précieuse. « C'est lui, c'est « lui, s'écrie Paula... Il entre à l'hôtel... Courez, « Julie, volez, ne perdez pas une seconde. » Julie court, et par un mouvement irréfléchi, mais bien naturel, la jeune demoiselle est sur ses pas. Elle l'a devancée; elle s'est saisie de la lettre; elle est rentrée dans l'appartement avant que Julie en ait payé le port.

« Ah, mon dieu, dit-elle, cette lettre est bien « à l'adresse de monseigneur; mais elle est tim- « brée de Calais, et ce n'est pas son écriture! » Le prince prend la lettre, l'ouvre, la parcourt, et la met dans sa poche, en s'écriant : En voiture, en voiture, et partons.

« Mais, mon ami, cette lettre ne vient pas de « Londres. — Non, Stanislas est à Calais. — Mais « ce n'est pas lui qui écrit? — Non; mais nous le « verrons demain matin. — De qui est cette let-

« tre? Que dit-elle? — Nous en parlerons dans la
« voiture. Partons, partons. — Mais, monsei-
« gneur.... — Paula, il est des circonstances où on
« doit compter les momens. Partons, vous dis-je. »

On est en route. Paula fixe, sur le prince, un
œil scrutateur. Ses réponses ambiguës, son silence
sur cette lettre, tout concourait à lui inspirer
des alarmes, et l'amour qui craint va toujours
au-delà de la vérité. « Il est malade, mon ami!
« — Il est indisposé. — Indisposé, dites-vous, et
« ce n'est pas lui qui écrit! Il est mourant! — Et
« quand cela serait, Paula, n'attendez-vous rien
« de votre présence? — Il est mort, il est mort! »

C'est à ce mot que l'attendait le prince. Quand
on craint le plus grand des malheurs, on reçoit,
comme un bienfait, ce qui peut nourrir encore
une lueur d'espérance. « Au nom de Dieu, tirez-
« moi de l'anxiété affreuse où je suis. De qui est
« cette lettre? — De son médecin. — Donnez-là-
« moi. — Je vais vous la lire : je suis moins trou-
« blé que vous. »

« Le jeune prince Borloff est arrivé à l'auberge
« du Lion-d'Argent, excessivement fatigué au
« physique et au moral. Cependant il voulait s'em-
« barquer : il l'avait promis, disait-il. Le maître
« de l'hôtel l'a retenu, et j'ai été mandé. La fièvre
« commençait à se déclarer, et le sang m'a paru
« enflammé. J'ai ordonné ce que j'ai jugé propre
« à le calmer. »

« Il mourra; il est mort, s'écrie Paula, de la

« violence de son amour, des rigueurs de sa mère,
« de l'excès de votre délicatesse. — Point de re-
« proches, ils ne remédient à rien. Écoutez, mon
« enfant, écoutez, nous raisonnerons ensuite. »
Le prince continue de lire.

« Je ne l'ai pas quitté de la nuit. Vers le ma-
« tin, la fièvre a considérablement augmenté, et
« le délire s'est manifesté par intervalles. »

« Il est mort, il est mort ! — Il ne l'est pas, dit
« le prince d'un ton ferme et d'un air persuadé.
« Écoutez. »

« Dans le délire, et dans l'état de raison, il ne
« cesse d'appeler, d'invoquer Paula, Obinski, Pa-
« loski. Il est facile de voir qu'il aime avec trans-
« port, et que l'amour malheureux est la cause
« principale de sa maladie.

« Aujourd'hui elle a pris un caractère prononcé.
« Le jeune prince est atteint d'une fièvre inflam-
« matoire. Ce mal est dangereux ; mais je crois
« que si la jeune dame était ici, elle ferait plus
« que le médecin.

« Je vous écris, monseigneur, à la prière du
« malade, et à la double adresse qu'il m'a donnée.

En effet, la lettre était adressée au prince Paloski, à l'hôtel du Pérou, et, en son absence, à
M. Martin, à Achères.

« Nous arriverons trop tard, nous arriverons
« trop tard, disait, répétait Paula, en sanglotant.
« — Une fièvre inflammatoire, de la plus mauvaise
« qualité, laisse plusieurs jours au malade. Votre

« présence, l'annonce de votre prochain mariage,
« rendront Stanislas à la vie. — Que le ciel vous
« entende, et qu'il m'exauce ! »

Le prince essayait de parler raison, et n'était pas écouté. Obinski pleurait avec sa fille, et il la soulageait. Des mots ne sont rien contre l'infortune : du silence et des larmes, voilà ce que demande le malheureux.

Au premier relai, Paloski appela Frédéric :
« Sème l'or sur la route, et fais-nous gagner deux
« heures. »

De ce moment, un silence absolu régna dans la voiture.

On est sur la hauteur du *Buisson*. Paloski fait voir, à Paula, les clochers de Calais. « Il est là,
« il est là, mon enfant. Dans trois quarts-d'heure
« nous serons auprès de lui, et il commencera à
« renaître.

La tête de Paula est fixée à la portière : elle ne l'en détachera plus. Elle voit les clochers qui couvrent l'habitation que Stanislas a choisie. Son imagination ardente pénètre à travers les masses qui lui dérobent son amant. Elle le revoit, et le revoit mourant.

On est dans la cour de l'hôtel du Lion-d'Argent. Paloski s'élance. Il veut prévenir le malade, lui éviter la crise que peut amener la présence inattendue de Paula. Paula et Obinski le suivent et vont le laisser derrière eux. Il se met en travers d'une porte ; il leur en interdit le passage. Il va leur développer les motifs qui le dirigent... Ils ont tourné d'un autre côté, et aucun des trois ne sait où il va, ni où trouver le malade chéri.

Le maître de l'hôtel, ses gens ne savent que penser de ce désordre, de ces démarches précipitées et contradictoires. On est descendu d'une berline à quatre chevaux, et la politesse dicte les questions qu'on croit devoir adresser aux voyageurs. Ils répondent par le mot *Stanislas* à tout ce qu'on leur demande, et le malheureux n'est connu à l'hôtel que sous le nom de Borloff. On ne peut, jusqu'à ce qu'on se soit entendu, indiquer la chambre où le douloureux sacrifice va peut-être se consommer.

« Hé bien, docteur, dit le maître de l'hôtel à
« un homme qui sortait du fond d'un corridor?
« — Mal, très-mal, au plus mal. » Il n'en faut pas davantage pour éclairer l'amour.

Paula prend la main du médecin. D'où sortez-
« vous, monsieur? Conduisez-moi... Je suis Paula.
« Mon père, le prince Paloski sont dans l'hôtel...
« — Un moment, madame, un moment, par
« grace... — Il faut que je le voie, que je le sauve,
« ou que je meure avec lui. — Vous le sauverez,
« peut-être ; mais une imprudente précipitation
« peut lui ôter la vie. — Je m'arrête. Dites-lui
« que son épouse est là... Dites-lui... » Le médecin est rentré chez le jeune prince, et il a fermé la porte sur lui.

Paula, éperdue, hors d'elle, incapable de se

soutenir, est tombée devant cette porte; elle y a appuyé sa tête. Elle écoute, elle entend parler, et ne distingue pas un mot.

« De la prudence, madame, de la prudence,
« lui dit tout bas le docteur, en sortant de chez
« le malade. Disposons-le, par degrés, à vous
« recevoir. Il jouit, en ce moment, de toute sa
« raison, et je ne lui ai annoncé que le prince
« Paloski. — Où est Paloski? qui le retient? que
« fait-il? — Je l'ignore, madame. — Voyez, cou-
« rez, cherchez dans l'hôtel. Paloski! Paloski!
« où êtes-vous? — Plus bas, au nom de dieu,
« plus bas. »

Une femme, une garde sort de la chambre du jeune prince. « Les précautions sont désormais
« inutiles, dit-elle au médecin. Il a reconnu la voix
« chérie; il veut voir madame. Il la demande, il
« l'appelle... » Paula se précipite.

Elle est auprès de son amant; elle le presse dans ses bras. Paloski, Obinski sont derrière elle. Ils sont frappés, épouvantés à l'aspect de l'infortuné jeune homme. La mort est empreinte sur sa figure. Les yeux de Paula sont noyés dans les larmes : elle ne voit rien.

« Je vous retrouve, je vous retrouve, dit Sta-
« nislas d'une voix faible... Je mourrai content.
« — Vous vivrez, oh, vous vivrez, mon ami,
« pour vous, pour moi, pour tout ce qui nous
« est cher... Votre mère consent à notre mariage...
« — Elle y consent, Dieu! — C'est ta Paula, c'est

« ton épouse qui vient te rendre à la vie. — Il
« n'est plus temps. »

Le médecin supplie Paula de se retirer. Son
père, Paloski sont à ses genoux. « Non, non.
« L'amour, le devoir ont marqué ici ma place :
« je ne la quitterai pas. — Madame, la conta-
« gion... — Je le verrai renaître, ou je recevrai
« son dernier soupir, et mon ame s'exhalera avec
« la sienne. »

Paloski a recouvré son jugement. Il prend l'infortunée dans ses bras ; il l'enlève ; il la porte
dans une chambre voisine. Son nom, prononcé
d'une voix ferme, frappe son oreille. « Ses forces
« renaissent, s'écrie-t-elle ; laissez-moi retourner
« près de lui. » Paloski écoute... Le délire, un
redoublement de fièvre peuvent seuls produire
cette subite énergie, qui succède à l'extrême faiblesse. Il reprend la jeune personne dans ses
bras ; il la porte à l'extrémité de l'hôtel ; il appelle des femmes. Il leur confie, dit-il, le bonheur, la destinée de deux familles. Il les conjure
de calmer la malheureuse enfant, et surtout de
ne pas la laisser sortir. Il retourne auprès de Stanislas. La fièvre et le délire augmentent sans cesse.
Obinski est assis au pied du lit. Son visage est
caché dans ses mains.

Le médecin a fait appeler deux de ses confrères. Le malade n'entend personne, et ils se
consultent dans sa chambre. Paloski ne les perd
pas de vue. Ils ont cessé de parler, et il comprend

jusqu'à leur silence. Il s'approche d'eux. « Je suis
« le seul ici, leur dit-il, qui puisse agir, et j'ai
« de grandes mesures à prendre. Vivra-t-il encore
« demain ? — Nous en doutons. — Je vous en-
« tends. »

Paloski sort. Il fait venir Frédéric. « Des che-
« vaux sur ma berline. Il faut, de gré ou de force,
« y faire monter le père et la fille, leur dérober
« la scène horrible qui se prépare. » Il rentre dans
la chambre du mourant.

Une des femmes qui gardent Paula se présente.
« Cette jeune dame ne veut rien écouter. Nous
« ne pouvons l'empêcher de sortir qu'en nous
« tenant toutes devant la porte, et cette espèce
« de violence l'exaspère à un point inexprimable.
« Nous ne voulons, nous ne pouvons répondre
« d'elle plus long-temps. — Je vais l'ôter de cette
« maison, l'éloigner de cette ville. — Ce sera la
« frapper à mort. — Vous le croyez? — Je vous
« en réponds. — Qu'elle vienne donc, et qu'elle
« subisse son sort. »

Paula reparaît, en désordre, éperdue. Ses joues,
ses lèvres sont décolorées ; ses yeux sont ternes
et hagards ; ses idées sont sans suite ; les mots
mêmes n'ont pas de liaison. Elle court au lit de
Stanislas ; elle s'arrête, elle le regarde ; elle jette
un cri d'horreur et d'effroi. Elle tombe évanouie
sur l'amant que la mort va lui ravir, et qu'elle
lui dispute en vain.

Le courage de Paloski l'abandonne. Il ne sait

plus qu'opposer au malheur, qui poursuit avec acharnement tous ceux qui lui sont chers. Il se laisse aller dans un fauteuil. Il ferme les yeux pour ne rien voir. Il voudrait ne rien entendre.

Les médecins, la garde, les femmes de l'hôtel prodiguent à Paula de cruels secours. Ils la rappellent à la vie et à la douleur.

Le délire, la fièvre qui dévorent le malade, se calment enfin. Il n'avait cessé d'appeler Paula dans le désordre de ses sens. Il l'appelle encore ; ils sont dans les bras l'un de l'autre. Leurs haleines se confondent, leurs lèvres se touchent. Paula veut ranimer son amant de tout ce qu'il lui reste de vie. Elle veut ravir quelques momens encore à l'éternité.

L'heure fatale a sonné. Stanislas a rendu son dernier soupir. La bouche avide de Paula l'a recueilli. Ce souffle est celui de la mort ; elle le sent, et un sourire affreux annonce sa satisfaction.

Elle se relève, ses yeux égarés errent autour d'elle. Elle ne verse pas une larme. « Attends-moi, « attends-moi, dit-elle. Demain je serai avec toi. »

Son père, Paloski, affligés, consternés, veulent l'arracher de ce lieu d'horreur. Elle retombe sur le lit de mort. Elle enlace de ses bras le corps inanimé de son amant. « La haine nous a séparés, « dit-elle ; la mort nous réunira. Je veux mourir « ici. »

Les assistans, effrayés, irrésolus, ne savent à

quel parti s'arrêter. Séparer Paula des restes de son amant, c'est lui ôter la vie. La laisser auprès de lui est moins dangereux peut-être : la nature, sa jeunesse peuvent la sauver d'elle-même.

La consternation, la douleur ont frappé tous les esprits. Le silence de la mort règne dans cette chambre. La pâle lueur de quelques bougies ajoute à l'horreur de ce tableau.

Paloski est le premier qui trouve des idées. Il s'approche de Paula ; il lui prend la main. « Paula, « voilà votre père, votre père, qui vous aime tant, « votre ami, qui, depuis long-temps, ne vit que « pour vous. Ne ferez-vous rien pour eux ? — « Mon père !... Mon père !... Où est-il ?... » Obinski lui ouvre ses bras. Elle s'y précipite ; sa tête tombe sur le sein paternel.

Paloski veut profiter de ce moment, et faire enlever les restes de l'infortuné. Il ne s'est pas aperçu que Paula tient une main de son amant ; elle ne peut l'abandonner. Elle sent ce qu'on veut faire ; elle s'indigne, elle se révolte. « Il restera « là, crie-t-elle, avec l'accent du désespoir, et « j'y resterai avec lui. »

Une faible enfant ne pouvait résister long-temps à la violence, à la rapidité des sensations qui se succédaient sans relâche. Son sang s'enflamme ; sa bouche se dessèche ; sa langue ne peut plus articuler. Bientôt une fièvre brûlante se manifeste ; le cerveau se dérange. Elle a aspiré la mort sur les lèvres de son amant.

On profite de l'absence de sa raison pour l'enlever, et la transporter loin de là. On lui prodigue les soins et les secours de l'art, et déjà l'art a désespéré de sa vie.

Deux jours passent à travers des alternatives de mal et de bien. Quelquefois on se flatte, ou plutôt on cherche à se flatter. Un moment après, on retombe dans les angoisses de la douleur.

Paula se lève. Sa figure, sa démarche ont quelque chose de solennel. Que va-t-elle faire? Elle marche d'un pas ferme vers cette chambre, où déjà le corps de Stanislas n'est plus. Il est livré à ceux qui disputent à la corruption ce qu'elle finira par dissoudre. Paula regarde le lit. Elle s'étonne, elle frémit. Elle agite le pouce et l'index de la main droite... Paloski la devine; il lui présente les cheveux de son amant. Elle les prend, elle les porte à sa bouche, elle les cache dans son sein. Elle se laisse reconduire dans sa chambre, d'où elle ne sortira que...

« Si du moins elle pouvait pleurer, disaient les
« médecins! ses larmes tombent sur son cœur;
« elles la suffoquent. »

« Pleurer, dit-elle, et pourquoi, puisque je
« vais le rejoindre? » Tels furent les derniers mots qu'elle prononça..............................
....
....
....
....

Deux jeunes et tendres fleurs sont frappées du même coup.

> O toi, que du plaisir la voix flatteuse engage :
> Crédule amant, jouis de ton bonheur d'un jour.
> Le myrte en ce moment te prête son ombrage :
> Demain le saule aura son tour. (1).

. . . .
. . . .
. . . .

« Nous voilà seuls au monde, dit le prince à « Obinski, et nous nous devons l'un à l'autre. Il « est des coups dont l'amitié ne console pas ; « mais qu'elle fait supporter. Par pitié pour moi, « Obinski, rendez-vous maître de votre douleur. « Si je vous perds, à quoi me servira la vie ? » Obinski prit la main du prince, et la porta sur son cœur. « Vous ne remplacerez pas ce que j'ai « perdu ; mais du moins nous pleurerons ensem- « ble. »

Le deuil est dans le cœur, disait le prince. Le luxe qu'on affecte, dans les cérémonies funèbres, est un tribut que les survivans paient à leur vanité. Que nos enfans marchent vers le champ du repos, sans autre cortége que notre amour.

Les obsèques furent simples, et cependant touchantes. Des habitans, bons et sensibles, suivirent, sans y être invités, deux amans qu'on avait

---

(1) *Le Saule pleureur*, par Constant Dubos.

vus à peine, et qui déja étaient malheureusement célèbres. Le même cercueil les recélait, et une pierre rappelle encore aux passans ces paroles déchirantes de Paula : *La haine les a séparés ; la mort les a réunis.*

Peut-être la princesse lira-t-elle un jour cette inscription : ce sera son dernier châtiment.

« Partons, Obinski. Quittons une ville où vous
« ne pouvez rester plus long-temps sans danger.
« Parcourons le midi de l'Europe, et surtout
« l'Italie. Nous y trouverons des monumens con-
« sacrés à la gloire et à la douleur. Ils nous di-
« ront qu'il ne reste que des pierres de ces siècles
« qui ont étonné l'univers ; que ces hommes,
« qui en étaient l'honneur, ont disparu, parce
« que tout passe, ainsi que passera notre dou-
« leur, ainsi que nous passerons nous-mêmes,
« pour faire place à des hommes nouveaux, dont
« la vie sera, comme la nôtre, mêlée de bien et
« de mal. Partons, mon ami, partons.

« — Partons, j'y consens. Mais allons à Achè-
« res ; reprenons-y notre petite maison. J'y croirai
« voir les ombres de Paula et de Stanislas errer
« autour de moi. Je croirai entendre les accens
« de leur amour, au moment où ils se séparèrent
« pour ne se retrouver que sur les bords de la
« tombe. Nous leur parlerons, Paloski, et nous
« rêverons leurs réponses. »

FIN DE L'OBSERVATEUR.

TABLE

DES CHAPITRES CONTENUS DANS CE VOLUME.

(*L'OBSERVATEUR.*)

PREMIÈRE PARTIE.

Chapitre Ier. Monsieur Martin.......... Page 313
Chapitre II. Huit heures de séjour à Achères... 322
Chapitre III. La dame de Pontoise........... 352
Chapitre IV. Fête qui ne ressemble en rien à un auto-da-fé................................. 388
Chapitre V. Soulevons le voile............... 423
Chapitre VI. Qui contient ce que vous lirez, si vous vous en donnez la peine............. 458

DEUXIÈME PARTIE.

Chapitre Ier. Où il n'est question que de mariage................................... 484
Chapitre II. Les noces de Cognard........... 518
Chapitre III. Rencontre imprévue............ 539
Chapitre IV. Une contre-ruse................ 574
Chapitre V. Conclusion..................... 639

FIN DE LA TABLE.

www.ingramcontent.com/pod-product-compliance
Lightning Source LLC
Chambersburg PA
CBHW050326240426
43673CB00042B/1546